사이렌스 콜

THE SIRENS' CALL

Copyright © 2025 by Christopher Hayes
All rights reserved.

Korean translation rights arranged with Aevitas Creative Management,
New York through Danny Hong Agency, Seoul.
Korean Translation Copyright Sahoipyoungnon Publishing Co., Inc.

이 책의 한국어판 저작권은 대니홍 에이전시를 통해 저작권자와 독점 계약한
(주)사회평론에 있습니다. 저작권법에 의해 한국 내에서 보호를 받는 저작물이므로
무단 전재 및 복제를 금합니다.

사이렌스 콜
THE SIRENS' CALL

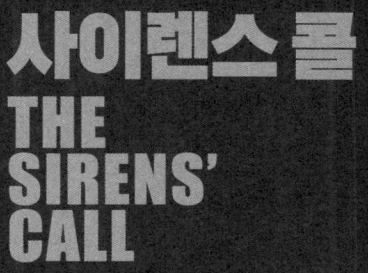

주의력 자본주의는
우리 시대의 비즈니스와 정치를
어떻게 바꾸고 있는가

크리스 헤이즈 지음
박유현 옮김

사회평론

이 책에 보내는 찬사

크리스 헤이즈는 이 책에서 소셜 미디어와 정보 과잉의 유혹에 단호히 맞선다. 인간의 주의력은 끊임없는 정보의 흐름을 받아들이고 대응하기에는 적합하지 않기 때문이다. (…) 헤이즈는 매일 종이 신문을 읽는 옛 방식을 택하며, 더 이상 스마트폰을 스크롤하지 않는다고 말한다. 올드 미디어를 사랑하는 내게는 꽤 근사한 처방처럼 들린다.
— 《뉴욕 타임스》, 그레고리 콜스

도발적인 책이다. 읽기 쉬우면서도 논리 정연하고, 경각심도 일깨운다. 헤이즈는 '심지어 가장 패닉에 빠진 비평가들조차' 기술이 가져온 파괴의 전모와, 그것이 우리의 공적·사적 삶에 불러온 거대한 변화를 아직 온전히 직면하지 않았다고 말한다. 이 책은 정치와 경제 체제에 대한 날카로운 비판을 던지는 동시에, 개인적인 부분도 깊이 파고든다. (…) 나는 내 아들의 의식이 구글, 메타, 바이트댄스, 애플의 손에 맡겨지는 것을 원치 않는다. 그 의식은 온전히 아들 자신의 것이어야만 한다.
— 《워싱토니언》

크리스 헤이즈의 주장은 설득력 있으며 가슴 아프게 다가온다. 이제 우리는 '진정한 자발성'으로 무언가에 주의를 기울이기로 '동의'하는 일이 거의 불가능해졌다. 헤이즈는 이 책을 통해 우리에게 큰 경종을 울린다.
— 《워싱턴 포스트》

헤이즈가 '주의력 시대'라 부르는 지금의 시대를 다룬 흥미로운 역사서. 소셜 미디어가 장악한 주의력 산업뿐 아니라, 이 주의력 쟁탈전이 소비자들에게 미치는 영향까지 짚어낸다. 모두가 익히 아는 주제를 다루면서도 진부하지 않고, 독창적인 접근 방식을 보여주는 시의적절한 책이다.
— AP 통신

주의력 전쟁이 정치에 미친 영향에 대한 헤이즈의 분석이 특히 인상 깊다. (…) 우리는 이제 무엇에도 지속적으로 집중하지 못하는 대중을 만들어버렸다. 이는 집단지성의 힘으로 글로벌 공론장을 민주화하리라 기대했던 초기 인터넷의 이상과는 정반대의 결과다.
— 《파이낸셜 타임스》

온라인 세계의 하찮게 여기던 오락거리가 우리 자신뿐 아니라 정치까지 어떻게 타락시켰는지를 야심 차게 분석한 책. (…) 주의력은 석탄이나 석유처럼 외부에 존재하는 자원이 아니다. 주의력은 우리를 인간답게 만드는 요소이며, 자본주의의 현 단계는 우리의 정신을 착취해 그것을 연료로 삼고 있다고 헤이즈는 지적한다.
— 《뉴욕 타임스》, 제니퍼 살라이

철학, 언론학, 심리학, 그리고 다양한 고전을 아우르며 (…) 헤이즈는 주의력이 생존에 필수적인 힘이자 모두가 탐내는 자원이 되었음을 풀어낸다. 오늘날의 주의력 경제를 (…) 영리하게 성찰한 책.
— 《퍼블리셔스 위클리》

헤이즈는 주의력의 수익화가 뉴스, 정치, 여가 시간을 어떻게 근본적으로 바꿔놓았는지 차근차근 보여준다. 그 결과 우리의 소통 환경은 '실패 국가'처럼 변했고, 상식 규범은 '주의력 군벌주의'에 의해 무너졌다. 헤이즈는 이 혼란 속에서 독자들이 정신적 평온을 되찾기를 희망한다. 집중력 유지가 점점 더 어려워지는 우리의 상황에 대한 지적이며 전향적인 분석.
— 《커커스 리뷰》

헤이즈의 글에는 주의력 쟁탈전이 결국 우리 내면의 삶을 지배하려는 싸움임을 누구보다 절실히 인식하는 사람의 긴박함이 담겨 있다. (…) 이 책은 주의력을 되찾는 일이 순간을 온전히 살아내고 파편화를 거부하는 개인적 과업인 동시에 사회적 노력임을 일깨운다. 당신의 주의를 충분히 끌 만한 책이다.
— 《아메리칸 프로스펙트》

크리스 헤이즈는 우리 시대의 핵심적 병폐를 정확히 짚어낸다. 그 누구보다 이를 충분히 이해하고 설명할 수 있는 인물이다. (…) 깊은 통찰과 시급한 메시지를 담은, 우리 시대의 필독서!
— 로런스 레식(하버드대 로스쿨 석좌교수)

차례

1장   **대전환의 서막:**
주의력 시대의 새로운 질서를 이해하기 위하여
     주의력을 둘러싼 전례 없는 변화   11
     인간의 주의력을 어떻게 이해할 것인가   26

2장   **슬롯머신과 엉클 샘**
     주의력의 정의   49
     주의력을 사로잡기 위한 전략들   65
     무한으로 즐기는 슬롯머신 모델   82
     주목! 엉클 샘이 당신을 부른다   87

3장   **지루함의 탄생: 악의 근원**
     근대의 산물로서의 지루함   95
     인간의 마음, 주의력 산업의 표적이 되다   106

4장   **거대 산업, 관심 비즈니스**
     인간은 사회적 동물   127
     고독의 짧은 역사   129
     사회적 주의가 정작 사회적이지 않은 이유   139
     폭식과 결핍의 이중주   168

5장 주의력의 상품화

    주의력 상품화의 구조   177

    소외의 근원 파헤치기   198

    집단적 주의력에서 고립된 주의력으로   215

6장 주의력 시대의 개막

    정보 과잉 시대에 주의력이 의미하는 것   229

    제로섬 게임이 되어버린 주의력 쟁탈전   246

    주의력 시대의 특징들   269

7장 공론장과 주의력: 주의력 전쟁의 총성 속에서

    주의력을 기울이는 일에도 규칙이 있다:

        링컨-더글러스 토론   285

    주의력 레짐의 붕괴   299

    도널드 트럼프,

        이 시대의 가장 성공한 주의력 사냥꾼   307

    플랫폼   319

    공적 담론에 해로운 세 가지 경향:

        트롤링, 왓어바우티즘, 음모론   337

8장 주의력 시대 이후의 삶

    무엇에 주의를 기울일 것인가   367

    주의력 직거래 시장   372

    비상업적 공간이라는 상상력   380

감사의 말   392

주   396

일러두기

1. 맞춤법과 외래어 표기는 국립국어원 맞춤법과 외래어 표기법을 따랐습니다. 다만 관용적으로 굳어진 일부 용어는 예외를 두었습니다.
2. 원문에서 이탤릭체로 표시된 부분은 굵은 글꼴로 강조하여 표시하였습니다.
3. 독자의 이해를 돕기 위해 옮긴이의 설명이 필요한 경우, *, ** 등을 표시하여 해당 페이지 하단에 각주로 처리하였습니다.
4. 저자의 원주는 1, 2, 3으로 표시하여 말미에 실었습니다.
5. 단행본과 언론 매체는《 》로, 논문, 기사, TV 프로그램, 노래, 영화, 영상, 게임 등은〈 〉로 표시하였습니다.
6. 국내에 번역 출간된 도서는 한국어판 제목으로 표기했으며, 미출간 도서는 제목을 번역하여 적고 원제를 함께 표기하였습니다.

1장

대전환의 서막: 주의력 시대의 새로운 질서를 이해하기 위하여

이 시대의 가장 큰 특징은 우리의 주의력이 가장 중요한 자원이자, 동시에 우리를 인간답게 만드는 본질적 요소라는 데 있다.

주의력을 둘러싼 전례 없는 변화

오디세우스의 일화로 이야기를 시작해보자. 호메로스의 서사시 《오디세이아》 제12권에서 우리의 영웅은 키르케 여신의 섬을 떠나려는 참이다. 여신은 항해를 앞둔 오디세우스에게 이렇게 조언한다.[1]
"주의하고 또 주의하라." 여신의 지시는 단호하다.

먼저, 그대는 다가오는 자를 그대로 홀리는 사이렌을 마주치게 될 것이다. 누구든지 무심결에 가까이 다가갔다가 사이렌의 노래를 듣게 되면, 다시는 아내와 아이들이 기다리는 집으로 돌아가지 못한다. 그 대신 사이렌의 달콤한 노래에 끌려 푸른 들판에 앉은 채 죽을 것이고, 그 주변에 무더기로 쌓여 있는 사자들의 뼈 위로, 채 녹지 않은 살점이 썩어가고 있을 것이다.

오디세우스는 키르케의 계획을 주의 깊게 경청한다. 키르케는 선원들의 귀를 밀랍으로 막아 사이렌의 노래를 차단하고 배가 그 지역을 완전히 벗어날 때까지 선원들이 오디세우스를 돛대에 단단히 묶어두게 하라고 오디세우스에게 조언한다.

오디세우스는 그 계획을 철저히 실행한다. 예상대로 사이렌의 노래가 들리기 시작하자 묶여 있던 그는 부하들에게 자신을 풀어달라고 필사적으로 손짓한다. 그러나 부하들은 그의 지시에 따라, 노래가 들리지 않는 곳에 도달하기 전까지 그의 요청을 무시한다.

이 장면은 서양 고전 문학에서 가장 강렬한 이미지 중 하나로 손꼽힌다. 이미 예정된 일임을 알고 있으면서도 자진해서 돛대에 묶인 채 속박에서 벗어나려고 필사적으로 저항하는 오디세우스. 이 이미지는 세기를 거듭하며 다양한 메타포로 자리 잡았다. 죄와 미덕. 육체적 유혹과 저항의 의지. 마약을 변기에 버리고 금단 증상에 맞서려다 더 많은 마약을 구걸하게 되는 중독자. 이는 자아ego와 원초아id 간의 프로이트적 투쟁이다. 간절히 원하지만 원하지 않아야 하고, 가질 수도 없다는 것을 분명히 알고 있는 인간의 모습이다.

사이렌의 시각적 묘사는, 더 적합한 표현이 없기에 그대로 사용하자면, 언제 봐도 핫하다. 말 그대로 매혹적이다. 셰익스피어William Shakespeare에서 랠프 엘리슨Ralph Waldo Ellison까지 여러 문호들이 사이렌을 '여성의 성적 유혹 능력'을 상징하는 메타포로 자주 활용해왔다.[2] 제임스 조이스James Joyce의 《율리시스Ulysses》(1922)에서, 블룸은 아내에게 매료된 어떤 남자를 "그녀의 사이렌 같은 매력에 사로잡혀

가정의 소중함을 잊은 자"로 묘사한다.³

이를 고려한다면 오늘날 사이렌이라는 단어를 우리 귀청을 때리는 구급차나 경찰차 지붕 위의 경보음 확성 장치를 묘사하는 용도로 사용하는 것은 다소 이질적으로 느껴질 수 있다. 그러나 이 두 가지 용도는 서로 깊이 연관되어 있으며, 내가 이 책에서 21세기의 삶을 탐구하는 데 중요한 통찰력을 제공한다.

지구상의 어느 도시에서든 길모퉁이에 서서 충분히 오래 기다려본 사람이라면 구급차의 사이렌 소리를 들어봤을 것이다. 외국인 여행자에게 사이렌은 이국적인 감각적 경험 중에서도 특히 두드러지는 소리다. 이는 어디에서나 익숙하면서도 동시에 낯선 소리를 내기 때문이다. 끝소리를 늘이거나 음색을 두 가지로 섞거나 음높이를 독특하게 조절하는 등 사이렌 소리는 나라마다 조금씩 다르며, 이러한 차이가 이국적인 심상을 불러일으킨다. 그러나 처음 듣는 소리일지라도 일단 사이렌 소리를 들으면 우리는 그 목적을 즉각 이해할 수 있다. 알지 못하는 언어나 먹어보지 않은 음식 앞에서는 낯섦을 느끼지만, 사이렌 소리 앞에서는 공통된 이해가 이루어진다. 사이렌이 우리의 주의를 끌겠다는 목표를 확실히 달성하는 것이다.

우리가 알고 있는 형태의 사이렌은 1799년 스코틀랜드의 석학 존 로비슨John Robison이 발명했다.⁴ 그는 철학에서 공학까지 폭넓은 분야를 탐구했던 계몽주의 시대의 박식가로, 본래 악기 형태의 장치를 만들려 했으나 연구가 뜻대로 풀리지 않았다.⁵ 사이렌이 우리에게 익숙한 현재의 형태와 기능을 갖추게 된 것은 19세기 후반의 일이다. 1880년대에 프랑스의 한 엔지니어 발명가는 전기로 구동하는 (따라서 거의 무소음의) 보트를 발명했고, 보트 사고를 예방하기 위해 전기 구동 사이렌을 활용했다.[6] (심지어 그는 '라 시렌La Sirène'이라는 이름의 보트를 소유하기도 했다.) 이 기술은 먼저 소방차 같은 육상 차량에 적용되었으며, 길을 비우기 위해 사용하던 큰 종을 대체했다.[7]

신화 속 사이렌과 도시의 가로 경관 속 사이렌은 모두 강렬하게 우리의 관심을 사로잡는다. 우리의 의지와는 무관하다. 그리고 그 파고드는 포효에 마음을 사로잡히는 경험은 이제 우리의 일상, 즉 삶의 일부가 되었다. 우리는 사이렌의 노래에 영원히 매인 존재인 것이다.

주의력은 삶의 본질이다. 우리는 깨어 있는 매 순간, 자발적 선택이든 타인의 강제에 의해서든 무엇인가에 관심을 기울이며 살아간다. 결국 이러한 주의력의 순간들이 모여 우리의 삶을 이룬다. 윌리엄 제임스William James가 《심리학의 원리The Principles of Psychology》(1890)에서 말했듯이, "나의 경험은 내가 주의하기로 동의한 것들"이다.[8] 그러나 우리의 경험이 온전히 우리의 동의에 의한 것이 아니라는 느낌이 점차 강해지고 있다. 이러한 감각의 편재성ubiquity은 일종의 균열을 나타낸다. 이는 우리 마음에 대한 지배력에 틈을 만들어내고, 우리의 내면적 삶을 전례 없는 방식으로 변화시키고 있다. 이러한 현상은 지구상의 거의 모든 나라와 문화에서 공통적으로 나타난다.

아침이면 나는 사랑스러운 딸아이와 함께 소파에 앉는다. 여섯 살 난 아이는 학교에 가기 전 내 품에 안겨, 부드럽고 달콤한 숨을 내

뺨에 뽀뽀하며 책을 읽어달라고 조른다. 이렇게 집중하는 아이의 모습은 순수하고 아무런 때가 묻지 않았다. 이보다 더 소중한 순간이 세상에 또 있을까. 그러나 그 순간 나는 주머니 속의 작은 주의력 상자를 꺼내보고 싶은, 거의 본능에 가까운 충동에 사로잡힌다. 약간의 노력으로 이를 억누르지만, 그 상자는 마치 골룸의 반지처럼 주머니 속에서 맥박처럼 뛰며 나를 유혹한다.

그 작은 충동을 거부할 수 있다는 사실은 내가 여전히 살아 있는 온전한 인간임을 의미한다. 그러나 그 충동에 굴복하는 순간 부끄러움에 파묻혀 자문하게 된다. 나는 정확히 어떤 존재인가, 혹은 무엇이 되어버렸는가? 그럴 때면 "내가 주의하기로 동의한 것들"이라는 제임스의 말이 머릿속에서 떠나지 않는다. 이는 '동의'라는 단어가 지닌 엄청난 무게 때문일 것이다. 제임스는 외부의 존재가 우리의 주의를 빼앗더라도 무엇에 주의할지 동의하는 것은 우리가 결정하는 것이므로 주의력을 어디에 배분할지는 궁극적으로 우리가 통제한다고 보았다. 그는 특히 우리가 자유 의지를 가지고 있는지, 그리고 그것이 어떻게 작용하는지에 대해 깊이 탐구했다. 그의 관점에서 "주의 노력", 즉 생각의 방향을 결정하는 행위는 곧 "의지의 본질적 현상"이었다.[9] 이 둘은 하나이며 동일한 것이었다. 그러니 주머니 속의 주의력 상자가 내 의지에 반하여 나에게 주의를 강요할 때, 내가 나 자신에게서 소외된다고 느끼는 것은 너무도 당연한 일이다.

구급차의 사이렌은 시끄럽고 혼잡한 도심에서 성가시게 느껴질 수 있지만, 적어도 사회적으로 유용한 목적을 가지고서 우리의 주목을 끈다. 반면 그리스 신화 속 사이렌이 우리의 주의를 강제로 앗아가는 이유는 우리의 죽음을 앞당기는 데 있다. 오디세우스는 밀랍과 돛대를 이용해 자신의 주의를 적극적으로 관리하고자 했다. 호메로스의 문장은 극적인 표현을 담고 있지만, 주의력 시대를 살아가는 우리에게는 거의 평범하게 느껴지기도 한다. 오늘날 온라인과 오프라인을 막론하고 이 순간을 살아간다는 것은 마치 돛대에 묶인 채 끊임없이 몸부림치며 싸우는 것과 같기 때문이다. 여러 사람, 기기, 기업과 악의적인 행위자가 우리를 함정을 빠뜨리기 위해 쉴 새 없이 보내는 사이렌 소리에 맞서, 우리는 자기 존재의 통제권을 지키기 위해 끊임없이 분투하고 있다.

그것은 기본적으로 우리가 자기 마음을 위해 구축한 세계다. 글쎄, 정확히 말해 '우리' 자체라고는 단언할 수 없을지도 모른다. 주의력 시대에 비즈니스와 제도를 구축하는 과정에서 우리의 행위 주도성agency은 상당한 논쟁의 대상이다. 우리의 가장 깊은 기저에 자리한 생물학적 본능과 글로벌 자본주의의 학습된 천재성이 결합하면서, 우리는 끝없는 실험의 대상으로 전락하고 있다. 인류 역사상 가장 거대한 기업들은 수십억 달러를 투자해 우리가 무엇을 갈망하는지, 그리고 그 갈망 중 얼마를 수익으로 전환할 수 있는지를 연구하고 있다. 우리 존재 속에서 주의력은 우리 자신을 구성하는 요소다. 그러나 외부의 관점에서 주의력은 마치 시냇물 아래 놓인 금덩이나 바위 속의 기름 같은 존재인 것이다.

비록 내가 직업상 이런 질문들에 특히 몰입하는 사람이긴 하지만, 사실 우리 모두 어느 정도는 이런 생각을 하고 있지 않을까? 자신의 의지에 반해 분열되고 주의가 산만해지는, 소외의 경험. 그 자리에 있지만 마치 존재하지 않는 것 같은 느낌. 당신이 어느 도시나 마을에서 밤낮으로 낯선 사람들을 찾아다니며 조사한다고 해도, 자신의 주의 집중 시간 attention span *이 무척 길고 집중력도 매우 좋다고 말하거나, 주의 산만 요소가 더 많으면 좋겠다고 말하는 사람, 혹은 전자기기 화면을 보면서 더 많은 시간을 보내고 싶다고 말하는 사람은 단 한 명도 찾을 수 없을 것이다. 마치 교통 체증처럼 오늘날 휴대폰은 전 세계인의 불만 요소이자, 이발소나 슈퍼마켓 계산대에서 쉽게 화제가 되는 주제다. 처음에는 거대 테크 기업들이 우리에게 파우스트적 거래를 제안한다는 의견이 소수의 경고에 불과했지만, 이제 그것은 하나의 새로운 통념으로 자리 잡았다. 지금의 상황이 좋지 않으며, 그 원인은 우리가 매일 사용하는 테크놀로지에 있다는 이야기다. 휴대폰은 우리를 점점 죽음으로 몰아가고 있다.

    그러나 이러한 생각을 액면 그대로 받아들이고 탐구를 계속하기에 앞서, 이렇게 빠르게 형성된 통념을 좀 더 깊이 파헤쳐볼 필요가 있다. 우리는 언제나 이러한 사고 패턴을 반복하는 데 그치는 것은 아닌가? 사람들은 언제나 세상이 이 지경이 된 원인을 요즘 아이들에게 돌리거나, (인쇄기나 증기 기관 같은) 새로운 테크놀로지가 우리를 파멸로 이끌 것이라고 말해오지 않았는가?

---

*   주어진 과업 수행을 계속해나갈 수 있을 정도로 과업과 무관한 자극을 배제하고, 과업과 관련된 정보는 계속 처리할 수 있는 시간을 말한다.

플라톤의 《파이드로스》에서 소크라테스는 새로운 테크놀로지, 즉 '글쓰기'의 위험성에 대해 반은 설득력 있고 반은 우스꽝스럽게 여겨지는 말을 장황하게 늘어놓는다. 그는 이렇게 경고한다. "[글쓰기는] 그것을 배운 사람들의 영혼에 망각을 심어줄 것이다. 글에 의존하게 되면서 사람들의 기억력이 퇴화할 것이다. 더 이상 스스로 기억하지 않고 외부적인 표지를 거쳐 기억하게 될 것이다. 당신이 발견한 것은 기억하는 방법이 아니라 상기시키는 방법일 뿐이다."[10]

역사상 가장 위대한 사상가 중 한 명이 글쓰기에 대해 우려를 표명한 방식은 현대인들이 비디오 게임에 대해 걱정하는 것과 비슷했지만, 역사를 돌아볼 때 글쓰기가 인류 발전에 상당히 긍정적인 영향을 미쳤다는 주장은 타당해 보인다. 사실 소셜 미디어에 대한 모든 정당한 비판과 언제 어디서나 연결 가능한 경험에도 불구하고, 이런 심각한 경고들이 어쩌면 일종의 친숙한 신경증적 히스테리에서 비롯된 것으로 의심될 때가 자주 있다. 육아 서적과 차단 소프트웨어에는 '스크린 타임'과 각종 기기들이 아이들의 뇌 발달에 초래하는 치명적인 위험에 대한 관리를 다룬 하위 장르가 따로 있을 정도다. 도덕적 공황의 과도한 흉포함이 보다 폭넓은 문화적 대화를 지배하고 있다. 2009년, 《데일리 메일》은 "페이스북을 사용하면 암에 걸릴 위험이 높아질 수 있다"며 독자들의 경각심을 불러일으켰다.[11] 《뉴욕 포스트》는 스크린이 아이들을 "정신병적인 중독자"로 만드는 "디지털 헤로인"이라고 경고했다.[12] CBS는 "소셜 미디어를 사용하는 십대들이 멍청한 아이들에서 위험한 아이들로 변하고 있다"는 우려를 표명했다.[13] 《애틀랜틱》 또한 "스마트폰이 한 세대를 파괴했는가?"라는 질문을 던진 여러 매체 중 하나였다.[14] 사회심리학자 조너선 하이트Jonathan Haidt 는 《불안 세대The Anxious Generation》(2024)라는 저서에서, 언제 어디서나 스마트폰의 사용이 가능해지면서 십대와 어린이 세대 전체가 전례 없는 수준의 우울증, 불안, 자해로 내몰렸다고 주장했다. 이 논쟁적인 주장은 일부 학자들로부터 너무 과장되었다는 비판을 받았지만, 책은 압도적인 베스트셀러로 자리 잡았고, 이를 계기로 미국 전역의 학부모들과 학교들은 학생들의 교내 휴대폰 사용을 금지하기 위한 노력을 조직적으로 전개했다.[15]

주의력 시대의 영향에 대한 가장 심각하고 충격적인 묘사는 관련 설계자들에게서 나온다. 넷플릭스의 인기 다큐멘터리 〈소셜 딜레마The Social Dilemma〉(2020)는 전직 구글 직원이자 내부 고발자인 트리스탄 해리스Tristan Harris를 비롯한 실리콘 밸리 출신 인사들의 증언을 통해 우리의 주의를 채굴하는 앱이 지닌 은밀한 파급력을 경고한다. 냅스터Napster 창립자이자 페이스북 초기 투자자 중 한 명인 숀 파커Sean Parker 는 자신을 '양심적 소셜 미디어 거부자'라 칭하며 이렇게 말한다. "소셜 미디어가 우리 아이들의 뇌에 어떤 영향을 미치는지는 신만이 알고 있을 것이다."[16] 그의 우려에 동조하는 사람도 많다. 2018년 《뉴욕 타임스 매거진》 기사에서는 자신이 설계한 제품을 자녀들에게는 사용하지 못하게 하는 실리콘 밸리 직원들 사이에 존재하는, 이른바 "스크린과 아이들에 관한 비밀스러운 합의"를 추적한다. 같은 해 《뉴욕 타임스》와의 인터뷰에서 페이스북의 한 전직 직원은 이렇게 말했다. "나는 확신한다. 악마가 우리 휴대폰 속에 살면서 우리 아이들을 파괴하고 있다."[17]

나도 이에 동의하는 편에 가깝다. 하지만 휴대폰의 사악함에 대한 대화가 고전적인 도덕적 공황처럼 들린다는 점에서는 조금 움츠러들기도 한다. 사회학자 스탠리 코언Stanly Cohen은 저서 《사회의 적과 도덕적 공황》(1972)에서 다양한 종류의 청소년 문화, 특히 1960년대 영국의 모드족Mods과 로커족Rockers*을 둘러싼 히스테리를 연구하면서 '도덕적 공황'이라는 용어를 처음으로 사용했다. 그는 "사회는 때때로 도덕적 공황의 시기를 겪는 것으로 보인다"고 말한다. 코언의 설명에 따르면, 특정 집단이나 문화적 경향은 "사회적 가치와 이익에 대한 위협으로 규정되면서 부상한다. 매스 미디어는 이들의 성격을 양식화되고 정형화된 방식으로 묘사한다. 그 과정에서 편집권자, 주교, 정치인, 그리고 그 밖에 올바른 생각을 가진 사람들이 도덕적 바리케이드를 구축한다. 사회적으로 공인된 전문가들은 이에 대한 진단과 해결책을 제시한다".[18]

이 같은 익숙한 패턴은 특정한 문화적 경향이나 집단뿐 아니라 새로운 기술에도 적용된다. 초기의 흥분과 경이로움은 금세 공포와 패닉으로 변하게 된다. 19세기 후반, 비용이 적게 드는 인쇄 기술의 발달로 페이퍼백과 다임 노블dime-store novels**이 등장했을 때, 한 평론가는 이 장르의 출판인들을 "음란한 이야기와 불순한 사례로 사

---

* 가죽옷을 입고 오토바이를 몰며 로큰롤을 듣던 1960년대 영국의 청년들을 말한다.
** 5~10센트에 판매된 대중 소설의 한 형태.

회를 오염시키는" 존재로 깎아내렸다. 그는 이들을 도덕적 궤양이자 역병의 온상으로 묘사하며, "과거 나환자들을 사회에서 추방하고 사람들에게 역병의 위험성을 경고하고자 '더럽다'고 외쳤듯, 그렇게 다루는 것이 마땅한 나환자"라고 맹비난했다.[19] 1929년, 라디오가 미국을 지배하는 주요 미디어로 떠오르자 《뉴욕 타임스》는 "라디오 소음이 질병을 유발하는가?"라는 질문을 제기하고, 독자들에게 "의사들과 과학자들 사이에서 라디오의 등장이 신경 장애를 포함한 여러 질병을 야기했다는 데에 일반적 합의가 이루어졌다"면서 "인간의 신체는 휴식이 필요하며, 재즈 리듬의 속도에 맞춰 영원히 움직이는 것은 불가능하다"고 경고했다.[20]

웹툰 《xkcd》의 작가이자 탁월한 일러스트레이터인 랜들 먼로Randall Munroe의 타임라인 웹툰 〈근대적 삶의 속도The Pace of Modern Life〉(2024)에는 산업사회의 근대성, 특히 커뮤니케이션의 발전 속도와 쉽게 접근할 수 있는 정보의 확산이 우리의 마음에 미치는 영향에 대한 현대 비평가들의 불안이 잘 묘사되어 있다. 먼로는 《선데이 매거진》의 1871년 기사를 인용하여 "편지 쓰기의 예술이 빠르게 사라지고 있다"는 사실을 애도하며 타임라인을 시작한다. "우리는 정작 종이를 매개로 좋은 대화를 나누는 대신, 급히 작성한 수만 가지 짧은 메모를 쏟아낼 뿐이다."[21] 이어서 그는 사람들의 주의 집중 시간이 줄어들고 있다는 한 정치인의 1894년 발언을 인용한다. 그 정치인은 사람들이 책을 읽지 않고 "요약의 요약"에 만족하며, "여러 주제에 손을 대고" "피상적인 형태로 정보를 수집함으로써 훌륭한 작품에 집중하는 습관"을 잃어가고 있다고 경고한다. 그리고 내가 이 웹툰에서 개인적으로 가장 좋아하는 대목은 1907년《교육 저널》에 게재된 메모로, 새로운 "현대적인 가족 모임", 즉 "모닥불 옆에 조용히 둘러앉아 각자 좋아하는 잡지에 머리를 파묻고 있는 모습"을 한탄하는 대목이다.[22]

이 모든 것은 이제 우스꽝스럽고 과장된 것처럼 보인다. 그런데 근대성이 우리에게 가져다준 변화에 대한 일관된 경고와 애도에는 두 가지 관점이 존재한다. 첫째 관점은 이를 단순히 별난 일로 받아들이는 것이다. 새로운 기술이나 미디어가 등장할 때마다 그 영향에 놀라는 사람들은 항상 있었지만, 시간이 지나면 결국 괜찮다는 사실을 알게 된다는 것이다. 예를 들어 잡지의 등장을 생각해보자. 사람들은 잡지가 아이들의 뇌를 썩게 하거나 가정생활의 방식을 파괴하지 않는다는 사실을 결국 깨닫게 되었다.

그러나 나는 이 관점에 동의하지 않는다. 오히려 나는 기술과 미디어에 관해 가속화되는 이런 불만과 우려가 대체로 타당하다고 생각한다. 글쓰기가 처음 등장했을 때, 그것은 이제껏 소중하게 유지되던 모든 종류의 오래된 사고방식과 의사소통 방식에 대한 진정한 위협이 되었다. 인쇄기의 발명, 대중의 문해력 증가, 라디오와 텔레비전의 등장도 마찬가지였다. 그리고 기술이 가장 새로운 것으로 부상하여 우리 손에 직접 닿을 만큼 가장 '핫한' 것으로 자리 잡을 때, 그 기술은 가장 강렬히 불타오르게 마련이다.

우리가 근대성이라고 부르는 경험은 곧 우리의 주의력을 요구하는 삶의 속도, 정보의 범위, 그리고 자극의 원천이 끊임없이 증가하는 세상에서의 경험이다. 이러한 발전 과정의 상승 국면은 종종 현기증을 유발한다. 헨리 데이비드 소로Henry David Thoreau가 1845년 여름에 월든 연못Walden Pond*으로 도피한 것도 바로 이러한 경험, 즉 근대성의 공격적인 전재성omnipresence과 그것이 인간의 판단력을 흐리는 방식으로부터 멀어지기 위해서였다. 소로는 우리의 이른바 근대적 발전에 대해 "환상이 있다"고 하면서, "발전이 언제나 긍정적인 것만은 아니다. 우리의 발명품은 종종 예쁜 장난감에 불과하며, 진지한 일에 주의를 기울이지 못하도록 우리의 시선을 분산시킨다"고 쓰고 있다.[23]

이 특정 시대에 인간으로 산다는 것이 무엇을 의미하는지 명확히 이해하려면, 우리는 먼저 매 순간 무엇이 새롭고 무엇이 새롭지 않은지, 새로운 기술이나 혁신이 무엇을 추동하는지, 그리고 인간 사회에 무엇이 본질적으로 내재되어 있는지를 질문해야 한다. 예를 들어 다수 대중이 사실이 아닌 것을 믿는 현상은 결코 새로운 일이 아니다. 사람들이 페이스북의 '허위 정보disinformation' 탓에 마녀재판이나 집단 학살에 가담했던 것은 아니다. 다만 별다른 마찰 없이 들불처럼 번지는 글로벌 커뮤니케이션이 그러한 사건의 촉진제로 작용한다는 점은 분명하다. 사실 이는 완전히 새로운 현상도 아니다. 우리

---

*   소로가 자신의 멘토이자 지인인 랠프 월도 에머슨을 따라 전원주택을 지은 매사추세츠 주 콩코드 인근 지역을 말한다. 소로는 이때의 거주 경험을 바탕으로 에세이집 《월든》(1854)을 집필했다.

는 항상 공허한 마음을 채우고자 하는 욕망을 품어왔다. 20세기 초의 전차 통근자들을 피사체로 담은 사진을 보자. 양복에 모자 차림으로 만원 전차를 탄 남성들은 하나같이 신문을 읽고 있다. 현대 사회의 통근자들이 휴대폰 화면에 집중하는 것처럼 말이다. 그러나 우리가 휴대폰과 맺는 관계가 당시에 전차 승객들이 신문과 맺었던 관계와 근본적으로 다르다는 점 역시 명백하다.

요한 하리Johann Hari는 주의력 경제attention economy를 다룬 저서 《도둑맞은 집중력Stolen Focus》(2022)에서 《훅Hooked》(2014)의 저자 니르 이얄Nir Eyal과 이 문제를 두고 약간의 논쟁을 벌인다. 이얄은 소셜 미디어에 대한 극단적 반응이 20세기 중반 만화를 둘러싼 도덕적 공황의 현대적 버전에 불과하다고 주장한다. 당시 미국 상원에서는 만화가 청소년에게 미치는 영향에 대한 일련의 고위급 청문회를 열었다. 이얄은 휴대폰과 소셜 미디어에 대한 오늘날의 암울한 경고들이 "1950년대의 만화 논쟁과 토씨 하나 다르지 않다"고 단언하며 다음과 같이 말한다. "상원에 출석한 사람들은 의원들에게 만화가 아이들을 중독된, 정신이 납치된 존재[좀비]로 만든다고 말했는데, 이는 문자 그대로 지금과 같은 상황이다. (…) 오늘날 우리는 만화가 완전히 무해하다고 생각한다."[24]

결국 만화에 대한 우려는 기우에 지나지 않았고, 돌이켜보면 당시의 우려는 어리석은 패닉처럼 보인다. 하지만 이것은 또 다른 핵심 질문을 제기하지 않을까? 새로운 것과 그렇지 않은 것의 문제와 더불어 유해한 것과 무해한 것에 대한 더 깊은 문제도 있다. 이 두 가지는 종종 혼동되기 쉽다. 유럽에서 흡연자가 처음 폭발적으로 증가했을 때, 흡연에 대한 경각심을 불러일으키는 사람들이 있었다. 1604년, 영국의 제임스 1세는 흡연을 강하게 비난하며 이렇게 말했다. "눈에는 역겹고, 코에는 불쾌하며, 뇌에는 해롭고, 폐에는 위험하며, 그 검고 악취 나는 연기는 끝없이 깊은 구덩이에서 피어오르는 저승길 스틱스강의 끔찍한 연기를 빼닮았다."[25] 당시에는 이러한 발언이 지나치게 히스테릭하고 고상한 척하는 것으로 들렸을지 모르지만, 그 내용은 사실 전적으로 정확했다. 얼마 전, 비틀즈Beatles의 〈렛 잇 비 Let It Be〉 녹음 시기를 다룬 피터 잭슨Peter Jackson의 다큐멘터리를 보았다. 훌륭한 작품이었지만, 녹음 세션마다 흡연자들이 피우는 여러 개비의 담배가 내 집중력을 흩뜨리고 불안감을 자극했다. 비틀즈가 마지막 앨범을 녹음한 1969년은 이미 담배의 유해성을 입증하는 연구가 제법 발표된 시점이었다.[26] 하지만 문화와 법과 각종 규제가 흡연을 단호히 반대하는 방향으로 전환되고, 흡연이 대부분의 공공장소에서 금지되기 시작한 건 그 후로도 30년이 더 걸렸다.[27]

앞으로 50년 후의 세상은 어떤 모습일까? 사람들이 지금의 영상을 보면서, 모두가 끊임없이 휴대폰을 만지작거리는 모습에 내가 링고 스타Ringo Starr의 줄담배를 보며 느낀 것과 같은 생각을 하게 될지 궁금할 때가 있다. 그만해. 당신 그러다 죽어! 실제로 미국 공중위생국장은 소셜 미디어에도 담뱃갑에 표시되는 것과 같은 건강 경고 라벨을 의무적으로 표시할 것을 촉구했다. 그러나 이에 대해 청소년 정신 건강 연구자들은 그런 과감한 조치를 정당화할 만한 연구 결과가 충분하지 않다고 반박했다.[28] 우리의 디지털 라이프에 대한 논쟁은, 적어도 담론에 반영된 바에 따르면, 기본적으로 다음과 같은 질문으로 요약된다. 글로벌하고 언제든 접속 가능하며 사용자를 온라인 생활에 몰입시키는 소셜 미디어 세계의 발전을, 만화나 담배와 같은 것으로 봐야 하는가?

인간의 주의력을 어떻게 이해할 것인가

나의 주장은 우리가 지금 경험하고 있는 대전환transformation의 규모가, 가장 당혹스러워했던 비평가들이 상상하는 것보다 훨씬 더 광범위하고 더 친밀한 방식으로 우리에게 영향을 미치고 있다는 것이다. 다시 말해, 현재 비판론자들이 주의력 경제와 소셜 미디어의 재앙에 대해 제기하는 논점의 주된 근거는 (몇 가지 주목할 만한 예외를 제외한다면) 여전히 미진하다. 도덕적 규탄으로 점철된 수사학은 우리가 경험하는 대전환의 수준을 애서 과소평가하고 있다. 우리는 휴대폰을 문제 삼고 싶어 하는 유혹에 빠지기 쉽다. 하지만 휴대폰은 문제의 원인이 아니라 단지 증상일 뿐이다. 이는 우리 삶의 질을 변화시키는 일련의 힘들이 만들어낸 자연스러운 결과에 지나지 않는다.

주의력 경제는 국민에게 강요되는 나쁜 신약이나 부정적인 영향을 광범위하게 미치는 중독성 물질, 또는 사회적인 영향을 널리 끼치는 파괴적이고 새로운 형태의 미디어와는 다르다. 그것은 훨씬 더 심오하면서도 전혀 다른 차원의 문제이다. 이 시대의 가장 큰 특징은 우리의 주의력이 가장 중요한 자원이자, 동시에 우리를 인간답게 만드는 본질적 요소라는 데 있다. 토지, 석탄, 자본 같은 외부의 자원과 달리 이 시대의 주요 자원은 우리의 정신 속에 있다. 그리고 이를 추출하려면 우리의 마음 깊숙이 시추해야 한다.

모두가 적어도 내면적으로는 주의력의 가치를 직관적으로 이해한다. 우리가 주의하는 것들이 우리의 내적 삶을 구성하기 때문이다. 우리는 주의력을 잃게 되면 상실감을 느낀다. 그렇지만 주의력은 외부 세계에서도 대단히 귀중한 가치를 지닌다. 그것은 우리가 맺는 관계에서부터 노동자, 소비자, 시민으로서의 행동 방식에 이르기까지 우리가 하는 거의 모든 일의 기초가 된다.

이를 설명하기 위해 간단한 사고 실험을 해보자. 당신이 내일 지방정부 공직에 출마하기로 했다고 가정해보자. 가장 먼저 당신은 구글 검색을 통해 필요한 서류 목록, 제출 마감일, 그리고 몇 명의 서명이 필요한지 등을 확인할 것이다. 선거 자금은 어떻게 모아야 할까? 그리고 유권자들에게 자신을 어떻게 알릴 것인가? 이 두 가지 작업을 위해 당신은 아마도 소셜 미디어를 활용해 이웃이나 친구, 친척 등에게 다가갈 것이다. 나아가 행사를 주최하거나 거리 유세를 할 수도 있고, 지역 농산물 직매장, 볼링장, 지하철역 등에서 유권자들과 악수하고 자신을 소개할 수도 있다. 선거 캠프에서 일할 직원이나 메시지, 피켓도 필요하고, 주요 현안에 대한 견해를 세울 필요도 있다. 그러나 근본적으로 선거에서 승리하기 위해서는 반드시 유권자들의 관심을 끌어야 한다. 선거 운동의 모든 측면에서 일을 성공적으로 진행하려면 반드시 사람들의 관심을 끌 수 있어야 한다.

다른 예를 들어보자. 당신은 창업을 구상하고 있다. 팬데믹 기간에 하바네로 고추의 매운맛이 살짝 가미된 특별한 초콜릿 칩 쿠키 레시피를 개발했고, 시식한 사람들은 하나같이 좋은 반응을 보였다. 이제 당신은 사업을 시작하기 위해 사업체 등록, 적절한 장비 확보, 사업자 대출 신청 등 운영상의 여러 문제를 고민해야 한다. 그런데 이때 당신이 처한 상황은 선거 운동을 하는 사람의 상황과 본질적으로 다르지 않다. 쿠키라는 상품을 사람들에게 어떻게 알릴 것인가? 어떻게 관심을 끌 것인가? 이 질문에 대한 답은 구직에서 구애에 이르기까지, 현대인의 다양한 노력의 기초가 된다.

주의력은 일종의 자원이다. 그것은 가치 있는 것이며, 그 가치는 주목받는 자의 몫이다. 오랫동안 사람들은 이를 진리로 받아들여왔다. 카리스마 있는 지도자, 선동가, 쇼맨, 선교사, 유능한 영업사원, 마케팅 담당자, 광고업자 등은 모두 주의를 끌어 부와 권력을 축적했다. 세월이 흐르며 변한 것은 주의력의 상대적 중요성이다. 이제 주의를 끄는 데 성공한 사람들은 부를 쌓고, 선거에서 승리하며, 심지어 정권을 무너뜨릴 수도 있다. 어느 순간, 우리가 어디에 주목하는지를 통제하려는 싸움은 (누구에게 무엇을 듣고, 사랑하는 이들과 언제 그리고 어떻게 함께하는지와 같은) 우리의 내적 삶에서부터 (어떤 사회적 관심사가 논의되고 입법으로 이어지며 그중 어떤 것은 무시되는지, 어떤 죽음이 널리 애도되고 어떤 죽음이 조용히 잊히는지와 같은) 우리의 집단적 공공 생활에 이르기까지 모든 것을 재조정한다. 가장 폭넓은 범주의 인간 조직을 망라하는 인간 삶의 모든 측면이 관심을 추구하는 과정에서 재조정되고 있다.

어쩌다 일이 이렇게 되었을까? 20세기 후반에 이르러 많은 선진국이 산업 및 제조업 기반 경제에서 디지털 경제로 이행하기 시작했다. 1961년, 자산을 기준으로 미국의 10대 기업 중 6곳이 정유 회사였다.[29] 이들이 통제하던 자산, 즉 화석연료는 전후 세계 질서 속에서 가장 가치 있는 단일 자원으로 여겨졌다. 정유 회사들과 함께 포드 자동차 같은 자동차 제조사, 그리고 듀폰DuPont 같은 거대 산업체도 이 명단에 이름을 올렸다.

오늘날《포브스》가 선정한 미국 주요 기업 순위의 상단은 메가뱅크들과 함께 마이크로소프트, 애플, 그리고 구글 모회사 알파벳, 메타, 아마존 등의 테크 기업들이 차지하고 있다.[30] 경제 활동의 중심은 원자를 다루는 기업에서 비트를 다루는 기업으로 옮겨갔다. 우리는 보통 이 새로운 형태의 경제 생산이 정보와 데이터에 기반하여 부상한다고 생각하는 경향이 있다. "데이터는 새로운 석유다"라는 말은 우리 시대의 슬로건이 되었다. 방대한 양의 정보를 통제하는 이들이 오늘날의 파워 브로커로 자리잡았다.

이런 견해가 전적으로 틀린 것은 아니다. 정보는 분명히 사활이 달린 중요한 자원이다. 그러나 이 견해는 우리 시대의 매우 독특하면서도 중요한 측면을 크게 오해하고 있다. 정보는 희소한 자원의 반대다. 정보는 어디에나 존재하며, 세상에는 언제나 더 많은 정보가 생겨날 것이다. 정보는 생성되거나 복제될 수 있으며, 여러 주체가 동일한 정보를 동시에 가질 수도 있다. 여기서 잠시 당신의 개인 데이터, 즉 신원과 선호도 정보를 떠올려보라. 아마도 이 정보를 보유한 회사가 6곳일 수도, 100곳일 수도, 심지어 1,000곳에 이를 수도 있다. 이 정보가 당신이 접하는 광고에 영향을 미칠 수도 있지만, 당신은 이를 인식하지 못할 가능성이 크며 기능적으로도 별문제가 되지 않는다. 그러나 누군가가 당신의 주의를 끌었다면, 당신은 그 사실을 즉시 알게 된다. 주의력은 정보와 달리 여러 곳에 동시에 존재할 수 없기 때문이다.

우리 집 뒷마당에 피크닉 테이블을 놓았다고 생각해보자. 이웃이 내 아이디어를 베껴 자기네 뒷마당에 피크닉 테이블을 놓더라도, 내 경험은 거의 달라지지 않는다. 그러나 만약에 이웃이 내 피크닉 테이블 자체를 훔쳐 간다면, 내 삶은 훨씬 더 나빠질 것이다. 저명한 법학자 로런스 레식 Lawrence Lessig은 지식 재산과 유체 재산의 차이를 설명하기 위해 이 사례를 든다. 그리고 이는 정보와 주의력의 차이를 설명하는 데도 매우 유용하다.[31] 여기서 정보는 피크닉 테이블과 관련된 아이디어를 의미하며, 주의력은 피크닉 테이블 자체를 의미한다. 이 책에서는 정보와 주의력의 관계에 대해 더 깊이 논의하겠지만, 우선 정보가 무한할지라도 주의력은 제한적이라는 공리를 강조하며 시작하고자 한다. 무엇보다 가치는 희소성에서 비롯되므로, 주의력은 대단히 큰 가치를 지닌다.

이제 우리 시대의 최대 기업 순위로 돌아가보자. 이들 대다수는

IT 기업이 아니라, 더 정확히 말하면 금융 회사와 주의력 기업이다. 그중에서도 애플은 2007년 아이폰 출시를 통해 주의력 시대를 가장 독보적으로 열어젖힌 기업이다. 마이크로소프트는 수억 명에 달하는 사용자의 관심을 하루 종일 사로잡는 운영 체제를 제공할 뿐만 아니라, 자석처럼 유저들의 관심을 끌어들이는 게임 콘솔 엑스박스를 운영한다. 유튜브를 운영하는 알파벳은 인터넷 최대의 광고 네트워크를 통해 우리의 주의력을 돈으로 바꾸는 기업이다. 메타와 중국 최대 소셜 네트워크 위챗WeChat을 만든 텐센트Tencent도 마찬가지로 시선eyeballs을 돈으로 바꾸는 기업이다.

아마존은 최상위 기업 목록에 이름을 올리고 있는, 중국 시장을 제외하면 세계 최대의 온라인 유통업체다. 하지만 아마존을 단순히 '유통업체'라고 부르는 것은 그들의 시장 지배력의 원천을 잘못 설명하는 것이다. 아마존은 주의력 기업이자 물류업체며, 상품 판매는 그에 따른 부차적 역할일 뿐이다. 우리는 아마존에서 상품을 검색할 때마다 사실상 동일한 상품을 수십 개씩 접하게 된다. 이 상품들은 대부분 잘 알려지지 않은 곳의 들어본 적도 없는 회사들이 제조한 것들로, 아마존이 소유하는 검색 순위 상위 이른바 이목이 집중되는 공간을 차지하기 위해 치열하게 경쟁하고 있다. 많은 경우 아마존은 어떤 상품이 상위에 있는지 파악한 뒤, 중간업체를 밀어내고 자체 브랜드 제품을 생산한다.

아마존은 주의력 시대에 제품을 생산하는 것보다 소비자의 관심을 끄는 것이 판매에서 더 중요한 요소임을 보여주는 가장 단적인 사례다. 산업화 시대에 등장한 광고의 기본 모델은 기업이 제품이나 서비스를 개발한 후 광고와 마케팅을 통해 이를 소개하고 사람들의 관심을 끄는 것이었다. 그러나 산업화 시대 초기부터 존재했던 또 다른 모델이 있다. 바로 스네이크 오일snake oil*과 건강보조제 모델이다. 스네이크 오일 모델에서는 고객의 상상력을 사로잡는 마케팅과 관심 끌기가 기업 활동에서 가장 중요한 부분이다. 제품의 효력은 그다음 문제로, 많은 경우 노골적인 사기 행위에 가깝다.

전 세계적으로 소득이 증가하고 소비자 선택의 폭이 넓어지면서, 주의를 끌기 위한 경쟁이 더욱 치열해지고 있다. 우리는 이 두 모델 간에 상대적으로 강조되는 점이 빠르게 바뀌어가는 모습을 목격하고 있다. 대개 소비자의 관심을 끄는 능력이 실제로 제공하는 상품이나 서비스 자체보다 더 중요하다.

탈냉전기 자본 확장과 무역 장벽의 급격한 축소 속에 글로벌화 시대가 막 시작될 무렵, 나오미 클라인Naomi Klein은 대표작《슈퍼 브랜드의 불편한 진실No Logo》(1999)을 출간했다. 이 책에서 클라인은 점점 더 많은 기업이 생산을 중국과 남반구로 아웃소싱하면서, 제품과 브랜드의 관계가 약화되는 새로운 형태의 자본주의가 등장했다고 주장했다. 이제 브랜드는 제품의 핵심 요소가 되었다. 운동화 자체가 아니라, 나이키 운동화에 새겨진 작은 '스우시swoosh' 마크가 브랜드

---

* 만병통치약으로 속여 파는 엉터리 약을 뜻하는 말로, 정치권에서 상대 후보의 공약을 비판할 때 자주 쓰는 표현이다. 19세기 후반 미국의 대륙 횡단 철도 개척 시대에 중국에서 넘어간 노동자들이 판매하던, 중국 물뱀으로 만든 특효약에서 유래했다.

를 상징하는 시대가 된 것이다. "오늘날 잘 알려진 제조업체 중 상당수는 더 이상 직접 제품을 생산하거나 광고하지 않는다. 대신 제품을 구매한 후 이를 '브랜드화'한다. 따라서 기업들은 브랜드 이미지를 구축하고 강화하기 위한 창의적이고 새로운 방법을 끊임없이 모색한다. (…) 이들 기업이 주로 생산하는 것은 물건이 아니라 (…) 브랜드 이미지다. 이들의 본업은 제조가 아니라 마케팅인 것이다."32

이런 일은 현대 자본주의에서 너무나 흔해 우리는 쉽게 알아차리지 못한다. 그리고 주의력 시대에 이르러 그것은 결국 논리적인 결말에 도달하게 되었다. 우리는 선호하는 세제, 화장지, 펫 사료, 치약에서부터 자연스럽게 선택하는 자동차 브랜드에 이르기까지 꾸준한 소비 습관을 가지고 있다. 게다가 스스로 이 충성심이 제품 자체에 대한 것이라고 믿는다. 하지만 때때로 재앙이나 혼란이 발생하면, 우리는 브랜드 뒤에 가려진 실제 '제품'이 얼마나 비슷비슷한지 깨닫게 된다.

2007년, 캐나다의 펫 사료 기업 메뉴푸드Menu Foods는 독성 화학물질인 멜라민에 오염된 일부 제품을 리콜했다. 이 사료를 먹은 개와 고양이는 질병에 걸리거나 심한 경우 죽음에 이르렀다.33 이것만으로도 충분히 심각한 일이지만, 더 큰 문제는 메뉴푸드가 중국의 오염된 공장에서 생산된 제품을 미국 대부분의 펫 사료 브랜드에 공급하고 있었다는 사실이다. 콜게이트-파몰리브Colgate-Palmolive에서 피앤지P&G에 이르기까지 거의 모든 유명 식품 대기업 브랜드가 메뉴푸드와 거래하고 있었으며, 세이프웨이Safeway와 크로거Kroger를 비롯한

여러 상점에서 판매되는 대부분의 '일반' 브랜드 펫 사료도 예외가 아니었다.[34]

다시 말해 어떤 반려동물 사료를 구입하든 결국 거의 같은 제품을 사게 된다는 것이다. 배리 린Barry C. Lynn은 현대 독점 자본주의를 다룬 저서에서 "메뉴푸드의 리콜은 총 150가지 다른 이름으로 판매된 제품들을 대상으로 이루어졌다"고 지적했다. "아마도, 특히 프리미엄 제품에 돈을 쓰는 반려동물 주인들에게 더 불편한 진실은, 리콜을 통해 아이엠즈나 힐스 사이언스 다이어트 같은 고급 브랜드가 슈퍼밸류나 프라이스 초퍼 같은 라벨이 붙은 캔과 똑같은 메뉴푸드의 포장 라인을 통해 생산되었다는 사실이 밝혀진 것이다."[35]

브랜드란 무엇인가? 가장 기본적인 수준에서 브랜드는 소비자가 알아볼 수 있는 일련의 표지다. 그것은 단지 나이키의 스우시나 아디다스의 3바 로고 같은 물리적 식별자에 불과하다. 브랜드의 역할은 단 하나, 바로 당신의 관심을 끄는 것이다. 브랜드는 일종의 사이렌과 같다. 당신이 배경 소음 속에서도 그 소리를 듣고, 슈퍼마켓 통로에서 번쩍이는 불빛을 발견하게 된다면, 브랜드는 이미 제 역할을 다한 것이다.

비록 이런 표현을 쓰지는 않았지만, 클라인은 주의력 경제가 실물 경제를 잠식하는 과정을 정확히 포착했다. 나이키 같은 기업의 가치는 대부분 기존 제조 기업들의 기술적 노하우나 (공급망, 공장, 노동력 접근성 같은) 생산 요소가 아니라, 기업이 보유한 스우시 같은 즉각적으로 인식 가능한 주의력 중심 지분에 있다.

주의력 추출이 추동하는 것은 단지 상업적 삶에 국한되지 않는다. 주의력은 점점 더 사회적, 공적, 그리고 정치적 삶을 지배하게 되었다. 19~20세기의 임금 노동과 도시화는 정치에서 주의력을 둘러싼 경쟁의 양상을 완전히 변화시켰다. 유럽에서는 급속한 산업화와 함께 민주주의가 확산되면서 근대적 의미의 대중이 형성되기 시작했다. 여론은 그 어느 때보다 중요한 요소가 되었으며, '대중이 무엇을 생각하는가'는 사람들이 어떤 이슈에 관심을 기울이고 어떤 이슈를 외면하는지, 어떤 후보를 인식하고 어떤 후보를 몰라보는지에 따라 결정되었다.

더욱이 사회가 점점 더 복잡해지면서 시민들의 관심을 끌 만한 이슈의 수도 폭발적으로 증가했다. 1925년, 평론가 월터 리프먼Walter Lippmann은 20세기의 시민들이 떠안게 된 책무가, 자신처럼 가장 교육 수준이 높고 정보가 풍부한 사람들에게조차 버거울 정도라고 지적했다. "나는 [시민에게] 공감한다"며 리프먼은 이렇게 썼다. "그가 불가능한 과제에 파묻혀 있으며, 실현 불가능한 이상을 실천하라는 요구를 받고 있다고 생각하기 때문이다. 나 자신도 마찬가지다. 공적 사안이 나의 주요 관심사이며, 그것이 어떻게 진행되는지를 지켜보는 데 대부분의 시간을 쓰지만, 민주주의 이론이 내게 요구하는 바를 충족할 시간은 도저히 찾을 수 없다. 즉, 무슨 일이 벌어지는지 이해하고, 자치 공동체가 직면한 모든 문제에 대해 가치 있는 의견을 가질 시간이 부족한 것이다."[36]

같은 해, 리프먼은 저서 《환상의 대중The Phantom Public》(1927)에서 말하기를, 유럽에서 카리스마적 파시스트 독재자 베니토 무솔리니Benito Mussolini가 부상한 것은 이탈리아 국민들이 시민으로서의 버거운 책무를 내려놓고 그 대신 개인숭배cult of personality를 받아들인 결과라고 했다. "파시즘 아래의 유럽에서는 새로운 인간 유형이 등장했다. 그는 논리적으로 이유를 제시하거나 올바름을 추구하지 않고, 오직 자신의 의견을 관철하겠다는 결의만을 드러낼 뿐이다." 스페인의 지식인 호세 오르테가 이 가세트José Ortega y Gasset는《대중의 반역The Revolt of the Masses》(1930)에서 이렇게 썼다. "여기서 나는 사회를 지배할 능력이 없음에도 불구하고 그렇게 하기로 결정한 대중의 새로운 사고방식이 가장 분명하게 드러나는 것을 목격한다."[37]

20세기의 카리스마적 선동가들, 그리고 집단 학살로 이어진 세계대전의 경험은 한 세대 전체의 지식인들에게 매스 미디어와 대중 민주주의가 과연 얼마나 양립 가능한지에 대한 의문을 던졌다. 비록 이를 정확히 이러한 표현으로 개념화한 것은 아닐지라도, 이 지식인들은 독재자의 손에—항상은 아니지만 때때로—들어간 매스 미디어가 주의력을 독점하고 나아가 국가를 통제하기까지 하는 그 능력에 대해 고심하고 있었다. 매스 미디어의 존재 자체가 인간적 품위를 가능케 하는 개인의 양심을 앗아가버린 것일까? 교황 비오 12세Pope Pius XII는 1950년에 쓴 글에서 "현대 사회의 미래와 우리 내면의 삶의 안정성이 커뮤니케이션 기술의 힘과 개인의 독자적인 반응 능력 사이의 균형 유지에 크게 좌우된다고 말하는 것은 결코 과장이 아니다"라고 지적했다.[38]

텔레비전의 시대에 대해, 마셜 매클루언Marshall McLuhan에서 닐 포스트먼Neil Postman까지 많은 전문가가 심각한 경고를 내놓았다. 새로운 기기의 광범위한 마약 효과가 대중을 더욱 멍청하고 둔감하게 만들며, 시민들의 자치 능력을 저하시킨다는 것이다. 포스트먼은 "미국인들은 더 이상 서로 이야기하지 않는다. 이제 그들은 서로를 즐겁게 해줄 뿐이다"라고 썼다. "그들은 아이디어를 교환하는 대신 이미지를 교환하며, 명제를 두고 논쟁하는 대신 외모, 셀러브리티, 광고에 대해 논쟁할 뿐이다."[39]

그러나 이 모든 것은 주의력 시대를 알리는 서막에 불과했다. 주의력이 지금처럼 더 많이 요구되고, 더 치열하게 경쟁하며, 더 중요한 적은 없었다.

주의력은 예컨대 지하에 매장된 혼합물인 석유와는 다르다. 주의력은 우리가 누구인지, 그리고 살아 있다는 것이 무엇을 의미하는지와 결코 분리될 수 없다. 사실, 주의력은 가장 근본적인 인간의 욕구다. 인간 종의 신생아는 완전히 무력한 존재로, 다른 이의 주의를 끌지 않고는 생존할 수 없다. 주의력 자체가 유아의 생명을 직접 유지하는 것은 아니지만, 모든 보살핌이 이루어지기 위한 필수 전제 조건임은 분명하다. 방치된 아이는 결국 죽는다. 우리는 주의력을 통해 만들어지고 형성되며, 주의를 끌지 못하면 소멸한다. 이것은 모두가 공유하는, 인간으로서 피할 수 없는 숙명이다. 그러나 지금, 우리의 가장 심층적인 신경망 구조, 인간으로서의 진화적 유산, 그리고 사회적 충동은 우리를 인간으로 만드는 가장 근본적인 것들을 포식하고, 왜곡하며, 파괴하도록 설계된 환경 속으로 우리를 몰아넣었다.

어떤 생명체를 어떻게 보호할지는 궁극적으로 우리가 어떤 죽음에 관심을 기울이느냐에 달려 있다. 만약 내일 여객기 10대가 추락한다면, 모든 항공사는 즉시 운항을 중단할 것이다. 그러나 코로나19 기간에 우리는 그와 같은 규모의 사망자를 무작위적인 겨울철 어느 수요일의 사망자 숫자처럼 당연하게 받아들이게 되었다. 하지만 만약 알카에다가 요양원에 암살단을 보내 노인들을 살해하는 장면을 생중계한다면 우리 사회는 과연 어떻게 반응할까? 아마도 보이지 않는 바이러스가 닫힌 문 너머, 카메라 폰이 닿지 않는 곳에서 일으킨 같은 규모의 죽음에 대한 반응보다 훨씬 더 격렬하고 뜨거우며 집중된 반응이 나올 것이다.

사실 인류가 직면했거나 직면하고 있는 가장 큰 문명적 도전인─인간의 활동이 야기하는─지구 온난화 문제를 해결하기가 대단히 어려운 이유는 그것이 우리의 주의를 피해가는 데 있다. 저명한 작가이자 기후 운동가인 빌 맥키번Bill McKibben은 언젠가 내게 이렇게 말했다. "문제는 지구상에서 가장 위험한 것[이산화탄소]이 보이지도 않고 냄새도 없으며 맛도 없고 우리에게 직접적으로 어떤 작용도 하지 않는다는 것이다."[40] 적어도 너무 늦기 전까지는 말이다.

나는 대중의 주의력이 얼마나 변화무쌍한지 잘 알고 있다. 내가 MSNBC에서 한 시간짜리 케이블TV 프로그램을 진행한 지도 어느덧 10년이 넘었다. 인쇄 저널리즘 출신인 내가 TV 앵커로서 수행하는 주된 역할은 시청자의 관심을 일정 기준선 이상으로 유지해 프로그램이 계속 편성될 수 있도록 하는 것이다. 이는 모든 고차원적인 고려보다 우선시해야 하는, 직업인으로서의 나의 일차적 의무이다.

언제든 발밑이 꺼질 듯한 불안정한 위치에 서 있는 앵커는 시청자의 주의력이 흔들릴 때 생기는 진동을 감각적으로 느낄 수 있다. 마치 서퍼가 파도가 일어나는 순간과 부서지는 타이밍을 배우는 것처럼.

최근의 예로 러시아가 우크라이나를 침공했을 때를 보자. 우리는 즉시 속보를 내보냈으며, 중간 광고는 전혀 넣지 않았다. 며칠 후 중간 광고를 넣기 시작했고, 다시 몇 주가 지나면서 우크라이나 전쟁과 그 밖의 뉴스들을 함께 다루었지만, 여전히 첫 뉴스는 우크라이나였다. 그러나 침공이 시작된 지 45일 후부터는 우크라이나 전쟁 소식 없이도 프로그램을 진행하게 되었고, 1년이 지나자 몇 주 또는 몇 달 동안 전쟁 소식을 전하지 않는 일도 생겼다. 전쟁에 쏠렸던 주의력은 결국 새하얀 재처럼 되고 말았다.

이 예시는 우크라이나 전쟁 상황에만 국한되지 않는다. 이것은 모든 뉴스 이벤트가 가지는 자연스러운 수명 주기에 해당한다. 이벤트의 규모에 따라 그 주기는 몇 시간의 속보로 끝날 만큼 짧을 수도 있고, 몇 달간 지속될 수도 있다.

이러한 사이클의 규모, 지속 기간, 그리고 어떤 종류의 이벤트가 사이클을 시작할 수 있는지에 대한 역학 관계는 매우 복잡한 문제이며, 나는 앞으로 이 질문을 탐구하는 데 꽤 많은 시간을 쏟을 생각이다. 하지만 지난 10년간 방송을 하면서 배운 한 가지가 있다면, 그것은 대중의 주의력이 이 사이클을 근본적으로 주도하면서도 동시에 이에 반응한다는 점이다.

이는 당연하게 들릴 수 있지만, 사실 다소 논란의 여지가 있는 주장이다. 내가 자주 접하는 견해 중 하나는 뉴스 사이클과 대중의 주의력 대상이 본질적으로 윗사람들에 의해 결정된다는 것이다. 즉, 언론사가 사람들이 무엇에 주목해야 하는지를 정하고, 속보 배너 같은 트릭을 활용해 우리의 주의력을 특정한 스토리에 집중시킨다는 주장이다.

이는 언어학자이자 사회비평가인 노엄 촘스키Noam Chomsky의 주장과 밀접히 관련되어 있지만, 그렇다고 해서 좌파적 비평으로만 간주할 수는 없다. 적어도 이제는 더 이상 그렇지 않다. 우크라이나의 절박한 상황에 돌연 관심이 집중되자, 우크라이나 정부와 나토NATO를 불신하거나 러시아의 침략을 노골적으로 지지하는 일부 미국인들은 이를 사악한 거대 음모로 받아들였다. 폭스 뉴스Fox News 진행자들은 러시아의 침공이 임박했다는 미국 행정부의 경고를 '계략'으로 폄하하며, 이것이 "힐러리 클린턴의 행동과 우리가 알고 있는 러시아 스캔들 수사를 둘러싼 완전한 사기극에서 사람들의 시선을 돌리기 위한 시도"라는 의혹을 제기했다.[41] 터커 칼슨Tucker Carlson*은 방송에서 이렇게 말했다. "러시아가 우크라이나를 침공하는 날 아침,

---

* 1969~. 보수주의 성향의 방송인. 2016년부터 2023년까지 폭스 뉴스에서 〈터커 칼슨 투나잇〉 쇼를 진행했다. 대선 개표기(도미니언 보팅 시스템) 조작설 보도와 관련하여 해고되었다.

당신은 코로나19, 범죄, 남부 국경 문제 등 여러 가지 다른 이야기들을 하고 있었을 것입니다. 이후로는 그렇지 않겠죠. 그리고 이 모든 주제가 망각되었다는, 어쩌면 영원히 기억에서 사라질지 모른다는 사실에 백악관은 안도할 것입니다."[42]

내가 몸으로 부딪쳐 얻은 교훈이 있다면, 뉴스를 다룬다는 것, 특히 케이블 뉴스와 같은 매스 미디어 대기업에서 일한다는 것은 시청자의 주의를 이끈다기보다는 따라가는 일에 가깝다는 점이다. 대부분의 경우 주의력 산업 종사자들은 사람들이 더 이상 관심을 기울이지 않고, 자신들의 트릭이 더 이상 통하지 않으며, 결국 무시당할지도 모른다는 두려움에 시달린다. 이러한 두려움은 여러 가지 부정적인 영향을 가져오는데 그중 가장 두드러지는 것이 일종의 양떼 본능이다. 물론 시행착오를 통해 얻은 핵심적 통찰도 있다. 그것은 주의를 돌리거나 이끌어내거나 통제하기가 어렵다는 점이다. 주의를 끄는 일을 업으로 삼는 사람들은 누구보다 이 사실을 잘 알고 있다.

나는 뉴스쇼를 시작했을 때, 이것이 마치 차를 처음 샀을 때의 경험과 비슷하다고 생각했다. 이 차로 가고 싶은 곳이면 어디든 운전해서 갈 수 있을 것 같았다. 물론 법은 준수해야겠지만, 어디로 갈지 생각한 뒤 페달만 밟으면 된다. 나는 내가 가장 중시하는 주제를 언제든 얼마든지 길게 다룰 수 있으리라 믿었다.

하지만 나는 곧 깨달았다. 뉴스쇼는 그런 식으로 작동하지 않는다는 것을. 케이블 뉴스쇼는 시청자의 주의력을 연료로 삼아 움직인다. 이 프로그램을 움직이는 내연 기관 같은 것은 존재하지 않는다.

매일 밤 진행자인 내가 원하는 주제를 마음껏 다룰 수는 있지만, 아무도 시청하지 않는다면 금세 폐지될 것이다. 나 역시 이런 상황을 겪을 뻔한 적이 있다.

온갖 시행착오 끝에 나는 시청자의 주의력을 요트에 동력을 공급하는 바람과 같은 것으로 여기게 되었다. 바람은 요트와는 독립적으로 존재하는 현상이며, 그 힘을 제대로 활용해야 성공적으로 항해할 수 있다. 요트를 바람에 굴복시키지도, 바람이 항로를 결정하게 그냥 두지도 않는다. 중요한 것은 어디로 가고 싶은지(내 뉴스쇼의 경우, 사람들이 반드시 알아야 한다고 생각되는 것이 무엇인지) 파악하는 일이다. 그다음에는 바람이 부는 방향을 확인하고, 관련 기술과 배에 있는 도구를 활용해 바람의 힘을 이용하면서 목적지에 도달하도록 조종해야 한다.

이 경험을 통해 나는 주의력이 작용하는 방식에 대해 내 나름의 관점을 갖게 되었다. 나의 일의 모든 순간은 결국 '우리가 어떻게 주의를 끌 수 있는가'라는 질문으로 귀결된다. 하지만 이제 다른 사람들에게 주목받기 위해 끊임없이 노력하는 것은 더 이상 내가 속한 직업군만의 일이 아니다. 주의력을 끄는 일은 사실상 민주화되어서, 이제는 휴대폰을 가진 모든 10대들까지도 이 경쟁에 뛰어들고 있다.

주의력 추구에 집중한 사회적·경제적 조건의 재편은, 산업 자본주의의 시작과 인간 노역toil의 중심 형태로서의 임금 노동 창출만큼이나 심오한 대전환이라고 주장하고 싶다. 주의력은 이제 노동이 산업 자본주의 초기에 그랬던 것처럼 하나의 상품으로 존재한다. 그전에는 인간의 노력으로 간주되던 것이 가격이 매겨진 상품으로 전환되었다. 사람들은 항상 어떤 방식으로든 '일을 해왔지만', 이제 그 일은 시장의 상품으로서 전환되는 복잡한 시스템에 내재되어 있다. '일work'에서 '노동labor'으로의 전환은 많은 사람들에게 고통스럽고 낯선 것으로 느껴졌다. 카를 마르크스Karl Marx는 《경제학·철학 수고 Economic and Philosophic Manuscripts of 1844》(1844)에서 "노동자는 만족 대신 불행을 느끼며, 육체적·정신적 에너지를 자유롭게 개발하는 대신 자기 육신을 혹사시키고 마음을 망가뜨린다. 따라서 노동자는 노동 바깥에서 자신을 느끼며, 노동은 노동자의 바깥에서 자신을 느낄 뿐이다"라고 관찰했다.[43]

이것이 바로 마르크스의 노동 소외 이론이 담고 있는 근본적인 통찰이다. 사회 시스템은 본래 사람들에게 깊은 의미를 지녔던 무언가를 그들로부터 강제로 뽑아내기 위해 세워졌다는 것이다. 오늘날에도 이 말은 여전히 유효하게 다가온다. 공간에서 이탈한 듯한 기분, 자기 자신의 외부에 존재하는 느낌. 표면적으로는 정신적 에너지를 "자유롭게 개발"할 수 있는 — "여보, 오늘 밤엔 무슨 방송을 볼까?" 정도의 — 무한한 선택과 자유가 주어진 듯하지만, 그 안에서 느끼는 무력감. 자신이 만들지도 않았고, 스스로 빠져나올 수도 없는 시스템에 갇힌 노동자의 상태.

산업 자본주의로의 획기적인 전환은 마르크스가 말한 노동의 상품화를 필요로 했다. 우리가 몸과 마음으로 하는 일, 즉 우리의 노력과 활동의 산물인 노동은 시장에서 거래되는 상품으로 변하면서 소외되었다. 흔히 '일' 혹은 '인간이 특정한 목적을 위해 하던 것'이 '노동'이라는, 이른바 가격을 매길 수 있는 활동의 범주로 바뀌는 사태는 사회 구조와 인간 삶의 일상적 경험에 대한 일대 대전환을 요구했다.

실제로 사람에게서 노동을 취하려면 임금으로 보상하거나, 강요하거나, 혹은 감독관의 채찍과 같은 폭력을 사용해야 한다. 그리고 이런 모든 방법이 실제로 사용되어왔다. 그러나 주의를 끌어내는 방식은 다르다. 사람들에게 온갖 잔인하고 억압적인 방법으로 일을 강요할 수는 있지만, 전의식 상태preconscious faculties*를 조작하는 것만으로는 일을 강요할 수 없다. 누군가가 당신의 머리에 총을 겨눈 채 도랑을 파라고 한다면, 당신은 자신이 강제당하고 있음을 즉각 인식한다. 하지만 누군가가 하늘로 총을 쏘면, 당신의 주의는 무슨 일이 일어나는지 완전히 파악하기도 전에 그 소리에 즉각 사로잡힌다. 주의는 우리의 의식적인 의지가 개입하기 전, 순수한 감각 수준에서 추출될 수 있는 것이다. 그리고 실은 이것이 바로 사이렌이 작동하는 방식이다.

주의력을 하나의 자원으로 보고, 그것이 지닌 실존적 중요성과 점점 커지는 사회적·정치적·경제적 지배력을 이해하는 것은 21세기 삶의 다양한 측면을 파악하는 열쇠이다. 주의력은 우리가 흔히 권력과 연관 짓는 말과 의사소통의 다른 요소들 — 설득persuasion, 논증

---

* 프로이트의 정신분석에서 유래하는 심층심리학의 개념으로, 노력하면 의식화할 수 있는 기억 등이 저장되고 있다고 생각되는 무의식의 영역.

argumentation, 정보information — 보다 우선한다. 누군가를 설득하려면 그전에 우선 관심을 끌어야 한다. "친구여, 로마인이여, 동포여, 귀를 빌려주시오!"[44]* 누구에게 전달하거나, 모욕하거나, 매혹하거나, 혹은 그 밖의 어떤 행동을 하기 전에 우선 자신의 목소리가 무음 처리된 배경 소음 속으로 사라지지 않도록 해야 한다. 실제로 우리를 향한 발화의 99.9%는 그렇게 사라진다. 공적 담론은 이제 만인의, 만인에 대한, 주의력 투쟁이다. 상업도 주의력 투쟁이다. 사회적 삶도 주의력 투쟁이다. 육아도 주의력 투쟁이다. 우리는 모두 이 투쟁에 지쳐 있다.

    이 책은 평화를 찾으려는 시도다.

---

* 셰익스피어의 희곡 《줄리어스 시저》 3막 2장에서 마크 안토니가 하는 연설의 첫 문장이다. 브루투스와 여타 공모자들은 그들이 시저를 죽인 것에 대해 비난하지 않겠다는 서약을 받고 안토니가 시저의 장례식에서 연설하는 것을 허락한다. 안토니는 연설을 수사적 기법과 진심 어린 회상을 활용해 결국 시저를 긍정적인 인물로 부각하면서 군중이 공모자들에게 분노하도록 이끈다.

2장

슬롯머신과 엉클 샘

이제 질문을 던질 차례다. 초등학교 1학년 담당 교사에서 영화사 간부, 정치가, 그리고 나 같은 케이블 뉴스 진행자에 이르기까지 주의력 산업 종사자 수백만 명이 끊임없이 고민하는 바로 그 질문. 사람들의 주의력을 어떻게 사로잡을 것인가?

주의력의 정의

주의력은 문제를 해결하기 위해 존재하며, 문제는 곧 정보다. 인간이 매 순간 경험하는 지각적 인풋의 양은 압도적이다. 우리는 스치는 나뭇잎 하나하나, 심장 박동 소리, 손가락의 감각, 그리고 들숨소리까지 모든 것을 느낄 수 있다. 만약 매 순간 받는 모든 자극이 똑같이 중요하다면 우리는 제대로 기능할 수 없을 것이다.

　삶이 더 단순하던 시절에는 몇 가지 정보만으로도 생존할 수 있었다. 예를 들어 먹을 것을 구할 수 있는 장소, 먹어도 되는 열매의 색깔, 깨끗한 식수원으로 이어지는 졸졸 흐르는 시냇물 소리 같은 것들이다. 그때도 그렇고 지금도 그렇지만, 중요한 정보는 언제나 우리의 지각 영역에 떠다니는 다른 정보에 묻힐 위험이 있다. 바스락거리는 나뭇잎 소리를 무시하고 개울 소리에 집중해야만 먹을 물을 찾을 수 있는 것처럼 말이다. 경제학자 허버트 사이먼Herbert Simon(1916

~2001. 1978년 노벨 경제학상 수상자)은 1971년 주의력 경제를 다룬 논문에서 주의력에 관한 가장 통찰력 있는 글을 남겼다. 흥미롭게도 그가 다음과 같은 묘사를 한 것은 스마트폰 푸시 알림이 끊임없이 울려 퍼지는 시대가 도래하기 훨씬 전의 일이었다. "정보의 풍요는 다른 어떤 것의 부족을 의미한다. 즉, 정보가 소비하는 무언가가 부족해진다는 것이다. 정보가 소비하는 것이 무엇인지는 꽤 명확하다. 그것은 바로 수용자의 주의력이다." 정보는 풍부하지만, 주의력은 희소하다.[1] 정보는 이론적으로 무한하지만, 주의력은 제한되어 있다. 이것이 바로 정보가 값싸고 주의력은 비싼 이유이다.

정보를 선별한다는 것은 정보를 일관성 있고 처리 가능한 형태로 묶고, 특정 순간에 그중 대부분을 억제하는 것을 의미한다. 정보 선별은 우리가 세계를 경험할 때 가장 기본이 되는 작업이기 때문에, 정보가 전혀 없는 상태에서의 현상론적 경험은 좀처럼 상상하거나 설명할 수 없다. 중증 주의력 결핍 장애ADD 진단을 받은 한 심리학자는 정신적 장벽이 무너진 채 사는 세상을 다음과 같이 묘사한다. "근처에서 떠드는 소리가 들리면, 점심 식사 상대의 말이 아무리 흥미롭더라도 도저히 경청할 수가 없다. 조용한 도서관에서 누군가가 의자를 끄는 소리가 나면 내 생각의 흐름이 갑자기 끊겨버린다. 조직화되지 않은, 원치 않는 정보가 물밀듯 나를 덮친다."[2]

윌리엄 제임스는 《심리학 원리》에서 "주의력이 무엇인지는 누구나 알고 있다"고 단언했다.[3] 어느 의미에서 그는 그때도 옳았고 지금도 옳다. 주의력은 우리에게 너무나 익숙한 경험이기에, 그것이 무엇인지 설명하는 데 많은 시간을 들일 필요가 없다. 누군가에게 주의를 기울여달라고 하면, 그 사람은 즉시 알아들을 것이다. 누군가에게 질문을 받았는데 대답 대신 "미안한데, 잠깐 딴생각을 했어"라고 말한다면, 상대방은 곧바로 그 뜻을 이해할 것이다. 하지만 제임스는 주의력에 대해 자신만의 정의를 세울 필요성을 느꼈다. 그리고 그 후로도 그의 정의를 뛰어넘는 설명은 아직 나오지 않았다. 제임스에 따르면, 주의력이란 "동시다발적일 수 있는 대상이나 사고의 흐름 중 하나를 선택하여, 이를 마음속에 명확하고 생생하게 소유하는 것이다. 이는 의식의 초점화와 집중을 핵심으로 한다. 주의력은 다른 것에 효과적으로 대응하기 위해 어떤 것에서 일보 후퇴하는 것을 의미한다."[4]

그러나 우리에게 익숙한 주의력 뒤에는 복잡성이 숨어 있다. 주의력은 정의하려고 시도하는 순간, 그 형태와 형상을 바꾸며 확장된다. 이를 이해하고자 1886년으로 거슬러 올라가보면, 윌리엄 제임스가 《심리학 원리》를 집필하던 시기에 그의 동료 철학자 F. H. 브래들리F. H. Bradley는 주의력이 최소한의 일관성을 가진 개념인지 의문을 제기하는 글을 발표했다. 그는 "주의력이라는 특별한 활동이 실제로 존재하는가?"라는 질문을 던졌다.[5] 몇 년 전, 인지과학 분야의 다학제 연구자들이 〈주의력이 무엇인지 아무도 모른다〉라는 제목의 논문을 공동 집필했다. 그들은 현대적인 실증 연구와 최첨단 기법을 통해 시각적인 주의를 분석한 결과, 주의력이란 일관성 없는 개념이며 이론적으로도 쓸모없다고 주장했다. 그들에 따르면, 주의력은 "인지

과학에서 가장 오해되고 오용되는 용어 중 하나다".[6]

나는 그렇게까지 생각하고 싶지는 않다. 하지만 주의력이 정확히 무엇인지 깊이 생각해볼수록 점점 더 복잡하게 느껴지는 것은 부인할 수 없다. 그럼 이 책의 목적에 맞게 주의력에 관한 연구에서 가져온 구체적인 사례를 자세히 살펴보자. 당신이 수십 명이 참석한 칵테일 파티장에 가 있다고 가정해보자. 술을 몇 잔 마신 뒤, 친구도 아니고 완전히 낯선 사람도 아닌, 전형적인 칵테일 파티 참석자 범주에 드는 사람들과 작은 무리를 이뤄 대화를 나누게 된다. 이 정도의 사회적 친밀도를 가진 사람들과 가벼운 대화를 나누는 데는 언제나 약간의 노력이 필요하다. 당신은 주변의 소음을 피하려고 몸을 살짝 숙인 채 대화 상대의 말을 제대로 듣기 위해 집중하고 있다.

이 순간, 당신은 윌리엄 제임스가 설명한 가장 직관적인 방식으로 관심을 쏟고 있다. 심리학자들은 이런 능동적 주의를 마치 무대의 스포트라이트가 이 사람 저 사람을 비추는 것과 같다고 말한다. 또한 이와 비슷한 맥락에서 속보를 전하는 기자가 현장 목격자의 얼굴에 마이크를 들이대는 모습에 비유할 수도 있다.

이런 상황에서 제임스가 지적한 핵심 요소, 즉 '제로섬 선택의 감각'이 분명하게 드러난다. 우리가 주목하는 것은 눈앞의 대화 상대이지, 예컨대 지근거리에서 에피타이저로 나온 오리고기 춘권 쟁반을 들고 다니는 웨이터가 아니다. 당신은 대화에 집중할 수도 있고, 잠시 대화에서 벗어나 파티장에서 어떤 전채 요리가 나오는지 힐끗 살펴볼 수도 있다. 당신은 "다른 것에 효과적으로 대응하기 위해 어떤 것

에서 일보 후퇴"하고 있는 것이다.[7]

이것이 바로 제임스가 그의 유명한 글에서 설명한 주의력의 형태이며, 주의력의 세 가지 핵심 측면 중 첫 번째다. 이는 심리학자들이 자발적 주의voluntary attention라고 부르는 것으로, 소설을 읽거나 시험을 치르거나 퇴근 후 파트너와 깊은 대화를 나눌 때 발생한다. 이는 무언가 또는 누군가에게 집중하고, 귀를 기울이며, 생각의 섬광을 맞추는 행위이다. 칵테일 파티에서 당신이 대화 상대의 말을 더 잘 듣기 위해 몸을 숙일 때처럼 당신은 바로 이 자발적 주의를 기울이고 있는 것이다.

이 형태의 주의력은 증폭과는 반대로 부정을 통해 작용한다. 우리의 뇌가 실제로 하는 일은 집중 대상 이외의 모든 것을 억제하는 것이다. 이것이 바로 제임스가 묘사한 '후퇴'이며, 자발적 주의를 효과적으로 발휘하기 위해 반드시 거쳐야 하는 과정이다.

이는 일종의 초능력이라고도 할 수 있다. 우리는 특정 대상에 주의를 집중하면서 관련 없는 자극을 차단하는 강한 능력을 지니고 있다. 이러한 능력 덕분에 피험자들은 눈앞에 있는 매우 기괴하거나 때로는 실로 우스꽝스러운 자극조차 알아차리지 못한다. 그중 가장 잘 알려진 예가 바로 보이지 않는 고릴라 실험이다.[8] 피험자들은 흰색 셔츠를 입은 세 사람과 검은색 셔츠를 입은 세 사람이 농구공을 주고받는 모습을 담은 비디오를 시청한다. 흰색 셔츠 팀은 공을 패스하며 검은색 셔츠 팀 사이를 자유롭게 누빈다. 이 장면은 꽤 혼란스럽다. 피험자들은 흰색 셔츠 팀을 주시하면서 그들이 농구공을 몇 번

패스하는지 세라는 지시를 받는다. 이를 위해 피험자들은 흰색 셔츠 팀의 움직임에만 집중하고 검은색 셔츠 팀의 활동은 의도적으로 무시해야 한다.

동영상을 약 30초 시청한 후, 피험자의 절반가량은 패스 횟수를 정확히 세어낸다. 하지만 사실상 제대로 보지는 못했기 때문에, 그들이 기억하지 못하는 사실이 있다. 바로 농구공 패스가 계속되는 동안 고릴라 의상을 걸친 누군가가 등장해 사람들 한가운데로 걸어 들어와 가슴을 치고 몸을 굽혔다 편 후 걸어 나갔다는 점이다. 거듭된 실험을 통해 확인된 중요한 발견은, 피험자들이 인지적 부하가 높을수록 일종의 터널 시야 현상에 더 취약해진다는 것이다.[9] 피험자들은 과제의 난이도와 처리해야 할 시각적 자극의 양 때문에 고릴라 의상을 입은 사람을 보지 못한다. 과학자들은 이런 현상을 무주의 맹시 inattentional blindness라고 한다.[10]

이것이 바로 자발적 주의이다. 이는 주변 자극을 억제하고 특정 대상에 집중하게 만드는 거의 신통력에 가까운 힘이다. 칵테일 파티의 예로 다시 돌아가보자. 당신은 자발적 주의의 힘으로 눈앞의 여성에게 집중하고 있다. 그녀는 오래도록 척추지압요법에 회의적이었지만, 최근 그 요법의 치료를 받기 시작하면서 만성적인 허리 통증이 사라졌다고 이야기하고 있다. 그때 갑자기 큰 쟁반이 땅에 떨어지며 수십 개의 잔이 와장창 깨지는 소리가 들린다. 방 안에 있던 당신을 포함해서 모두가 본능적으로 소리가 난 쪽으로 고개를 돌린다. 그러고는 얼굴이 빨개진 웨이터가 방금 떨어뜨린 잔과 쟁반을 주우려고 몸을 굽히는 모습을 바라본다.

심리학자들이 비자발적 주의involuntary attention라고 부르는, 마치 사이렌 소리를 들었을 때와 같은 이 경험은 주의력의 세 가지 측면 중 두 번째 예에 해당한다. 자발적 주의와 마찬가지로 비자발적 주의의 기본 작동 원리는 매우 친숙하고 직관적으로 느껴지기 때문에 처음에는 자세히 탐구할 가치가 없어 보일 수도 있다. 큰 소음, 밝은 빛, 또는 다른 지각 신호가 우리의 주의를 끌고 집중을 방해하는 경우를 우리는 일상적으로 겪는다.

그러나 이는 작은 기적이라고도 할 수 있다. 자발적 주의력은 우리가 집중하는 대상과 무관한 모든 자극을 억제함으로써 작동하기 때문이다. 이는 또 관련 없는 자극을 차단하는 능력으로, 농구 실험에서 패스 횟수를 효과적으로 세면서도 고릴라 의상을 걸친 사람을 전혀 인지하지 못하는 현상을 설명해준다.

하지만 주의력의 중심에 있는 심한 역설은, 우리가 이러한 생각의 터널을 만들 때조차 우리의 마음은 집중 대상에 포함되지 않는 여러 항목을 동시에 처리한다는 점이다. 이는 우리의 의식적 주의가 의도적 집중 대상에서 벗어나, 쟁반이 떨어지는 큰 소리나 유리잔이 산산이 부서지는 소리 같은 다른 자극으로 쉽게 전환될 수 있음을 의미한다.

이 능력이 필요한 이유는 명확하다. 어떤 것에 지나치게 집중하다가 위험을 감지하지 못하는 상황을 피해야 하기 때문이다. 마치 원시인이 사냥 이야기에 몰두한 나머지 바로 몇 발짝 앞에서 으르렁대는 사자를 알아차리지 못하는 상황을 허용할 수 없는 것처럼 말이다. 우리는 제대로 기능하기 위해 뇌로 들어오는 거의 모든 자극을 억제할 수 있어야 한다. 하지만 동시에 그 자극을 모니터링하여 반드시 주의를 기울여야 할 만큼 중요한 것이 있는지 확인해야 한다. 우리의 뇌는 집중력의 임계치를 높게 설정하되, 이 기준이 지나치게 높아지지 않도록 조절해야 한다. 즉, 평소에는 단단하게 유지되지만, 필요할 때 즉시 뚫리는 일종의 '골디락스의 구멍 난 집중력Goldilocks porousness of focus'*이 필요한 것이다.

    지금까지 많은 인지과학자와 심리학자가 우리 뇌의 작동 원리를 이해하기 위한 연구에 매진해왔다. 하지만 솔직히 말해 아직도 이 원리를 완전히 이해했다고 보기는 어렵다. 수십 년간의 실험을 통해 밝혀진 부분은 우리의 집중력과 주의 산만의 작동 방식, 주의 산만을 차단할 수 있는 조건, 그리고 시청각 시스템이 특정 과업과 관련한 자극을 신속히 처리하고 인식하는 지각력 등이다. 그러나 이런 요소들이 어떻게 서로 결합해 작동하는지는 여전히 논쟁거리로 남아 있다. 여러 상충되는 모델이 실험 결과의 예측력 측면에서 번갈아가며 우위를 점하거나 뒤처지는 양상을 보여준다.

    여기서 중요한 것은 주의력의 두 가지 측면, 즉 자발적 주의와 비자발적 주의의 차이다. 자발적 주의력은 우리의 통제 아래 있다. 우리는 깨어 있는 마음으로 집중할 대상을 선택하고, 뇌를 통해 관련 없

---

*   금발 머리 소녀 골디락스가 숲속의 곰 오두막집에 들어가 너무 뜨겁지도 차지도 않은 적당한 수프를 먹고 기뻐하는 이야기를 집중력에 대비시킨 표현.

는 자극을 억제한다. 반면 비자발적 주의력은 깨어 있는 마음으로는 통제할 수 없다. 우리의 주의력은 의지나 욕구와 무관하게 특정 자극에 끌린다. 아무리 열심히 척추지압사에게 간 경험을 전하는 여성의 말에 집중하더라도, 샴페인 잔이 산산이 부서지는 소리를 무시할 수는 없다.

지금까지는 주의력의 세 가지 측면 중 두 가지, 즉 자발적 주의와 비자발적 주의에 대해 살펴보았다. 이제 주의력의 세 번째 측면을 이해하기 위해 다시 칵테일 파티로 돌아가보자. 방 안의 모든 사람의 시선이 쟁반을 주워 드는 당황한 웨이터에게로 향한다. 그 순간 누군가가 긴장을 풀기 위해 "오파Opa!"*라고 외치고, 사람들은 박수를 치며 웃음을 터뜨린다. 분위기가 다시 풀리면서 파티는 재개되고, 당신은 다시 앞사람과의 대화에 집중할 수 있게 된다. 이번에는 열두 살 난 딸이 소셜 미디어에 노출되지 않도록 필사적으로 노력했지만 실패한 경험을 들려주는 여성과 대화를 나누게 된다.

다시 한번, 당신의 뇌는 이론적으로 무한한 양의 자극을 억제하고 있다. 그때 문득 다른 사람들의 대화 속에서 작은 폭죽처럼 당신의 이름이 불쑥 튀어나온다. 당신의 주의력은 즉시 그쪽으로 쏠리며 간신히 대화의 마지막 부분을 포착한다. "그래서 나는 그 사람의 속셈을 도무지 모르겠어." 이 말을 한 남자가 방금 내 이름을 언급했던

---

* 그리스 문화에서 접시를 깨뜨리는 행위와 함께 사용되는 표현이다. 열정, 충격, 놀라움을 표현하거나 실수를 한 직후에 사용할 수도 있는 감정표현으로, 지중해 일대나 동유럽, 중동, 남아시아, 중남미, 유대인 사회 등에서 사용된다.

것 같다.

이제 당신은 갑작스러운 불쾌감에 휩싸이며 집중할 대상을 전환한다. 어쩌면 당신은 척추지압요법 예찬론자가 질문을 던지기 전까지, 옆 사람들의 대화를 꽤 길게 엿들었을지도 모른다. 또다시 집중력 영역의 뒤편에서 작동하던 백그라운드 프로세싱이 상황을 파악하고 당신의 주의를 끌면서 대화로 복귀하라고 신호를 보낸다. 당신은 그녀가 한 말을 잠시 놓쳤다고 사과하며 대화를 이어가거나, 마치 질문을 들었던 것처럼 자연스럽게 대화를 나누다 주제를 바꿀지도 모른다.

아마도 누구나 한 번쯤 이런 경험을 해봤을 것이다. 하지만 아직 경험하지 못했거나 이에 대해 회의적인 사람을 위해 설명하자면, 이 현상은 20세기 중반에 '칵테일 파티 효과'로 알려진 실험을 통해 실증되었다.[11]

자, 당신은 지금까지의 설명이 주의력의 두 번째 측면, 즉 비자발적 주의의 예라고 생각할지도 모른다. 물론 어느 정도는 맞다. 몇 분 전 박살 난 와인잔처럼, 여기서 일어난 일도 당신의 집중 영역 밖에서 당신의 의지와 무관하게 주의를 끌었다. 그러나 주위 사람들의 대화 속에서 우연히 자신의 이름을 알아듣는 것은 훨씬 더 복잡하고 놀라운 지각적 성취에 해당하므로, 이를 별도의 범주로 분류하는 것이 타당하겠다.

한번 생각해보라. 만약 당신의 뇌가 남들의 대화를 추적하고 있지 않았다면, 어떻게 자신의 이름이 언급되고 있음을 단번에 간파했겠는가? 음성 인식은 매우 높은 수준의 인지적 처리 과정을 요한다. 귀에서 소리를 먼저 감지한 후, 이를 평가하고 단어로 변환하며, 이어서 구 단위로 묶어 의미를 추출해내는 과정을 거친다.

떨어진 쟁반의 경우, 다음과 같은 주의력 모델을 상상할 수 있다. 뇌는 모든 청각 자극에 대해 억제할 수 있는 데시벨의 임계치를 설정한다. 그러다가 무언가 박살나는 소리가 그 임계치를 초과하면, 뇌는 즉시 그 자극에 주의를 기울이도록 작동한다.

그러나 여러 대화가 오가는 상황에서 자신의 이름을 포착하는 것은 훨씬 더 복잡하고 미묘한 과정이다. 그 순간 당신의 이름을 알아차렸다는 것은 당신이 대화에 집중하며 주위의 대화를 무시하는 동안에도, 뇌의 어떤 부분은 마치 보초병처럼 작동했음을 뜻한다. 이 보초병은 귀에 들어오는 모든 대화를 엿들으며 그 대화 속 단어들을 기록하고 처리하다가, 특정 키워드—특히 당신의 이름—를 찾아내고 있었던 것이다.

정말 놀라운 일 아닌가! 이 모든 일이 가능하려면 얼마나 엄청난 프로세싱 능력이 필요한지 한번 생각해보라. 당신의 의식적 뇌는 대화를 이어가기 위해 열심히 일하는 동시에, 백그라운드에서는 마치 가상의 칵테일 파티 국가안보국 같은 비밀 조직이 작동한다. 이 조직은 내부 경보를 울릴 만한 키워드 목록을 가진 채 주위의 모든 대화를 도청한다. 그리고 이 모든 과정은 실시간으로, 수백 분의 1초나 심지어 수천 분의 1초 내에 이루어진다.

이는 거의 마법과도 같은 느낌이다. 하지만 이러한 효과는 수년에 걸친 다양한 실험 연구를 통해 여러 버전으로, 그리고 반복적으로 확인되었다.[12] 실험의 기본 구조는 다음과 같다. 피험자는 두 개의 서로 다른 오디오 트랙이 각각의 귀로 송출되는 헤드폰을 착용하고, 한쪽 귀에서 들리는 소리—주로 산문 텍스트—에 집중하면서 입으로 따라 말하는 '섀도잉'이라는 직관적인 과업을 수행하라는 지시를 받는다. 집중하지 않는 다른 쪽 귀에서는 동시에 일련의 단어가 흘러나온다. 실험이 끝난 후 피험자들에게 그 귀로 들은 단어들에 대한 질문을 던진다. 1959년에 발표된 주요 연구에 따르면, "메시지가 단순한 단어를 여러 번 반복하는 짧은 목록으로 구성되어 있어도, 피험자들은 테스트에서 이를 전혀 기억하지 못했다".[13] 숫자의 경우도 마찬가지였다. 이 연구는 인간의 뇌가 방대한 수준의 자극에 노출될 때 이를 스스로 억제할 수 있는 놀라운 능력을 지니고 있다는 결론을 도출했다.

한편, 같은 연구에서 심리학자 네빌 모레이Neville Moray는 우리의 집중력이 가지는 강한 억제 능력을 뚫고 들어올 수 있는 구체적인 자극이 무엇인지 실험했다. 그는 "지금까지 이 장벽을 뚫고 들어오는 것으로 확인된 유일한 자극은 피험자의 이름뿐"이라는 결론을 내렸다.[14] 모레이는 이 놀라운 발견을 '정체성의 역설identification paradox'이라 명명했다. 그는 이렇게 설명했다. "피험자들은 거부된 메시지의 언어적 내용을" (즉, 무시하도록 지시받은 다른 쪽 귀의 메시지를) 의식적 지각의 수준 아래로 차단하고 있는 것처럼 보인다. 그럼에도 불구하고 피험자는 자신의 이름에 즉각 반응할 수 있다."[15]

이 발견을 통해 모레이는 애초에 주의가 어떻게 작동하고 있었는지 재고하게 되었다. 그는 억제된 발화를 처리하는 어떤 수준에서, 뇌가 귀로 들어오는 단어를 차단하는 상황에서도 "피험자에게 '중요한' — 예컨대 자신의 이름과 같은 — 특정 패턴을 스캔하고 이를 프로세싱 체인의 더 높은 단계로 전달하는" 과정이 있다고 추측했다.[16]

이 실험은 1959년에 진행되었으며, 당시 모레이의 표본 크기는 고작 12명에 불과했다. 그 후로 이 효과는 신뢰할 수 있는 방식으로 꾸준히 재현되었지만, 피험자의 이름 같은 강한 효과를 낼 수 있는 자극은 거의 없어 보인다.[17] 모레이는 피험자에게 '중요한' 단어들도 유사한 효과를 낼 수 있을 것이라는 이론을 제시했다. 나중에 연구자들은 배우자의 이름 역시 비슷한 뇌 활동을 유발한다는 점을 발견했다.[18] 반면, 연구자들은 유명인의 이름처럼 단순히 친숙한 단어로도 이런 효과를 일으킬 수 있는지 테스트했으나, 뇌에서 비슷한 활동을 유발하지 않는다는 사실을 확인했다.[19]

누군가가 우리의 이름을 언급할 때 그 소리가 우리의 인지 과정 깊숙이 도달하여 우리의 주의를 그 대화로 끌고 가는 이유는 무엇일까? 우리의 이름은 우리가 세계를 실시간으로 지각하는 과정에서, 인지 기능의 기저 수준에서 어떤 방식으로 작용하는 것일까?

여기서 우리는 주의력의 세 번째이자 마지막 측면인 사회적 주의social attention에 이르게 된다. 자발적 주의와 비자발적 주의는 심리학 문헌에서 널리 이론화되어왔지만, 사회적 주의라는 범주를 이해하려면 우선 철학적인 관점을 적용할 필요가 있다. 제임스의 명료한 정의에는 다른 사람의 주의를 끌거나 대상이 되는 것이 포함되지 않는다. 이에 비해 지크문트 프로이트Sigmund Freud의 세계관 전반을 감안하면, 그가 주의력의 사회적 측면을 정신 이해의 핵심에 두었다는 것은 그리 놀라운 일이 아니다. 프로이트의 성심리 발달 이론에 따르면 우리의 정신, 그리고 궁극적으로 우리의 강박과 신경증을 형성하는 데 중요한 역할을 하는 것은 어머니(그리고 비교적 적은 영향을 미치지만 아버지)가 우리에게 기울이는 관심이다. 오이디푸스 콤플렉스와 엘렉트라 콤플렉스를 포함한 이 같은 이론의 세부 내용보다 더 중요한 것은, "어린 시절의 무력감과 의존성이 인간에게 오랫동안 지속된다"는 그의 날카로운 통찰이다.[20] 저명한 영국 정신분석학자 애덤 필립스Adam Phillips는 주의력이 인간의 사회화의 주요 동인이라고 주장한다. "우리는 자신이 어떤 관심을 추구하고 있는지, 그리고 자기 내면의 어떤 부분이 관심을 필요로 하는지 완전히 이해하지 못한 상태에서 관심을 추구한다. 사람들은 이러한 복잡성 속에서 무엇이 가능한지를 알아내기 위해 함께 모인다(사회성sociability은 주의력 추구에 달려 있다)."[21]

물론 이런 관찰은 많은 종, 특히 모든 포유류에 공통적으로 적용된다. 그러나 인간 유아가 다른 종에 비해 훨씬 더 무력하다는 사실은 상대적으로 잘 알려져 있지 않다. 예를 들어 망아지나 새끼 돼지 같은 대부분의 포유류 새끼들은 인간 아기보다 훨씬 이른 시기에 걷기 시작한다. 만약 당신이 새끼 돼지나 강아지가 어미 젖을 먹으려고 서로 다투는 모습을 본 적이 있다면, 대부분의 포유류는 인간 어머니가 아기에게 젖을 물릴 때처럼 사랑으로 새끼를 돌보지 않는다는 사실을 쉽게 알 수 있을 것이다.

이는 우리 종이 여타 종과 구별되는 두 가지 중요한 진화적 발전, 즉 큰 두뇌와 직립 보행의 결과로 나타난 현상이다. 직립 보행을 위해 여성의 골반과 산도가 좁아져야 했고, 동시에 태아의 두뇌는 점점 더 커질 수밖에 없었다. 이 두 가지 요소가 결합하면서, 유발 하라리Yuval Noah Harari가 《사피엔스Sapiens》(2015)에서 언급했듯이, "모성 사망은 인간 여성들에게 심각한 위험 요인이 되었다. 아기의 뇌와 머리가 상대적으로 작고 유연한 시기에 더 일찍 분만한 여성들은 더 오래 생존하고 더 많은 자녀를 낳았다. 그 결과, 자연 선택은 이른 출산을 선호하게 되었다".[22]

완전히 무력한 작은 생명체를 낳는다는 사실이 우리 종에 미친 영향은 심대하다. 하라리는 이에 대해 다음과 같이 말한다.

> 망아지는 태어나자마자 곧 걸을 수 있고, 새끼 고양이는 몇 주면 어미를 떠나 스스로 먹이를 찾는다. 그러나 인간 아기는 완전히 무력하며, 오랜 시간 양육자에게 의존하지 않고서는 부양과 보호와 교육을 받을 수 없다. 이러한 특성은 인간만의 뛰어난 사회적 능력과 독특한 사회적 문제를 형성하는 데 크게 기여했다. 싱글맘이 아이들을 데리고 자신과 자녀가 생존할 만큼 충분한 음식을 구하는 것은 거의 불가능했다. 다른 가족 구성원이나 이웃의 지속적인 도움이 있어야만 아이를 부양할 수 있었다. 한 인간을 키우는 데는 부족 전체의 도움이 필

요한 것이다.[23]

우리는 단순히 주의력만으로 생존할 수 없다. 우리에게는 보살핌이 필요하다. 그런데 주의력은 보살핌의 필수 전제 조건이다. 이렇게 주의력은 우리 종의 생존을 결정하게 된다. 방치되면 생명을 잃을 수밖에 없다. 이는 우리 유전자에 각인되어 있고, 그 결과 우리는 영원히 다른 사람들의 관심에 구속되는 것이다. 우리는 주변의 사물뿐 아니라 다른 사람들에게도 주의를 기울이는 존재다. 그러면서 그들의 관심이 자신에게 향하기를 바란다. 저 멀리서 들려오는 대화 속에서 자신의 이름이 다른 어떤 단어보다 주의를 끄는 이유는 간단하다. 누가 자신에 대한 이야기를 하고 있는지, 누가 자신에게 관심을 보이는지 궁금하기 때문이다. 이러한 사회적 욕구는 우리가 주의를 집중하는 방식에 영향을 미치는 복잡한 갈등의 핵심 요소가 된다. 그리고 이러한 주의력의 특성을 효과적으로 활용하는 것이 바로 이 시대의 주의력 장사꾼들이다.

여기까지 살펴본 내용을 정리해보자. 주의력에는 세 가지 주요 측면이 있으며, 그 기본적인 작동 원리는 앞에서 언급한 칵테일 파티 예시를 통해 설명한 바와 같다. 첫째는 의도적 주의로, 의도적으로 집중할 대상을 선택하고, 마음의 스포트라이트를 특정 대상에 비추어 그 대상을 밝히는 것이다. 이 과정에서 나머지 모든 것은 상대적으로 어두운 상태로 가려진다. 둘째는 비의도적 주의로, 의식적 주의와 병행하여 끊임없이 작동하면서 주변 환경을 모니터링하고, 위협이나 방해 요소를 감지하는 역할을 한다. 이는 의식적 집중에서 멀어지면서 때로는 우리의 의식을 완전히 장악할 정도로 확장되기도 한다. 마지막으로 사회적 주의는 우리가 타인의 주의력 대상이 될 수 있다는 사실과, 그러한 경험이 인간관계를 형성하는 데 필수적인 근본 경험이라는 피할 수 없는 진실을 나타낸다. 우리는 또한 남들에게 관심을 기울이는데, 이러한 사회적 주의의 형태, 즉 다른 사람들과 관심을 주고받는 상호성은 인간 사회화의 깊은 유대와 같은 것이다. 우리는 다른 사람을 생각하고, 다른 사람들도 우리를 생각한다. 우리의 삶은 이러한 생각의 고리 속에서 이어진다.

주의력을 사로잡기 위한 전략들

주의력의 기본적인 측면을 정리했으니, 이제 질문을 던질 차례다. 초등학교 1학년 담당 교사에서 영화사 간부, 정치가, 그리고 나 같은 케이블 뉴스 진행자에 이르기까지 주의력 산업 종사자 수백만 명이 끊임없이 고민하는 바로 그 질문. 사람들의 주의력을 어떻게 사로잡을 것인가?

이 질문에 답하는 데 커리어의 상당 부분을 쏟아부은 사람으로서, 나는 이 문제를 두 단계로 나누어 접근하는 것이 효과적이라고 본다. 먼저 관심을 '사로잡는 것'이다. 사람들이 당신의 채널로 유입되도록 하거나, 화면을 넘기다 우연히 당신을 발견했을 때 머물게 하거나, 피드feed에서 동영상 쇼츠를 볼 때 링크를 클릭하도록 유도해야 한다. 그리고 일단 주의를 끌었다면, 그다음에는 그 주의를 '유지하는 것'이 필요하다.

주의력 산업에 종사하는 사람이라면 누구나 이미 이 구분에 따라 자신의 일을 구성하게 마련이다. 타블로이드 신문은 독자의 관심을 끌어 신문을 구매하도록 유도하기 위해 눈에 띄는 큰 사진과 폰트를 사용한다. 신문 기사에는 독자의 주목을 끌기 위한 헤드라인이 있으며, 리드lede*는 독자의 시선이 꽂히게 하고, 기사는 그 주의력을 유지하는 역할을 한다. TV 뉴스쇼는 콜드 오픈cold open**으로 시작하는데, 영업사원이나 나이트클럽의 제비에게도 저마다의 작업 멘트opening line가 있다.

내가 진행하는 케이블 TV 뉴스쇼는 매일 밤 8시, 30초짜리 오프닝으로 시작한다. 이 오프닝은 나머지 방송의 예고편 역할을 한다. 나는 시청자의 관심을 끌기 위해 모든 신뢰할 만한 수단을 최대한 활용한다. 마치 큰 소리로 외치며 회의장에 당당히 들어서는 사람처럼, 강렬한 발성으로 이야기를 시작한다. 화면은 밝고 화려한 모션 그래픽으로 가득 차고, 주제는 빠르게 전환되며, 이야기는 속도감 있게 전개된다. 시청자의 눈앞에 새로운 시각적 자극이 쉴 새 없이 펼쳐지

---

* 주로 보도 기사에서 가장 중요한 사실을 포함하거나 기사의 전체 내용을 요약한 도입부를 말한다.
** 미국의 TV 방송에서 프로그램이 시작하자마자 스토리에 바로 뛰어들어 짤막하게 이야기를 진행한 뒤, 타이틀 시퀀스나 오프닝 크레딧을 그다음으로 띄우는 기법을 말한다.

도록 화면을 구성한다.

주의력 산업에 종사하는 사람이라면 누구든지, 먼저 사람들의 주의를 끌고, 이를 지속적으로 유지해야 한다는 사실을 잘 알고 있다. 지금은 사람들이 시청과 독서, 그리고 참여를 멈추는, 즉 관심을 접는 순간에 대한 방대한 데이터가 축적되어 있다. 이 데이터는 다양한 분야에서 주의를 끄는 것과 이를 유지하는 것의 근본적인 차이를 명확히 보여준다. 예를 들어 케이블 뉴스에서 가장 높은 시청률을 기록하는 순간은 대개 'A 블록'*이라고 불리는 오프닝 부분이다. 뉴스 쇼의 시청률은 대부분 오프닝에서 정점을 찍은 뒤, 한 시간에 걸쳐 서서히 하락하는 경향을 보인다.

이러한 현상은 기사 클릭 수와 체류 시간이 지속적으로 모니터링되는 뉴스 웹사이트 같은 텍스트 콘텐츠에서 더욱 두드러진다. 2014년, 웹 트래픽 분석 회사인 차트비트Chartbeat의 당시 CEO는 방문자의 55%가 한 페이지에 15초도 채 머물지 않는다고 밝혔다.[24] '클릭 유도clickbait'는 이 같은 단순한 현상이 대규모로 확장된 형태로 나타난 것이다. 우리가 클릭 유도를 값싸고 질 낮은 정보와 연관 짓는 이유는, 그것이 마치 저속하고 요란한 표지로 주목을 끄는 타블로이드 신문처럼 우리의 관심을 가장 쉽게 끌 수 있는 부분을 겨냥한다는 것을 직감한 데 있다. 클릭 유도는 위협, 음식, 성性과 같이 새로운 자극을 갈망하는 우리 뇌의 불안정한 부분에 직접적으로 작용한다.

* 뉴스쇼의 맨 앞단에 위치한 블록. 범죄 뉴스, 정치·경제와 같은 경성 뉴스 등을 다룬다.

여기서 또 하나의 중요한 사실이 도출된다. 이는 주의력 시대를 관통하는 근본적인 진실을 밝혀주는 핵심 통찰이다. 바로, **주의를 끄는 것이 주의를 유지하는 것보다 훨씬 쉽다**는 점이다. 얼핏 진부하게 들릴 수 있지만 이 단순한 사실은 매우 깊고 광범위한 함의를 지닌다. 이 진리는 우리의 미디어 소비 경험 전반에 걸쳐 중요한 영향을 미치며, 동시에 소셜 미디어 경험이 왜 그토록 혼란스럽고 산만하게 느껴지는지에 대한 명확한 설명을 제공한다.

주의를 끄는 것과 이를 유지하는 것의 차이는 주의력의 두 가지 주요 측면인 비자발적 주의와 자발적 주의로 설명할 수 있다. 충격적이거나 선정적인 타블로이드 신문의 헤드라인에 끌리는 주의력은 쟁반이 와장창 떨어지는 소리에 대화가 멈추거나, 사이렌의 노래에 매혹되는 우리 마음의 심연과 연결되어 있다. 이는 새로운 위협, 기회, 또는 지각 환경의 변화를 감지하고 처리하기 위해 백그라운드에서 작동하는 주의력 회로의 일부이다.

그러나 우리의 주의가 새로운 지각 자극에 점차 적응함에 따라 자극의 강도는 점점 약해진다. 이는 밝은 빛에 적응하기 위해 동공이 수축되는 원리와 유사하다. 결국 우리는 다시 자유 의지를 가진 주체로 돌아간다. 이제 선택의 순간이 온다. 이 자극에 의식적으로 관심을 기울일 것인가, 아니면 그렇게 하지 않을 것인가? 이는 자발적 주의가 직면하는 훨씬 더 어려운 도전 과제다. 누군가에게 헤드라인을 읽게 하기는 쉽지만, 기사 본문까지 읽게 하기는 매우 어렵다.

칵테일 파티의 예로 다시 돌아가보자. 만약 누군가가 당신에게 파티 참석자 전원의 주의를 완전히 사로잡기 위해 모든 방법을 강구하라고 지시한다면, 필승의 방법이 하나 있다. 권총을 들고 파티장에 들어가 천장에 몇 발을 쏜 다음, "좋아, 모두 주목!"이라고 외치는 것이다.

물론 모든 사람의 주의를 끌기 위해 반드시 이런 폭력적이고 극단적인 행동을 할 필요는 없다. 주의를 끄는 방법은 다양하다. 고함을 지르거나, 칵테일 잔을 깨뜨리거나, 심지어 옷을 전부 벗어 던지는 것도 방법이 될 수 있다. 중요한 점은 당신이 누구이든, 어떤 직업이나 전문성, 재능을 갖췄든 간에 이 과제는 충분히 달성할 수 있다는 것이다. 어떤 방법이든 사용할 수 있다면, 방 안에 있는 사람들에게 주목받는 것은 비교적 쉬운 일이다.

그러나 이제 이렇게 상상해보자. 당신은 파티장에 난입해 어떻게든 모든 사람의 주목을 끌었다. 총을 들고 있든, 알몸으로 서 있든, 어쨌든 참석자 전원이 당신만을 바라본다. 이제 무엇을 할 것인가? 당신의 새로운 임무는 그들의 시선을 계속 붙잡아두는 것이다. 앞으로 두 시간 동안 이들이 넋을 놓고 당신만 지켜보게 만들어야 한다. 무엇을 할 것인가? 이는 결코 쉽지 않은 일이다! 무기도 별 도움이 되지 않는다. 천장에 총을 쏘는 것은 한 번쯤 효과가 있을지 몰라도, 두 시간 동안 사람들의 시선을 붙들어두는 방법이 될 수는 없다. 심지어 사람들에게 총을 겨눈다고 해도 그것만으로 지속적인 관심을 끌기는 어렵다. 이는 단순한 가설이 아니다. 비행기 피랍 사건의 인질이나 참호에 갇힌 군인들의 사례를 보면, 극도의 공포 상황에서도 사람들의 주의력은 쉽게 흩어진다. 1984년 쿠웨이트 여객기 납치 사건*의 생존자인 미국 국제개발처USAID 직원 찰스 카파르Charles Kapar는 사건 직후 기자들에게, 극도로 위태로운 상황에서도 지루해진 나머지 주변의 소리를 무시하게 되더라고 말했다. "그 양반[즉, 납치범]이 모든 것을 때려 부수는데 우리는 그냥 앉아만 있었다. 너무 지루한 나머지 잠이 들 뻔했다."[25]

사실 전쟁에서 가장 흔하고 보편적인 경험 중 하나는 지루함이다. 거의 모든 전쟁 수기는 이 점을 언급한다. 오랜 시간 아무 일도 일어나지 않다가, 갑자기 눈앞의 적군이 발포하거나 공격해오면 그 순간 몸속의 모든 세포가 활성화되어 적군의 폭력적인 위협에 즉각 대응한다. 팀 오브라이언Tim O'Brien은 소설《그들이 가지고 다닌 것들 The Things They Carried》(2009)에서 전쟁 속 지루함을 이렇게 묘사한다. "고요하고 덥고 완전히 공허한 날, 당신은 높은 언덕 꼭대기에 앉아 마치 수도꼭지에서 새는 물처럼 지루함이 몸속으로 스며드는 것을 느낄 것이다. 단, 스며드는 것은 물이 아니라 일종의 산성 물질로, 작은 물방울이 떨어질 때마다 중요한 기관이 조금씩 잠식되는 기분이 든다. 긴장을 풀려고 노력하겠지. 주먹을 펴고 편히 마음먹어야겠다고 생각할 것이다. 글쎄, 이 정도면 나쁘지 않아. 이렇게 생각할 것이다. 그리고 바로 그때, 뒤에서 총소리가 들리면 목구멍까지 고환이 튀어 오른 듯한 느낌에 깜짝 놀라 돼지처럼 끙끙댈 것이다."[26]

---

* 1984년 12월 4일 레바논 시아파 교도 4명이 승객 161명을 태우고 두바이에서 쿠웨이트 카라치로 가는 쿠웨이트항공 A300기를 납치한 사건.

그렇기에 폭력이나 죽음의 위협 같은 최후의 강제 수단을 사용하더라도 사람들의 관심을 장시간 유지하는 것은 불가능하다. 천재적인 연설가가 아닌 이상, 파티장의 모든 사람을 인질로 잡고 정치적 사명이나 가슴 아픈 경험을 연극의 독백처럼 두 시간 동안 성공적으로 연설하기는 거의 불가능에 가깝다. 오히려 시간이 지날수록 사람들은 점점 딴생각을 하며 주의가 산만해질 가능성이 더 크다. 처음에 주의를 끌기는 비교적 쉽지만, 그 주의를 유지하기는 어렵다. 심지어 나처럼 주의력 산업에 종사하는 사람에게도 "아무런 준비 없이 청중의 주의를 두 시간 동안 붙잡아두라"는 요청은 악몽 같은 과업처럼 느껴진다.

그럼 이제 자발적 주의의 신비로운 연금술에 대해 알아보자. 일단 사람들의 주의를 끌었다면, 그 주의를 어떻게 유지할 수 있을까?

이 질문에 대한 명확하고 포괄적인 답은 존재하지 않는다. 그러나 수백 년 동안 수많은 사상가들이 이에 대한 각자의 견해를 제시해왔으며, 오늘날에도 이 질문에 답하기 위해 수조 달러의 자금이 투입되고 있다. 선거 운동부터 교사, 군 지휘관, 언론사, 영업사원, 테크 기업, 광고주에 이르기까지 모두가 이 답을 찾기 위해 끊임없이 노력한다. 그리고 이 질문에 대한 답을 찾는 재능을 가진 사람들은 막대한 부를 축적하기도 한다. 이 문제에는 정답이 단 하나만 존재하지 않을뿐더러 그 답을 제시할 확실한 방법 또한 없다. 오히려 어떤 해법을 더 강하게 움켜쥐려 할수록 더 많은 것이 손가락 사이로 빠져나가게 된다.

나는 극도로 어려운 이 질문의 답을 찾기 위한 하나의 프레임워크를 제시하려 한다. 하지만 이를 설명하기 위해서는 먼저 주의력과 유사한 역학 관계를 지닌 우리 삶의 또 다른 영역을 살펴볼 필요가 있다. 그것은 우리의 진화론적 유산과 끊임없이 싸움을 벌이고 있는 별도의 영역, 바로 음식이다.

가장 기본적인 수준으로 보자면 굶주림에 대한 호르몬 반응은 진화적 필요성에서 비롯된다. 이는 우리 몸이 생존을 위해 더 많은 칼로리가 필요하다는 신호를 보내는 방식이다.[27] 이 신호는 아주 기본적인 정보에 불과하다. 음식은 갈망의 대상이 될 수도 있고, 사랑을 표현하는 수단이 될 수도 있으며, 문화와 유산을 찬미하는 방식이 될 수도 있다. 하지만 그 무엇보다도 생물학적 필요성이 우선한다. 누구나 살아가려면 먹어야 한다. 다른 선택지는 없다.[28]

배고픔은 주의력과 직접적으로 연결되어 있다. 배가 고프면 음식에 대한 욕구가 우리의 주의력을 잠식한다. 기아의 초기 상태를 경험한 사람들은 거의 예외 없이 자신의 뇌리가 온통 음식에 지배되었다고 말한다. 6일 동안 암벽에 팔이 끼인 채 고립되었다가 스스로 팔을 절단하고 구조된 산악인 애런 랠스턴Aron Ralston은 회고록에서 이렇게 회상했다. "내 머릿속에서는 죽음을 떠올리거나 문제를 해결할 방법을 고민하고 있었지만, 실제로 내 마음을 가득 채운 것은 먹을 것과 마실 것이었다. 냉장고에서 꺼낸 물복숭아, 과일, 차가운 디저트, 촉촉하고 맛있는 모든 것들."[29] 1960년대 민권운동 당시 학생 비폭력 조정 위원회SNCC의 단식 시위에 동참했던 한 학생도 비슷한 경험을 했다. 이 학생은 자신과 동료 활동가들이 "단식만 아니었다면 먹었을 음식에 대해 끝없이 상상하며, 맛있는 메인 요리와 사이드 메뉴를 지어내는 배틀을 벌였다"고 회고했다.[30]

주의력과 배고픔은 모두 생명을 유지하는 중요한 역할을 한다. 배고픔이라는 감각이 있기에 우리는 음식을 먹어야겠다고 생각한다. 마찬가지로 잠재적 위험, 영양분, 피난처 또는 안전한 장소에 관심이 집중되기 때문에 눈앞에 다가온 위협을 피할 수 있다. 맛있는 냄새가 코끝을 스칠 때, 이 두 과정이 동시에 작용하며 우리의 주의력은 음식의 유혹에 압도되기도 한다.

우리의 진화생물학적 조건은 인간의 식욕에 내재된 근본적이고 보편적인 측면을 형성한다. 1그램당 약 4칼로리의 열량을 제공하는 설탕은 영양학적으로 가장 효율적인 에너지 공급원 중 하나로, 연료로 따지면 휘발유의 역할을 한다. 인간이 다른 동물들처럼 달콤한 음식을 선호하는 것은 전혀 놀랍지 않다. 음식 전문 저널리스트 마이클 모스Michael Moss는 이에 대해 이렇게 설명한다. "아기들은 설탕을 먹으면 미소를 짓고 고통을 덜 느낀다. 그래서 의사들은 아기의 발뒤꿈치를 찔러 피를 뽑을 때 단 것을 먹이곤 한다."[31] 그는 설탕이 우리에게 "생존에 필수적인 일을 함으로써 얻는 깊은 생물학적 만족감"을 제공한다고 말한다.

지방 역시 에너지 밀도가 높다. 마이클 폴란Michael Pollan은 이에 대해 이렇게 설명한다. "자연 선택은 우리가 설탕과 지방(그 식감과 맛 모두)을 선호하도록 만들었다. 왜냐하면 설탕과 지방은 한입당 가장 많은 에너지(즉, 칼로리)를 제공하기 때문이다."[32] 구약성서에서도 하느님이 아브라함의 후손들에게 약속의 땅, 즉 풍요의 땅을 약속할 때 "아름답고 광대한 땅, 젖[지방]과 꿀[설탕]이 흐르는 땅"이라고 묘사한다.[33]

현대의 식품 산업을 지배하는 글로벌 식품 기업들은 인간의 설탕과 지방에 대한 생물학적 선호를 교묘하게 활용하고 있다. 마이클 모스는 저서 《배신의 식탁Salt, Sugar, Fat》(2014)과 《음식 중독Hooked》(2021)에서 이들 기업이 소비자들의 중독 반응을 유도하기 위해 인류 초기 수십만 년 동안에는 극히 희귀했던 특정 물질을 과도하게 투입해온 과정을 추적한다. 모스는 "우리는 태어날 때부터 단맛에 익숙할지 모르지만, 우리 조상들은 코카콜라처럼 강렬한 맛을 경험하지 못하며 살았다"고 지적한다.[34]

하지만 진화론적이고 생물물리학적인 배고픔은 단지 이야기를 시작하는 부분일 뿐, 결코 끝이 아니다. 바로 이 점에서 주의력과의 연결이 가장 두드러진다. 그렇다. 코카콜라는 전 세계적으로 판매되고 있다. 글로벌 식품 기업들은 설탕, 소금, 지방의 매혹적인 조합을 통해 대륙이나 문화를 초월하며 수조 달러의 수익을 올리고 있다. 그러나 음식은 단순히 가용 자원이 넉넉한 식품 엔지니어들이 화학 알고리즘을 활용해 우리의 뇌 회로를 해킹하고 최적의 맛 조합을 제공하는 데 그치지 않는다. 음식은 삶 자체이며 사회화, 문화, 애정, 집단 내 결속감을 다지는 중요한 매개체다. 또한 음식은 개인적 감각 기억이자 전통, 역사, 그리고 정체성의 표현이기도 하다. 나아가 우리의 입맛이 얼마나 복잡한지를 고려할 때, 전 세계 사람들이 맛있다고 여기는 음식의 종류는 놀라울 만큼 다양하다.

'인간은 어떤 음식을 좋아하는가?'라는 질문에는 두 가지 방식으로 답할 수 있다. 첫째는 가장 기본적인 생물학적 본능에서 비롯된 것으로, 때로는 과도하게 악용되기도 하는 소금, 지방, 설탕, 그리고 단순 탄수화물이다. 전 세계 어디서나 사람들은 짭짤한 감자튀김, 새콤한 케첩, 그리고 달콤한 코카콜라를 즐긴다. 그러나 인간이 좋아하는 음식에 대한 두 번째 대답은 바로 '모든 것'이다! 혹은 식용 가능하고 독성이 없는 거의 모든 것이라고 할 수도 있다. 인간의 입맛은 놀라울 정도로 다양해서 우리의 취향은 거의 무한하다고 할 수 있다. 우리는 소의 뇌부터 누에콩, 어란, 사막 용설란 발효꿀, 삭힌 고래 고기에 이르기까지 다양한 음식을 먹고 사랑한다. 초기 유럽 탐험가들의 일기와 여행기에도 비록 낯설긴 하지만 새롭고 놀랍도록 맛있는 음식과의 조우 경험이 자주 기록되어 있다. 13세기 프랑스령 플랑드르 출신의 선교사 빌럼 판 뤼브룩Willem van Rubroeck은 동유럽과 서아시아에 거주하는 타타르족과 함께 지낼 때, 발효된 말젖인 크므즈koumiss를 마셨던 경험을 이렇게 회상했다. "그 맛에 나는 공포와 충격으로 식은땀을 흘렸다. 그런 것을 마셔본 적이 없었기 때문이다. 그러나 맛은 정말 좋았다. 정말 그렇다."[35] 세상에는 우리가 상상도 못할 정도로 다양한 진미가 존재한다.

그리고 이는 주의력에도 동일하게 적용된다. '인간은 어떤 것에 주의를 기울이는가?'라는 질문에는 두 가지 방식으로 답할 수 있다.

첫째는 설탕에 대한 갈망과 마찬가지로, 주의력의 가장 깊은 생물학적 회로에서 비롯된다. 이는 우리의 진화적 유산에 뿌리를 둔 비자발적이고 강제적인 과정이다. 지구상에서 가장 단순한 신경계를 가진 생물이면서 의식조차 없는 바다 민달팽이조차도 갑작스러운 위협 자극에는 즉각 반응한다.[36]

강제적이고 전의식적인 주의력 체계는 우리의 관심을 끌기 위해 노력하는 사람들이 활용하는 최소 공통분모이다. 이는 패스트푸드와 유사한 형태의 주의력으로, 카지노나 타임스퀘어, 아이폰 등 어디서나 발견할 수 있다. 세계 최고 수준의 여러 기업, 인재, 조직은 우리가 보고 듣는 것을 자신들이 원하는 방향으로 이끌기 위해 막대한 자원을 투입하고 있다. 정크푸드는 이제 더 이상 우리의 몸만이 아니라 마음에도 주입되는 음식에 가까워지고 있다. 우리는 영혼의 배가 가득 차오르고 속이 메스꺼워질 때까지 끝없이 간식을 먹는다.

그러나 음식과 마찬가지로, '인간은 어떤 것에 주의를 기울이는가?'라는 질문에는 또 다른 답이 있다. 그 답은 바로 '거의 모든 것'이다! 아니면 적어도 충격적이고, 아름다우며, 숭고한 다채로운 활동과 엔터테인먼트에 대한 주의력이다. 가부키, 시트콤, 일일 드라마, 복음주의 기독교의 8시간 연속 예배, 오페라 《니벨룽의 반지》 4부작, 스냅챗의 15초 영상, 《전쟁과 평화》, 인도 전통악기 시타르 연주자의 1시간 독주 등이 그 예다.

이 글을 쓰는 시점에 조 로건 Jo Rogan은 영어권에서 가장 성공적이면서도 논란이 많은 팟캐스터일 것이다. 그의 팟캐스트는 회당 수백만 뷰를 기록하며, '우주의 기원' 같은 난해한 주제를 2시간 넘게 다루는 것이 보통이다. 내 취향은 아니다. 대신 나는 오래되고 더러운 카펫이 산뜻하고 화려하게 변신할 때까지 끈기 있게, 철저히, 그리고 애정을 담아 세척하는 카펫 청소 영상을 몇 시간 동안 시청한 경험이 있다. 이런 영상에는 대체로 내레이션이 없으며 귀를 만족시키는 물소리와 솔질 소리, 그리고 수년간 쌓인 먼지를 머금어 검고 더러워진 물이 배수구로 흘러가는 감탄스러운 모습만 담겨 있다. 그런데도 나는 이런 영상에 완전히 매료된다. 나는 또 녹슬고 빛바랜 오래된 초인종과 북 프레스기의 표면을 긁어내고, 닦고, 연마하여 반짝이도록 복원하는 과정을 몇 시간 동안 시청한 적도 있다. 나만 그런 게 아니다. 초인종 복원 영상 중에는 첫 3개월 동안 440만 회의 조회 수를 기록한 것도 있고, 골동품 해머 드릴을 복원하는 영상은 무려 3,600만 회의 조회 수를 기록하기도 했다.

유튜브에는 '언박싱 영상'이라는 매우 인기 있는 장르도 있다. 이 영상에서는 누군가가 장난감 등 다양한 상품을 포장을 뜯기 전 상태에서 먼저 보여주고, 포장을 하나씩 벗기며 그 상품을 설명해나간다. 이 장르의 명실공히 간판스타는 하와이 출신의 열 살 난 소년 라이언 카지Ryan Kaji다. 이런 영상들은 비록 그 이유를 딱 꼬집어 말할 수는 없지만, 개인적으로는 계속 시청하기가 불편하다. 그러나 라이언의 채널은 2018년과 2019년 유튜브에서 가장 높은 수익을 올린 채널이었다.[37] 그중 〈풍선 워터 슬라이드와 함께하는 거대한 달걀 장난감 서프라이즈 챌린지〉라는 영상에는 어린 라이언이 뒷마당의 워터 슬라이드 주변을 돌아다니며 장난감이 들어 있는 커다란 플라스틱 달걀을 찾는 모습이 담겨 있다. 이 영상의 조회 수는 무려 20억 회에 달한다.[38] 《뉴욕 타임스 매거진》에 따르면, 라이언의 가족은 2022년에 광고와 콘텐츠 스폰서 계약을 통해 최소한 2,500만 달러(2022년 환율 기준 약 323억 원)를 벌어들였다.[39]

그래서 《전쟁과 평화》에서부터 액션 피규어로 가득 찬 커다란 플라스틱 달걀에 이르기까지, 사람들이 무엇에 관심을 기울일 것인가 하는 단순하면서도 심각한(그리고 대단히 수익성 높은) 질문에 대한 직관적인 답은 존재하지 않는다. 이는 미식과 마찬가지로 역사, 문화, 사회 제도 등 수백만 가지 변수의 복합적 산물이다. 인간 정신의 취향이 지닌 무한한 다양성은 그 자체로 아름답다. 마찬가지로 남들한테 지루하게 여겨질 법한 것에 깊은 주의를 기울일 수 있는 우리의 능력 또한 아름답다. 저 바깥의 세상에는 아직도 무한한 가능성이 존재하며, 어떤 개인이 어떤 순간에 무엇에 지속적으로 주의를 기울이게 될지는 알 수 없다. 그것은 우리의 예측 능력을 초월하는 영역에 있다. 그것은 과학이 아니라 예술이다.

가능한 한 많은 주의를 끌고 싶다면, 해결 불가능해 보이는 문제를 해결하기 위해 끊임없이 노력해야 한다. 어떤 사람들은 영화나 TV 프로그램을 히트시키며 큰 성공을 거두겠지만, 대부분은 실패한다. 심지어 우리 같은 주의력 산업 종사자들조차, 널리 알려진 주의력의 기본 틀을 철저히 따르려 해도 마찬가지다. 왜 한 방송사가 제작한 경찰 드라마는 성공하고, 다른 방송사의 드라마는 실패했을까? 그 이유는 아무도 알 수 없다. 인간은 예측하기 어려운 존재이며, 사람들의 취향은 문자 그대로든 비유적으로든 방대하고 기이하기 때문이다.

하지만 이 퍼즐을 완전히 피해갈 수 있다면 어떻게 될까? 주의를 끄는 것이 유지하는 것보다 훨씬 쉽다는 점에 주목하면 된다. 주의력을 유지하는 과정을 생략하고, 단순히 주의를 끌기 위한 수단을 반복적으로 극대화하는 방법을 찾아낸 사람은 막대한 금전적 보상을 얻게 될 것이다.

내가 속한 케이블 뉴스 산업은 바로 이런 방식을 채택하고 있다. 케이블 뉴스 화면을 한번 본 사람은 시각적 자극으로 가득 차 있다는 것을 단번에 알 수 있다. 개입은 끊임없이 이루어진다. 화면 최하단의 '크롤crawl'* 자막은 헤드라인을 표시하고, 하단 3분의 1 부분에는 게스트 소개나 현재 보도 중인 뉴스를 헤드라인 스타일로 몇 초마다 요약해 보여주는 텍스트가 자리한다. 화면의 주요 부분 역시 거의 고정되지 않는다. 비주얼은 몇 초마다 바뀌며, 앵커 풀샷이나 어깨 너머로 그래픽이 포함된 앵커 샷, 전체 화면 이미지 삽입, 롤 사운드 등이 번갈아가며 화면을 채운다.

사실 화면 하단의 '티커ticker'** 또는 '크롤'은 원래 CNN과 ESPN

---

*   가로로 이동하는 텍스트로, 속보나 주요 뉴스, 긴급 업데이트 등의 정보를 전달하는 데 사용된다. 주요 방송을 방해하지 않으면서 긴급 뉴스를 시청자가 볼 수 있게 하는 자막을 말한다.

**   정적인 또는 천천히 스크롤되는 텍스트로, 주가나 스포츠 경기 점수, 일반 헤드라인 등의 업데이트를 지속적으로 제공한다.

이 스포츠 경기 결과를 보여주려고 도입한 기능이었다. 뉴스 업계에서는 2001년 9월 11일 폭스 뉴스가 화면 하단에 뉴스 헤드라인을 표시하기 위해 이 기능을 처음 사용했다. 이는 근래 들어 우리의 원초적이고 본능적인 주의를 가장 강렬히 사로잡은 사건인 9·11 테러 당시의 일이었다.[40] MSNBC와 CNN도 곧바로 그 뒤를 따랐다. 두려움과 공포가 최고조에 달하던 순간, 시청자의 주의를 유지하기 위해 이런 접근 방식을 채택한 것은 어쩌면 당연한 일이었다. 우리 모두는 우리를 위협하는 것이 무엇인지 보고 들을 준비가 되어 있었기 때문이다. 나아가, 구체적이고 대단히 현실적인 위협이 사라진 후에도 티커가 계속 유지된 것은 적절한 선택으로 보였다. 케이블 뉴스는 가장 기본적인 형태 면에서 마치 방송에 중계되는 사이렌 소리와 같다. "지금 막, 시청자 여러분이 꼭 아셔야 할 일이 일어났습니다."

티커는 내가 케이블 뉴스 진행을 시작한 뒤 어느 시점에 다시 도입되었다. 프라임 타임 방송에서는 내 뉴스쇼가 시작되기 전에 이미 사용이 중단된 자막 포맷이었다. 당시 내 뉴스쇼의 시청률은 하락하고 있었다. 다시 말해 주의력의 총량이 감소한 것이다. 경영진은 시청률을 다시 끌어올릴 방법을 모색하던 중 티커를 다시 사용하기로 결정했다.

이는 주의력 유지 경쟁이 화면에서 두 가지 상이한 방식으로 벌어지고 있음을 의미했다. 하나는 화면 하단의 크롤을 통한 연속적인 개입 방식이었고, 다른 하나는 내가 화면 상단 3분의 2 부분에서 시도했던 스토리텔링을 통한 유지 방식이었다. 내가 내 화면과 경쟁해야 한다는 사실이 다소 어색하게 느껴졌다.

물론 이것은 어느 정도 이 매체만의 고유한 특성이기도 하다. 케이블 뉴스는 극도로 경쟁적인 주의력 시장에서 살아남아야 하며, 특히 채널을 돌리다가 우연히 유입된 신규 시청자의 주의를 끌기 위해 부단히 노력해야 한다. 개인적으로 내가 생각하는 이상적인 상황은 모든 부가적 요소를 배제하고 수사와 스토리텔링을 통해 나만의 능력으로 시청자의 자발적 주의를 끌 수 있도록 미장센을 단순화하는 것이다. 실제로 나는 한 케이블 뉴스 임원에게 내가 생각하는 이상적인 모습은 그래픽 없는 검은 배경에 나무 테이블 하나만 놓여 있던 '찰리 로즈 쇼The Charlie Rose Show'*처럼 단순한 세트라고 말한 적이 있다. 그 말을 들은 임원은 아주 당혹스러워했다. 그럼에도 불구하고 케이블 뉴스가 주의를 유지하기보다 주의를 끌기 위해 다양한 방법을 반복적으로 시도한다고 하더라도, 거기에만 전적으로 의존하는 것은 아니다. 나는 여전히 단독 멘트monologue를 통해 이야기를 전달한다. 비록 그 순간 나를 둘러싼 그래픽은 타임스퀘어처럼 블링블링하게 빛나고 있을지라도 말이다.

그러나 우리 시대에 가장 성공적인 주의력 확보 방식은 자발적 주의를 유지하는 문제를 거의 완전히 회피하고 있다. 대신 점점 더 효과적으로 우리의 주의를 반복적으로 끌어모으는 방식을 선택하고 있다. 나는 이것을 '슬롯머신 모델'이라고 부른다. 이 모델의 기본적

---

* 1991년부터 2017년까지 찰리 로즈가 진행, 제작, 연출을 맡은 PBS 뉴스쇼.

인 접근 방식이 역사상 최초의 성공적인 주의력 머신에서 영감을 얻었기 때문이다. 마치 청량음료와 패스트푸드가 전 세계의 식품 산업을 식민화한 것처럼, 이 모델은 전 세계의 주의력 경제를 지배하게 되었다.

무한으로 즐기는 슬롯머신 모델

슬롯머신은 원래 펍에서 볼 수 있던 기계식 포커 머신을 단순화한 형태로 시작되었다. 1950년대에 이르자 슬롯머신은 어디서나 흔히 볼 수 있는 동시에, 악습 척결 운동가anti-vice crusader*들의 격렬한 반발 대상이 되기도 했다. 그들은 사람들을 매혹해 주머니를 털어가는 슬롯머신의 사악한 능력을 규탄했다.[41] 같은 해, 한 사회학자는 "이렇게 적은 투자로 이렇게 엄청난 수익을 올릴 수 있는 기계는 지금까지 발명된 적이 없다"는 관찰을 남겼다.[42]

1951년 도박기기운송법Gambling Devices Transportation Act이 제정됨에 따라 많은 주에서 그전까지 회색 지대에서 운영되던 슬롯머신을 금지했다. 그 후 1960년대에 이르자 네바다를 제외한 모든 주가 슬롯머신 운영을 전면 금지했다.[43] 이를 계기로 라스베이거스 대로에 위치한 주요 호텔 카지노의 엔지니어들이 슬롯머신 개발에 나섰다.

---

* 기독교 도덕성을 수호하고 음란 문학, 낙태, 피임, 자위, 도박, 매춘, 특허약 등을 반대하는 운동을 말한다.

이들은 슬롯머신의 단순한 구조를 개선하여, 비길 데 없이 정교하고 강력한 전자 게임의 세계로 확장시켰다. 슬롯머신은 카지노 안의 다른 어떤 게임보다 월등히 높은 수익을 창출하며, 해가 갈수록 점점 더 많은 공간을 차지하게 되었다. 사회학자 보 버나드Bo Bernhard는 2000년 게임 컨퍼런스 강연에서 이렇게 단언했다. "지금 이 순간에도 슬롯머신에 공간을 내주기 위해 블랙잭 카드 테이블을 철거하는 카지노가 있을 것이다."[44]

슬롯머신은 회전이 멈출 때까지 잠시 우리의 관심을 사로잡았다가 다시 시작하는 방식으로 이 짧고 강렬한 과정을 반복한다. 슬롯머신 모델은 매우 단순하다. 각 플레이는 단 몇 초 만에 끝난다. 밝은 조명과 새로운 자극이 우리의 주의를 끌어당긴다. 긴장의 순간은 곧 해소된다. 미니어처 속의 미스터리가 드러나는 그 순간, 결과는 만족스러울 수도 있고 그렇지 않을 수도 있다. 하지만 바로 그때, 플레이가 다시 반복된다.

문화인류학자 나타샤 다우 쉴Natasha Dow Schüll은 저서 《중독의 설계Addiction by Design》(2014)에서 슬롯머신과 중독자의 관계를 탐구한다. 사람들이 흔히 생각하는 것과 달리, 슬롯머신 중독자들이 게임을 계속하는 이유가 꼭 도박에만—즉, 돈을 딸 가능성에만—있는 것은 아니다. 오히려 핵심은 슬롯머신 플레이가 만들어내는 독특한 주의력의 무아지경 상태다. 쉴이 인터뷰한 슬롯머신 중독자 몰리는 처음에는 돈을 따기 위해 게임을 시작했지만, 곧 카지노를 이길 수 없다는 현실을 깨달았다. 몰리는 이렇게 말한다. "오늘도 돈을 따면—물론 가끔은 나도 이겨요—그 돈을 다시 기계에 넣습니다. 사람들은 내가 이기고 싶어서 게임을 하는 게 아니라는 사실을 이해하지 못하죠." 그녀가 게임을 하는 이유는 단 한 가지였다. "다른 건 별로 중요하지 않게 느껴지는 그 머신 공간machine zone에서 계속 게임을 하기 위해서." 몰리는 게임을 하는 동안 느끼는 머신 공간을 이렇게 설명했다. "마치 폭풍의 눈 속에 있는 것 같아요. 눈앞의 기계만 선명하게 보이고, 온 세상이 내 주위를 빙빙 도는데 아무 소리도 들리지 않아요. 실제로 그 자리에 있는 게 아닌 거죠. 나는 기계와 함께 있을 뿐이고, 그 외에는 아무것도 존재하지 않아요."[45]

게임 디자이너들은 플레이어가 이 게임 공간을 벗어나지 않도록 모든 노력을 기울인다. 그들의 목표는 플레이어가 가능한 한 오래 기계 앞에 머물게 하면서 플레이어의 주의를 완전히 장악하고 독점하는 것이다. 또한 다른 유혹이나 경쟁자가 플레이어를 꾀어내지 못하도록 막는 것 역시 그들의 중요한 임무이다.[46]

이 원리는 오늘날 전 세계의 총 소요 시간 측면에서 가장 주목받는 주의력 산업 중 하나인 비디오 게임 업계의 핵심 모델이다. 〈콜 오브 듀티Call of Duty〉(2003)에서 〈카운터 스트라이크: 글로벌 오펜시브Counter-Strike: Global Offensive, CS:GO〉(2012)에 이르기까지, 1인칭 슈팅 게임 장르의 모든 비디오 게임은 슬롯머신 모델과 동일한 방식을 적용한다. 즉, 플레이어의 관심을 반복적으로 끌어당기는 것이다. 물론 이러한 게임은 각기 다른 캐릭터, 스토리, 때로는 정교한 내러티브 구조를 포함하고 있다. 하지만 이들의 주의 유도 기법의 핵심은 플레이어를 끊임없이 위험에 노출시켜 매 순간 새로운 위협에 직면하게 되는 유니버스를 창조하는 데 있다. 그 결과 일부 게이머들은 빈 페트병에 소변을 봐가며 몇 시간 동안 게임에 몰두하고 있다고 말하기도 한다. (물론 이는 대부분 농담에 불과하다.)

이 게이머들과 쉴이 인터뷰한 슬롯머신 플레이어들의 경험은 거의 동일하다. 2020년, 한 게이머는 "나는 올해 몇 달째 〈콜 오브 듀티〉에 계속 집중하고 있어요. 다른 어떤 게임과도 비교할 수 없을 정도입니다"라고 말했다.[47] 그는 이렇게 덧붙였다. "나만 그런 게 아닙니다. 올해 내 친구들은 모두 〈콜 오브 듀티〉에 빠져 있어요. (…) 무작위성은 그저 이 공식에서 한 가지 요소일 뿐입니다. 물론 우연히 어떤 게임에 들어갔다가 '내가 찾던 바로 그 게임이네'라고 느끼는 순간도 즐겁습니다. 루트 박스loot box나 원형 배치에서 운이 따를 때도 있고, 이번 판은 내가 아무리 해도 안 되겠다 싶을 때도 있습니다." 참고로, 루트 박스는 게임 내의 슬롯머신 같은 것으로, 플레이어는 이를 통해 무작위로 아이템을 지급받는다.

이 게임 카테고리는 실로 경이적인 맨아워man hour/human hour* 분량의 주의를 사로잡았다. 2013년 《워싱턴 포스트》의 보도에 따르면, "인류는 이제 지구에 존재했던 시간보다 더 많은 시간을 콜 오브 듀티 게임에 소비했다." 이 말은 "플레이어들의 연간 게임 플레이 시간이 약 47만 5,000년에 이르며, 6년간의 기록을 모두 합산하면 인류는

---

*   한 사람이 1시간에 걸쳐 수행할 수 있는 작업량을 측정하는 단위를 말한다.

액티비전Activision의 이 21세기 테마 전투 시뮬레이션 게임에 자신들이 이제껏 존재했던 시간의 14배가 넘는 285만 맨이어man-year*를 쏟아부었다는 뜻이다".⁴⁸ 놀랍게도 이 통계는 벌써 10년 전의 기록이다!

이제 슬롯머신 모델은 주의력 시대를 지배하는 핵심 모델로 자리 잡았다. 페이스북, X(구 트위터), 인스타그램, 틱톡 등 대부분의 인기 있는 소셜 미디어 플랫폼이 이 방식을 채택하고 있다. 플랫폼의 핵심 구조인 '피드feed'가 슬롯머신이 움직이듯 끝없이 스크롤할 수 있도록 설계된 것은 결코 우연이 아니다. 이러한 앱들은 지속적인 자극과 끊임없는 개입을 통해 우리의 주의를 유지하도록 구조화되어 있다. 그렇기에 별다른 노력 없이도 우리의 주의를 유지하는 데 성공한다. 휴대폰은 말하자면 우리 주머니 속의 작은 슬롯머신이다. 언제든지 꺼내 사용할 수 있는 이 기기는 단순히 우리의 주의를 사로잡는 행위를 반복하는 것만으로도 엄청난 시간에 걸쳐 우리의 주의를 유지해왔다.

아이폰의 스크린 타임 기능을 활성화해두면 평균 스크린 타임을 기록한 메시지가 매주 한 번 온다. 이 메시지는, 적어도 나로서는, 볼 때마다 충격적이고 때로는 끔찍한 기분마저 들면서 부끄러워진다. "지난주 평균 스크린 타임은 5시간 16분"이라고 아이폰은 알려준다. 하지만 이게 어떻게 가능하단 말인가? 휴대폰에 그토록 많은 시간을 허비했을까 떠올려보지만, 곧 그 시간이 마치 커피 스푼으로

---

* 한 사람이 1년 동안 수행할 수 있는 작업량을 측정하는 단위를 말한다.

재듯 10초 단위씩 조금씩 흘러갔을 뿐이라는 것을 깨닫게 된다. 1달러당 몇 센트씩 남기는 거래를 수십억 번 반복하면 막대한 수익이 되는 것처럼, 우리 시대의 가장 강력한 주의력 채굴자들은 우리의 주의를 항상 차지할 필요가 없다. 그저 한 번에 몇 초씩, 여기저기서 가져가는 일을 반복하면 된다.

전 세계에서 가장 힘 있고 수익성 높은 기업들은 슬롯머신 모델을 통해 지난 100년 동안 할리우드 경영진, 대형 출판사, 브로드웨이 제작자들이 고민해온 문제를 말끔히 해결했다. 사람의 주의력은 어떻게 유지할 수 있는가? 이제 그들은 답을 제시할 필요조차 없다. 대신, 우리에게 수백만 개의 작은 개입 요소를 던져놓고 무엇이 우리의 관심을 사로잡는지 추적한 뒤 그것을 반복하면 된다. 이 과정은 기계학습과 완전 경쟁 시장이 갖는 효율성 덕분에 시간이 지날수록 점점 더 정교해질 것이다. 이들은 특정 순간에 당신의 관심을 사로잡을 만한 요소를 찾아내 오직 그것만 제공하면 된다.

주목! 엉클 샘이 당신을 부른다

우리의 작동 모델에는 주의력에 대한 세 가지 주된 요소, 즉 비자발적 주의, 자발적 주의, 그리고 사회적 주의가 있다. 주의를 강제하는 것, 즉 주의를 사로잡는 것은 주의를 유지하기보다 훨씬 쉽다. 주의를 사로잡는 과정이 인간 영혼의 무한한 신비를 풀어내는 데 달려 있지 않기 때문이다. 이는 주의력 경쟁 시장이 점점 슬롯머신 모델로 흘러가게 된다는 것을 의미한다.

그러나 비자발적 주의와 자발적 주의 외에도, 주의력의 강력한 셋째 요소인 사회적 주의가 있다. 주의력 시대를 제대로 이해하려면 이 요소가 어떻게 활용되어왔는지도 살펴볼 필요가 있다. 예컨대 칵테일 파티에서 우연히 다른 사람들의 대화 속에서 자신의 이름이 들릴 때, 우리는 다른 어떤 자극과도 비교할 수 없는 특별한 울림, 특별한 주의의 끌림을 느끼게 된다는 사실을 기억하라. 이는 자신의 이름이 누군가가 자신을 주목하고 있다는 신호로 작용하기 때문이다. 자신이 사물과 타인에게 주의를 기울일 수 있지만, 남들도 자신에게 주의를 기울일 수 있다. 후자는 우리의 사회적 본성이 갖는 가장 근본적인 측면, 즉 우리는 태어난 순간부터 누군가의 주의 없이는 생존할 수 없다는 사실을 상기시킨다.

누군가의 주의를 끄는 것이 이를 유지하는 것보다 더 쉽다는 사실은 언뜻 사소해보일 수 있다. 그러나 이 단순한 진실이 오늘날 주의력 시장의 작동 방식에 심대한 영향을 미치는 것처럼, 사회적 주의가 지닌 원초적인 힘도 마찬가지로 중요한 영향을 끼친다. 주의력 채굴자들은 주의를 끌어내는 것이 이를 지속적으로 유지하는 것보다 훨씬 쉽다는 점을 오래전부터 알고 있었다. 반면 사회적 주의의 이러한 특성은 최근에 이르러서야 구체적으로 밝혀졌을 뿐이다.

현대 이전에, 주의를 사로잡고 싶은 특정 인물을 직접 지목할 수 있는 가장 그럴듯한 방법은 그 대상이 될 만한 일반적이지만 구체적인 모델을 언급하는 것이었다. 예를 들어 세제 광고에서는 주부를, 담배 광고에서는 멋쟁이 신사를 마케팅 대상으로 삼는 방식이었다. 또한 그 대상과 직접 대화를 시도해볼 수 있는 가장 그럴듯한 접근법은 직접 말을 거는 '엉클 샘'* 방식이었다. "나는 당신을 원한다." 당시 기술로는 육군 모집 포스터가 행인을 한 명 한 명 실제로 식별할 수는 없었다. 하지만 그 포스터가 그렇듯 단번에 상징적 아이콘으로 자리 잡은 데는 분명 이유가 있다. 원래 모델이 되었던 영국의 모병 포스터와 마찬가지로,[49] 이 이미지는 자신을 가리키는 남자의 시선과 손짓을 통해 신병의 사회적 주의를 고정시키려는 독창적 시도였던 것이다.

누구나 한 번쯤은 기명 모금 이메일을 받고 의아해하거나 웃어넘기며 그 내용을 친한 친구의 친근한 말투로 읽어본 경험이 있을 것이다. "크리스! 시간이 얼마 남지 않았어요. 아직 기부하지 않으셨네요. 이번 가을의 승리를 위해 얼마나 많은 노력을 기울이고 계신지 알고 있어요. 그리고 우리는 '지금' 당신의 기부가 필요해요." 이처럼 자신의 이름 "크리스!"가 적힌 텍스트를 보는 그 짧은 순간에 느껴지는 인식의 감각이 바로 사회적 주의의 힘이다. 칵테일 파티에서 내 이름이 들리며 누군가가 내게 주의를 기울이고 있다는 것을 깨닫는 순간, 내 몸에서 동일한 부분이 활성화된다. 현대 디지털 세계의 특성

---

*   엉클 샘Uncle Sam은 미국을 상징하는 캐릭터로, U.S.를 의인화한 표현이다. 19세기 초부터 사용되기 시작했으며, 1, 2차 세계대전 당시 "I Want You for U.S. Army"라는 문구가 적힌 미군 모집 포스터를 통해 널리 알려졌다.

은, 우리의 주의를 원하는 사람들이 우리가 누구인지에 대한 방대한 정보를 활용해 매우 구체적으로 우리를 식별하고, 우리의 사회적 주의를 끌어내는 데 성공하고 있다는 점이다.

지난 10년 동안 미국 도시의 거리를 걸어본 사람이라면, 밝은색 티셔츠 차림에 클립보드를 들고 모금 활동을 하는 길거리 운동원들과 마주친 적이 있을 것이다. 나 역시 젊은 시절, 자원봉사자를 조직하는 현장 활동가로서 비슷한 처지였던 적이 있다. 그때 나는 잠깐의 시행착오를 통해 사람들의 주의를 가장 효과적으로 끌어낼 수 있는 방법을 금세 깨달았다. 만약 그때 지나가는 사람의 이름과 개인 정보를 모두 알고 있었다면 어땠을까? 운동원들의 노력이 얼마나 더 효과적일 수 있었을지, 그리고 내가 그 일을 하면서 얼마나 더 많은 성과를 낼 수 있었을지 상상해보라. "잠시만요, 환경을 위해 잠깐 시간 좀 내주실 수 있나요?"라고 묻는 대신, 이렇게 말하는 운동원을 떠올려보라. "크리스! 당신과 케이트, 라이언, 데이비드, 애니가 북부 지역에서 하이킹을 즐기신다는 걸 알고 있어요. 그 지역의 숲을 보호하는 일에 대해 잠시 이야기 좀 나눌 수 있을까요?"

물론 인터넷이라는 머신은 정확히 이런 일을 수행하도록 설계되었다. 인터넷 상거래의 상당 부분은 이 같이 무척 구체적인 형태의 사회적 주의를 유도하는 데 초점이 맞춰져 있다. 애드테크ADTech는 파스타 애호가, 배구 선수, SF 팬 등 우리의 사회적 정체성과 관련된 방대한 개인 데이터를 수집한다. 그리고 이를 활용해 우리의 주의를 사로잡는 방식으로 작동한다. 그 결과, 인터넷 상거래는 점점 더 '식별' 비즈니스에 가까워지고 있다. 페이스북 출신 작가 안토니오 가르시아 마르티네스Antonio García Martínez는 이를 가리켜 "어디서든, 어떤 방식으로든 특정 사용자를 찾는 것"이라고 표현했다. 출판사와 광고주 양측에서 생성, 저장, 활용되는 이 모든 데이터는 과거 신용 파생상품의 가격을 책정하던 사람들이 이제 인간의 주의력에 가격을 매기는 새로운 영역을 만들어냈다.⁵⁰

이는 애드테크 측면, 즉 우리의 주의를 끌기 위해 끊임없이 광고를 제공하는 방식에 불과하다. 하지만 이것이 소셜 미디어 플랫폼 설계에서 얼마나 중요한 역할을 하는지 생각해보라. 플랫폼마다 누군가가 우리를 언급하거나 우리에게 말을 걸 때 이를 알려주는 '멘션mention' 알림이 있다. 이것은 칵테일 파티 효과를 디지털로 코드화해 구현한 것이다. 사실 사용자가 태그된 것을 계기로 특정 토론thread에 참여하게 되는 것은 많은 플랫폼에서 사용자 참여도를 높이는 핵심 요소다. 구글 출신인 트리스탄 해리스Tristan Harris는 이러한 측면이 소셜 미디어 플랫폼의 알고리즘에 의해 최적화되면서 정상적인 수준에 머무르던 사회적 충동의 폭주를 가져온다고 지적한다. "우리는 모두 사회적 인정에 취약하다"라고 해리스는 말한다. "하지만 이제 우리의 사회적 인정은 테크 기업의 손에 달려 있다. 예컨대 친구 마크가 나를 태그하면, 나는 그가 의식적으로 나를 태그하는 것을 선택했다고 생각한다. 그러나 나는 페이스북 같은 회사가 애초에 마크가 무엇을 할지를 어떻게 조직할 수 있었는지 이해하지 못할 뿐이다. 이를테면 사람들이 태그해야 할 모든 얼굴을 자동으로 제안하거나, '이 사진에 트리스탄 태그하기' 같은 원클릭 확인 상자를 표시하는 방식이 그렇다. 결과적으로 마크가 나를 태그할 때 그는 단지 페이스북의 제안에 응답했을 뿐, 스스로 독립적인 선택을 한 것이 아니다. 그러나 페이스북은 이러한 디자인 선택을 통해 수백만 명의 사용자들이 온라인에서 자신의 사회적 인정을 경험하는 빈도를 실질적으로 제어하고 있는 셈이다."[51]

나아가 태그tagged, 호명named, 멘션mentioned 기능은 점점 더 혼란스러운 표현들 속에서 밤늦게까지 이어지는 치열한 논쟁을 끌어낸다. 이런 기능은 많은 소셜 미디어 플랫폼의 생명선으로, 대화의 장을 제공한 회사는 이를 통해 주의력 싸움에서 큰 승리를 거두는 데 성공한다. 나처럼 꾸준히 열정적으로 게시물을 올리는 사람이라면, 기기를 확인하다가 읽지 않은 멘션이 잔뜩 쌓여 있는 것을 발견할 때 엔도르핀이 솟구치는 경험을 한 적이 있을 것이다.

현대 디지털 사회의 주의력 채굴자들이 주의를 발굴하는 방식은 크게 퍼붓기hail, 사로잡기grab, 유지하기hold로 요약할 수 있다. 이는 각각 주의력의 세 가지 주요 측면인 사회적 주의, 비자발적 주의, 자발적 주의에 대응한다. 여기서 첫 두 가지 형태는 세 번째 형태보다 훨씬 다루기 쉬운 특성을 지닌다. 따라서 이 수익성 높은 문제를 해결하기 위해 점점 더 많은 자원과 기술이 투입되고 있으며, 우리의 사회적 정체성과 신경학적 연결망을 교묘히 이용하는 식의 개입으로 주의를 강제하는 방식이 주로 활용되고 있다.

3장

지루함의 탄생: 악의 근원

지루함은 인간 조건의 일부일까, 아니면 문명의 (혹은 근대성의) 산물일까? 선사 시대 우리의 조상들도 지루함을 경험했을까, 아니면 그들에게는 이 개념 자체가 낯선 것이었을까? 만약 후자라면 지루함은 언제, 그리고 왜 생겨났을까?

근대의 산물로서의 지루함

잠시 오디세우스 이야기로 돌아가보자. 앞에서 간과된, 자세한 설명이 누락된 세부 사항이 하나 있다. 왜 키르케 여신은 선원들의 귀를 밀랍으로 막으라고 하면서 정작 오디세우스 자신에게는 그렇게 하라고 권하지 않았을까? 선원들과 함께 다 같이 귀를 막고 안전하게 항해했다면, 오디세우스는 돛대에 자신을 묶는 복잡하고 위험한 계획을 간단히 피할 수 있었을 텐데 말이다. 그러나 키르케는 사실 오디세우스에게 두 가지 방향을 모두 제안했다. 여신은 그가 사이렌의 노래를 듣고 싶어 한다는 것을 알고 있었던 것이다. 우리는 모두 이런 노래를 듣고 싶어 한다. 주의를 빼앗길 만큼 특별한 경험을 갈망한다. 그만큼 사이렌의 노래에 사로잡히는 것은 즐거운 일이기 때문이다.

우리는 끊임없는 생각으로 가득 찬 자신의 내면을 두려워하는 본능, 다른 말로는 사이렌을 찾아 나서는 본능을 직시하지 않고서는 주의력 시대를 온전히 이해할 수 없다. 우리는 왜 평화로운 침묵에 만족하지 못할까? 2014년, 버지니아대의 심리학 연구자들은 이 질문을 탐구하기 위한 연구에 착수했다. 실험에 참여한 피험자들은 아무것도 하지 않은 채 방 안에 홀로 앉아 6분에서 15분 정도의 시간을 보낸 후 질문을 받았다. 모든 피험자는 이 시간이 싫었다고 답했다. 연구자들은 이 부정적인 감정이 얼마나 강한지 확인하고자 추가 실험을 진행했다. 피험자들에게 "아무것도 하지 않는 것보다 유쾌하지 않은 활동을 선택하겠느냐"고 물었다.

한 연구에서 피험자들에게 "원할 경우 부정적인 자극(전기 충격)을 경험할 수 있는 기회"를 제공했다. 결과는 어땠을까? "많은 참가자가 무자극보다 부정적인 자극을 선택했다. 특히 남성 참가자의 경우, 18명 중 12명(67%)이 생각하는 시간thinking period 중 스스로에게 최소한 한 번 이상 충격을 가했다." 심지어 한 참가자는 자신이 생각에 잠기는 상황을 피하려 필사적으로 노력하며 실험 시간 내내 무려 190회의 충격을 가했다.[1]

당신은 '그건 미친 짓'이라고 생각할 수도 있다. 혹은 '아, 나도 충분히 그럴 수 있겠다'는 반응을 보일지도 모른다. 우리는 대개 이 정도로 극단적인 선택을 할 상황에 놓이지 않기 때문에 자신이 어떻게 할지 끝내 알 수 없다. 하지만 한 번쯤은 이런 경험을 해봤을 것이다. 긴 줄이 늘어선 커피숍에 들어갔는데, 본능적으로 휴대폰을 찾다가 휴대폰을 차에 두고 왔다는 사실을 깨닫는 순간 말이다. 주변에는 달리 볼 것도 없어 당신은 혼자 생각에 잠길 수밖에 없는 상황에 처한다. 그리고 곧 짧지만 강렬한 밀실 공포증이 밀려온다.

어떤 수준에서 이는 중독의 한 예로 볼 수 있다. 흡연자가 담뱃갑을 찾으려고 주머니를 뒤지듯, 휴대폰 중독자는 스마트폰을 찾으려고 주머니를 뒤진다. 그러나 기성세대라면 스마트폰이 등장하기 훨씬 전에도 비슷한 경험을 한 기억이 있을지도 모른다. 화장실에 갔는데 읽을거리가 없어 당황했던 순간이나, 등교 전 아침 식사 중 멍한 상태에서 시리얼 상자 뒷면을 읽으며 시간을 보냈던 경험 말이다. 우리는 끊임없이 개입을 요구하는 주의력 시대를 불편하게 느낄 수 있지만, 이는 본래 현대 이전부터 존재해온 인간의 본능적 욕망에서 비롯된 것이다. 철학자 블레즈 파스칼Blaise Pascal은 에세이 모음집 《팡세Pensées》(1670)에 이렇게 적었다. "나는 종종 사람들이 다양한 방식으로 주의가 산만해지는 모습을 관찰했다. 그러다 한 가지 사실을 발견했다. 사람들의 모든 불행은 단 한 가지, 즉 사람들이 자기 방에 조용히 머물 수 없다는 데 있다."[2]

파스칼은 철학자이자 개신교로 개종한 신실한 신자이며 수학 영재로, 그가 남긴 글 대부분은 기독교 변증학Christian apologetics에 관한 것이다. 그는 인간 영혼의 상태를 탐구하는 데 몰두하며 왜 인간이 편안하게 저마다 가진 것을 즐기기보다 전쟁과 정복의 위험을 무릅쓰거나 온갖 위험하고, 심지어 죄가 되는 활동에 끌리는지 알고자 했다. 파스칼은 그 근본 원인을 오늘날 인간의 조건이 크게 의존하는 한 가지 측면, 즉 마음의 불안restlessness을 일으키는 주의 전환에 대한 갈망이라고 주장한다. 그는 이렇게 말한다. "따라서 사람들은 소음과 동요를 좋아하게 되고, 감옥을 끔찍한 형벌로 여기며, 고독의 즐거움을 이해할 수 없게 된다. 그리고 사실상 이것은 '왕의 조건'에서 가장 큰 행복의 원천이기도 하다. 신하들이 끊임없이 왕의 주의를 돌리고, 왕에게 온갖 즐거움을 제공하려 들기 때문이다."[3]

그는 이러한 갈망이 우리의 유한성에서 비롯된 일종의 영적 불안spiritual angst, 즉 "우리의 연약하고 유한한 상태에서 비롯된 자연적인 빈곤함, 너무 비참해서 자세히 생각하면 그 무엇으로도 위로받을 수 없는 상태" 때문이라고 주장한다.[4] 혼자 생각에 잠겨 있을 때, 우리는 자연스럽게 자신의 죽음을 떠올리게 된다. 이는 견디기 어려운 고통이다.

이 불안감은 너무 강렬해서 어떤 부자나 권력자, 또는 안락한 삶을 누리는 사람도 벗어날 수 없다. 파스칼은 왕조차도 이 불안감에서 자유롭지 않다고 주장한다. 왕은 신민들처럼 생계를 위해 고된 노역에 시달리지 않아도 되는 위치에 있지만, 그렇다고 마음이 편안한 것은 아니다. 오히려 그의 삶도 일종의 감옥 생활과 같다는 것이다. 파스칼은 이렇게 말한다. "세상의 모든 쾌락을 누리는 왕을 떠올려 보라. 그가 생각을 환기할 새도 없이 자신의 정체성에 대해 끊임없이 고민하고 성찰해야 한다면, 그 미약한 행복감만으로는 스스로를 지탱할 수 없을 것이다." 그는 이어서 이렇게 말한다. "왕은 필연적으로 위험과 언제 일어날지도 모를 혁명에 대해 불안감을 가지게 되며, 결국 죽음과 피할 수 없는 질병에 대해 생각하게 될 것이다. 만약 그가 이른바 오락거리를 누릴 수 없다면 그는 불행할 것이며, 유희를 알고 즐길 수 있는 가장 미천한 신하들보다도 더 불행할 것이다."[5]

주의력이라는 정신적 과정은 정보가 너무 많을 때 이를 걸러내기 위해 작용한다. 하지만 정보가 너무 적으면 어떻게 될까? 우리는 까다로운 존재이기에 우리에게는 정신을 충분히 사로잡으면서도 너무 적지도 많지도 않은 미묘한 균형이 필요하다. 정보가 과도하면 산만함이나 압도감을 느끼고, 반대로 관심을 기울일 대상이 부족하면 지루함이나 불안감을 느낀다.

사람이 겪을 수 있는 모든 운명 중에서 '지루한being bored' 상태는 시련의 목록에서 비교적 낮은 순위를 차지하는 것처럼 보인다. 지루함은 약간의 노력으로 극복할 수 있는 사소한 불편함이다. 우리는 흔히 지루함이나 그에 따른 불만을 어린 시절과 관련짓곤 한다. 나에게 지루함이란, 여름 내내 친구들이 가까이에 없고 날씨가 너무 더워 공원에서 혼자 농구조차 할 수 없었던 그런 순간들이다. 소파에 앉아 햇살 속에 먼지 입자들이 떠다니는 것을 올려다보며 긴 시간을 보냈던 기억이 난다.

하지만 우리가 지루함을 종종 어린 시절과 관련짓는 것은, 그때가 너무도 견디기 힘든 상태여서 부모로부터 독립할 수 있을 만큼 성장한 뒤로는 이를 어떻게든 피하도록 삶을 조직하기 때문이다. 하지만 성인이 되면, 우리가 하는 일은 이 지루함의 주요 원인이 된다. 그리고 일하는 시간의 활용 방식에 대해 누구나 반드시 많은 통제권을 가지고 있다고 보기도 어렵다.

파스칼이 주의 전환에 대한 명상에서 강조하고자 한 바는, 지루함이 단순히 '할 일이 없다'는 아이의 불평보다 훨씬 더 심각한 문제라는 것이다. 그의 견해에 따르면, 아무 생각 없는 상태는 마치 흉포한 야수와 같아서 우리의 삶 대부분이 그것을 길들이는 데 소모된다. 우리 모두에게는 감옥에 갇힌 죄수처럼 느껴질 정도로 자기 생각에 파묻혀 괴로워했던 경험이 있을 것이다.

인류 역사상 이처럼 많은 사람들이 깨어 있는 매 순간 이토록 풍부한 오락거리에 둘러싸였던 적은 없다. 그러나 우리는 여전히 왕이 그랬듯, 그것만으로는 충분하지 않다는 느낌에 사로잡혀 있다. 주의를 끌 만한 것들이 많아질수록 우리는 더 많은 것을 필요로 하게 되고, 그것이 사라지는 순간을 견딜 수 없게 된다. 이것이 바로 왕의 역설이다.

왕의 역설에서 나타나는 오락은 확장된 형태로 우리 주변 어디에서든 발견된다. 나는 퇴근 후 소파에 앉아 농구 경기 중계를 틀어놓고 휴대폰을 스크롤하며 가끔은 노트북까지 동시에 사용하는 것을 아무렇지 않게 여긴다! 불과 10년 전만 해도 이런 모습은 완전히 미친 짓으로 보였을 것이다. 최근 나는 스크린 타임 중에 아이가 비디오 게임을 하면서 동시에 화면 오른쪽 상단에 PIP 모드로 재생되는 쇼 프로그램을 시청하는 것을 보고 깜짝 놀랐다. 나는 즉시 한 번에 두 가지를 시청하는 걸 금지하는 새로운 규칙을 발표했다. 아이들은 별다른 반발을 하지 않았지만, 열 살 난 아들이 내게 지적했다. 나야말로 항상 휴대폰으로 그렇게 하고 있다고.

우리는 주변에 오락거리가 많을수록 오히려 더 쉽게 지루함을 느낀다. 이런 이유로 중독은 스크린이나 휴대폰에 대한 현대인의 관계를 설명하는 데 가장 적절한 비유가 된다. 중독자는 동일한 수준의 고양감을 느끼기 위해 점점 더 많은 양의 약물을 원하고 이런 갈구의 목적은 결국에는 극심한 고통을 피하기 위한 수준까지 다다른다. 마찬가지로 우리는 관심을 기울이는 대상과 관련해 비슷한 과정을 겪는 것처럼 보인다.

그렇다면 몇 가지 질문이 떠오른다. 이 과정이 반대로 작용할 수도 있을까? '인위적' 형태의 주의 전환과 오락이 완전히 배제된 사회가 있다고 생각해보자. 지루함의 기준선이 너무 높아지는 나머지 지루함을 경험하는 사람이 없어질 수 있을까? 지루함은 인간 조건의 일부일까, 아니면 문명의 (혹은 근대성의) 산물일까? 선사 시대 우리의 조상들도 지루함을 경험했을까, 아니면 그들에게는 이 개념 자체가 낯선 것이었을까? 만약 후자라면 지루함은 언제, 그리고 왜 생겨났을까?

지구상에 존재했던 인류 대다수는 수렵채집인으로 살아왔다. 우리는 흔히 농업을 인류의 출발점으로 떠올리며, 문명의 탄생으로 인간이 끊임없는 노역과 공포에서 해방되었다고 생각하기 쉽다. 그러나 다양한 측정 기준으로 볼 때, 수렵채집인의 삶은 의외로 평온했던 것으로 보인다. 마셜 살린스Marshall Sahlins는 논문 〈태초의 풍요 사회The Original Affluent Society〉(1968)에서 이 주장을 처음 제시했다. 그는 이렇게 말한다. "나는 수렵채집인이 우리보다 적게 일했다는 것을 증명할 수 있다. 그들은 지속적인 고행travail에 시달리기보다는 간헐적으로 음식을 찾으며 오히려 풍부한 여가 시간을 누렸다. 그들의 연간 1인당 낮잠 시간은 다른 어떤 사회적 조건에서 살아온 인류보다도 길었다."[6]

수렵채집인은 풍부한 휴식 시간을 누렸던 것으로 보인다. 살린스의 발칙한 표현을 빌리자면, 그들의 "노동 시간은 짧았다. 그들은 주 21~35시간 근무를 기꺼이 받아들였을 현대 사회의 (노조원인) 제조업 노동자들보다 훨씬 적은 시간을 일했다".[7] 수렵채집인의 생활은 느긋하게 보내는 시간이 많았다는 특징이 있다. 살린스가 인용한 〈매카시-맥아더 현장 조사 보고서McCarthy and McArthur〉(1960)에 따르면, 호주의 원주민(애보리진Aborigine) 어부들은 "일반적인 사회적 교류, 잡담, 소문내기 등으로 시간을 보낼 뿐만 아니라, 낮 동안의 몇 시간을 휴식과 수면에 할애했다".[8]

현대인의 귀에는 이것이 휴식처럼 들릴 수도 있고, 형벌처럼 들릴 수도 있다. 결국 받아들이는 사람의 성향에 따라 다를 것이다. 실제로 19세기 중반에 호주 원주민 부족을 방문했던 한 유럽인은 "우리 일행이 도착해 담배를 가르쳐주기 전까지 [그들이] 어떻게 시간을 보내며 살았는지" 궁금했다고 한다.[9] 물론 그 원주민들에게는 "시간을 보내기 위해" 무언가 필요하다는 생각 자체가 없었을 것이다. 그러나 유럽인들로서는 원주민의 지루함을 달래줄 무언가가 필요했고, 그 결과 파이프와 담배라는 새로운 습관이 도입되었다.

그리고 수렵채집인들이 이 습관을 즉시 받아들이면서, 근대성과 활동성이라는 톱니바퀴가 한 방향으로 굴러가기 시작한 것을 알 수 있다. 담배 파이프가 널리 보급되기 전에는 아무도 그것을 갈망하지 않았다. 하지만 일단 도입된 후로는 파이프가 없으면 박탈감을 느끼고 불안해하며 안절부절못하게 된다. 유럽인들이 만난 수많은 부족의 삶에는 이러한 불안감, 혹은 무언가를 하고 또 그러기 위해 어딘가로 가야 한다는 욕구가 결여되어 있었다. 피에르 비아르Pierre Biard는 지금의 미국 북동부 지역과 캐나다에 거주하는 원주민 부족에 대해 이렇게 썼다. "그들의 하루는 소일거리pastime로 가득 차 있다. 그들은 결코 서두르지 않는다. 서두르지 않고서는 아무것도 할 수 없는 우리와는 아주 다르다."[10]

물론 유럽의 선교사들과 정복자들이 증언한 것들로 원주민 부족의 삶과 경험을 곧이곧대로 믿기는 어렵다. 또한 비아르의 시대에 서양 관찰자들이 지녔던 심각한 편견을 고려할 때, 원주민들이 많은 시간을 빈둥대며 보냈다고 묘사한 글을 회의적으로 바라볼 수도 있다. 그럼에도 불구하고 산업화된 자본주의 사회와는 전혀 다른 사회를 연구하는 현대 인류학자들 역시 비슷한 점을 발견한다. 에콰도르 북동부 아마존 정글에 사는 코판족Cofán을 연구하는 인류학자 마이클 세펙Michael Cepek은 이렇게 말한다. "코판족의 언어인 아잉게어에는 '지루함boredom'이나 '지루하다'에 해당하는 단어나 개념이 없다. 물론 어떤 단어가 없다고 해서 그 개념이 그 공동체에 존재하지 않는다는 의미는 아니다. 그러나 이 경우, 그리고 아마도 다른 많은 경우에도 사람들은 '지루하다'는 생각을 두려워하지 않는 것으로 보

인다."¹¹

코판족은 산업 자본주의의 영향권 바깥에서 살아가는 다른 많은 부족들과 마찬가지로, 우리가 흔히 아무것도 아닌 일로 여기는 활동에 많은 시간을 들인다. 세펙은 이렇게 말한다. "이상하게 들릴지 모르지만, 우리 사회의 구성원들은 '아무것도 하지 않는 것'을 몹시 힘들어한다." 그는 이어 설명한다. "나는 '아무것도 하지 않는 것'을 TV 시청으로 정의하지 않는다. 여기서 말하는 '아무것도 하지 않는 것'이란 바닥이나 의자에 앉아 있거나, 해먹에 누워서 멍하니 시간을 보내는 것을 뜻한다. 그리고 [코판족은] 그런 시간을 즐기는 것 같거나, 최소한 그것을 피하려 애쓰는 모습을 보이지 않는다."¹²

세펙의 관찰은 글로벌화된 근대성의 영역 바깥에 존재하는 다양한 현대 사회에서도 확인되고 있다. 핀란드의 인류학자 마티 에래사리Matti Eräsaari는 남태평양의 나로탄족Nalotan에 대해 이렇게 썼다. "21세기의 피지 사람이 지루함을 불평하는 말을 한 번도 들어본 적이 없다. 마찬가지로 나로탄족이 남아도는 시간에 대해 불만을 표출하는 말도 들어본 일이 없다."¹³ 코판족이나 나로탄족과 더불어 호주 중부의 원주민 왈피리족Warlpiri의 언어에도 지루함을 뜻하는 단어가 없다.¹⁴ 사실 호주 국립대 인류학과 야스민 무샤르바쉬Yasmine Musharbash 교수는 지루함을 가리켜 문자 그대로 '수입된' 개념이라고 지적한다. "왈피리족은 지루함을 언급할 때, 왈피리어 문장에 영어 단어 'boredom'을 그대로 넣어 사용했다." 무샤르바쉬의 주장에 따르면, 지루함이란 현대 호주 사회에 점차 동화되면서 더 많은 외부 경험을 하게 된 왈피리족에게는 침입당한 정신 상태다.[15] "전통적인 사회, 즉 원주민 정복 이전의 사회에는 지루함이 존재하지 않았을 것이다. 지루함은 시간이 흘러가는 것을 몸으로 느끼는 상태다. 과거에는 그런 일이 일어나지 않았을 것이다. 하지만 원주민 정복과 함께 학교 종소리, 근무 시간 등 하루를 구성하는 방식이 바뀌면서 시간은 '구속복straitjacket'이 되어버렸다."[16]

지루함은 특정한 문명적 환경에서 비롯된 부산물인 듯하다. 앞 장에서 논의했듯이, 생물학적 측면이 있는 우리의 주의력은 보편적인 것이다. 예를 들어 눈사태가 돌연 굉음을 내면서 눈앞에 들이닥친다고 가정해보자. 어떤 문화권에서든 청력을 가진 사람이라면 이에 즉시 주의를 돌릴 것이다. 포식자가 돌진할 때의 소리 역시 마찬가지다. 이처럼 주의력의 핵심적 측면은 보편적이지만, 지루함은 그렇지 않다. 지루함은 상황에 따라 달라지는 경험이며 문화적·사회적·제도적으로 형성되는 것이다.

이는 지루함의 경험으로 여겨지는 때나 그 중요도, 심지어 그 자체의 존재 여부가 시간과 인간 사회의 경제적·사회적 조직 형태에 따라 변한다는 것을 의미한다. 우리 시대에는 끊임없이 주의를 전환할 거리를 찾지 않으면 지루함이 극대화되는 일련의 기술적·사회적 조건이 존재한다. 이는 코판족의 삶과는 완전히 대조적이라고 할 수 있다.

인간의 마음, 주의력 산업의 표적이 되다

산업혁명이 수백만 명의 노동자들에게 가져온 지루함의 대표적 형태는 무료함tedium이다. 이는 반복 작업에서 비롯되는 특정한 형태의 지루함을 뜻한다. 무료함은 단순히 할 일이 없을 때 느끼는 지루함보다 훨씬 더 심각하게 밀실 공포증을 유발할 수 있는 경험이다. 이는 주의를 요구하지만 몰입하기 어려운 작업을 반복적으로 수행해야 할 때 발생한다.

그 과업이 무엇이든 중요하지 않다. 일단 작업을 충분히 반복하면 더 이상 처음과 같은 수준의 주의력이 필요하지 않게 되기 때문이다. 예컨대 자동차를 처음 운전할 때를 떠올려보라. 처음엔 도로 위에서 자동차를 안전하게 운행하는 데 요구되는 복잡한 조작의 조합에 온전히 집중하게 되고, 운전에 온몸으로 몰두한다. 다른 차들, 도로 표지판, 방향, 대시보드에 표시되는 피드백 등 처리해야 할 정보가 너무 많게 느껴진다. 이때 처리해야 할 정보량과 내가 주의를 기울일 수 있는 한도 사이에는 일정한 균형이 형성된다. 그러면서 싸우거나 도망치려는 본능이 작동하고, 마치 전투에 나서거나 먹잇감이 되어 추적당하는 것처럼 심장 박동이 빨라진다.

그러나 시간이 지나면서 경험이 쌓이면 그 과업은 자동화된다. 처음 운전을 배울 때는 스릴을 느끼거나 때로는 두려움을 느낄 수도 있지만, 결코 지루하지는 않다. 하지만 일단 운전에 익숙해지고 나면 팟캐스트나 오디오북을 들으며 장시간 운전하는 일이 지루하게 느껴질 수 있다.

아무리 복잡하고 어려운 작업이라도 이 같은 현상이 나타날 수 있다. 브로드웨이의 스타 배우들에게 주 8회 공연을 몇 달씩 이어갈 때의 이야기를 들은 적이 있다. 이들은 겉으로는 감동적인 노래를 부르며 눈물을 흘리고 온몸이 땀으로 젖을 만큼 열정적으로 공연하지만, 속으로는 일상적인 생각, 이를테면 해야 할 일 목록이나 슈퍼마켓에서 사야 할 아이들의 이튿날 점심 도시락 재료 같은 것들을 떠올린 적이 있다고 한다.

이는 극단적으로 들릴 수 있어도 인간 정신의 자연스러운 적응력을 보여주는 사례다. 우리는 반복과 훈련을 통해 복잡한 과업을 수행하는 법을 배우고, 결국 이를 거의 전의식 상태에서 해낼 수 있게 된다. 그러나 일단 전의식 상태에서 수행 가능해진 일에는 더 이상 주의를 기울일 필요가 없다. 그 결과, 익숙한 일은 우리의 주의를 모두 흡수하지 못하게 되고, 그 순간 지루함이 빈자리를 채우기 위해 몰려든다.

그리고 산업 자본주의가 가져온 궁극적인 진보가 무엇이든 간에, 수백만 명의 사람들이 일터를 밭에서 공장으로 옮기면서 새로운 형태의 정신적 폭정 아래 놓이게 되었다는 사실은 부인할 수 없다. 산업 자본주의 이전에도 수확, 벌목, 마구간 청소 같은 고된 노동은 존재했다. 그러나 산업화 이전의 사람들은 계절의 리듬에 따라 삶을 꾸려나갔다. 봄에 씨를 뿌리고, 가을에 수확하며, 겨울에는 여유롭게 시간을 보내는 등 다양한 과업을 수행했다. 반면 공장 노동자들은 계절에 상관없이 하루 종일, 1년 내내 똑같은 일을 반복해야 했다.

마르크스는 이러한 대전환을 소외의 근원으로 규정했다. 노동 분업은 인간을 단일한 차원으로 축소시켰다. 그는 "노동 분업이 시작되자마자 사람들은 각각 특정하고 배타적인 활동 영역을 가지게 되었으며, 그 영역을 강요받고 그로부터 벗어날 수 없게 되었다"고 썼다. 마르크스의 꿈은 "오늘 한 가지 일을 하고 내일 또 다른 일을 할 수 있는 사회, 예컨대 사냥꾼이나 어부, 목동, 비평가로 고정되지 않은 채 아침에는 사냥을 하고, 오후에는 낚시를 하며, 저녁에는 가축을 돌보고, 저녁 식사 후에는 비평을 할 수 있는 사회"를 만드는 것이었다.[17]

마르크스의 글이 출간되고 나서 약 100년 후, 존 메이너드 케인스John Maynard Keynes도 경제 발전과 지루함의 관계를 논했다. 그런데 그의 관점은 여러 면에서 마르크스가 강조한 것과는 정반대였다. 마르크스 시대의 산업 자본주의가 수백만 명의 사람들을 지루한 반복 작업에 빠뜨렸다면, 케인스가 1930년에 바라본 자본주의의 미래는 풍요로 인해 더 이상 일할 필요가 없어지는 세상이었다. 그가 말한 지루함의 새로운 형태는 우리의 관심을 끌지만 끝내 몰입시키지 못하는 반복 작업에 그치는 것이 아니라, 단순히 할 일이 충분하지 않아서 발생하는, 일종의 따분함ennui이라는 새로운 도전과제였다.

케인스는 이 지루함이 정체성 위기를 초래할 것이라고 보았다. 지구상의 그 어떤 생물도 경험해보지 못한 방식으로 물질적 제약에서 해방된 인간은 과연 어떠한 삶의 목적을 갖게 될 것인가? 그는 이렇게 썼다. "경제 문제가 해결된다면, 인류는 전통적인 목적을 잃게 될 것이다."[18]

케인스는 사회 전반에 신경쇠약증 환자가 만연할 것으로 예측했다. 파스칼이 묘사한 왕의 모습과 맞닿아 있는 한 구절에서 그는 이러한 신경쇠약증을 가리켜 "부유하기 때문에 전통적인 역할과 직업에 매이지 않는 영국과 미국의 상류층 유부녀들에게 흔히 나타나는 현상"이라고 설명한다. "이들은 경제적 필요라는 자극이 사라진 상태에서 요리하고 청소하고 바느질할 필요는 없지만, 그렇다고 그보다 더 즐거운 일을 찾을 수도 없는 상태에 있다. 땀 흘려 일용할 양식을 구해야 하는 사람들에게 여가leisure는 오랫동안 갈망해온 단꿈과도 같지만, 막상 그것을 가지게 되면 기대했던 것과 다르다는 것을 알게 된다."[19]

경제 발전의 종착점이 여가라면, 케인스는 여가가 그 자체로 위험성을 내포하고 있다는 점, 즉 할 일이 없어진 사람이 겪는 불안한 실존적 지루함을 수반한다는 것을 인식하고 있었다.

> 나는 모든 나라와 사람들이 다가올 여가와 풍요의 시대를 두려워할 것이라고 생각한다. 우리는 너무 오랫동안 노력만 하고 즐기지 않는 삶에 익숙해져 왔기 때문이다. 특별한 재능이 없는 평범한 사람이라면 스스로 시간을 보내는 일이 두렵게 느껴질 수밖에 없다. 특히 자신이 더 이상 전통 사회의 국가나 관습, 또는 존중받는 규범에 뿌리를 두고 있지 않다면 그 두려움은 더욱 커질 것이다. 오늘날 세계 곳곳

에서 부유층의 행동과 그들이 이룬 성과를 보라. 실로 우울하고 암담한 전망이 그려진다.[20]

케인스는 풍요로운 미래에 인류가 직면하게 될 도전을 "인간이 맞닥뜨릴 현실적이고도 영원한 문제"라고 예견했다. 그는 이렇게 물었다. "현명하고 즐겁게, 그리고 잘 살고자 한다면, 자유를 어떻게 사용할 것인가? (…) 여가 시간을 어떻게 보낼 것인가?"[21]

케인스가 인정했듯이 특정 계층은 이미 이 질문과 씨름하고 있었다. 산업 자본주의는 수백만 명을 일상적인 고된 노동에 몰아넣는 동시에, 소수의 엘리트층을 위한 부를 창출하여 그들을 모든 일에서 완전히 해방시켰다. 소스타인 베블런Thorstein Veblen이 만든 탁월한 용어를 빌리자면, "모든 유용한 고용에서 눈에 띄게 면제되는 특징"을 가진, '유한계급'의 새로운 버전이 대규모로 등장한 것이다.[22]

나는 이른바 현대 미디어의 발전이 이러한 필요를 충족하기 위해 등장했다는 견해가 타당하다고 생각한다. 19세기에서 20세기에 걸쳐 새로운 기술이 발달하는 가운데 수익성 있는 주의력 시장이 성장했다. 이 시장은 처음에는 유한계급의 문제를 해결했으며, 이후 여가 시간을 낼 수 있는 모든 사람의 문제를 해결하기 시작했다. 그렇다면 일하지 않을 때의 이 불안한 마음은 어디에 두어야 할까?

뤼미에르Lumière 형제의 단편 영화는 1895년 파리에서 처음 상영되었고,[23] 그로부터 25년 후 영화 산업은 연간 800편의 할리우드 영화를 제작할 정도로 성장했다.[24] 미국에서 최초의 라디오 뉴스는

1920년 피츠버그에서 송출되었고,[25] 다시 12년쯤 지나자 프랭클린 D. 루스벨트Franklin D. Roosevelt 대통령이 '노변정담Fireside Chats'*에서 미국의 성인 8,200만 명 중 약 6,000만 명을 대상으로 자신의 의제를 설명할 수 있게 되었다.[26] 최초의 파일럿 TV 방송은 1930년대에 시작되었고, NBC는 1947년 〈미트 더 프레스Meet the Press〉와 같은 뉴스 프로그램을 방영하기 시작했다.[27] 1950년, TV 수상기를 보유한 미국 가정은 전체의 12%에 불과했지만, 1950년대 말이 되자 이 비율은 88%로 급증했다.[28]

이처럼 엔터테인먼트가 전방위적이고 일상적으로 제공되는 상황에 대해 반발하면서 비판을 제기한 저술가들은 수십 년간 셀 수 없을 정도로 많았다. 이 분야의 고전 중 하나는 닐 포스트먼의 저서 《죽도록 즐기기Amusing Ourselves to Death》(1985)다. 그는 이 책에서 원래 미국 생활의 일부에 불과했던 엔터테인먼트가 점차 미국 사회 전체를 지배하는 프레임워크로 변질되었으며, 그로 인해 자유민주주의가 요구하는 복잡한 사고와 논증이 불가능해졌다고 주장한다. 포스트먼은 다음과 같이 지적했다. "우리의 정치, 종교, 뉴스, 체육, 교육, 상업은 대부분 저항은커녕 대중의 관심조차 받지 못한 채 엔터테인먼트에 복속되었다. 그 결과 우리는 스스로 즐기다가 죽을 지경에 이른 사람들이 되었다."[29]

데이비드 포스터 월리스David Foster Wallace의 소설 《무한한 재미

* 1933년에서 1944에 걸쳐 루스벨트 대통령이 친숙한 어조로 뉴딜 정책, 2차 세계대전 상황 등을 수백만 미국인들에게 직접 설명한 저녁 라디오 연설.

Infinite Jest》(1996)는 포스트먼의 메타포를 문학적 형식으로 옮긴 작품이다. 이 책은 단지 '디 엔터테인먼트'라고 불릴 뿐인 신비한 테이프를 중심으로 전개된다. 이 테이프는 너무나 재미있고 몰입도가 강해, 시청자들의 주의를 완전히 식민화하고 그들이 죽을 때까지 영상을 보게 만든다. 미국 정부는 이 테이프의 실체를 밝혀내기 위해 필사적으로 노력하지만, 테이프의 강한 마력 앞에서 번번이 좌절한다. 이 작품에서는 다음과 같은 장면이 묘사된다. "마약 단속국DEA은 압수된 카트리지 시청을 통해 (…) 그 치명적 매력을 규명하는 과정에서 현장 연구원 4명과 컨설턴트 1명을 잃었다."[30]

월리스는 디스토피아적 경고를 보내기 위해 '무한 엔터테인먼트'라는 개념을 떠올렸다. 현재 우리가 직면하고 있는 것이 바로 그 무한 엔터테인먼트다. 영화는 끝난다. 예능 프로그램도 끝난다. 보드게임도 아무리 길어도 결국 끝이 난다. 그러나 휴대폰은 무한히 스크롤할 수 있다. 이론적으로, 당신은 죽을 때까지 틱톡을 스크롤할 수 있다. 그것이 바로 무한한 재미의 원천이다.

사실 이 경험을 가능하게 하는 기술적 특징의 이름이 월리스의 소설에서 유래했다. 그것이 바로 '무한 스크롤infinite scroll'이다. 실리콘밸리 엔지니어인 에이자 래스킨Aza Raskin이 설계한 무한 스크롤은 웹의 작동 방식을 완전히 바꾸어놓았다.[31] 과거에는 웹페이지를 읽다 보면 끝에 도달하곤 했다. 더 읽고 싶은 경우 페이지를 넘기듯 어딘가를 클릭해야 했다. 그러나 래스킨은 주의를 산만하게 하는 이 사소한 요소를 제거했다. 이제 X나 페이스북 같은 플랫폼에서는 엄지손

가락을 살짝 아래로 밀기만 해도 새로운 글을 끝없이 읽을 수 있다.

래스킨은 자신이 무의식중에 마치 월리스의 책에 등장하는 디엔터테인먼트의 창시자처럼 일종의 무기를 만들어냈다는 것을 깨달았다. 그는 자신의 창조물에 대해 오펜하이머와 같은 심정으로 반성했다. 래스킨은 사람들이 이 작은 발명품으로 얼마나 많은 시간을 소비하고 있는지 계산하고, "화면을 스크롤하는 데 출생에서 죽음까지의 모든 순간을 합쳐 20만 명분의 인간 생애가 더 소비되고 있다"고 밝혔다.[32] 래스킨은 작가 요한 하리에게 "완전히 사라졌다"고 말했다. "마치 그들의 전 생애가, 이렇게, 휙."

케인스는 희망 섞인 기대 속에서, 풍요롭고 자유로운 시간이 넘쳐나는 미래에 "우리는 시간을 고결하고 유익하게 활용하는 법을 가르쳐줄 수 있는 사람들, 그리고 대상을 직접 즐기는 데 능숙한 멋진 사람들을 존경하게 될 것"이라고 전망했다.[33]

그러나 현실은 어떤가? 우리는 여전히 임금 노동의 지루함 속에서 노역하고 있다. 수백만 명이 마치 새장에 갇힌 듯, 반복적인 작업에 정신을 빼앗기고 있다. 그리고 일하는 시간이 끝나면, 거의 무의식적인 반사 작용처럼 홀로 생각에 잠기는 불편함을 피하고자 습관적으로 이런저런 기기에 눈을 돌린다. 그것은 마치 내려오기 힘든 주의력 러닝머신과도 같다.

미국처럼 끊임없는 자극과 주의력 요소가 넘쳐나는 21세기 사회에서 성장한 인류학자라면, 아마존 열대우림과 같이 갑자기 주변 자극이 거의 없는 환경에서 현지조사를 하는 것만으로도 정신적 충격을 받을 수 있다. "많은 서구인에게 코판족 가정이나 마을에서 느끼는 지루함은 심리적 죽음과도 같을 수 있다"고 마이클 세픽은 말한다. "나는 아주 일찍 이런 문제를 겪었기 때문에, 지금은 킨들과 아이팟에 전자책과 팟캐스트 방송 파일을 잔뜩 담아 현지답사를 떠난다. 이는 내가 학생들에게 주는 가장 중요한 조언 중 하나이기도 하다."[34]

우리는 자극에 의존하며, 몇 시간씩 계속 '방에 앉아 있거나' 아마존의 해먹 위에서 시간을 보낼 능력이 부족한 사람들이다. 그래서 끊임없이 주의를 기울일 대상을 찾아 헤맨다. 그러나 다양한 주의 전환 방법이 준비되어 있다는 것은 곧 지루함의 또 다른 자아에 해당하는, 주의 산만이 필연적으로 만들어진다는 의미이기도 하다.

우리가 경험하는 다양한 마음의 상태는 대략적으로 말해 주의를 기울여야 할 대상들이 거칠게 경합하는 상황으로 특징지을 수 있다. 주의를 기울일 대상은 너무 적거나, 너무 많거나, 적절하게 있을 수 있다. 지루함은 주의를 기울일 만한 흥미로운 대상이 부족한 상태를 의미한다. 반면 주의 산만은 주의를 기울일 대상이 너무 많아 끊임없이 개입하고, 압도당하며, 자신이 열세에 있다고 느끼는 상태를 의미한다.

주의를 기울일 만큼 적절한 양의 대상이 존재하는 골디락스 구간을 우리는 집중력focus, 혹은 심리학자 미하이 칙센트미하이Mihaly Csikszentmihalyi의 유명한 용어를 빌리자면 몰입flow이라고 부를 수 있을 것이다. 몰입은 우리의 주의 능력을 완벽하게 확장하는 매우 즐거운 경험으로, 집중력과 주의력을 요구하면서도 우리를 압도하지 않는 과업이나 엔터테인먼트의 원천이다. 칙센트미하이에 따르면, 몰입은 "활동 그 자체에 완전히 몰두하는 상태다. 자아는 사라진다. 시간이 순식간에 지나간다. 모든 행동, 움직임, 생각은 마치 재즈 연주처럼 이전의 행동, 움직임, 생각과 필연적으로 연결된다. 당신의 존재 전체가 관여하며, 당신의 능력을 최대한 활용하는 것이다".[35] 사람들은 항상 이것을 찾고자 하지만, 대개는 찾지 못한다.

우리는 더 다양한 주의 전환에 접근할 수 있을수록 더 많은 주의 전환을 갈망한다. 그리고 더 많은 주의 전환이 필요할수록 지루함을 더 빨리 느끼게 된다. 앞 장에서 언급한 칵테일 파티 사례를 떠올려 보라. 저 사람은 몇 년 만에 처음 보는데, 술을 너무 많이 마신 것 같다. 이런 환경에서는 산만해지기 쉽다. 또 대화를 잘못 시작했다가는 지루해질 가능성이 높다. 더 흥미로운 무언가가 있을 것만 같고 더 다채로운 교감이 기다리고 있을 것 같은 느낌이 들어, 당장의 대화에 집중하기가 더 어려워진다.

집중력의 부재, 주의력 지속 시간의 감소, 주의 산만의 연속은 아마도 우리 시대에 가장 흔히 제기되는 고충일 것이다. 누구나 정신이 텅 빈 듯한 순간을 회피하려 하지만, 그런 시도를 거듭할수록 우리가 진정으로 추구하는 보상 ─ 몰입하거나 관심을 온전히 집중할 만한 대상을 찾는 일 ─ 은 점점 더 어려워진다고 느낀다.

우리의 주의력 지속 시간이 점점 짧아지고 있다는 연구에 근거하여, 이 점을 강조하는 헤드라인의 스크롤이 끝없이 이어지고 있다.

하지만 나는 우리가 '주의력 지속 시간'의 기술적 조치라는 비교적 좁은 문제에만 집중한다면, 우리의 상태에 대한 더 깊은 진실을 놓치게 된다고 생각한다. 내 경험에 따르면, 초조함restlessness과 심란함unease은 단순히 산만함과 쉽게 산만해지는 성향distractibility에서 오는 현기증만이 아니기 때문이다. 아니, 그 경험은 불안한 자아의 더 깊은 부분과 연결된 일종의 효과 그 자체다. 불안한 자아는 어느 정도 인간이 타고난 조건에서 상당 부분 비롯되지만, 우리의 주의를 흩트리는 수많은 유혹에 끌려 정신 대신 수많은 대상에 주목하게 만드는 상황에 따라 새롭고 복잡한 방식으로 더욱 극심하게 쇠락하고 있다.

이는 바로 파스칼의 시대를 지나 몇 세기 후 쇠렌 키르케고르Søren Kierkegaard가 관찰한 바와 일치한다. 키르케고르는 가장 유명한 저서인《이것이냐 저것이냐Either/Or》(1843)에서 지루함을 "모든 악의 뿌리"라고 표현하며, 자신의 시대를 가리켜 지루함이 부상하고 그 어두운 힘이 커지는 시대로 확신했다. "이렇듯 고요하고 정적인 지루함이 사물을 움직일 수 있는 힘을 가진다는 것은 이상한 일이다. 지루함이 미치는 영향은 매력이 아니라 반발이라는 점을 제외하면 마법과도 같다. (…) 지루함은 점점 증가하고 있으며, 모든 악의 근원이라는 점을 고려할 때, 세상이 퇴보하고 악이 점점 더 세력을 넓히고 있다는 것은 놀라운 일이 아니다."[36] 사실, 그는 창세기 자체가 지루함에서 비롯된 유혹의 이야기라고 주장했다. "이것은 태초로 거슬러 올라가 추적할 수 있다. 신은 지루해서 인간을 창조했다. 아담이 혼자 있으려니 지루해서, 하와가 창조되었다."[37] 이런 식으로 말이다.

키르케고르는 지루함boredom과 나태함idleness의 차이를 이해하는 데서 지루함으로부터 벗어날 탈출구를 찾았다. 그는 지루함이 '그저 나태한 상태'가 익숙하지 않거나 불편하게 느껴질 때 발생한다고 보았다. 키르케고르는 이렇게 썼다. "나태함 자체는 결코 악의 근원이 될 수 없다. 오히려 그 반대이다. 지루함을 느끼지 않는 한, 나태함은 진실로 신성한 삶의 방식이다. (…) 따라서 나태함은 악의 근원이 아니라 오히려 참된 선true good이다. 악의 근원은 지루함이며, 우리는 이를 반드시 멀리해야 한다. 나태함은 악이 아니다. 오히려 이를 즐기지 못하는 사람은 스스로를 인류의 수준만큼 끌어올리지 못했다고 말할 수 있다."[38]

유일한 탈출구는 그 과정을 통과하는 것이다. 바쁘게 지낸다고 해서 지루함에서 벗어날 수 있는 건 아니다. 왜냐하면 지루함의 문제는 단순히 무언가를 하며 바쁘게 지내는 것 이상의 더 깊은 문제이기 때문이다. 그것은 바로 자신의 생각과 함께하는 것에 대해 얼마나 편안함을 느낄 수 있느냐의 문제이다. 따라서 "[지루함을] 없애는 유일한 방법은 스스로 즐겁게 지내는 것이다. (…) 일을 하면 지루함이 사라진다고 말하는 것은 혼란을 일으킬 뿐이다. 왜냐하면 근면함은 분명히 나태함을 없앨 수 있지만 (…) 지루함을 사라지게 할 수는 없기 때문이다. 가장 바쁘게 일하는 사람들, 즉 일벌처럼 부지런히 웅웅거리며 돌아다니는 사람들이 실은 가장 지루한 사람들인 것을 보면 이를 알 수 있다."[39]

같은 맥락으로 스스로를 재미있게 또는 즐겁게 한다고 해도 지루함에서 벗어날 수 있는 것은 아니다. 왜냐하면 "지루함을 획득했다는 것은 대개 잘못된 주의 전환의 산물이기 때문이다."[40] 파스칼과 마찬가지로, 키르케고르의 견해에 따르면 이 모든 문제는 단순히 상황적인 문제가 아니라 실존적이고 영적인 문제라는 사실에서 비롯된다.

이 통찰은 우리가 '미디어'라고 부를 만한 것이 존재하기 훨씬 전, 수천 년 전으로 거슬러 올라간다. 파스칼이 왕의 '주의 전환 욕망'에 관한 글을 쓰기 거의 2천 년 전에, (본인이 왕족의 삶에 익숙했던 왕자 출신인) 석가모니는 자신과 우리 모두가 처한 비슷한 곤경을 인식했다. 속세에 대한 집착에서 비롯된, 멈출 줄 모르는 정신과 불안한 영혼은 석가모니에게는 끝없는 고통의 순환을 의미했다.

석가모니는 주의력과 지루함의 문제를 특별히 자신이 해결해야 할 사명으로 삼지는 않았다. 그러나 불교 명상은 이를 많은 부분 정면으로 다룬다. 명상할 때 호흡에 집중하는 것은, 왕이 주의 전환을 통해 정신의 불안을 달래려 했던 것처럼 주의력을 붙잡아두기 위해서다. 호흡에 집중하면 '왕의 함정'을 피해갈 수 있으며, 공상에 잠기는 것도 아니고 단순히 집중하는 것도 아닌, 더 높은 차원을 향한 공空의 수행을 촉진한다. 가능한 한 아무것도 생각하지 않는 사람은 지루함에 빠지지 않는다. 왜냐하면 더 이상 자극을 추구하지 않게 되기 때문이다. 그러나 이는 결코 쉬운 일이 아니다. 명상을 시도해본 사람이라면 누구나 알겠지만, 지루함과 싸워서 이기는 것은 불교의 명상 수행에서 가장 어렵고 필수적인 부분 중 하나다. 로버트 라이트Robert Wright는 저서 《불교는 왜 진실인가Why Buddhism Is True》(2018)에서 자신의 첫 멘토가 "지루함은 흥미로울 수 있다"는 이야기를 해주었다고 한다. 그는 이렇게 썼다. "사실이다. 하지만 그 진실을 깨닫기 위해서는 먼저 '지루함은 정말 지루할 수 있다'는 또 다른 진실을 받아들이고, 그 지루함에 맞서 인내해야 한다."[41]

라이트는 마음과 그에 대한 우리의 갈등적 관계를 둘러싼 석가모니의 기본 통찰이, 인간 의식을 이해하는 데 있어 지금까지 고안된 프레임워크 중 가장 심오하고 내구력 있는 것이라고 주장한다. 그리고 끊임없는 주의 산만의 시대, 우리가 각종 기기에 끊임없이 집착하고 인스타그램의 '좋아요'나 혹은 휴대폰 화면이라는 마취제에 묶여 있음을 느끼는 지금, 우리의 처지를 애착과의 싸움으로 이해하는 것은 그 어느 때보다도 여실하게 다가온다.

그런 의미에서 이 주제를 다루는 일련의 이론과 실천 방안을 가진 불교적 전통을 살펴볼 필요가 있다. 그 와중에도 당신이 (실로 몇 분 전의 나처럼) 자리에 앉아 노트북으로 글을 쓰며 과업에 집중하고 있는데, 애플워치가 윙윙거리며 당신이, 뭐랄까, 일과를 시작하기 전에 무언가 마음을 가다듬을 수 있도록 '마음챙김mindfulness' 알림을 보내주는 것은 정말 부조리한 순간이다.

일부 표현이 뻐딱하게 들릴 수도 있겠지만, 고대 불교의 지혜는 우리 모두가 갇혀 있는 이 왕의 역설에서 벗어날 방법을 제시한다. 지루함은 마음의 상태이며, 기꺼이 주의를 집중할 만한 것이 부족해서 발생하는 것이다. 그러나 지루함은 인간에게 유전된 성질이 아니다.

지루함은 특정한 근대성의 조건이며, 좀 더 구체적으로 말하자면 자극과 주의 전환이 맞물려 한방향으로 돌아가는 일종의 톱니바퀴와 관련이 있다. 만약 이 함정에서 해방될 수 있다면 어떻게 될까? 그 해방은 왕의 강박적 욕망에 굴복해 더 많은 주의 전환과 오락을 추구한다고 해서 실현되지는 않을 것이다. 또한 화면에서 우리를 유혹하는 엔터테인먼트에 빠져드는 미봉책을 통해서 이루어지는 것도 아닐 것이다. 우리는 그저 지루함을 배격하는 것만으로도 해방될 수 있다. 정신이 이곳저곳 방랑하도록 허용하고, 고요함과 나태함을 포용하면 가능하다. 키르케고르는 이 원리를 다음과 같이 설명한다. "이 제한의 원리는 세상에서 유일하게 구원을 주는 원리다. 우리는 자신을 더 많이 제한할수록 더 많은 자원을 가지게 된다."[42] 이 말을 들으면 우리가 어렸을 때 얼마나 쉽게 재미를 찾을 수 있었는지가 떠오른다. "학창 시절을 생각하면 (…) 얼마나 창의적이었는지! 파리를 잡아 견과류 껍질 밑에 가두고는, 파리가 껍질을 이리저리 치며 날아다니는 모습을 지켜보는 것이 얼마나 재미있었는지! 지붕에서 똑똑 떨어지는 물방울 소리를 듣는 것은 또 얼마나 즐거웠는지!"[43]

    나는 이미 여러 해 동안 마치 노인처럼 매일 산책을 해왔다. 이 습관은 20대 초반, 하루종일 집이나 커피숍에서 작업하는 프리랜서 작가 일을 시작한 시점으로 거슬러 올라간다. 그때 나는 매일 산책을 하면서 머리를 비우는 것이 매우 유용하다는 것을 알게 되었다. 시카고의 가장 매서운 겨울날에도, 바람이 마치 얼굴을 칼날처럼 베는 것 같은 날에도 산책을 나갔다. 이 습관은 스마트폰이나 아이팟의 팟캐스트가 등장하기 전에 시작한 것이다. 산책하는 동안 나는 그저 생각한다. 내 정신이 자유롭게 부유하도록 내버려둔다. 내가 떠올린 최고의 아이디어들은 거의 예외 없이 이 산책 중에 떠올랐다. 산책을 마치고 노트북이 있는 자리로 돌아와, 때로는 아파트 계단을 거의 질주하듯 뛰어올라서 그 생각들을 종이에 옮기곤 했다.

내가 산책을 하면서 좋아했던 정신 상태를 설명할 만한 단어는 많다. 백일몽daydreaming, 공상reverie, 딴생각mind-wandering, 상념lost-in-thought. 분명한 것은 그 상태야말로 다양하며 유쾌함의 정도도 다르다는 것이다. 불안한 재정 형편에 대한 강박적 고민은 불편한 유형이고, 다가오는 여행 일정에 끼워 넣을 관광지 후보를 생각하는 것은 즐거운 유형이 될 수 있다. 평범한 유형은 그저 멍해지는 것, 즉 상념에 잠긴 상태인데, 윌리엄 제임스는 'Zerstreutheit'(방심)라는 독일어 용어를 써서 이를 주의력의 반대 개념으로 설명하고 있다.[44]

백일몽은 살아 있는 상태의 중심적 경험이자 주의력 시대의 희생양이다. 무한한 재미의 시대에는 경시되는 존재 상태인 것이다. 요한 하리는 디지털 시대의 주의 산만에 관한 저서에서, 몇 달 동안 안식 기간을 설정해 휴대폰과 인터넷을 멀리했던 경험에 대해 이야기한다. 그는 생각이 자연스럽게 떠다닐 때의 즐거움을 꽤 빠르게 재발견했다고 말한다. 긴 산책 중 팟캐스트를 듣는 대신, "해변에 있는 작은 게를 바라보는 것에서부터 어린 시절의 추억, 몇 년 후에 쓸지 모르는 책의 구상, 스피도 수영복을 입고 일광욕을 즐기는 남성들의 모습에 이르기까지 (…) 내 생각이 떠다니게 두었다. 내 의식은 수평선

위로 둥둥 떠다니는 배처럼 표류했다"고 기록한다.⁴⁵ 제니 오델Jenny Odell이 "주의력 경제에 저항하기 위해" 쓴 훌륭한 책의 제목은 문자 그대로 《아무것도 하지 않는 법How to Do Nothing》(2019)이다. 그녀는 "아무것도 하지 않는다는 것은 실제로 존재하는 것을 그대로 인식할 수 있도록 자신을 가만히 두는 것"이라고 주장한다.⁴⁶

아이러니하게도, (이 책처럼) 작업해야 할 지적 프로젝트가 있다는 것은 나의 정신적 불안에 대한 해독제 역할을 한다. 이런 프로젝트는 세상이 조용하거나 방에 혼자 있을 때 내 주의를 집중할 수 있는 대상이 된다. 이는 어린 시절 한가한 시간에 야구 통계나 만화의 등장인물을 생각하면서 느꼈던 편안함을 떠올리게 한다. 또한 구조화된 백일몽이자 목적의식이 분명한 딴생각의 프레임워크를 제공한다.

하지만 궁극적으로 책을 쓰거나 명상을 시작하거나, 단순히 긴 산책에 나서면서 휴대폰을 가지고 가지 않는 것은 문제에 대한 완벽히 개인적인 합리적 해결책이 될 수 있다. 물론 효과가 있을 수도 있고 없을 수도 있다(스포일러 경고: 대부분 효과가 없다). 그러나 내가 주장하고자 하는 것은 우리가 처해 있는, 그리고 많은 경우 저항하고 있는 이 근본적 조건이 의외로 훨씬 오래되었다는 점이다. 나는 우리가 지루함이라고 부르는 특정한 종류의 정신적 불안이 산업 사회의 근대성이 낳은 산물임을 주장하고 싶다. 인간 문명의 기본 구조, 즉 우리가 원하는 것과 필요한 것을 구입할 돈을 벌기 위해서 하는 일은 점점 더 많은 자극을 불러오고, 그로 인해 주의력에 대한 요구를 증가시킨다. 어떤 이들에게는 몇 시간씩 빈 여가 시간이 주어지는 반면, 또 어떤 이들에게는 단조로운 일이 줄곧 강요되기 때문이다.

이는 또 대다수의 인간 존재와 상당히 다른 것을 만들어낸다. 바로 나홀로 보내는 많은 시간이다. 우리는 파스칼의 '왕'을 떠올릴 때 그가 혼자 있다고 상상한다. 물론 말 그대로 혼자라는 뜻은 아니다. 그는 언제나 궁정의 귀족, 시종, 그리고 그를 즐겁게 해주기 위해 모인 사람들로 둘러싸인 방 안에 있다. 하지만 그는 더 깊은 영적 의미에서 혼자다. 왕관을 쓴 자는 그 무게를 견뎌야 한다. 왕은 왕이기 때문에 진정한 우정을 나눌 수 없다. 평등과 상호인정을 기반으로 한 인간적 연결을 누릴 수 없기 때문이다. 어쩌면 왕은 이런 이유로 오락을 추구할지 모른다. 또 어쩌면 이것이 지루함이라는 경험의 근원에 자리 잡고 있을지도 모른다.

지구상에서 인간의 삶 중 90%를 차지했던 농경 사회 이전의 삶이나 산업 사회의 근대성 테두리 바깥에서 살아가는 현대인들의 삶으로 돌아가본다면, 이들은 거의 모든 시간을 다른 사람들과 함께 보낸다. 마이클 세펙이 묘사한 코판족처럼 이들은 매일 가족이나 사랑하는 사람들과 어울려 많은 시간을 보낸다. 그 무엇도 우리가 사랑하고 가까이 하는 사람들과 함께 있는 것만큼 우리의 주의를 강하게 사로잡거나, 우리가 지루함이라고 부르는 공허함을 채우지 못한다. (물론 그렇다고 해서 가족과 함께 있으면 지루할 틈이 없다는 말은 아니다!)

장폴 사르트르 Jean-Paul Sartre는 (얼마간 농담을 섞어) "타인은 지옥이다"라는 유명한 말을 남겼다.[47] 그러나 타인은 왕의 역설에서 벗어나는 길이기도 하다. 우리의 마음은 관심을 기울일 대상을 갈망하지만, 무엇보다도 다른 사람들과의 관계를 갈망한다. 이 함정에서 벗어나는 길은 다른 사람들에게 관심을 기울이는 것이다. 주의력 시대가 그전 시대와 진정으로 다른 점은, 주의력 장사꾼들이 이 사실을 알아냈다는 데 있다.

4장

거대 산업, 관심 비즈니스

사람들이 원하는 것은 어디까지나 주의력 그 이상인 것이다. 우리는 목적을 달성하기 위한 수단으로서 주의를 갈망한다. 하지만 주의력에 지나치게 굶주리게 되면, 그것을 목적 자체로 착각하게 된다.

인간은 사회적 동물

인간은 누구나 무력한 상태로 태어난다. 걷기는커녕 기어 다니거나 몸을 뒤집는 일조차 불가능하다. 혼자서는 먹지도 못하고 자신의 욕구를 제대로 표현하지도 못한다. 하지만 신생아에게는 특별한 능력이 하나 있다. 그것은 바로 '울음'이다. 비행기에서 잠을 이루려 하던 중 옆자리의 아기가 배앓이로 우는 걸 경험해본 사람이라면, 아기의 울음소리가 얼마나 독특하고 날카로운지 잘 알 것이다. 우리의 뇌는 이 울음소리를 무시하기가 거의 불가능할 정도로 특별히 반응하도록 만들어져 있다.

울음은 인간이 내는 최초의 사이렌 소리다. 인간이라는 종은 이 울음에 꽂히는 주의력을 번영의 기초로 삼아왔다. 갓 태어난 아기를 처음 마주한 부모는 혈관을 타고 흐르는 화학 반응에 가슴이 두근거림을 느낀다. 야생적이고 무모한 보호 본능이 깨어나는 순간이다. 품

안에서 꿈틀대는 이 작은 외계 생명체를 위해 기꺼이 목숨을 바치거나 앗아갈 준비를 한다. 그리고 보호 본능만큼 즉각적이지는 않지만, 훨씬 더 강력한 감각이 서서히 자리 잡는다. 바로 이 낯설고 작은 생명체가 숨 쉬는 모든 순간을 의식하는 자각과 주의력에 대한 끊임없는 집착이다.

신참 부모로서 인생이 바뀌는 깨달음은 부모가 되는 순간의 방식에 따라 다르게 찾아온다. 내 경우 그 순간은 이른 아침 산부인과 병원에서였다. 아내 케이트가 딸 라이언을 막 출산했다. (더불어 내가 지켜본 아내의 출산은 의지, 힘, 인내력이 결합된 위업으로, 마치 차력사가 강철을 구부리는 것처럼 경이로웠다.) 간호사가 라이언을 신생아실로 데려가 몇 가지 표준검사를 했다. 덕분에 우리 부부는 잠깐 휴식을 취할 수 있었다. (아무것도 하지 않은 나도 피곤했다.) 둘 다 졸다 깨다를 반복했고, 몇 시간 후 라이언은 산부인과의 상징색인 파란색과 분홍색 줄무늬 천에 감싸여 돌아왔다. 아기를 받아안은 순간, 마치 내 몸에서 커다란 빙산 조각이 분리되어 둥둥 떠가듯, 내 관심이 온통 라이언에게 향하는 것을 느꼈다. 그러고는 다시는 돌아오지 않았다.

부모가 된다는 것, 특히 영아의 부모가 된다는 것은 내 관심을 쪼개 써야 한다는 것을 의미한다. 이는 인간이 진화 과정에서 맺은 거래 관계다. 우리 종은 큰 머리와 두뇌, 직립보행 능력을 얻는 대신, 우리의 주의를 절대적으로 필요로 하는 무력한 생명을 낳게 되었다. 비록 우리가 주의를 받던 시절의 기분을 직접 기억하지 못할지라도, 갓 태어난 동생이 부모의 관심을 독차지하는 모습을 지켜본 적 있다면 그 감정을 떠올릴 수 있을 것이다.

이처럼 타인의 사회적 주의, 즉 다른 사람이 보내오는 주의는 누구나 첫 숨을 내쉬는 순간부터 자기 생존과 직결된다. 신생아의 울음소리가 그토록 강렬하고 날카로운 것은 아기에게 그 관심이 생존의 전부이기 때문이다. 적절한 관심을 받지 못하는 아이는 발달에 치명적인 타격을 입을 수 있으며, 그 여파는 평생에 걸쳐 이어질 수 있다.

유아가 필요한 보살핌을 받지 못하는 경우는 흔한 편이다. 그런데 아동이 학대당하기보다 방임될 가능성이 훨씬 높다는 사실은 별로 알려져 있지 않다. 미국 보건복지부의 자료에 따르면, 학대당한 아동 중 74%가 방임을, 28%가 신체적 학대를 겪은 것으로 조사되었다.[1] 우리의 직관과 달리 아동에게는 신체적 학대보다 방임에 따른 타격이 더 클 수 있다. 하버드대 아동발달센터는 "만성적인 방임이 적극적인 학대보다 더 광범위한 손상을 초래할 수 있음에도 불구하고, 정책과 현장에서는 상대적으로 덜 주목받고 있다"고 지적한다.[2]

고독의 짧은 역사

우리는 성장하고 발달하면서, 생존을 위해 다른 사람들의 주의력과 보살핌에 직접적으로 의존하는 정도가 점차 줄어든다. 하지만 그에 반해 사회적 주의와 우리의 관계는 훨씬 더 복잡해진다. 어떤 사람은 무대와 스포트라이트를 갈망하고, 또 어떤 사람은 완전한 익명성을 추구한다. 그러나 우리 모두에게는 타인의 관심을 받고자 하는 본질적 욕구가 있다. 이는 인류가 번성하는 데 따르는 하나의 기준치 같은 것이다. 사회적 주의에서 철저히 단절된 사람은 점차 쇠약해지거나 정신적으로 무너지게 된다.

우리는 이를 사실로 받아들인다. 이는 전 세계적으로 다양한 상황에서 오랜 기간 고립된 생활을 강요받은 사람들에게서 확인할 수 있다. 독방 감금이 끔찍한 이유를 이해하는 데 복잡한 이론이 필요하지 않다는 것은 그 결과가 증명한다. 3장에서 나는 15분 동안 혼자 생각에 잠기는 대신, 끊임없는 충격 요법을 선택한 피험자들의 이야기를 소개했다. 파스칼은 이를 두고 이렇게 관찰했다. "사람들은 소음과 동요를 더 선호한다. 그래서 감옥을 그토록 끔찍한 형벌로 여기며 고독의 즐거움을 이해하지 못하는 것이다."[3]

독방 형벌이 제도화된 형태로 처음 도입된 것은 미국의 건국 초기 '펜실베이니아 시스템'이었다.[4] 기독교 개혁자들이 고안한 이 시스템은 당시에 식견 있는 교화 모델로 여겨졌다. 족쇄stocks나 태형 같은 야만적 형벌을 지양하고, 교도 작업과 독방 생활을 통해 죄수들이 '참회'하며 교화되도록 하는 것을 목표로 했다. 이 계획에는 죄수들에게 사회적 삶을 누릴 기회를 차단하면 자신의 내면에 침잠하게 되고, 그로 인해 마음이 수도승처럼 신에게로 향하게 될 것이라는 발상이 바탕에 깔려 있었다.[5]

독방 수감자들에게 가해진 제약은 실로 가혹했다. 가장 악명 높은 교도소에서는 죄수들이 다른 사람들과 잠깐이라도 접촉하지 못하도록 입소한 죄수들이 감방으로 이동하는 동안 두건을 씌우기까지 했다. 알렉시 드 토크빌Alexis de Tocqueville은 잘 알려진 대로 1831년 미국을 여행하며 새로운 구금 방식을 연구했고, 당시의 구금 시설에 대해 이렇게 평가했다. "이 절대적인 고독감은, 그 외에 방해하는 존재가 전혀 없다면, 인간의 의지를 쉽게 압도한다. 죄수를 끊임없이 그리고 무자비하게 파괴한다. 이 구금 시설은 인간을 교화하지 않고, 죽인다."[6]

죄수들 중에는 이 고독감을 너무도 견디기 힘든 나머지, 죽음에서 구원을 찾은 이도 있었다. "피험자가 된 불운한 남성들은 우울증에 빠졌으며 그 증세가 너무 뚜렷해 교도관들조차 충격을 받을 정도였다. 이 상태가 지속된다면 목숨이 위태로워질 것으로 보였고, 실제로 단 1년 만에 다섯 명이 사망할 정도였다. 정신 상태 또한 이에 못지않게 심각했다. 한 명은 정신 이상에 빠졌고, 다른 한 명은 절망에 빠진 끝에 교도관이 무언가를 가져다줄 때를 틈타 감방에서 뛰어내리는 극단적 선택을 했다."[7] 토크빌의 책이 출간되고 나서 몇 년 후 펜실베이니아 교도소를 방문한 찰스 디킨스Charles Dickens도 같은 결론에 이르렀다. 그는 모든 수감자를 가리켜 '생매장된 사람'이라고 선언했다.[8]

감옥 모델penitentiary model은 결국 우리가 현재 '교도소prison'로 알고 있는 집합 모델congregate model로 대체되었다. 그러나 부끄럽게도 독방 감금의 관행은 여전히 이어지고 있으며, 그 효과 또한 극악무도

하다. 윌리엄 블레이크William Blake는 수기 모음집《지옥은 아주 작은 곳이다Hell Is a Very Small Place》(2016)에서 독방 생활에 대해 "너무 힘들고 지루하며 외로워서 고통이 마치 뼈에 사무치는 것 같은 시간이었다"고 묘사했다. "그 고통은 너무 강렬하여 나를 질식시키고, 내 마음에서 이성을, 내 영혼에서 정신을, 내 몸에서 생명을 짜내려는 것 같았다."[9]

이런 관행은 미국의 교도소에만 국한된 것이 아니다. 전 세계적으로 다양한 환경에서 인질, 죄수, 전쟁 포로 등은 장기간의 고립을 견뎌야 했다. 그들의 고난은 보편적인 경험이다. 넬슨 만델라Nelson Mandela는 자서전《자유를 향한 머나먼 길Long Walk to Freedom》에서 구금 생활의 굴욕에 대한 첫 저항의 이야기를 들려준다. 두 번째 유죄 판결을 받은 후 이송된 만델라는 교도관들로부터 죄수복으로 환복하라는 지시를 받았다. 당시 만델라와 같은 흑인 남성 죄수들은 반바지를 입어야 했다. "교도 당국은 아프리카계 성인 남성을 예외로 두고 '소년'으로 간주했기 때문이다."[10]

만델라는 이를 거부하며 단식 투쟁에 돌입했다. 그러자 교도관은 만델라에게 해결책을 제시했다. 독방 수감에 동의하면 긴 바지를 입고 편안하게 식사할 수 있게 해주겠다는 것이었다. 만델라는 그 제안을 받아들였지만 곧 후회했다. 그는 이렇게 회고했다. "그 후 몇 주 동안 나는 완벽하고 철저하게 고립되었다. 독방 생활을 경험해본 적이 없던 내게는 매 시간이 1년처럼 느껴졌다. 내 마음은 점점 내면으로만 돌진하여, 나 자신이 아닌 다른 무언가에 주의를 기울이기를 간절히 원하게 되었다. 내가 아는 죄수들 중에는 독방 수감 대신 채찍 여섯 대를 선택한 사람들도 있었다."¹¹

절박해진 만델라는 사과를 뇌물로 건네며 교도관과 대화를 시도했다. "그는 등을 돌린 채 내가 무슨 제안을 해도 묵묵히 듣기만 했다. 마침내 그가 말했다. '긴 바지와 더 좋은 음식을 그렇게 원하더니, 그것들을 얻고도 여전히 행복하지 않구먼.' 교도관이 옳았다. 인간적인 교류가 박탈되는 것만큼 비인간적인 것은 없었다."¹²

적당한 양의 고독은 기쁨과 안식을 가져다줄 수 있다. 오늘날 우리는 흔히 '나홀로 시간alone time'을 이야기한다. 내향적인 사람에게는 사회적 활동으로 인한 에너지 소진에서 벗어나 자신에게 집중할 수 있는 소중한 순간이다. 그러나 시야를 넓혀보면, 인간이 이 행성에서 이렇게 많은 시간을 홀로 보낸 적은 일찍이 없었다.

우리의 수렵채집인 조상들은 대부분의 시간을 함께 보냈다. 고독은 위험했다. 외로움에 대한 선구적 연구자 중 한 명인 존 카시오포John Cacioppo는 인간의 생존이 다른 영장류보다 훨씬 더 근본적으로 무리를 짓는 문제에 달려 있다고 주장한다. 인간은 무리를 지어 음식을 구해 나누고, 외부의 공격을 방어하며, 병상자를 돌봐야 했다. 고독은 그 자체로 위협이었다. "신체적 고통을 겪는 개인이 신체적 위험으로부터 자신을 보호하는 것처럼, 외로움이라고도 알려진 사회적 고통 역시 비슷한 이유로 진화했다. 외로움은 고립이 초래하는 위험으로부터 개인을 보호하기 위해 형성된 것이다. 우리 조상들은 자신의 안전을 확보하고, 자손을 낳아 유전자를 성공적으로 다음 세대에 전하기 위해 사회적 유대에 의존했다. 사람들은 외로움이라는 감정을 통해 보호의 유대가 위협받거나 부족할 때 이를 즉각 알아차릴 수 있었다."[13]

수십만 년이 지난 지금도 우리의 뇌는 동일한 방식으로 고독을 처리한다. 카시오포는 "우리는 고립될 때 단순히 불쾌감을 느낄 뿐만 아니라, 육체적으로 위협받는 것처럼 불안감을 느끼도록 진화했다"고 지적한다.[14] 지나치게 오랜 시간 혼자 있게 되면, 우리 뇌는 생리적으로 '싸우거나 도망치기' 반응을 활성화하기 시작한다.

사회적 삶을 포괄적으로 영위했던 것은 구석기 시대의 조상들만이 아니다. 산업화 이전 사회는 대부분 확고하게 사회적이었다. 전 세계의 다양한 문화와 기후 속에서 살아온 사람들은 깨어 있는 거의 모든 순간을 함께 보냈다. 예를 들어 가족 구성원이 저마다 사생활을 보호하며 잠을 잘 수 있는 별도의 공간인 '침실'이라는 개념은 17세기 초에 이르러서야 등장했다. 대부분의 인류 역사에서 사람들은 먹고, 자고, 어울리기 위한 공간을 하나로 공유하며 살아왔다.

그러나 사회가 부유해짐에 따라 고독을 위한 조건이 훨씬 더 많이 마련되었고, 고독과 함께 근대적 의미의 외로움이라는 현상이 등장했다. 근대성의 한 특징인 외로움의 문제에 관한 문헌은 방대하다. 사실 '외로움'이라는 영어 단어 자체는 16세기경까지 거의 등장하지 않았다.[15] 《햄릿Hamlet》(1599~1601)에서 재상 폴로니우스가 딸 오필리아의 외로움에 대해 단 한 번 언급한 것을 이 용어가 처음으로 두드러지게 사용된 사례 중 하나로 볼 수 있다.[16]

외로움은 주관적인 상태이기에 측정하기 어렵다. 사람이라면 군중 속에서도 외로움을 느낄 수 있기 때문이다. 진단 도구를 활용해 외로움을 추적할 수는 있을 것이다. 예컨대 사람들에게 "혼자서 많은 일을 하는 것이 불행하다"거나 "대화할 사람이 없다"와 같은 감정을 얼마나 자주 느끼는지 물어볼 수 있다. 그러나 다양한 모집단과 시기에 걸쳐 이를 일관되게 측정하기란 여전히 어려운 과제다.

그런데 외로움이라는 감정과 달리, 혼자 보내는 시간은 객관적으로 측정 가능한 지표다. 혼자 있는 것과 외로움은 분명히 다른 개념이지만, 혼자만의 시간이 많아질수록 외로움에 빠지기 쉬운 경향이 있다. 한 역사가가 지적했듯이, 현대의 외로움에 대한 자기평가 연구와 역사적 증거는 고독과 외로움 사이의 밀접한 연관성을 보여준다. "주관적 외로움에 대한 정량적 연구에서, 외로움을 분석할 때 독거 생활은 거의 언제나 가장 강력한 설명 변수로 사용된다."[17]

여러 시간대와 지역에 걸쳐 사람들이 혼자 보내는 시간을 측정해보면 기본적으로 확인되는 현상은 분명하다. 부유한 사회일수록 더 많은 사람이 혼자 산다. 1인 가구라는 단순한 지표를 살펴보자. 대부분의 역사에서 혼자 산다는 것은 일반적으로 추방자, 참회자, 또는 성직자에게만 해당되는 운명이었다. 비교적 최근까지도 대부분의 사회에서는 사람들이 좀처럼 혼자 살지 않았다. 그러나 오늘날은 상황이 다르다. 사회학자 에릭 클리넨버그Eric Klinenberg는 "혼자 사는 것은 널리 퍼져 있음에도 불구하고, 우리 시대에 유달리 논의되지 않고, 결과적으로 다른 무엇보다 제대로 이해되지 않는 문제 중 하나"라고 지적한다.[18] 미국에서는 네 가구 중 하나 이상이 1인 가구이며, 유럽의 많은 지역에서는 그 비율이 더 높다.[19] 특히 스웨덴 스톡홀름의 경우 전체 가구의 60%가 1인 가구이다.[20]

전 세계적으로 독신자의 비율은 다양하게 나타나지만, 자산 수준이 비슷한 국가들에서도 경제 발전과 1인 가구 간의 일반적인 관계는 시간이 지남에 따라 명확히 드러난다. 1인 가구 수치는 탄소 배출량 그래프처럼 가파르게 상승하며 거의 수직에 가까운 상승 곡선을 그린다. 특히 1960년대 이후 근대성과 산업 자본주의는 1인 가구와 탄소 배출량 모두를 사회의 부산물로 만들어내기 시작했다.[21]

2023년, 미국 공중보건국장 비벡 머시Vivek Murthy는 외로움을 유행병으로 규정했다.[22] 여러 나라에서 외로움이 건강에 미치는 생리적 영향을 연구한 결과가 점점 더 많이 발표되고 있다. 자주 인용되는 한 연구에 따르면, 외로움이 지속될 경우 건강에 미치는 부정적 영향은 하루에 담배 15개비를 피우는 것과 거의 비슷한 수준으로 나타났다.[23]

그런 의미에서 우리는 집단적으로 전례 없는 수준의 고립에 직면해 있다. 이는 꼭 개인 차원에서 맞닥뜨리는 더 큰 외로움이나 더 큰 고난을 의미하지는 않는다. 사람, 문화, 그리고 장소 간의 편차가 크기 때문이다. 그러나 인간이 단절감을 더 많이 느끼고, 사회적 주의에 굶주리게 될 가능성이 높아지는 여건이 마련된 것임은 분명하다.

나는 사회적 주의의 결핍이 사람들에게 어떤 영향을 미칠 수 있는지에 대한 지속적인 논의와 더불어 사회적 주의를 검토하기 시작했다. 너무나도 기본적이고 언제나 어디서든 존재하는 사회적 주의를 즉각적으로 평가할 수 있는 가장 좋은 방법은, 그것이 결핍된 상황을 고려하는 것이다. 카시오포는 "영어에는 고통을 뜻하는 단어와 갈증을 뜻하는 단어는 있지만, 그 반대를 의미하는 단어는 없다"고 지적한다. 그는 이어서 말한다. "우리의 연구는 '외롭지 않다'라는 표현(이보다 더 나은, 더 구체적인 단어는 없다)이 '갈증이 없다' 또는 '고통이 없다'와 마찬가지로 정상 상태의 일부임을 시사한다."[24]

남을 돌보고, 다시 남들의 돌봄을 받는 것은 인간의 정상적인 존재 상태다. 내가 사회적 주의라는 용어를 사용할 때, 이는 우리의 주의력 대상이 다른 사람인 경우를 의미한다. 자연 생태계나 엔터테인먼트 소재, 또는 우리 앞에 놓인 과업 같은 것과 반대되는 의미에서 말이다. 나는 사회적 주의를 모든 종류의 사회적 연결이나 유대 관계의 최소 공통분모라는 의미로 사용하고자 한다. 2장에서 언급한 칵테일 파티 사례처럼 대화를 나누고, 듣고, 어울리는 상황에서 우리의 주의력은 거의 전적으로 사회적이다. 누구나 다른 사람들의 말과 행동에 관심을 기울이며, 그들의 비언어적 신호를 포착한다. 때로는 아는 사람을 찾기 위해 방을 훑어보기도 할 것이다.

칵테일 파티라는 특정 맥락에서 보이는 이러한 사회적 초점은 우리의 사회적 주의를 위한 정교하고 신비로운 배선이 가장 활발히 작동하는 사례일 뿐이다. 하지만 그것은 늘 존재한다. 누구나 다른 사람에게 주의를 기울이며, 인간은 다른 사람이 나에게 주의를 기울이는 것을 감지하는 매우 강력하고 구체적인 도구를 개발해왔다. 그 결

고독의 짧은 역사

과 사회적 주의는 다른 형태의 주의력과 질적으로 구별되는 독자적인 범주에 속하게 되었다. 사회적 주의에는 특유의 치열함이 있다. 한 사람의 신경망 배선은 다른 사람들, 그들의 얼굴, 존재감, 사용하는 단어에 뚜렷하게 반응한다. 인간은 남들에게 주의를 기울이는 데 탁월하며, 얼굴을 인식하고 표정을 통해 감정 상태를 읽어내는 독특한 능력을 지녔다.[25] 뇌 영상 연구에 따르면, 우리가 다른 사람이나 심지어 그 사람의 사진을 볼 때면 어떤 사물이나 장면을 볼 때와는 전혀 다른 뇌 회로가 활성화된다는 사실이 밝혀졌다.[26] 우리가 다른 사람에게 관심을 기울이는 방식은 생물학적 수준에서 다른 형태의 자극에 반응하는 것과 질적으로 다르다. 인간이 지구상에 존재해온 대부분의 기간에 관심을 기울일 수 있는 대상은 자연 생태계와 타인이라는 두 가지 범주에 국한되어 있었음을 고려하면 이는 합리적인 해석이다.

인간은 유아에서 성장하면서 사회적 주의에 대한 저마다의 욕망을 품게 된다. 어떤 사람들은 고독을 간절히 원하고, 다른 이들은 방에 있는 모든 사람의 시선을 독차지하려 한다. 그러나 그 모든 욕망의 기저에는 다른 사람들로부터 얼마간 주목받고자 하는 동일한 핵심 욕구가 자리 잡고 있다. 인간에게 사회적 주의는 마치 식물에 주어지는 햇빛과 같다. 그것은 누구에게나 살아가기 위해 반드시 필요한 것이다. 사회적 주의는 우리에게 온기를 주고 영양분을 공급한다. 우리는 사회적 주의를 향해 나아가며, 그것이 부족할 때는 움츠러든다.

사회적 주의가 정작 사회적이지 않은 이유

그런데 왜 이 모든 것이 '주의력'의 문제로 환원되는지 궁금할 수 있다. 인간은 사회적 존재로, 사회적 유대와 연결 속에서 형성되고 상호의존적이며 집단을 이루고 살아간다. 이 점에 대해서는 논란의 여지가 없다. 우리의 사회적 삶과 그 안에서 맺는 관계는 우리의 존재, 행복과 번영의 중심에 자리 잡고 있다. 그렇다면 사회적 관계와 사회적 주의는 구체적으로 무엇이 다를까?

사회적 주의의 대상이 된다는 것은 단순히 말해 눈에 띈다는 것이다. 그 이상은 필요하지 않다. 보살핌도, 사랑도, 심지어 분노조차 필요하지 않다. 사회적 주의는 단지 어떤 사람이 존재한다는 것을 보거나, 듣거나, 인식하는 것이다. 이는 무시당하는 것보다 겨우 한 단계 더 높은 수준에 불과하다. 독방에 수감된 넬슨 만델라가 교도관과 어떻게든 상호작용을 하기 위해 한사코 뇌물을 건네려 했던 것도 사회적 주의를 구하는 행위였다. 물론 그는 인간적 교류를 갈망했을 것이다. 하지만 당시에는 너무 절박했던 나머지, 단지 주의를 끄는 것만으로도 충분했다. 그가 간수에게 모든 관심을 기울인 반면, 간수는 그를 거의 무시하고 있었다.

사회적 주의는 우리 삶을 구성하는 좀 더 발전한 형태의 인간적 연결과도 다르다. 사회적 주의에는 감정적 콘텐츠가 구체적으로 내포되어 있지 않기 때문이다. 예를 들어 칵테일 파티에서 쟁반을 떨어뜨린 웨이터를 바라보는 사람들은 모두 그에게 사회적 주의를 기울이고 있다. 하지만 그들이 느끼는 감정은 짜증에서 동정심, 공감에 이르기까지 매우 다양할 것이다. 마찬가지로 붐비는 바에서 연애 상대를 찾기 위해 주고받는 유혹적인 눈맞춤도 사회적 주의의 한 형태다. 그렇지만 얼굴이 닿을 듯 가까운 거리에서 당신에게 소리를 지르는 사람 역시 사회적 주의를 표현하는 것이다.

가장 친밀한 관계의 맥락에서는 단순한 관심이 대수롭지 않게 여겨질 수 있다. 그러나 우리는 이 관심의 기초 위에 다른 모든 충족감을 주는 관계의 요소들을 쌓아 올린다. 갓 태어난 아기를 집에 데려와 앞으로 누나가 될 아이에게 소개하면, 누나는 자신이 받는 주의력의 양이 크게 줄어들었음을 즉각적으로 깨닫는다. 아마도 이는 아기가 태어났을 때 손위 형제자매들에게서 가장 흔하게 보이는 반응일 것이다. 이 시점에 손위 아이들은 관심 이상의 것을 원하지만, 이런 감정을 언어로 표현하지는 못한다. 아이들은 부모가 자신을 보살펴주고 자신의 이야기를 들어주길 바란다. 동생이 태어나기 전과 마찬가지로 부모의 사랑을 독점하고 싶어 한다. 하지만 이러한 감정을 말로 표현하는 것은 아이들의 능력을 넘어서는 일이다.

아이들이 가장 먼저 알아차리고 반발하게 되는 것은, 부모가 한때 자신에게만 주었던 관심을 이제는 동생과 나누어주고 있다는 사실이다. 아이들은 관심을 되찾기 위해 무엇이든 할 것이다. 이때 아이들이 벌이는 행동은 종종 기이하고 때로는 코믹하기까지 하다. 예컨대 손위 아이들은 부모의 주의를 끌고자 아기를 애정 어린 표정으로 안아주기도 하고, 반대로 부모에게 짜증을 내거나 일부러 나쁜 장난을 쳐서 벌을 받기도 한다. "다시는 그러지 마, 데이비드. 그러면 혼난다!" 이와 같은 부정적 주의를 받는 것은 별로 즐거운 일이 아니다. 하지만 우리는 본디 충동적이고 사회적인 존재이기에, 무시당하는 것보다 부정적 주의를 받는 것이 훨씬 낫다고 여긴다. 이러한 경향은 특히 아이들에게서 두드러지지만, 우리가 생각하는 것보다 훨씬 더 많은 어른들에게도 해당된다.

아이들은 자신이 원하는 사랑과 애정을 얻기 위해 부모의 관심을 끌어야 한다는 걸 직관적으로 알고 있다. 그리고 이 점에서 아이들은 옳다. 비록 그들이 관심을 끌기 위해 사용하는 방식이 종종 혼란스럽거나 기이할 수 있지만, 그 중심이 되는 직관만큼은 정확하다. 사회적 주의는 우리가 진정으로 갈망하고 우리를 지탱하는, 좀 더 발전한 형태의 인간적 연결 ─ 보살핌, 동료애, 우정, 그리고 사랑 ─ 의 전제 조건이다. 주의력 없이는 인간관계에서 자신이 원하는 그 어떤 것도 얻을 수 없다. 사회적 주의는 인간의 사회화의 다른 모든 형태를 가능하게 하는 필요조건이지만, 그것만으로 충분조건이 되지는 않는다.

왜냐하면 삶에 의미를 부여하는 관계의 측면과 달리, 사회적 주의는 본질적으로 상호적이지 않기 때문이다. 이는 사회적 주의를 정의하는 특징 중 하나다. 사회적 주의는 뚜렷하게 구분되는 두 가지 방향으로 흐른다. 당신은 다른 사람에게 사회적 주의를 기울일 수 있고 다른 사람이 당신에게 사회적 주의를 기울일 수도 있지만, 이 관심이 서로 호응하거나 같은 선상에 놓이는 것은 아니다.

모든 관계에는 상호적인 사회적 주의가 필요하다. 그러나 관심을 주고받는 과정에서 발생하는 불균형은 종종 관계를 위험에 빠뜨리거나 어려움을 초래한다. 이것이 바로 신생아의 누나가 마주하는 딜레마이다. 그러나 이 문제는 결코 아이들에게만 국한되지 않는다. 성인들의 관계에서도 가장 흔히 발생하는 갈등의 원인 중 하나는, 누군가가 자신이 쏟은 만큼의 관심을 돌려받지 못한다고 느끼는 역학 관계에서 비롯된다. 예를 들어 로펌에서 일하는 동성 배우자를 둔 여성이 배우자로부터 끊임없이 동료들 간의 극적인 이야기를 들으며 존재감을 느끼고 마음의 안정을 얻는 한편, 배우자가 너무 바쁘고 일에 몰두한 나머지 자신에게 같은 정도의 지속적인 주의를 기울이지 않는다고 느끼는 상황을 들 수 있다. 이러한 역학 관계는 무수히 다양한 형태로 나타날 수 있으며, 특히 연인 관계에서 벌어지는 '경청'을 둘러싼 다툼에서 자주 드러난다.

육아의 역학 관계는 불균형이 아주 흔하면서도 꾸준히 변화하는 또 다른 영역이다. 영유아일 때는 부모의 관심을 계속 끌고자 강박적인 갈망을 보이던 아이가, 시간이 지나 10대가 되면 오로지 혼자 있고 싶어 하는 극적인 변화를 보인다. 딸이 10대로 성장하는 동안 나는 종종 10대 딸을 두는 것은 직장 동료를 짝사랑하는 것과 같다는 코미디언 티나 페이Tina Fey의 말을 떠올렸다. "당신이 아이들을 생각하는 정도로 아이들은 당신을 생각하진 않는다."[27]

부모가 되는 자연스러운 여정의 시작은 아이의 집착적이고 때로는 지칠 정도로 과도한 관심의 대상이 되는 것이다. 새벽녘에 잠에서 깨어 울면서 부모를 애타게 찾는 아이를 보고 있으면, 잠시라도 혼자만의 시간이 간절해진다. 그러나 사람들은 모두 그런 때가 얼마나 쏜살같이 지나가는지 이야기한다. "그 순간을 소중히 여겨라! 그 시절은 눈 깜짝할 사이에 지나간다!" 그리고 실제로 그렇다. 바로 다음 단계에 들어서면 아이의 관심은 친구, 학교, 스포츠 등 다른 것에 쏠려 있다는 것을 알게 되고, 〈요람 속의 고양이Cat's in the Cradle〉*를 듣거나 《아낌없이 주는 나무The Giving Tree》를 읽으면서 흐르는 눈물을 참을 수 없게 된다.

가족이나 친구, 연인, 동료 등의 사이에서 나타나는 사회적 주의의 역학 관계가 복잡하고 우려스러울지 모르지만, 사회적 주의를 여타 형태의 사회적 연결과 비교해 더 독특하고 광범위하게 만드는 점은 따로 있다. 바로 사회적 관계가 우리가 맺고 있는 실제 관계 바깥에서도 존재할 수 있다는 점이다. 당신과 배우 브래드 피트가 관계를 맺으려면 반드시 서로 알아야 한다. 하지만 브래드 피트와 별다른 관계를 맺지 않더라도 그는 당신에게 사회적 주의의 대상이 될 수 있다. 이런 일방향의 사회적 주의는 결코 사소하거나 부수적인 것이 아니라 우리 삶의 큰 부분을 차지한다. 학교 선배에게 반한 고등학교 2학년생은 깨어 있는 시간의 대부분을 그 선배를 생각하며 보낼 수 있다. 성인이 된 후에는 정말 싫어하는 악랄한 정치인 때문에 내면의 삶 전체가 소모되는 것처럼 느끼거나, 특정 언론계 인사와 상상 속에

---

* 1974년 해리 채핀이 발표한 노래. 어린 아들과 함께 시간을 보낼 짬도 없이 밖으로만 돌며 소중한 것을 놓치는 아버지의 모습을 묘사했다.

서 논쟁을 벌이는 경우도 있을 것이다. 우리가 머릿속에서 사회적 주의를 주는 낯선 사람들의 판테온을 떠올려보라. 그 안에는 우리가 응원하거나 야유를 보내는 운동선수, 정치인, 셀럽, 그리고 뉴스에서 접하는 어려움에 처한 이들까지 다양한 사람들이 포함될 것이다. 우리가 기울이는 사회적 주의의 상당 부분은 사실 우리를 전혀 모르는 사람들을 향하고 있다.

사회적 주의는 우리가 서로 알고 관계를 맺고 있지만 지금 이 자리에 없는 사람들에게도 향할 수 있다. 우리는 이런 사람들을 화제로 삼을 때 흔히 '가십'이라는 느슨한 말을 사용하며, 이를 부적절하거나 하찮은 것으로 여길 때가 많다. 그러나 가십이 인간의 중심적 활동이라는 주장은 점점 더 설득력을 얻고 있다. 영국의 저명한 인류학자 로빈 던바Robin Dunbar는 가십이 모든 인간의 사회화의 기초 활동이라고 주장한다. 그는 "가십이 없다면 사회는 존재하지 않을 것"이며, "가십은 우리가 알고 있는 인간 사회를 가능하게 하는 핵심 요소"라고 지적했다.[28]

던바의 주장은 영장류가 그루밍을 통해 관계를 형성하듯, 인간은 가십을 통해 관계를 맺는다는 것이다. 유인원은 그루밍을 통해 서로 간의 관계를 쌓고 동맹을 구축하며 유대감을 형성한다. 여기서 중요한 점은, 그루밍이 사회적 주의를 표현하는 신체적이고 촉각적인 수단이라는 것이다. 한 유인원은 그루밍을 통해 다른 유인원에게 길게 주의를 집중할 수 있다. 그루밍 행위를 통해 유지되는 사회적 네트워크와 집단의 동맹은 곧 '주의를 기울이다'라는 표현이 행동으로 체

현된 것이다. 우리는 마치 물건을 살 때 돈을 지불하듯, 사람 간의 관계를 형성하거나 유지하기 위해서 주의력이라는 대가를 지불한다.

던바는 이처럼 사회적 유대를 강화하는 과정이 대단히 시간적으로 집약되었다는 점을 문제로 지적한다. 그는 영장류가 깨어 있는 시간의 약 20%를 그루밍에 소비한다고 추정한다. 그리고 각 관계마다 이러한 노력을 투입해야 하기 때문에, 유인원의 사회 구조가 복잡해지는 데는 한계가 있다고 말한다. 던바는 "이를 극복하고 80개체 이상의 집단으로 살아갈 수 있는 유일한 방법은 유대감 형성을 위한 대체 메커니즘을 찾아, 이용 가능한 사회적 시간을 좀 더 효율적으로 사용하는 것"이라고 주장한다.[29]

던바의 주장에 따르면 언어, 특히 가십이라는 형태는 인간이 영장류 조상의 사회적 집단에 내포된 한계를 극복할 수 있게 해준 혁신이다. 언어는 그루밍과 비교할 때 효율성 면에서 두 가지 주요한 이점이 있다. 첫째, 그루밍이 일대일 활동인 반면 대화는 그룹 단위로 할 수 있다. 둘째, 던바가 지적했듯이 "말하기는 우리가 대부분의 다른 활동과 동시에 할 수 있는 일이다. 결과적으로 우리는 제한된 시간 내에 더 많은 것을 할 수 있도록 좀 더 효과적으로 '시간 공유'를 할 수 있다."[30]

그의 주장의 요지는 언어 자체가 사회적 주의를 전달하는 효율적 수단으로 발전했다는 것이다. 그는 이렇게 설명한다. "필요한 것은 사회적 약속의 메시지를 전달하는 것뿐이다. '나는 여기에서 당신과 이야기하는 것이 저기에 [다른 사람과 함께] 있는 것보다 더 중요하다고 생각한다'라고."³¹ 던바의 설명에 따르면, 이러한 의례적 상호작용은 언어의 정보적 콘텐츠를 사용해 같은 집단에 속하는 타인에 대한 중요한 정보와 이들의 복잡한 사회적 관계의 상태를 전달하는 방식으로 발전했다. 가십은 사회적 주의를 전달하는 가장 효율적인 방법이다. 왜냐하면 가십을 나누는 사람(들)에게 사회적 주의를 주는 동시에, 가십의 대상이 되는 사람들에게도 사회적 주의를 줄 수 있기 때문이다. 물론 하나의 이론에 불과할지라도 던바의 이론은 사회적 주의가 인간 활동과 발달의 근본적 계기 중 하나로 작용했으며, 이로 인해 언어가 탄생하게 되었음을 시사한다.

다른 동물들에게는 사회적 주의를 소통하고 전달할 수 있는 인간의 언어 같은 것이 없다. 그러나 개를 키우는 사람이라면 누구나 자기 개가 사회적 주의에 얼마나 민감한지 알고 있을 것이다. 공원을 산책할 때 데리고 있는 개가 멀리 있는 다른 개를 발견하면 그 순간 우리 집 개는 그 개에게 모든 사회적 주의를 기울인다. 저쪽 개는 반응할 수도, 반응하지 않을 수도 있다. 다른 동물들도 마찬가지로 동료들에게 관심을 기울인다. 꿀벌들은 여왕벌에게, 늑대들은 대장 늑대에게, 양들은 양치기 개에게 말이다. 위대한 존재의 사슬에서 포식자들은 피식자에게, 피식자는 포식자들에게 끊임없는 감시와 관찰 속에서 면밀한 주의를 기울인다.

이런 의미에서 사회적 주의는 식욕이나 성욕과 마찬가지다. 사회적 주의는 인간인 우리가 그 형태에 수반되는 모든 신경증이나 병리 현상과 함께 절충하는 동물적 유산이다. 그러나 인간의 식욕과 욕망이 극도로 복잡하고 기이하며 사회적으로 형성되는 것처럼, 인간과 사회적 주의의 관계도 마찬가지다. 이 관계는 우리가 속한 사회, 우리가 지키는 가치관, 주변의 다른 사람들, 그리고 우리가 세상과 소통하고 배우는 기술에 의해 매개된다.

지금까지의 주장을 정리해보자. 나의 논지는 사회적 주의가 주의력의 뚜렷한 한 범주이며, 그 안에 진화적 유산에서 비롯된 생물학적 기질이 강하게 내재되어 있다는 것이다. 사회적 주의는 우리의 삶에 너무나 중요하기 때문에 그것이 결핍된다면 우리는 그대로 미쳐 버릴지도 모른다. 또한 사회적 주의는 양방향으로 흐른다는 점에서 독특하고 복잡한 형태의 주의력이다. 누구나 이 관심을 다른 사람들에게 집중할 수 있을 뿐 아니라, 동시에 자신이 그 관심의 대상이 될 수도 있다.

이러한 상호주의의 가능성은 모든 사회적 관계의 기초가 된다. 사회적 주의는 다른 사람들과 맺는 모든 종류의 관계에서 필요조건이지만, 그 관계가 발전하기 위한 충분조건은 아닐 수 있다. 당신은 관계를 맺고 있는 사람들에게 관심을 기울여야 하고, 그들 또한 당신에게 관심을 기울여야 한다. 그러나 그 관심이 반드시 긍정적이거나 유익할 필요는 없다.

이는 사회적 주의의 매우 중요하고 뚜렷한 또 다른 특징이다. 인간관계의 가장 중요한 기초를 형성하는 정서적 유대 관계가 갖는 긍정적인 측면과 달리, 사회적 주의는 매우 부정적일 수 있는 것이다.

사회적 주의는 부정적일 수 있을 뿐 아니라, 일방적으로 다른 사람에게 향하거나, 반대로 다른 사람에게서 당신에게 향할 수도 있다. 우리는 우리가 알지 못하거나 사회적으로 무관한 사람에게도 사회적 주의를 기울일 수 있으며, 마찬가지로 낯선 사람 역시 우리에게 사회적 주의를 기울일 수 있다.

인간은 친족 관계로 정의되는 작은 집단 속에서 진화해왔다. 우리가 알고 있는 모든 사람들 역시 반대로 우리를 알았다. 그리고 우리의 상상력은 왕과 왕비, 전설 속 영웅, 하늘 위의 신들과 같은, 적어도 어느 정도는 신화적 존재로 느껴진 다양한 부류의 낯선 이들까지도 알게 해주었다. 우리는 그들에게 친족만큼이나 친밀한 감정을 느꼈을지도 모른다.

대부분의 인류 역사에서 그들은 인간관계의 두 가지 주요 범주에 해당했다. 먼저 공통의 사회적 상호작용에 기반한 관계로, 우리가 알고 있으며 우리를 아는 이들이다. 그다음은 상상력에 기반한 관계로, 우리가 알고 있지만 우리를 모르는 이들이다. 소셜 미디어의 출현이 왜 그토록 극적인 대전환을 가져왔는지 이해하려면, 사회적 주의가 지닌 이런 원초적 힘을 충분히 살펴볼 필요가 있다.

사회적 주의의 한 측면으로, 구체적이고 다소 기이하지만 점점 더 중심적 역할을 차지하는, 우리가 알지 못하는 사람들로부터 받는 관심을 떠올려보라. 이는 우리가 모르는 사람들이 우리를 알게 되는 것을 의미한다. 이러한 형태의 사회적 주의에 대한 욕망은 사람마다, 그리고 시대마다 매우 다양하게 나타난다. 그러나 이것이 인간만의 욕망이라는 점은 분명하다. 오직 인간만이 이러한 갈망을 품을 수 있다. 사자는 무리 안에서 사회적 주의를 받고 싶어 할 수 있지만, 영예glory라는 개념은 알지 못한다. 독수리는 새끼를 돌보지만, 명성에 대한 갈망은 없다.

명성은 낯선 사람들로부터 사회적 주의를 받는 경험으로 정의되며, 이를 근대성의 산물로 간주하고 싶은 유혹에 빠질 수 있다. 그러나 리오 브로디Leo Braudy의 탁월하고 포괄적인 저서 《명성의 광란The Frenzy of Renown: Fame and Its History》(1997)은 명성이 수천 년 전부터 존재해온 개념임을 설득력 있게 보여준다. 브로디는 "명성의 역사는 대부분 개인이 다른 사람들의 관심을 끄는 방식의 변화를 기록한 역사이며, 이는 우연이 아니라 그 과정에서 다른 사람들을 지배하는 권력을 얻게 된 역사다"라고 지적했다.[32]

브로디에 따르면, 서양 고전에서 볼 때 명성을 추구한 최초의 인물은 알렉산드로스 대왕(B.C.356~B.C.323)이다. 브로디는 수메르, 이집트, 중국의 여러 신왕神王, 황제, 파라오도 유명했지만 그들이 누린 명성과 사회적 주의는 제도적으로 보장된 것이며 상속에 의해 이루어진 것이라고 주장한다. 이에 비해 알렉산드로스 대왕은 영예를 추구하는 것을 자기 인생의 사명으로 여겼다. 브로디는 알렉산드로스 대왕의 '특정할 수 없는 영적 탐욕'이 이후 모든 사람들의 모델이 되었다고 지적한다. 알렉산드로스 대왕이 더 이상 정복할 새로운 세계가 없고, 자신의 이름을 기억하게 할 낯선 사람이 없다는 것을 깨닫고 눈물을 흘렸다는 유명한 일화가 이를 뒷받침한다. 브로디는 "알렉산드로스 대왕은 전 세계적 차원에서 명성의 문제와 씨름하며

성취와 홍보의 관계를 끊임없이 의식한 최초의 유명인으로 볼 수 있다"고 평가한다.[33]

사회가 점점 복잡해지며 시간이 흐르고 기술이 발달함에 따라 명성은 대중 사이에서 점점 더 확산되고, '낯선 사람들에게 알려지는' 경험은 더욱 보편화되었다. 산업혁명과 그로 인해 등장한 미디어 혁명, 즉 매스 미디어에서도 이는 마찬가지였다. 그런데 이 현상은 소셜 미디어의 출현으로 훨씬 더 폭발적으로 확산되었다. 소셜 미디어는 누구라도 어떤 플랫폼에서든 단 한 번의 바이럴viral*을 일으키는 것만으로도 순식간에 수천, 수십만, 심지어 수백만 명에게 이름을 떨치고 주목받을 수 있게 해주었다.

나는 낯선 사람들에게 노출되는 경험이 주는 불가피한 낯섦과 지속적인 현기증에 대해 어느 정도 전문성을 지닌 사람으로서 이렇게 말할 수 있다. 첫째, 명성은 상대적이다. 어떤 인류학자가 자기 분야에서는 유명할지라도 다른 분야에서는 무명일 수 있다. 실험적인 재즈 뮤지션이라면 자신이 속한 작은 집단에서만 존경받을 수 있을 것이다. 그러나 알렉산드로스 대왕이 누렸던 것과 같은 진정한 명성, 혹은 농구 선수 마이클 조던Michael Jordan이나 배우 톰 크루즈Tom Cruise처럼 20세기 매스 미디어의 정점에 섰던 사람들이 누린 명성은 앞으로 다시는 보기 어려울지도 모른다. 그런데도 나는 나름대로 유명하다. 길거리에서 사람들이 나를 알아보고, 무엇보다도 나를 주목

---

*　'바이러스'처럼 빠르게 확산된다는 의미로, 소비자들 사이에 소문이나 여론을 조장하여 상품에 대한 정보가 끊임없이 전파되도록 유도하는 마케팅 전략 가운데 하나다.

한다. 이는 앞에서 언급한 바와 같이 사람들의 주목을 끄는 것이 나의 직업이기 때문이다.

케이블 뉴스쇼를 진행하던 초창기에는 시청률이 별로 좋지 않았고, 이때의 주의력은 마치 정신의 모래밭과도 같았다. 다른 것을 더 많이 붙들고 도망치려 할수록 더 깊이 빠져드는 느낌이었다. 이는 내가 케이블 뉴스 진행자가 되기 전까지의 특이한 이력과도 연관이 있었을 것이다. 나는 대학 졸업 후 연극계를 거쳐 프리랜서 신문 기자로 일했다. 주로 진보 매체나 대안 언론사와 손잡고 심층 취재 기사feature-length article를 썼다. 그 후《네이션》의 워싱턴 주재 편집장이 되면서 TV 뉴스쇼에 게스트로 출연하기 시작했다. 그런 다음 MSNBC의 게스트 앵커를 거쳐, 마침내 내 이름을 내건 뉴스쇼를 주말에 진행하게 되었으며, 이후 평일 황금 시간대로 자리를 옮기게 되었다.

나는 TV 뉴스 앵커가 되고 싶다는 생각을 한 번도 해본 적이 없었다. 그러나 내면 깊은 곳의 무언가가 나를 이 세계로 이끌었고, 결국 지금의 상태에 이르렀다는 사실을 깨닫게 되었다. 그 충동이 어디에서 비롯되었는지는 알 수 없다. 나는 매우 행복한 어린 시절을 보냈으며, 불안장애와 신경증도 보통 수준이었다. 하지만 내 성격의 핵심에는 청중을 갈구하는 마음이 자리 잡고 있었다. 나는 사람들이 나를 주목하길 원했고, 나아가 나를 좋아해주길 바랐다.

그러나 사람들의 주의를 끄는 데 충분히 성공하게 되면, (힘들게 얻은 삶의 지혜로 보건대) 사람들의 사랑을 받는 데 실패하기 시작한다.

사람들이 당신에게 더 많은 관심을 가질수록 당신을 신경 쓰지 않는 사람들, 사실 당신의 배포guts를 싫어하는 사람들과 더 자주 마주치게 될 것이다. 낯선 사람들로부터 받는 긍정적인 주의는 빠르게 소진되며 곧 일상적인 일로 느껴질 뿐이다. 처음에는 엔도르핀이 분출하는 듯이 느껴졌던 순간들이 점차 약해지다가, 결국 길에서 누군가가 당신을 멈춰 세우고 당신이 하는 일을 얼마나 존경하는지 이야기해도 거의 아무것도 귀에 들어오지 않는 상태가 된다.

하지만 감정의 깊은 내면으로 들어가면, 부정적 주의의 경험은 정면에서 강타하는 듯한 충격을 준다. 그리고 당신을 향한 이 우주의 농담cosmic joke을 깨닫는 데는 시간이 좀 걸릴 것이다. 우리가 삶 속에서 받는 사회적 주의는 대부분 가족, 친구, 친척, 동료 등 우리가 아는 사람들로부터 온다. 이러한 경험은 타인이 당신에 대해 말하거나 생각하는 것에 신경 쓰게 하는 조건을 형성한다. 왜냐하면 타인의 말이나 생각에 신경 쓰는 것은 관계를 유지하는 데 필요한 유대감을 만들어내기 때문이다.

낯선 사람이 주는 사회적 주의에는 악마의 속임수가 숨어 있다. 바로 관계나 상호주의를 동반하지 않는다는 점이다. 그러나 당신은 이를 쉽게 깨닫지 못한다. 설령 머리로는 이해한다 해도, 정신의 가장 깊은 층위에서는 이를 완전히 내면화하지 못한다. 당신은 이미 사람들과의 교류 속에서 살아가도록 너무 강하게 훈련받아 왔기 때문이다. 따라서 갑자기 온라인에서 부정적인 댓글을 접하게 되면, 마치 사랑하는 사람이 그런 말을 했다는 듯이 거의 즉각적으로 몸이 반응하게 된다. 당신이 알지 못하고 이후에도 알 수 없는 사람에 대한 유대감은 설령 그것이 허구적인 내용이라 하더라도 당신의 내면을 갈가리 찢어놓는다.

우리는 친족을 돌보고, 우리가 알고 지내며 사랑하는 사람들과의 관계에서 삶의 의미를 찾도록 조건화되어 있다. 그러나 명성을 심리적으로 경험하게 되면, 마치 바이러스가 세포를 침범하듯 인간관계의 모든 메커니즘이 결집되어 더 큰 명성을 추구하게 된다.

이러한 부정적 주의는 거칠고 깊은 상처를 남기지만, 결국 당신은 더 큰 관심을 갈망하게 된다. 어디선가 들리는 당신의 이름에 귀가 쫑긋해지는 '칵테일 파티 효과'는 당신의 마음속에 새로운 식민지를 개척한다. 세상의 누군가는 항상 당신의 이름을 부르고 있다. 케이블 뉴스 진행자가 막 되었을 때, 나는 트위터 멘션을 강박적으로 확인하곤 했다. 심지어 사람들이 나를 태그하지 않고 언급한 말까지 보려고 내 이름을 검색하기도 했다. 뉴스쇼에 대한 언론 기사를 찾아 전부 읽어보니, 부정적인 내용이 대부분이군! 그러고는 더 많은 것을 찾아나섰다.

이러한 경험에는 심각한 비대칭성이 존재했다. 긍정적인 말은 기억에 별로 남지 않았지만 모욕과 비판은 내 의식 속에서 끊임없이 파도쳤고, 때로는 하루를 완전히 망치기도 했다. 나는 마치 내 자신의 충동에 갇혀 있는 듯한 느낌을 받았고, 방 어디선가 사이렌의 노래처럼 불리는 내 이름을 피할 수 없었다. 인터넷은 끝없이 남들의 이야기를 엿듣게 만드는 공간이었다.

그래도 나만 그런 게 아니라는 점이 조금은 위안이 된다. 낯선 사람들의 사회적 주의를 전폭적으로 받는 사람들은 하나같이 이런 경험을 한다. 유명인들은 대개 사람들이 자신에 대해 하는 이야기에 집착하고 그로 인해 분노가 끓어올라 맹렬히 화를 낸다. 낯선 사람들의 온갖 친절한 찬사는 스쳐 지나가지만, 단 한 번의 가혹한 비판은 오래도록 마음에 남는다. 그렇게 우리는 많은 사람들, 특히 유명인들이 소셜 미디어에서 공개적으로 분노를 터뜨리는 모습을 자주 보게 된다.

세계 최강, 아마도 역대 최고의 농구 선수로 꼽힐 케빈 듀란트 Kevin Durant를 보라. 자기 분야에서 누구보다 뛰어난 이 백만장자가 자신의 FA 결정을 쓰레기 같은 표현으로 비판한 20대 팬에게 답글을 보낸다.* 그것도 한 번이 아니라 반복적으로![34] 이는 그만의 문제가 아니다.

2009년 티나 페이는 시트콤 드라마 〈30 록 30 Rock〉으로 골든 글로브상을 수상하면서 그 소감의 일부를 인터넷 악플러 internet troll에 대해 언급하는 데 할애했다. 페이가 "만약 여러분이 스스로가 무척

---

* 문제가 된 2017년 9월 19일의 트윗 메시지는 다음과 같다. "20대 팬: 난 당신을 존중하지만, 챔피언십 외에 OKC(오클라호마 선더 팀)를 떠난 정당한 이유가 있으면 알려줄래?/ 듀란트: '그'는 OKC나 빌리 도노반(OKC 감독)과 뛰는 것을 좋아하지 않았어. 그쪽 선수 명단에서 괜찮은 선수는 '그'와 러셀 웨스트브룩밖에 없었지. 러스가 그 팀에 없다고 상상해봐, 얼마나 나쁜 상황인지. 'KD(케빈 듀란트)'는 그런 허접한 동료들과는 챔피언이 될 수 없다고 생각했지." 부계정으로 악플을 다는 습관 때문에 무심코 자신을 3인칭이나 KD로 지칭한 것이 아니냐는 의혹을 샀다.

좋은 사람이라는 생각이 든다면, 세상에는 인터넷이라는 것이 있습니다"라고 말하자 청중은 폭소했다. "그리고 그곳에서 여러분을 싫어하는 사람을 얼마든지 찾을 수 있습니다. 지금 몇 명만 언급해볼까요? 밥슨라크로스BabsonLacrosse, '망해라'. 다이앤팬DianeFan, '망해라'. 쿠거레터CougarLetter, '진짜 망해라. 왜냐하면 너는 1년 내내 나를 쫓아다녔으니까.'"[35] 이것은 재미를 위해 연출된 장면이었을까? 그렇다. 하지만 구글로 검색해보면, 이들이 실제로 《로스앤젤레스 타임스》시상식 블로그에서 페이에 대해 비판적인 댓글을 작성한 사람들이라는 것을 금방 알 수 있을 것이다.

뉴스쇼 초기에 비슷한 강박에 시달리면서, 나는 《심슨 가족The Simpsons》(1989~)에서 바트가 마피아 조직에 들어갔을 때의 이야기가 줄곧 떠올랐다. 어느 순간 마피아 보스들은 담배 수천 갑이 실린 트럭을 빼앗았고, 그 담배를 숨길 장소가 필요해서 바트의 방을 사용하기로 한다. 지나가던 호머는 천장까지 높이 쌓인 담배 상자를 보고 아들에게 묻는다. "바트! 너 담배 피우기 시작했니?" 바트는 단호히 부인한다. "그건 제 게 아니에요! 보스가 창고가 꽉 찼다고 해서요." 바트를 믿지 못한 호머는 그에게 교훈을 주겠다고 말하며 선언한다. "여기 서서 네가 그 담배를 다 피워 없애는 것을 지켜보겠다. 그러면 네가 교훈을 얻을지 모르지!" 바로 그때 한 남자가 손수레를 끌고 나타나서 말한다. "팻 토니가 나머지 물건도 가져오라고 하셔서."[36]

지금도 그 장면을 떠올릴 때마다 웃음이 난다. 이 장면은 20세기에 실제로 사용되었던 청소년 흡연 치료법에 기반을 두고 있다. 10대

자녀가 담배를 피우다 걸리면, 한 갑을 통째로 피우게 해서 몸이 너무 아프고 역겨워 다시는 담배를 피우지 못하게 만드는 방식이다.

내 경험에 비추어보면, 명성도 이와 크게 다르지 않다. 오, 주목받고 싶어? 사람들의 시선이 너에게 쏠리면 기분 좋고, 눈에 띄면 작은 만족감이 온몸을 휘감는 것 같아? 그렇다면 트럭 한 대 분량의 관심을 줘보지. 어때? 우리가 여기 앉아서 네가 담배를 한 갑, 두 갑, 계속 피워대는 모습을 지켜볼 테니까.

텔레비전을 통해 얼굴이 알려지면서, 끊임없이 쏟아지는 사회적 주의는 더 이상 온라인에만 국한되는 문제로 남지 않았다. 이제 나의 얼굴, 몸, 신체 자체가 이전과는 다른 방식으로 세상 사람들의 관심을 받게 되었다. 삶에서 명성이 가장 초기 단계에 직접적으로 드러나는 방식은 낯선 사람들의 시선gaze이라는 새로운 경험을 하는 것이다. 사람들이 당신을 훑어보고, 당신은 그들의 시선을 느낀다. 이러한 경험에는 불가피하게 젠더적 측면이 존재하며, 이는 수년간 많은 페미니스트 연구자들이 탐구해온 주제이기도 하다. 이성애자 남성으로서, 좋은 쪽이든 나쁜 쪽이든 신체적으로 특별히 눈에 띌 만한 점이 없는 나로서는 유명해지기 전까지 이런 종류의 시선을 경험한 적이 없었다. 나는 거의 완전한 익명성 속에서 세상을 돌아다녔고 낯선 사람들의 시선을 느끼는 경우는 극히 드물었다.

이러한 변화는 스릴과 당혹감을 동시에 불러일으켰다. 누군가가 나를 힐끗 보는 시선에서 바늘에 찔린 듯한 흥분감을 느낄 수 있었다. 적어도 나는 그랬다. 그리고 솔직히 말해 이런 일이 처음 일어났을 때 나는 그것을 육체적 욕망으로 착각했다. 그전까지 나는 지나가던 사람이 놀라서 다시 한번 돌아볼 정도의 사람이 아니었다. 갑작스러운 시선의 집중이 TV에 출연한 나를 사람들이 알아본 결과라는 것을 깨닫는 데는 다소 시간이 걸렸다. 그게 전부였다. 그 이상은 없었다. 하지만 거기에는 기만적인 긴박감이 존재했다. 사람들은 나를 아는 것도, 내게 매료된 것도 아니었다. 그들은 단지 뇌가 보내는 강력한 잠재의식의 신호를 처리하고 있었을 뿐이다. 사람들은 나에게 주의를 기울이고 있었던 것이다.

30대 중반에야 시선의 힘을 진정으로 이해하게 되었다고 말하면 다소 이상하게 들릴지도 모르겠다. 그러나 많은 연구자들이 이 주제를 탐구하고 이론화하는 데는 그만한 이유가 있다. 아마도 시선이 우리가 경험하는 사회적 주의의 가장 일반적인 형태이기 때문일 것이다. 구애하듯 잠시 마주치는 눈맞춤eye contact, 위협적인 눈빛menacing glare, 혹은 붐비는 출퇴근 시간대 전철 안에서 힘들어 보이는 동료 승객이 멍하니 먼 데를 내다보는 무심한 응시stare 등, 시선은 여러 형태로 나타난다.

이제 나는 난생처음으로 낯선 사람들의 시선을 받으며, 그들에게 얼마간 시각적 주의를 끄는 사람이 되었다. 그 무게감은 예상치 못한 놀라움으로 다가왔다. 예전의 나였다면 땀에 젖은 옷에 헝클어진 머리로 마늘 몇 쪽을 사러 가게로 뛰어갔을 것이다. 그러나 이제는, 다시 말해 난생처음으로, 사람들이 나를 알아보고 어떻게 생각할지 머릿속으로 그려보게 되었다. 내 모습, 괜찮게 보였으려나. 이런 경험은 이미 익숙한 이야기일 것이다. 특히 유경험자들(말 그대로 지구상의 모든 여성들!)에게는 말이다. 하지만 내게는 전혀 새로운 일이었다. 마치 테베의 예언자 테이레시아스Teiresias가 성별을 넘나드는 경험을 하듯, 다른 사람의 육신을 빌려 살아가는 삶을 주관적으로 살짝 엿본 듯한 느낌이 들었다.

그러면서 타인의 시선에 대한 나의 인식은 놀라울 정도로 예민해졌다. 이른바 '주변 인식 본능'이 발달하기 시작했고, 진심으로 원하거나 적극적으로 에너지를 쓰지 않더라도 공공장소에서 낯선 사람들이 나를 알아보는지 감지할 수 있는 능력이 생겼다. 내 시선이 의식적으로 그들을 향하지 않더라도, 시야의 한구석에서 그들이 나를 처다보는 걸 알아차릴 수 있었다. 이것은 묘한 반전이다. 그들은 내가 모르는 사이에 나를 엿보고 있다고 생각하지만, 실제로 상대가 모르는 사이에 염탐하고 있던 쪽은 바로 나였다.

인간은 얼굴을 인식하는 능력을 수천 년에 걸쳐 진화시켰다. 이 능력은 친구와 적, 지인과 이방인을 구분할 수 있게 해주는 인간의 가장 발달한 특성 중 하나다. TV, 영화, 이미지의 세계가 가진 힘은 이런 능력이 낯선 사람들에게까지 확장된다는 데 있다. 우리는 이를 인지하기도 전에 거의 신체적 감각에 가까운 친숙함을 느끼게 된다.

때로는 누군가가 나를 알아보지만, 어디서 봤는지 기억하지 못하는 경우가 있다. 그들은 내게 다가와 "우리 혹시 대학 동문인가요?"라거나 "전에 뱅크 오브 아메리카에서 일하셨죠?"라고 물어볼 때도 있다. 나를 '안다'는 점은 분명하지만, 어디서 알게 되었는지는 기억하지 못하는 것이다. 그럴 때면 나는 "혹시 같은 동네 주민이라서 그럴까요?"라는 질문과 "제가 TV 뉴스쇼를 하나 하는데, 혹시 그것 때문일까요?"라는 조금 이상하게 들릴 자랑 사이에서 선택해야 한다.

공공장소에서 끊임없이 주목받는다는 것은 아주 불편한 일이다. 사르트르는 《존재와 무 Being and Nothingness》(1943)에서 시선과 그 의미, 특히 내가 지금 경험하고 있는, 누군가가 나를 쳐다보고 있음을 내가 인식하는 순간에 대해 설명하고자 공을 들인다. 사르트르에 따르면, 우리는 낯선 사람의 시선이 우리를 향하고 있다고 인식할 때 타자의 피할 수 없는 주관성subjectivity, 즉 우리를 바라보는 사람도 우리와 같은 주체라는 사실을 깨닫게 된다. 이 깨달음은 결정적으로, 잠깐이나마 다른 사람들이 우리를 보는 방식으로 우리가 우리 자신을 보게 되는 경험을 제공한다. 이러한 지식은 필연적으로 우리를 소외로 이끈다. 왜냐하면 우리가 세계를 바라보는 자기만의 좁은 관점에 갇혀 있다는 사실과 그 외부에 있는 다른 것들이 어떻게 보일 수 있는지를 깨닫게 하기 때문이다.

사르트르는 이렇게 설명한다. 당신은 동네 공원에서 잔디밭을 가로질러 건너는 한 남자를 만난다. 당신은 그가 남성이고, 인간의 의식을 가진 자라는 것을 알고 있다. 하지만 이는 여전히 멀리 떨어진, 독립적인 사실이다. 그의 눈을 마주하는 순간 그는 더 이상 인간 의식을 가진 존재일지도 모른다는 유추를 넘어 피할 수 없는 확실한 존재로 다가온다. "각각의 시선look은 우리가 살아 있는 사람을 위해 존재한다는 것을 (…) 구체적으로 경험하게 해준다."[37] 다시 말해 그가 당신을 바라보는 모습, 즉 당신에게 사회적 주의를 기울이는 모습을 볼 때, 당신은 비로소 다른 사람의 주의 대상인 자신의 존재를 자각하게 된다. 시선은 사회적 주의 자체가 우리의 주의를 사로잡는 순간이다. 이는 우리가 다른 사람들에게 어떻게 보이는지와 관련해 일종의 청산reckoning의 순간을 불러온다.

시선이 그렇게 큰 반향을 일으키는 것은, 그리고 사르트르가 묘사한 공원의 순간이 철학적 가능성으로 가득 차 있는 것은 낯선 이의 사회적 주의가 우리에게 뚜렷하고 독특한 심리적 영향을 미치기 때문이다. 정확히 말하자면, 이는 시선이 상호주의의 그물망에 얽매인 기존 인간관계의 연결성에서 벗어나 자유롭게 떠다닐 수 있기 때문이다. 술집에서 눈을 맞추는 그 짧은 순간에 맺어지는 약속이 상징적인 것은, 그 안에 낯선 사람들 간의 핵분열과 같은 폭발적인 사회적 주의의 힘이 있기 때문이다.

명성의 경험은 사르트르가 묘사한 지속적인 내적 분리와 소외의 감각에 가깝다. 머릿속에는 일인칭 시점으로 세상을 바라보는 당신, 즉 의식적 자아가 있다. 그리고 그 외부에는 다른 이들의 시선에서, 세상 속 육체로서 존재하는 당신이 있다. 이 두 가지를 통합하는 일은 마치 전력 질주를 요구하는 심리적 과제와 같다.

사실 누구도 유명인의 내적 동요에 신경 쓸 이유는 없다. 하지만 인터넷 시대가 도래하면서, 명성을 얻으며 심리적 안정이 깨지는 경험이 이제는 모든 사람에게 확산되고 있는 듯하다. 한때 전기가 미국 엘리트층의 사치품이었다가 전 국민이 이용하는 필수품이 된 것처럼, 명성도 혹은 적어도 낯선 사람들에게 알려지는 경험만큼은 더 이상 일부만의 특별한 일이 아니라 인간의 핵심적 경험으로 자리 잡았다. 서구의 지적 전통은 수천 년 동안 공적 영역과 사적 영역 사이에 개념적 경계를 유지하면서 이를 법률과 정치, 규범과 예절, 이론화와 재이론화 속에 깊이 새겨왔다. 그러나 불과 10여 년 만에 몇몇 테크 기업의 도움으로 우리는 이 개념적 경계를 사실상 허물어버렸다.

대중적 명성과 대중적 감시가 결합된 소셜 미디어는 점점 더 우리의 가장 기본적인 충동을 왜곡하고 있다. 사랑하고 사랑받으며, 돌보고 돌봄을 받는 것, 또는 친구들을 농담으로 웃게 만드는 행위가 이제는 낯선 이들에게 깊은 인상을 남기려는 프로젝트로 변질되고 있는 것이다. 이 프로젝트는 그 정의상 우리의 욕망을 충족할 수는 없지만, 현실 세계의 관계와 무척 비슷하게 느껴지기에 우리는 이를 점점 더 강박적으로 추구할 수밖에 없다.

세계 최대의 소셜 미디어가 시선을 전산화mechanize하는 작업으로부터 시작되었다는 것은 결코 우연이 아니다. 페이스북의 초기 버전은 사용자가 서로를 반복적으로 볼 수 있게 하는 단순한 알고리즘이었다. 출범 당시 '더 페이스북The Facebook'이라 불렸던 이 서비스는 하버드대 학부생들에게 배포되던 학년별 앨범인 실제 페이스북을 일정 수준의 상호작용이 가능하도록 가공해 제공하는 수단이었다.[38] 사용자는 페이스북 페이지에 올라 있는 다른 학생들의 얼굴을 볼 수 있었다. 하지만 상대방은 사용자가 보고 있다는 사실을 알더라도, 그 사용자를 볼 수는 없었다. 마크 저커버그Mark Zuckerberg의 이 단순한 웹사이트는 사용자가 서로 시선을 주고받는 것을 별도의 과정으로 분리했다. 사용자는 단지 관음증을 해소하는 데 그칠 수도 있고, 캠퍼스 공간에서 이루어지던 눈맞춤의 물리적 시선을 가상 공간으로 옮겨갈 수도 있다. 이 과정에서 저커버그는 사회적 주의를 위한 일종의 거래소clearing house를 만들어냈다. '얼굴face'이라는 단어는 처음부터 그 이름에 뚜렷이 새겨져 있었다.[39]

우리가 타자를 만나는 순간, 즉 자신의 생각과 관점에서 벗어나 다른 사람의 외적 대상으로서 자신을 인식하는 순간, 우리 안의 무언가가 사로잡힌다. 마치 보이지 않는 힘이 자석처럼 우리를 끌어당기는 듯한 느낌이 든다. 이것은 유혹적이면서도 금지된 지식을 엿보는 듯한 감각을 준다. 마치 어떤 탈의실 거울 앞에 서서, 다른 각도에서는 보이지 않는 특정한 시선으로 자신을 비춰보는 것과 같다. 오늘날 온라인 공간에 존재한다는 것, 즉 대다수의 사람들에게 존재한다는 것 자체는, 깨어 있는 모든 순간마다 타인의 눈을 통해 자신을 바라보는 것을 의미한다.

사람이 명성, 영예, 혹은 타인의 주의를 추구하는 데는 여러 이유가 있다. 그것들을 추구하는 일이 중요하다고 알려주는 문화적 신호들, 그렇게 하도록 유도되는 심리적 특성들, 그리고 이에 수반되는 사회적 지위가 그 이유일 수 있다.

이것이 바로 방문 판매나 콜드콜cold-calling* 영업이 괴로운 이유다. 영업사원은 사람들의 주의를 끌어야 집세를 내고 가족을 부양할 수 있다. 아서 밀러Arthur Miller의 《세일즈맨의 죽음Death of a Salesman》(1949) 1장에서 린다 로먼은 성인인 두 아들에게 이것이 남편 윌리 로먼의 삶에서 겪는 비극의 핵심이라고 설명한다. 윌리 로먼은 한 회사에서 36년 동안 근무했지만, 강등된 후 신입 사원처럼 기본급 없이 판매 수당만 받는 처지로 전락한 세일즈맨이다. 그러나 더 중요한 것은 그 스스로 별 볼 일 없는 사람으로 느낀다는 점이다. 그는 익명의 존재, 투명 인간처럼 취급된다. 1장 초반에 윌리는 출장 영업에 실패하고 돌아온 후 아내에게 이렇게 말한다. "이유는 모르겠는데, 사람들은 그냥 나를 지나쳐버려. 나는 사람들 눈에 띄지 않나 봐."[40]

윌리는 자신이 말을 너무 많이 해서 그런 것 같다고 덧붙이지만, 속으로는 자신이 실패자이기 때문이라고 생각한다. 그는 한 번도 세상에 이름을 떨친 적이 없고, 큰 성공을 거둔 적도 없다. 아무도 그를 눈여겨보지 않는 것은 그가 주목받을 만한 일을 한 적이 없기 때문이다. 그러나 린다는 아들들에게 사람은 존엄한 존재이므로 누구나 어느 정도의 관심notice을 받을 자격이 있다고 설명한다. 윌리가 전통적인 의미에서 성공한 사람은 아닐지라도 그를 무시하는 것은 옳지 않다. "아버지는 돈을 많이 번 적이 없어." 그녀는 말한다. "신문에 이름이 실린 적도 없지. 역사상 가장 위대한 인물이라고 할 수도 없어. 하지만 아버지는 인간이야. 그리고 지금 아버지에게 끔찍한 일이 일

---

*   물건을 팔기 위해 무작정 고객을 방문하거나 전화를 거는 것을 말한다.

어나고 있어. 그러니 관심을 가져야 해. 아버지가 늙은 개처럼 무덤으로 떨어지게 내버려둬서는 안 돼. 주의를, 그런 사람에게도 궁극적으로 주의를 기울일 필요가 있단다."[41]

10대 때 처음 이 희곡을 접한 후로 오랫동안 이 구절을 곱씹어왔다. 그때나 지금이나 깊은 인상을 받은 대목은 린다 로먼이 아들들에게 굳이 남편을 사랑해달라거나, 헌신을 요구하거나, 돌봐달라고 부탁하지 않는다는 사실이다. 그녀가 바라는 것은 남편을 위한 가장 느슨한 형태의 사회적 연결, 즉 주의력이다. 단지 이 남자에게 주의를 기울여달라는 것이다. 이 남자가 인간으로 남을 수 있도록, 동물처럼 취급을 받거나 아무 의미 없이 죽어가지 않도록 말이다. 이는 남편을 움직이는 원동력이기도 하다. 알려지고 싶고, 주목받고 싶고, 주의를 끌고 싶은 욕망 말이다.

이 연극이 자아내는 페이소스, 그리고 이 작품이 걸작으로 평가받는 이유는 현대적 삶의 절박한 외로움을 적확하게 포착한 데 있다. 시대를 초월한 로먼의 보편적인 투쟁은, 퓰리처상을 수상한 지 75년이 지난 지금도 전 세계의 극장에서 매진 행렬을 이어가고 있다. 윌리 로먼은 주의를 기울여주지 않는 세상에서 주의를 갈망하는 인물이다. 그는 세일즈맨으로서, 직업의 특성상 타인의 판단에 어느 정도 의존할 수밖에 없다. 이것이 바로 로먼의 비극적 결함 tragic flaw이다. 그는 남들이 자신을 어떻게 생각하는지를 놓고 줄곧 전전긍긍한다. 아서 밀러는 로먼의 동기에 대해 이렇게 설명했다. "궁극적으로 외부 지향적인 감정 요소라고 볼 수 있다. 다시 말해 내가 이렇게 하는 것은 내 안에서 이야기가 흘러나오기 때문이 아니라, 로먼을 향해 거슬러 흘러가기 때문이다." 그는 이어서 이렇게 덧붙인다. "당신은 거울 속에서 살고 있다. 거울에 반사되는 삶이다. 공허함. 공허함, 공허함, 공허함. 밤이면 잠들기 어렵고, 아침이면 일어나기 힘들다."[42]

윌리 로먼은 사회적 주의의 결핍 속에서 생을 마감한다. 그는 끝내 관심받지 못했고, 그로 인해 죽음을 맞이했다. 아들들이 무명에서 벗어나 유명해질 수 있도록 자신의 삶을 돈과 맞바꾸었다. 로먼의 고난은 우리가 온라인에서 흔히 겪는, 주의에 대한 지나친 갈증이 결국 테크놀로지가 아니라 우리 자신에게서 비롯된 것임을 보여준다. 그러나 실로 테크놀로지는 이러한 상황을 더욱 악화시키고 있다.

만약 밀러가 2024년에 희곡을 썼다면, 윌리 로먼은 게시물 도배자, 그것도 강박적인 도배자가 되었을 것이다. 삶에서 온라인의 비중이 극단적으로 큰 사람들에게 21세기 버전의 로먼은 익숙한 유형이 된다. 이들은 '댓글러reply guys'라고도 불리며, 모든 트윗이나 게시물에 댓글을 달아 자신의 의견을 개진하거나 팔로우하는 사람들에게 주목받으려고 애쓴다. 이들은 억지로 잘 보이려는 절박한 태도로 여러 온라인 공간에서 냉장고 소음처럼 깔리는 배경음을 형성한다.

댓글러는 극단적인 예일 수 있지만, 사실 소셜 미디어의 구조 자체가 우리를 댓글러로 만들도록 설계되어 있다. 실제로 Z세대의 표현 중에는 온라인 공간에 만연한 주의력에 대한 지나친 욕구를 설명하는 속어인 '갈증thirst'이 있다. 갈증의 함정이란 누군가가 자기 외모가 얼마나 멋진지에 대한 댓글을 받고 싶어서 섹시한 사진을 올리는 행위 같은 것을 말한다. 갈증이 있다는 것은 너무 과하게, 그리고 명백하게 다른 사람들의 시선을 끌려고 하는 상태를 의미한다.

갈증은 윌리 로먼 시대나 지금이나 결코 매력적인 것이 아니다. 하지만 이 특징은 주의력 경제의 기본적인 비즈니스 모델 그 자체이기도 하다. 오늘날 미술이나 음악, 글쓰기 등의 모든 문화는 지속적인 자기 홍보를 요구한다. 디지털 문화 비평가 리베카 제닝스Rebecca Jennings는 이렇게 지적한다. "값싼 유행에 편승하고, 줄기차게 변하는 포스팅 전략을 따르는 거죠. 결국 예술이 아니라 마케팅에 시간을 쓰고 있다는 불편한 기분 속에서요. 알고리즘이 지배하는 미디어 배급의 폭정 아래 예술가나 작가, 나아가 인간이 무엇인지를 탐구하는 모든 사람은 이제 사업가도 되어야 합니다."[43]

로먼은 어느 시대에나 존재한다. 그러나 지금 이 순간 우리를 차별화하는 것은 주의력이 어느 정도로까지 우리의 궁극적 목적이 되었는가 하는 점이다. 그렇다. 우리는 지위, 돈, 섹스, 사랑, 인정, 우정 등을 욕망한다. 그러나 주의력 시대의 특징은 이 모든 욕망을 가장 낮은 공통분모인 주의력으로 축소하는 데 있다.

주의력은 너무나도 미미하고 보잘것없으며, 인간의 영혼이 필요로 하고 갈망하는 것—사랑과 인정—또는 논쟁과 대화에 요구되는 것—논변, 논리적 설득, 능동적 경청—에도 한참 미치지 못한다. 주의력은 매우 중심적이면서도 특이하게 배분되고, 집합적으로는 큰 가치를 지니지만 우리의 실제 삶에서는 너무나 값싸고 찰나에 불과하다. 주의력은 찬양받는 동시에 폄하된다. 주의력 시대는 우리 모두를 윌리 로먼으로 만들어버렸다.

　사회적 주의에 대한 이 같은 욕망, 이 집착적이고 충동적인 성향은 수천 년 동안 도덕적 비난의 대상이 되어왔다. 스토아 철학자들이나 석가모니는 하나같이 외부의 것들에 대한 욕망을 피하라고 조언했다. 그것이 고통의 원천이기 때문이다. 그들에게 있어 타인의 주의력은 기피해야 할 목록의 최상단에 위치했다. 에픽테토스Epictetus는 제자들에게 자기 일에 집중하고, 말하자면 윌리 로먼과 같은 곤경에 빠지지 말라고 조언한다. 그는 이렇게 묻는다. "그리고 콕 집어 어떤 사람들에게 존경받고 싶은가?"[44] 에픽테토스는 이어서 설명한다. "우리는 다른 사람들이 우리에 대해서 갖는 인상을 통제할 수 없으며, 이를 통제하려고 애쓰는 것은 우리의 인격을 훼손할 뿐이다."[45] 만족할 수 있는 유일한 방법은 자기 외부의 것, 특히 타인의 주의력에 대한 욕망을 없애는 것이다. 그는 이렇게 결론짓는다. "이것은 신이 정한 율법이다. 선을 원한다면, 그것을 스스로 얻으라."[46]

　로먼이 추구하는 주의력은 너무나 빈약하고, 심지어 한심하기까지 하다. 마치 날카로운 울음소리를 내는 신생아가 있는 가족 사이에서 자신의 자리를 지키려고 싸우는 손위 형제자매의 입장과도 같다. 로먼이나 그 밖의 모든 사람들이 원하는 것은 어디까지나 주의력 그 이상인 것이다. 우리는 목적을 달성하기 위한 수단으로서 주의를 갈망한다. 하지만 주의력에 지나치게 굶주리게 되면, 그것을 목적 자체로 착각하게 된다. 그렇다면 우리가 실제로 원하는 것은 무엇일까?

폭식과 결핍의 이중주

우리가 왜 낯선 사람들의 '좋아요'나 답글, 그리고 찬성을 갈구하는지에 대한 질문에 답하고, 이것이 왜 평범한 사람과 유명한 사람 모두를 파멸로 몰아가는지 이해하려고 노력하는 가운데, 나는 러시아 출신의 프랑스 철학자 알렉상드르 코제브Alexandre Kojève의 작업으로 돌아갔다. 내가 그의 글을 처음 접한 것은 대학 학부 시절이었다. 1933년, 코제브는 파리의 한 대학에서 게오르크 빌헬름 프리드리히 헤겔Georg Wilhelm Friedrich Hegel에 관한 대학원 세미나를 맡았다. 그는 프랑스 무역부 소속 공무원으로 일하며 유럽 공동시장 구축에 기여하는 등 비교적 알려지지 않은 삶을 살았지만, 그의 헤겔《정신현상학》에 관한 세미나는 20세기의 가장 영향력 있는 철학 수업 중 하나였을 것이다. 사르트르에서 자크 라캉Jacques Lacan에 이르기까지 유럽 사상계의 거장들이 이 강의를 들었다. 코제브의 위대한 지적 융합은 이들 사상가의 작업에 깊은 영향을 미쳤다.

코제브는 강의에서 헤겔의 유명한 주종 관계 이론을 다루면서, 이를 자신이 기본적 인간 본능으로 보는, 다른 인간으로부터의 인정 욕구라는 관점에서 재구성한다. 그는 이렇게 쓴다. "인간은 무리를 지어야만 지구상에 나타날 수 있다. 그렇기에 인간의 실재는 사회적 성격을 가질 수밖에 없다."[47] 인정은 우리 안에 살아 숨 쉬는 욕구이며, 우리가 무엇보다도 바라는 것은 다른 인간들에게 인간으로서 온전히, 그리고 진정으로 인정받는 것이다. 이는 다른 주체가 우리의 주체성을 인정하기를 원하기 때문이다. 사람들은 이 강렬한 인정 욕구를 채우기 위해 죽음까지도 감수할 정도다. 코제브는 이렇게 말한다. "인간은 비생물학적 욕구를 충족하기 위해 자신의 생물학적 생명을 위험에 빠뜨릴 것이다."[48]

소셜 미디어의 힘과 그 보편성을 이해하려면 인정 욕구의 중심성을 반드시 이해해야 한다. 우리는 가장 근본적인 욕망을 마치 합성 화합물을 만들어내듯 생성하는 기술을 개발했다. 왜 우리는 무언가를 포스팅하는가? 사람들이 우리를 보고, 인정해주기를 원하기 때문이다.

그러나 여기에는 함정이 있다. 인정의 핵심 구성 요소는 주체 간의 평등이다. 우리는 다른 인간이 우리를 인간으로, 나아가 다른 주체가 우리를 주체로 인정하기를 원한다. 그래야만 진정한 인정이라고 할 수 있다. 하지만 '포스팅하는 자 We Who Post'로서 우리는 결코 이를 완수할 수 없다. 우리는 코제브가 헤겔의 주인-노예 변증법에서 밝혀낸 역설에 갇혀 있기 때문이다.[49]

주인-노예 변증법은 서양 철학의 세계에서도 특히 유명하며, 관련 텍스트는 대단히 난해한 것으로 손꼽힌다. 이 이야기는 시간과 장소를 초월한 일종의 우화로, 인간 의식, 자아, 사회적 관계를 다룬 풍자다. 헤겔은 이 이야기에서 두 사람이 서로를 제압하기 위해 죽음을 불사하며 투쟁하는 과정을 묘사한다. 결국 한 사람이 패배하여 더 강한 자의 노예가 된다. 이제 주인의 눈에 노예는 단지 탄원자이자 물건, 즉 자신의 욕망을 충족할 수단에 불과한 존재로 전락한다.

그러나 이러한 승리는 결국 거짓된 승리에 지나지 않는다.

코제브의 해석에 따르면, 주인은 노예의 인간성을 인정하지 않기 때문에, 노예로부터의 인정을 아무리 욕망하더라도 그것을 가질 수 없다. 코제브는 이렇게 지적한다. "그리고 그의 경우, 이것이 불충분하고 비극적인 점이다. 왜냐하면 그는 자신을 인정할 가치가 있다고 인정할 수 있는 사람으로부터 인정받았을 때만 만족할 수 있기 때문이다."[50] 인정의 실존적 만족감은 우리가 진심으로 존중하고 인정하는 사람들로부터 인정받을 때 느낄 수 있다. 우리가 인간으로서 높이 평가하는 사람들만이 우리의 인격을 진정으로 긍정할 수 있는 존재인 것이다.

나는 이 간단한 공식이 오늘날 우리가 처한 상황을, 특히 소셜 미디어를 통해 사회적 상호작용이 주로 이루어지는 현대 사회를 이해하는 데 많은 것을 밝혀준다고 생각한다. 이 공식은 우리가 스타와 팬이라고 부를 수 있는 관계의 역설을 잘 보여준다. 스타는 팬으로부터 인정받기를 원하지만, 팬은 스타가 알아보지 못하는 낯선 사람이다. 스타는 팬을 알아볼 수 없기 때문에, 팬이 스타를 알아본다고 해도 존재론적인 핵심 욕망, 즉 인정받고자 하는 욕망은 충족되지 않는다. 이 관계의 본질적 비대칭성은 현실 속에서 우정과 교류가 있을 때만 해소될 수 있지만, 그것이 스타와 팬 사이에서 보란 듯이 이루어지기란 본질적으로 불가능하다. 그렇기 때문에 스타는 인정을 구하고, 그 대신 관심을 얻게 되는 것이다.

스타와 팬의 관계는 하나의 원형이다. 인터넷은 우리에게 서로 다른 맥락에서 이 두 가지 역할을 동시에 수행할 수 있는 가능성을 열어준다. 사실 이것이 바로 소셜 미디어의 핵심이며 혁신적 변화의 원동력이다. 소셜 미디어는 단지 낯선 사람을 멀리서 바라보는 것에 그치지 않고 그들과 직접 상호작용할 수 있는 기회를 제공한다. 그리고 그들 또한 당신과 상호작용할 수 있다. 어느 정도 유명한 사람이라면 이러한 관계가 얼마나 비대칭적이고 상호주의가 결여된 것인지 매우 예리하게 느꼈을 것이다. 누군가가 당신을 알고, 보고 있지만, 당신은 그들을 같은 방식으로 볼 수 없다는 사실이 얼마나 이상하고 기이한 경험인지 말이다.

사실 명성을 통해 명성이 제공하지 못하는 것을 추구하는 이 근본적인 역설은 정계와 문화계를 지배하는 대다수의 사람들에게 해당하는 이야기다. 유력자movers and shakers, 스타와 셀럽, 정치인과 CEO 등 이들 모두는 야망의 원동력이라고 정의할 수 있을 만한 특정한 형태의 인정을 갈망하는 사람들이다. 그리고 이 욕구는 종종 극단적인 형태로 나타나며, 이를 통해 그들의 정신 세계가 얼마나 기괴하게 왜곡되어 있는지 엿볼 수 있다. 이것이 바로 도널드 트럼프Donald Trump의 인생이다. 인정을 받고 싶은데 관심만 받게 되고, 그러다가 나중에는 관심 자체에 중독되어버린다. 그의 정신 깊은 곳에는 명성으로는 결코 채울 수 없는 울부짖는 소용돌이howling vortex가 자리 잡고 있음에도, 그는 결코 인정과 주의의 차이를 깨닫지 못하기 때문이다.

그 이유는 단순히 주의만 끌고 싶어 하는 사람은 아무도 없다는 데 있다. 독방에 갇혀 외로움으로 정신과 영혼을 잃어버릴 것 같은 만델라나, 물건을 팔려고 애쓰는 윌리 로먼, 심지어 강박적으로 글을 올리는 도널드 트럼프도 단지 관심만을 원하지는 않는다. 우리가 원하는 것은 인정이고, 주의력은 빈약하긴 해도 인정의 그럴듯한 대체물이다. 주의력은 숭고한 경험의 합성화합물과 같다. 사랑하는 사람과의 성관계에서 분비되는 엔도르핀과 마약으로 분비되는 엔도르핀의 차이, 영양을 섭취하는 것과 단순히 배를 채우는 것의 차이다.

낯선 사람에게 받는 사회적 주의는 '공갈 칼로리empty calory'의 심리적 등가물로 비유할 수 있다. 그리고 오늘날 휴대폰이 제공하는 사회적 주의의 뷔페는 우리가 쉬이 식탐을 부리도록 만든다. 많은 현대인들에게 굶주림은 풍요보다 덜 위협적으로 다가온다. 값싼 가공식품의 확산은 과식을 가능하게 했고, 이는 전 세계적으로 비만율을 급증시키는 동시에 여전히 수억 명을 굶주림에 직면하게 만들고 있다. 우리는 작가 라즈 파텔Raj Patel의 유명한 표현처럼, "배부르게 먹으면서도 굶주림에 시달리는" 인류다.[51] 사회적 주의도 이와 비슷하다. 우리는 사회적 주의를 폭식하면서도 동시에 그것에 굶주린다. 수백만 명의 사람들이 여전히 고립되어 있고, 혼자이며, 말 그대로 사회적 주의의 결핍으로 죽어가고 있다. 그러나 동시에 사회적 주의의 과도한 가능성은 이제 민주화되었고, 그 어느 때보다 더 많은 사람들이 이를 경험할 수 있게 되었다.

심지어 가장 심한 주의력 중독자들조차도 한계를 느낀다. 일론 머스크Elon Musk는 2022년 여름 트위터 인수 거래를 진행하던 중에,

자신의 아이를 낳았던 여러 여성들에 대한 다양한 이야기가 쏟아져 나오자 이렇게 썼다. "나에 대한 주의력의 양이 초신성 수준으로 증가했는데, 정말 짜증 나는 일이다. 나에 대한 사소한 기사조차도 엄청난 클릭 수를 기록하다니 안타까운 일이다. 문명에 유용한 일을 하는 데 최선을 다해 집중하겠다."[52]

이 다짐은 1주일 정도 지속되었다. 머스크는 트위터 인수 거래에서 발을 뺄 것처럼 보였으나, 결국 터무니없이 부풀려진 가격에 트위터를 매입했다. 그렇게까지 거액을 지불하며 기업의 가치를 명백히 파괴하는 상황임에도 불구하고, 그는 이후에도 강박적으로 게시물을 포스팅했고 지속적으로 관심을 끌었다. 그 결과, 머스크는 마진 콜margin call*을 피하기 위해 테슬라 주식을 대폭 할인된 가격에 매각해야 했다.[53] 머스크는 사회적 주의의 소용돌이에 휩쓸린 나머지 재산의 상당 부분을 포기할 의사가 있었던 것이다.

세계에서 가장 부유한 사람이 원해도 정작 가질 수 없는 것은 무엇일까? 그는 무엇을 손에 넣기 위해 가장 큰 프리미엄을 지불할까? 그는 원하는 것이면 무엇이든 살 수 있다. 그의 손이 닿지 않는 사치품은 없지만, 무엇보다도 그가 원하는 것은 인정이다. 머스크는 이를 위해 막대한 재산을 거의 병적이라 할 만큼 납득할 수 없는 방식으로 쏟아붓고 있다. 그는 깊이 있게, 인간적인 의미에서 인정받기를 갈

---

* 트위터 인수 자금을 조달하는 과정에서 대출 담보로 제공한 주식의 가치가 정해진 비율 이하로 떨어질 때, 계좌 잔고를 유지하기 위해 추가 현금이나 주식을 대출 기관에 제공해야 하는 상황을 말한다.

망한다. 그것은 바로 윌리 로먼이 원했던 것이며, 그를 죽음으로 몰고 갔던 것이기도 하다. 머스크는 가난하고 불쌍한 윌리 로먼이 결코 얻을 수 없었던 것을 손에 넣기 위해 440억 달러(2022년 10월 환율 기준 약 62조 원)를 썼다. 그러나 인정은 돈으로 살 수 없다. 그가 사려고 했던 것은 다른 사람들의 인정이었지만, 그가 얻은 것은 단지 관심뿐이었다. 그리고 그 관심마저도 곧 사라지게 될 것이다.

5장

주의력의 상품화

우리가 느끼는 소외감은 시장의 상품으로서의 주의력과 우리 삶의 본질로서의 주의력 사이의 긴장에서 비롯된다.

주의력 상품화의 구조

탈레반이 카불 점령과 함께 아프가니스탄의 지배권을 장악하게 된 것은 2021년 여름의 일이다. 그들은 즉시 문제에 직면했다. 지난 20년 동안 반정부 민병대로 활동해온 조직이 이제 인구 4천만 명의 국가를 통치해야 하는 상황이 된 것이다. 반군이었다가 국가를 이끌게 된 세력은 이전에도 있었다. 미국의 '건국의 아버지' 세대부터 소련의 볼셰비키까지, 군인이 관공서 일을 하게 되는 것은 무력으로 정권을 전복한 모든 세력의 공통된 운명이었다.

하지만 탈레반은 이 같은 갑작스러운 전환을 겪은 다른 집단들과는 중요한 한 가지가 달랐다. 그들은 20년 동안 줄곧 전쟁 상태에 있었다. 많은 이들이 전사戰士가 아닌 성인으로서의 다른 삶을 살아보지 못했다. 전쟁 이전의 어떠한 '정상적'인 삶도 경험한 적 없는 이들에게는 전쟁이 곧 정상적인 삶이었던 것이다.

이는 이들이 통치에 나서면서 평시의 삶과 통치 책무에 적응하는 것뿐 아니라 현대적 도시인의 일상적인 리듬에도 적응해야 한다는 것을 의미했다. 어쩌면 당연한 결과일지도 모르지만, 이것은 일종의 경추손상whiplash과도 같은 충격을 주었다. 소규모 단위의 부대에서 동료들과 어울리며 시간을 보내거나 무자비하고도 극단적인 폭력에 가담하는 생활을 하던 과거의 전사들이 갑자기 사무실에서 일하는 신진 관료로 변신한 것이다.

아프가니스탄 분석가 네트워크Afghanistan Analysts Network의 한 애널리스트는 탈레반 전사 5명을 인터뷰하고 이들이 전환기에 느끼는 지루함이나 불안감, 애환에 대해 조사했다. 한 전사는 도시의 범죄와 인파, 그리고 "사람들이 서로 이웃해 살지만 교류하지는 않는" 도시 생활의 기괴한 익명성에 대해 불평했다.[1]

또 다른 전직 전사는 높은 임대료 때문에 가족을 이주시킬 수 없었고, 교통 체증도 문제였다고 답했다. 그는 새로운 역할이 부여된 삶이 답답하다고 말했다. "우리 부대는 어디로 갈지, 어디에 머물지, 전투에 가담할지 말지를 놓고 상당한 자율성을 누렸다. 그러나 이제는 오전 8시 전에 사무실에 출근해서 오후 4시에 퇴근한다. 출근하지 않으면 결근으로 간주되어 그날의 [급여가] 삭감된다. 지금은 익숙해졌지만, 첫 두세 달은 정말 힘들었다." 이뿐 아니라. 그는 깨어 있는 모든 순간을 함께 보냈던 동료들과 더 이상 시간을 보낼 수 없었다. 그들은 도시 곳곳에 흩어져 다른 직책을 맡고 있었기 때문이다. "나처럼 카불에 있는 사람들은 오전 8시부터 오후 4시까지 일한다. 그러다보니 주중에는 도저히 시간을 내서 만날 수 없다."

이들은 무슬림의 안식일인 금요일에만 공원에서 예전처럼 어울릴 수 있다고 한다. 또 다른 인터뷰 상대는 비슷한 맥락에서 사무직으로 바뀐 후의 삶이 지루하고 고단하다는 불만을 토로했다. "이제 우리는 책상 위에 컴퓨터를 놓고 앉아 연중무휴로 한곳에서 일한다. 삶이 너무 지루해졌다. 매일 똑같은 일을 반복한다. 가족과 떨어져 살게 되면서 문제가 두 배로 커졌다."

그렇다면 전사 출신인 이 직장인들은 현재의 삶이 주는 지루함을 어떻게 극복하고 있을까? 이들은 당연히 인터넷이라는 '주의력 싱크홀'로 달려간다. 압둘 나피Abdul Nafi(25세)는 "여러모로 좋았던 전사 시절이 종종 그립다"고 말했다. "나는 직장에서 할 일이 별로 없다. 그러다보니 트위터를 하면서 대부분의 시간을 보낸다. 우리는 고속 와이파이와 인터넷에 연결되어 있다. 나를 포함한 많은 전사들은 인터넷, 특히 트위터에 중독되어 있다."[2]

이 글을 읽으면서 최근에 본 밈이 떠올라 웃음이 났다. 어떤 남자가 사무실에 있는 모습이 담긴 사진인데, 평범한 근무복 차림에 슬픈 표정으로 데스크톱 컴퓨터로 일하는 중이다. 사진의 제목은 〈나쁜 화면 보는 거 지긋지긋해〉. 그 아래에는 같은 남자가 침대에 앉아 티셔츠 차림으로 노트북을 즐겁게 두드리는 사진이 있다. 〈집에 가서 좋은 화면 볼 생각에 설렌다〉. 현대 직장의 지루하고 집중하기 어려운 분위기는, 바로 그 지루함을 만들어내는 기기들로부터 해방을 갈망하게 만들고, 그 갈망은 결국 같은 기기들에 의해 충족된다.

잔혹하고 폭력적이었던 전사들은 이제 좋은 화면과 나쁜 화면을 오가는 삶을 살고 있다. "우리는 이렇게 살 팔자가 아니야"라는 말을 떠올려보라. 현대 생활의 거의 모든 측면—형광등이 켜진 사무실 칸막이, 만원 지하철, 드라이브 스루 패스트푸드—에 대해 사람들이 자주 하는 말이다. 어떤 의미에서는 맞는 말 같기도 하다. 그렇긴 해도 '팔자meant to'라는 말에는 궁극적인 목적이나 설계가 있다는 뜻이 담겨 있어서, 세속적인 관점에서는 이해하거나 설명하기 어렵다. 하지만 탈레반처럼 종교적 근본주의에 철저히 헌신하는 이들에게 그 말은, 신의 뜻을 벗어났다는 걸 의미한다.

탈레반 전사들은 현대성, 특히 21세기의 현대성에 뒤따르는 '소외의 폭주'를 경험하고 있었다. 문자 그대로 황야에서 수년을 보낸 후, 갑자기 21세기 글로벌 자본주의 아래에서 인생의 이모저모에 대응해야 했다. 다만 이들은 진짜 21세기 글로벌 자본주의의 삶을 살고 있는 것이 아니라, 숨 막히는 종교-군사 독재 체제 속에서의 삶을 살아가고 있다! 그런 삶에도 따분함, 잡일, 소외가 뒤따르게 마련이다. 탈레반 전사들은 전쟁에서는 승리했을지 몰라도, 훨씬 더 강력한 적의 희생양이 되었다.

내 생각이지만 '소외'를 겪어보지 않은 사람은 주의력 시대를 이해할 수 없다. 소외는 다루기 까다로운 표현이다. 나는 언제나 이 용어에 대해 조금은 회의적이었다. 이 용어는 너무도 흔히 볼 수 있으며 동시에 무정형적인 것을 지칭하기 때문에, 실제로는 아무것도 가리키지 않는다고 의심할 수도 있다. 그러나 주의력 시대를 살아온 경험을 되새기면서, 지금 살아 있다는 것이 어떤 느낌인지 정확히 설명할 수 없는 느낌에 대해 가장 부합하는 표현을 찾을 때면 다시금 소외라는 단어를 떠올리게 된다.

    소외의 핵심은 우리 안에 있어야 할 어떤 것이 낯설거나 이질적으로 느껴지는 주관적 경험이다. 소외는 총체의 반대말, 즉 해체의 감각이다. 소외는 조수와 같아서, 밀려왔다 밀려가면서도 계속되고, 어렴풋이 느껴지면서도 너무나 익숙하다. 이 개념은 아주 오래된 것이다. 에덴동산에서 벌어진 원죄에 대한 기독교적 설명도 소외 이론으로 해석할 수 있다. 남자와 여자는 하느님과 성령으로부터 분리되지 않은 상태에서 완전하고 순수하게 창조되었다. 그러나 하와의 유혹과 원죄는 내적 분열의 상태로 이어졌고, 인간의 자유 의지는 신성과 반대되는 쪽으로 향했다. 기독교 신학 이론에 따르면 우리는 모두 죄인이라는 피할 수 없는 운명을 지닌 채 태어났다. 하느님으로부터 소외되어 예수님이 내려와 우리를 온전하게 만들 때를 기다려야 하는 것이다.

    헤겔은 참의식true consciousness에 대한 장애물을 논의하기 위해 소외의 한 버전을 언급했다. 한편 장자크 루소Jean-Jacques Rousseau는 자신들로부터 분리된 자들의 곤경을 묘사하기 위해 유사한 개념을 제시했다. 그러나 자본주의에 대한 사회학적 비판으로 더 광범위하게 적용될 수 있도록 소외Entfremdung 개념을 처음으로 끌어올린 이는 카를 마르크스다. 소외는 스스로를 자신으로부터 떼어놓는 것으로, 마르크스에게 그것은 자본주의 체제에서 노동자들이 피할 수 없는 경험이다.

산업화 이전의 독립적인 장인, 예를 들어 제화공을 상상해보자. 그는 자신의 가게를 가지고 있고, 자부심을 가지고서 꼼꼼하게 구두를 만든다. 그는 생가죽을 무두질하여 구두를 완성하기까지 일일이 관여하고 개입한다. 또한 그는 원자재가 완제품으로 만들어지는 모든 과정을 감독하면서 자신의 작업에 대한 일종의 목적 의식을 느낀다. 최종적으로 그는 자신의 이름을 건 물건을 생산해낸다. 그 구두는 그의 것이다. 그리고 그는 구두를 팔아서, 즉 재화를 내주는 대신 돈을 벌 수 있다.

이제 이 경험을 구두 공장 노동자와 비교해보자. 공장 노동자는 구두가 만들어지는 과정을 전혀 통제할 수 없다. 그가 기여하는 기술력은 상대적으로 미미하다. 그는 제작 일정을 바꿀 수도 없다. 원자재가 완제품으로 변해가는 과정에서 그의 과업이 변하는 것도 아니다. 대신 그는 같은 일을 반복하는 기계를 관리한다. 몇 시간, 며칠, 몇 주 동안 계속해서 구두 깔창을 찍는 일과 같은 일을 말이다. 한때 장인이 소유했던 기술과 능력, 그리고 물건은 이제 자본가의 것이다. 노동자는 단지 목적을 달성하기 위한 수단에 불과하다. 마르크스와 엥겔스는 《공산당 선언 The Communist Manifesto》(1848)에서 이렇게 썼다. "프롤레타리아의 노동은 기계의 광범위한 사용과 노동 분업으로 인해 모든 개별적 특성을 잃었고, 결과적으로 노동자에게서도 모든 매력이 사라졌다. 노동자는 이제 기계의 단순한 부속물이 되었다. 그에게 요구되는 것은 가장 단순하고, 가장 단조로우며, 가장 쉽게 습득

할 수 있는 손기술뿐이다."³

마르크스에게 이것은 우연이 아니라 말 그대로 자본주의의 핵심이다. 자본주의의 중심 특성은 모든 생산 작업을 단순화된 노동 단위로 줄이는 것임이 틀림없다. 마르크스는 《임금 노동과 자본 Wage Labour and Capital》(1847)에서 "노동 분업이 증가하면 노동은 단순화된다"고 주장했다. "노동자의 특별한 기술은 무가치해진다. 그는 신체적 또는 지적 능력을 많이 사용하지 않아도 되는 단순하고도 단조로운 생산력으로 전환될 뿐이다. 그의 노동은 누구나 할 수 있는 노동이 된다."⁴

산업 자본주의의 발전은 노동을 상품화한다. 장인 제화공의 작업 내용과 기술은 사람마다 다를 수 있지만, 효율적인 산업 생산의 목표는 임금 노동 단위 간의 차이를 줄이고 모든 임금 노동 단위를 동일하게 만드는 것이다. 어떤 사람이 구두 밑창을 찍는 라인에 배치된다면, 그 사람은 기본적으로 그 라인에 있는 다른 모든 노동자와 동일한 일을 해야 한다.

마르크스는 이 표준화 과정을 노동의 상품화라고 부른다. 상품이란 경제학자들이 말하는 '실질적 대체 가능성'을 가진 자원을 의미하며, 각 개별 항목을 서로 구별할 수 없다. 원유 1배럴은 다른 모든 원유 1배럴과 교환 가능하다. 연질 목재 펄프 1톤 또는 고무 1킬로그램도 마찬가지다.

어떤 것이 일단 상품으로 전환되면 그것은 장차 시장에서 거래되고, 교환되고, 이전될 수 있다. 미래의 가격 변동에 대처할 수 있는 경제적 수단으로 사용될 수 있는 것이다. 상품화는 곧 표준화, 추상화, 그리고 몰개성화를 뜻한다.

마르크스가 소외 이론에서 규정한 것은 바로 이런 몰개성화de-individuation와 비인간화dehumanization다. 제화공이 만드는 구두는 그만의 고유한 것이지만, 조립 라인에서 구두 밑창을 찍는 노동은 누구나 할 수 있다. 마르크스는 주관적인 심리적 수준에서의 이 모든 것의 결과가 곧 소외라고 말한다. 장인은 자신의 노동으로 생산한 물건의 소유권을 가진다. 그 물건을 시장에서 판매할 때도 마찬가지다. 그는 자신의 물건에 노력, 기술, 노역을 투입했고, 전 과정이 끝나면 그 물건의 소유자가 된다. 그런 다음 제화공은 시장 거래의 일환으로 그 물건의 판매를 선택한 후, 돈과 교환하는 방식으로 완성품의 소유권을 고객에게 이전한다. 이와는 대조적으로 조립 라인의 작업자는 완성된 구두를 한 번도 보지 못할지 모른다. 그는 구두를 소유하지 못할 수도 있다. 그리고 그 구두에 대한 자부심은 거의 또는 전혀 없을 것이다. "노동을 통해 생산하는 물건, 즉 노동의 산물은 생산자와는 독립된 힘으로서, 낯선 존재로 노동과 대립한다."

자본주의 아래 놓인 노동자는 소외라는 주관적 감정에 시달린다. 그의 소유여야 할 것이 그의 외부에 있고, 가장 소중한 소유물인 인간성은 '스스로를 조각조각 팔아치우는' 과정에서 그로부터 추출된다.[5]

이것이 마르크스가 말한 소외의 주관적 경험이다. 그러나 마르크스는 새로운 무산계급이 느끼는 감각과 일치하는 객관적인 종류의 소외를 상정하기도 했다. 마르크스는 자본주의적 생산 과정이 실제로 밑창을 찍던 노동자의 노동 가치를 공장 소유주의 소유로 이전한다고 말한다. 정신 착란을 일으킬 것 같은 반복 작업 속에서 고군분투하는 조립 라인 노동자는 자신이 생산한 제품을 이질적으로 느끼게 된다. 그뿐 아니라 근본적인 의미에서 그 제품은 객관적으로도 실제 노동자에게는 이질적인 것이다.

그렇다. 여기까지는 마르크스에 관해 어느 정도 알고 있는 사람이라면 누구나 이해할 만한 기초적인 내용이다. 나는 새로운 지평을 여는 것이 아니다. 그러나 마르크스가 말하는 소외의 주된 특징을 조금 정리하고 갈 만하긴 하다. 왜냐하면 그 특징들 중 상당수는 분명히 이 책의 내용과 관련이 있고, 어떤 경우에는 우리가 '주의력 자본주의'라고 부를 만한 경험과 거의 직접적으로 유사하기 때문이다.

현대의 주의력 경제는 노동에 대한 산업 자본주의의 관계와 매우 유사한 방식으로 주의력에 영향을 미친다. 일work 또는 노역toil의 의미에서의 '노동'은 자본주의에 앞서 존재했다. 지구상에 거주하게 된 이래로 인간은 가치 있는 것을 생산하기 위한 작업이나 프로젝트에 정신과 육체를 모조리 쏟아부었다. 인간은 사냥하고, 채집하고, 다른 사람들을 돌보고, 땅을 경작하고, 옷을 짓는 등의 일을 한다. 그러나 임금 노동은 이 활동의 매우 구체적인 형태로서, 완전히 새로운 제도와 관행을 통해 이루어진다. 노동은 거래, 구매, 판매가 가능한 상품이 된다.

주의력도 마찬가지다. 주의력은 인류의 역사만큼이나 오래되었다. 사회적 목적을 위해 다른 사람들의 관심을 끄는 것은 무당, 시인, 대화만큼이나 오래된 것이다. 그러나 주의력은 이제 상품화되어 정교하고 즉각적인 알고리즘 경매를 통해 거래되며, 구매와 판매가 가능하다. 우리의 시선이 집중된 1초마다 가격이 매겨지는 것이다. 그것은 새롭고, 혁신적이며, 소외감을 불러일으킨다.

이 핵심적 통찰의 유용성을 인식하고자 굳이 마르크스주의자가 되거나(나는 아니다) 정치적으로 좌파에 속할 필요는 없다. 제화공의 작업장에서 구두 공장 작업자의 조립 라인으로 생산 양식이 전환되었다. 이는 노동자가 세계 속에서 경험하는 부분, 세계 속에서 자신이 차지하는 공간, 심지어 시간 자체에 대한 경험이 심대하게 단절된다는 것을 의미한다.[6] 마르크스의 설명 중 우리의 논의와 관련해 가장 유용한 것은, 개인의 내면 생활과 세계에 대한 경험을 전적으로 변화시키는 일련의 기술적·경제적 변화 속에서 소외의 근원을 식별하는 방법일 것이다.

인간의 일은 항상 존재해왔지만, 임금 노동은 산업 자본주의의 창조물이다. 인간의 주의력은 항상 존재해왔지만 '클릭 수', '콘텐츠', '참여', '시선'은 주의력 자본주의의 창조물이다. 그리고 임금이나 시선으로 환원된다는 것은 자신의 일부로부터 소외된 상태에 있는 것과 같다.

현대 사회에서 우리의 주의력 산업은 주의가 상품화되는 긴 과정의 정점에 있다. 팀 우Tim Wu는 저서 《주의력 상인The Attention Merchants》 (2017)에서 광고주에게 독자의 주의력을 제대로 패키징하여 판매한 최초의 미디어 사업이 1833년 뉴욕에서 창간된 《더 선》을 필두로 한 '페니 프레스penny press'*였다고 주장한다. 그 이전에도 많은 신문들이 있었지만, 주로 출판물 판매로 수입을 얻었다.

당시 신문 가격은 보통 6센트였지만, 《더 선》의 창간인 벤저민 H. 데이Benjamin H. Day는 새로운 아이디어를 떠올렸다. 그는 신문 한 부에 단 1센트만 받았고, 그로 인해 신문을 팔 때마다 손해를 봤지만, 구독자 수를 늘려 손해를 벌충하기로 했다. 그는 구독자 수를 활용해 광고 지면을 팔아 수익을 창출했다. 그의 신문 광고는 경쟁지들보다 더 많은 독자 수와 더 다양한 사회 계층에 도달할 수 있다는 점을 내세웠다. 그의 목표는 야심 찼다. "이 신문의 목표는 모든 사람이 감당할 수 있는 가격으로 그날의 모든 뉴스를 대중에게 제공하는 동시에, 효과적인 광고 매체가 되는 것이다."[7] 그리고 팀 우의 지적대로, 이 목표를 달성할 수 있는 유일한 방법은 "아무도 눈을 뗄 수 없는 특집 기사"를 제공하는 것이었다.[8]

매일 《더 선》은 죽음, 혼란, 욕망, 배신에 관한 이야기들을 실었다. 데이는 오늘날 우리가 '클릭 유도성 제목clickbait'이라고 부를 만한 주제들에 초점을 맞춘 최초의 주의력 해킹 기법을 창안했다. 그는 영국 신문에서 아이디어를 빌려, 형사 법정에 온종일 머무르며 재판 장면을 지켜보면서 이를 기록으로 남길 사람을 고용했다. 그렇게 신문의 주된 내용이 끔찍한 이야기로 채워졌다. 1859년 11월 21일 자의 〈일러

---

*   흥미 위주의 저가신문을 말한다.

주의력 상품화의 구조

스트가 포함된) 1면 기사는 끔찍하고 냉혹한 살인 사건을 자세히 전했다. "그는 엎드린 희생자 앞에 무릎을 꿇고는 시신 위에 손을 대고서 가장 치명적인 부위를 정확히 타격했다. 잠시 동안 예리한 칼날이 그의 머리 위로 번쩍이더니, 앞에 있는 피해자의 심장을 찔렀다. 둔탁하고 무거운 소리와 함께 따뜻한 피가 살인자 쪽으로 뿜어져 나왔다. 그는 희생자의 가슴에서 칼을 뽑더니 숲속으로 던져버렸다."[9] 오늘날 우리가 '타블로이드' 뉴스에서 연상하는 것들은 적어도 미국에서는 대부분 데이가 발명한 것이다.

《더 선》이 추구한 것은 상품의 신뢰성을 희생하더라도 목표치를 극대화하는 것이었다. 결국 진짜 상품은 신문이 아니라 독자였다. 데이는 자신의 신규 사업에 대한 수지를 맞추기 위해 가능한 한 많은 독자를 확보할 필요가 있었다.

나아가 데이는 신문을 팔기 위해 독자의 주의를 끄는 방식의 유인책을 쓰는 영국 신문업체의 사업 모델을 차용하기도 했다. 대량 할인된 가격에 《더 선》을 일단 구매한 신문팔이 소년들은 한 부 팔 때마다 약간의 수익을 올릴 수 있었다. 그렇게 해서 등장한 신문팔이 소년들은 "신문 사세요!"를 외치며 거리를 활보했다.

이 모델이 일종의 주의력 기반 다단계 마케팅 방식이라는 점에서 어떻게 개별 판매원이 마치 뉴스 사이렌처럼 자신의 상품을 외치게 만들도록 유도했는지 알 수 있다.[10] 그리고 이 방식은 효과적이었다. 데이의 혁신은 성공을 거두었고, 19세기 동안 광고 중심의 인쇄 산업으로 성장하며 매스 미디어의 초기 형태를 다지는 기반을 마련했다.

제품을 무료로 제공하거나 소액의 대금만 받고 독자를 확보한 뒤, 실제 수익은 광고주에게 독자를 판매하여 창출하는 이 기본 모델은 이후 2세기에 걸쳐 인쇄, 라디오, TV, 소셜 미디어 등 대부분의 매체에서 지배적인 비즈니스 모델이 되었다.

이렇게 성공적으로 성장한 광고 중심의 비즈니스 모델을 두고 치열한 논쟁이 벌어졌다. 바로 이 모델이 독자에 대한 접근권을 구매하는 광고주에게도 효과가 있는가 하는 점이다. 독자들이 어느 정도의 주의력을 구매했는지 어떻게 알 수 있을까? 산업 자본주의의 초기 단계에 노동자의 임금 노동을 구매하는 사람들이 직면했던 것과 동일한 성격의 난제다. 무엇을 얻을 수 있는지 어떻게 확인할 수 있을까? 그런데 곧이어 노동자의 노동을 측정하고 모니터링하기 위한 혁신적인 방법들이 꾸준히 고안되었고, 그 결과 고용주는 자신이 얻을 수 있는 것을 얼마간 정확히 파악할 수 있게 되었다. 가정에서 베틀로 직물을 짜던 것이 중앙 집중식 공장으로 대체되었다. 공장은 근무 시간 단위로 근무 일정을 세분화했고, 그 시간을 모니터링하기 위해 펀치 시계와 타임 카드를 사용했다. 생산 할당량을 통해 관리자는 각 팀의 실적을 고용주에게 정확히 보고할 수 있었다. 얼마 지나지 않아 책임자들은 실제 작업량을 파악하는 문제를 대부분 해결했다.[11]

그런데 주의력의 경우는 다른 문제다. 19세기 동안 신문과 잡지 산업은 대중문화와 주의력 수확의 중심 동력으로 발전했다. 그 과정에서 독자의 주의력을 측정하고 검증하는 방법을 두고 출판사와 광고주 사이에 긴장이 고조되었다. 판매하는 상품이 독자의 주의력이라니, 생각해보면 참으로 이상한 상품이었다. 원유를 판매할 때는 선적 검사가 가능하다. 제품 자체에 손가락을 넣어 확인할 수도 있다. 하지만 독자의 주의력은 그렇게 검사할 수 없다. 독자가 광고를 보는 순간에 함께 있을 수 없다. 독자가 구독 중인 잡지를 읽지 않아서 광고를 보지 못할 수도 있다. 어쩌면 잡지가 시야에 들어오는 순간, 독자의 주의가 산만해질 수도 있다. 설령 신문이 배급 통계에 포함되더라도 실제로 독자 손에 들어가는 대신 곧바로 쓰레기통으로 향할 수도 있다.

마케팅에는 아마도 19세기의 여러 기업가들이 돌아가며 인용했을 법한 진부한 클리셰가 있다. "내가 쓴 광고비의 절반은 낭비되고 있다. 문제는 어느 절반이 낭비되고 있는지 모르겠다는 것이다." 이 격언은 주의력 시장에서 불확실성이 지속되는 두 가지 요소를 짚는다. 하나는 과학보다는 예술에 가까운 것과 관련된 질문으로, 관심을 끈 사람들에게 상품을 구매하도록 설득할 때 어떤 메시지가 효과적인지에 대한 것이다. 또 하나는 주의력 시장의 성장과 발전 과정에서 꾸준히 제기되는 근본적인 질문과 관련되어 있다. 바로 광고주가 구매하는 주의력이 실제로 존재하는지, 사람과 연결되어 있는지에 대한 단순한 질문이다.

이는 주의력 산업이 형성된 이래로 계속해서 업계를 괴롭혀온 질문이다. 닐슨 시청률 조사는 1930년대 라디오 청취자 수를 측정하는 수단으로 시작되었다.[12] 청취자 패널들이 일지에 자신이 들은 내용을 직접 기록하는 방식으로 시청률 조사가 진행되었다. 1950

년대가 되자 닐슨은 이 방법을 TV에 적용해서 시청자들을 선별하여 시청 내용을 일지에 기록하도록 했다.[13] 그러나 시청자들이 일지에 얼마나 성실하고 정확하게 기록했는지 누가 판단할 수 있을까? 인간의 기억은 엉망진창이다. 1987년, 닐슨은 일지를 실제 샘플 시청자의 TV에 부착된 피플미터people meter로 대체했다.[14] (그 규모는 현재 약 10만 명이다.) 수기로 쓴 일지와 비교한다면 직접 측정 방식은 분명히 큰 발전을 의미하지만, 여전히 오류를 일으킬 가능성이 크다. TV가 켜져 있고, 특정 채널이 특정 시간에 맞춰져 있다고 해서 반드시 누군가가 방에 앉아 그 프로그램을 보고 있다는 의미는 아니다. 설령 보고 있다고 해도 그 프로그램에 관심을 기울이고 있다는 의미는 아니다.

닐슨은 자연스럽게 이 분야의 독점 기업으로 발전했는데, 이는 어찌 보면 논리적인 결과다. 업계에는 단일하고 표준화된 측정 방식이 필요했다. 그러나 시청률 산업을 장악한 이 회사의 이면에는 광고주나 지상파 방송사가 파악할 수 없는 온갖 종류의 독점적 알고리즘과 통계적 방법이 숨겨져 있었다. 그리고 닐슨은 역사적으로 시청률의 정확성을 놓고 광고주나 지상파 방송사와 계속해서 싸움을 벌여 왔다. 최근의 예를 들자면, 2021년에 한 TV 산업 협회는 닐슨 시청률 수치에 대한 인증을 중단하는 놀라운 조치를 취했다. 이 기관은 닐슨이 팬데믹 기간에 TV 시청자 수를 상당히 과소 집계했다는 증거를 확보했다고 주장했다.[15] 또 다른 협회도 유사한 불만을 제기하며 닐슨의 데이터에 대한 독립적인 감사를 언스트 앤드 영Ernst & Young 회

계법인에 요청했다.[16] 그리고 2022년 한 지상파 방송사는 시청자 수를 정확하게 집계하지 않았다는 이유로 닐슨을 고소했다.[17] 다시 말해 21세기에 접어들고서 20년이 지났는데도 닐슨의 시청률 조사 결과가 정확하냐는 단순한 질문에 대한 명쾌한 답이 아직 나오지 않았다.

현대의 디지털 기술이 이 문제를 완전히 해결한 것 아니냐는 의견도 있을 수 있다. 광고 비용을 지불하는 사람은 광고를 실제로 보는 사람과 클릭하는 사람의 수를 정확히 알 필요가 있다. 그리고 기술이 이 문제를 해결하는 데 도움이 된다는 것은 사실이다. 우리가 알고 있는 거의 모든 인터넷은 지난 수십 년 동안 발전해온 거대하고 복잡한 디지털 주의력 시장인 '애드테크'를 기반으로 구축되었다. 애드테크는 주의력의 상품화에 대한 논리적 산물이다. 닐슨이나 다른 형태의 시청률 측정 및 판매보다 더 크고 더 빠르게 움직이며, 이전 버전의 시장보다 더 작은 주의력 수치를 추적한다. 웹페이지를 로딩하는 동안 10분의 1초 내로 경매되는 배너 광고를 볼 수 있는 것이다. 구글, 서브스택, 하버드 등 여러 곳에서 경력을 쌓은 기술 철학자 팀 황Tim Hwang이 지적하듯이, "이전 세대의 광고주들도 주의력을 사고팔았지만, 오늘날의 프로그래매틱 광고programmatic advertising* 시장의 속도와 규모, 세분화 수준에는 미치지 못했다. 오늘날의 온라인 광고 시스템이 다른 점은 수많은 작은 주의력의 순간들을 개별적이고 유동적인 자산으로 묶어 글로벌 시장에서 별다른 마찰 없이 사고팔 수

---

* 자동화된 방식의 프로그램으로 디지털 광고를 거래하는 것을 말한다.

있게 만든 것이다."[18]

    오늘날 인터넷의 금융 엔진인 수십억 달러 규모의 글로벌 애드테크 산업을 한 꺼풀 벗겨내면, 애드테크 산업이 시작된 이래로 같은 질문과 문제들이 계속해서 제기되고 있음을 알 수 있다. 사실 황은 애드테크 시장 전체가 2008년 금융 위기 전의 미국 주택 시장과 유사한 위험성을 가지고 있다고 주장한다.

    2008년 금융 위기 당시의 문제는 은행과 투자자들이 갖가지 증권 상품으로 쪼개어 거래하면서 규모가 엄청나게 커진 '서브프라임' 대출이었다. 당시 이들은 서브프라임을 견실한 상품으로 여겼지만, 실제로는 그렇지 않았다. 금융의 상품화와 엔지니어링은 너무 추상화되어, 시장은 더 이상 이들이 무슨 거래를 하고 있는지 알 수 없게 되었다. 단단한 반석이라고 생각했지만 실제로는 모래밭에 불과한 토대 위에 건물을 올렸던 것이다.

    황은 이와 비슷한 현상이 나타나고 있다고 주장하면서 이를 '서브프라임 주의력subprime attention'이라고 명명했다. 주의력의 상품화가 지나치게 확산되면서, 주의력을 사고파는 시장은 점점 더 복잡하고 불투명한 전산 거래를 하게 되었다. 그 결과 시장은 사고파는 대상인 인간의 실제 주의력과 분리되어버렸다. 이는 주택 시장과 마찬가지로 시스템을 조작할 수 있는 엄청난 기회를 열어젖혔다. 인터넷 광고 수익의 약 절반은 구글과 페이스북(현 메타)이 반반씩 가져가는 애드테크 독점 시장이다. 특히 페이스북은 광고주에게 자체 주의력 측정 지표를 과장한 사실이 여러 번 적발된 것으로 악명 높다. 페이스북의 악명 높은 '비디오로의 전환pivot to video'은 엄청난 실패로 판명되었다. 한 독립기관의 조사에 따르면, 페이스북이 게시자들을 상대로 주장한 것에 비해 비디오에 실제로 소비된 사용자 시간은 5분의 1에 불과했다.[19] (페이스북은 이를 부인했지만, 결국 합의를 통해 소송을 매듭지었다.)

분명히 말하지만, 이는 페이스북만의 문제가 아니다. 인터넷에서 매매되는 주의력의 상당 부분이 이러한 시장과 지표를 조작하기 위해 설계된 봇이나 여타 프로그램에 의해 소비되고 있다는 증거가 있다. 어도비의 2018년 연구에 따르면, 전체 웹 트래픽의 약 30%가 "강력한 비인간 신호"를 보인다.[20] 황이 지적했듯이, 이것은 용납할 수 없을 정도로 심각한 사기이다. "프로그래매틱 마켓플레이스에서 일어나는 재고 부정행위 수준을 슈퍼마켓에 적용해보라. 어떤 통로에서는 진열대에 올려진 상품 5개 중 1개가 가짜다. 집에 돌아와 상품 상자를 열어보고 나서야 그 안에 아무것도 들어 있지 않다는 걸 알게 될 것이다."[21]

하지만 부정행위가 없다고 가정해보자. 고스트봇의 시선ghostbot eyeballs으로 조회 수를 끌어올리지 않고, 모든 조회나 클릭이 해당 항목에 관심을 가진 실제 인간과 연결된다고 가정해보자. 디지털 주의력이 상품화되는 정도에 한정하자면, 이는 표준화되어 측정되는 것으로서 질적 측정에 변동성이 나타날 여지가 없다. 상품화의 핵심은 질적 판단을 양적 판단으로 대체하는 것이다. 삼겹살 한 토막, 금 1온스, 원유 1배럴은 매번 동일하게 측정된다. 그러나 이 화면을 보는 데 소비하는 10초가 다른 화면을 보는 데 소비하는 10초와 동일한 것일까? 그럴 것 같지는 않다. 몇 초만 생각해보면, 명백히 사실이 아닌 것 같다. 틱톡이나 인스타그램 스토리를 무심코 스크롤하는 것이 있다면, 다른 한편으로 당신의 여덟 살 난 아이가 농구 경기의 4쿼터에서 클러치 레이업 슛을 성공하는 영상을 볼 때나 좋아하는 프로그램의 마지막 몇 초를 볼 때처럼 강렬하고 강박적인 집중력을 보이는 것이 있다.

주의력의 질적 차이는 오래도록 주의력 판매자와 구매자 모두에게 분명하게 인식되어왔다. 오늘날에도 TV의 차별화된 광고 요금은 특정 프로그램에 대한 주의력의 질적 판단과 관련이 있다. 가상화폐나 시대정신의 한 부분을 다루는 프로그램이 프리미엄 요금을 요구할 수도 있다.

그렇다고 하더라도 현대 애드테크 시장의 세분화와 차등 가격 책정은 대부분 청년층, 부유층 등 구매 대상의 주의력과 관련이 있다. 포착되는 주의력의 질과는 무관하다. 상품화의 논리가 유지되고, 그것이 만들어내는 시장 역학이 기능하기 위해서는 주의력의 호환성이 필수다. 따라서 인터넷의 상당 부분을 뒷받침하는 시장 기반 기술 인프라인 애드테크 유니버스는, 누군가의 시선에 든 1초의 순간은 누군가의 시선에 든 다른 1초의 순간과 동일하다는 자부심을 가지고 있다. 이는 모두 당신의 관심을 끌고 싶어 하는 광고주들에게 나노초 단위의 경매를 통해 포장하고 판매할 수 있는 상품인 것이다.

이제 우리는 주의력 시대가 지닌 소외 경험의 근원에 도달했다.

우리의 주의력은 극히 짧은 시간 단위의 상품으로 쪼개져 경매에 부쳐져왔다. 세계에서 가장 부유한 기업들이 이 상품을 최대한 많이 확보하여 판매하려고 세계에서 가장 기술력 높은 엔지니어들을 고용한다. 기업들이 우리 의식의 본질, 즉 우리의 마음이 쉴 수 있는 곳을 마치 다른 사람들의 주의력과 호환되는 것처럼 포장하여 판매한다는 것은 무엇을 의미할까? 당신이라면 그런 상품을 무엇이라 부르겠는가?

주의력의 상품화 과정을 역사로서 기술한 경제학자 조 셔먼Zoe Sherman은 칼 폴라니Karl Polanyi의 용어를 빌려 주의력을 '가상의 상품fictitious commodity'으로 묘사한다. 폴라니는 상품이 "시장에서 판매하기 위해 생산된 물건"이라고 말한다.[22] 시장 경제에서 가상의 상품, 예를 들어 노동은 시장용으로 생산된 것은 아니지만 상품처럼 거래되고 가격이 책정된다. 시장 제도가 존재하기 전부터 있었던 우리의 주의력과 노동은 사고팔고 거래할 수 있는 상품으로 바뀌었다.

상품화 과정은 늘 있어왔다. 석유는 일단 시추해서 땅 위로 퍼 올린 후에야 탱크에 담을 수 있다. 그러나 폴라니는 가상의 상품을 거래하기 위해서는 반드시 사회 전체의 대전환이 수반되어야 한다고 주장한다. 노동을 상품으로 바꾸려면 사회를 재구성해야 한다. 인간의 노력으로 수행하는 필수적인 작업을 가격표가 붙은 측정 가능 단위로 전환할 수 있는 새로운 법적·기술적·제도적 체제를 갖춰야 하는 것이다.

나아가 폴라니는 이러한 대전환은 방대한 규모지만 결코 완전할 수 없다고 지적한다. 우리는 "우리 몸과 뇌가 하는 일"과 같이 본질적으로 인간적인 것을 시장 상품으로 완전히 전환할 수 없다. 그렇게 한다면 기본적으로 인류 자체가 파괴될 것이다. "시장 메커니즘이 인간과 자연환경의 운명을 결정하는 유일한 주체가 되도록 허용하는 것은 (…) 사회를 파괴하는 결과를 초래할 것이다"라고 그는 썼다. "상품으로 간주되는 '노동력'은 이 독특한 상품의 소유자인 인간 개개인에게 영향을 미치지 않고는 마음대로 밀어붙이거나, 무차별적으로 사용하거나, 심지어 사용하지 않고 방치할 수 없다. 사람의 노동력을 처분하는 과정에서 시스템은 우연히 그 태그에 붙어 있는 신체적·심리적·도덕적 실체인 '사람'도 처분하게 될 것이다."[23]

주의력의 상품화에 대한 나의 의견도 이와 정확히 일치한다. 물론 자동차 광고에 잠시 집중하는 우리의 시선은 상품이다. 다양한 플레이어들이 가격을 흥정하면서 이 상품을 사고팔 수 있는 시장이 있다. 그러나 주의력 시대에 이 상품화는 점점 더 총체적으로 성장하고, 우리의 주의를 사로잡는 활동은 비인간적인 완성도에 근접한다. 이 상태에서 우리는 우리 자신의 '물리적·심리적·도덕적 실체'가 완전히 처분될 위험에 처해 있다. '나'로서 세상을 살아가는 의미, 즉 우리의 의식적 삶을 구성하는 특징인 주관적 경험으로서의 주의력을 하나의 시장 상품으로 분리해낼 수 있는 방법은 단언컨대 없다.[24]

'가상의 상품'이라는 개념은 주의력 시대가 왜 그렇게 강한 소외감을 주는지 정확히 지적하는 데 유용하다. 우리의 주의력은 시장 측면에서 가치가 있기 때문이다. 분명히 우리의 주의력에는 가격이 매겨지고, 주의력의 판매자와 구매자 사이의 발달한 그 정교한 시장이 가격을 결정한다. 그러나 이러한 경제적 사실은 경제적 기능 바깥에서 이 가상의 상품이 지니는 의미에 대한 더 깊은 진실과 완전히 분리될 수 없다. 그런 점에서 주의력은 우리의 노동과 마찬가지다. 주의력은 주어진 가격에 그것을 구매하는 시장 참여자에게 의미하는 바와는 달리, 우리와는 영원히 다른 무언가로 남아 있을 것이다.

노동과 주의력. 이 두 가지는 인간이 존재하는 곳이면 어디든 존재하며, 어떤 사회 또는 문명 프로젝트에서도 활용되고 적절히 조정되어야 한다. 둘 다 자본주의의 현재 버전에서 시장 상품이 되었으며, 그로 인해 일부 기이한 결과와 함의가 드러나고 있다.

소외의 근원 파헤치기

주의력 시대를 정의하는 경험은 특정 종류의 소외다. 그것은 우리의 내면 생활, 즉 우리 생각의 방향이 우리의 의지에 반하여 움직이고 있다는 느낌이다. 이는 우리의 주의력을 점점 더 효율적으로 추출하고 상품화할 수 있는 방법을 찾아낸 주의력 시장의 정교한 발전에서 비롯된 것이다. 그러나 우리의 주의력은 다른 상품과는 다르다. 주의력은 가상의 상품이다. 가격을 매길 수 있는 시장 상품이면서 동시에 우리의 인간성과 분리할 수 없는 것이다. 우리가 느끼는 소외감은 시장의 상품으로서의 주의력과 우리 삶의 본질로서의 주의력 사이의 긴장에서 비롯된다.

시장 상품으로서 보더라도 주의력은 기묘하게 작동하는 면이 있다. 예컨대 시장은 기능적이고도 유동적이라 아몬드에 대한 수요가 증가하는 가운데 공급이 고정되어 있다면, 가격은 상승할 것이다. 가격 상승은 농민들에게 아몬드 재배에 대한 인센티브로 작용한다. 농민들은 수익성이 낮은 작물에서 수익성이 높은 아몬드 재배로 눈을 돌리고, 더 많은 농민들이 더 많은 아몬드를 재배하면 공급이 증가하여 가격이 다시 내려간다. 리튬 같은 산업재도 마찬가지다. 전기 배터리의 대량 생산으로 리튬 수요가 급증하면서 투자자들은 공급을 늘리기 위해 리튬 채굴 사업에 투자하고 시설을 확장하기 위한 경쟁을 벌인다.

전통적인 상품에서 가상의 상품으로 이동할 때는 상황이 좀 더 복잡해진다. 하지만 기본적인 틀은 그대로 적용된다. 노동을 예로 들어보자. 노동 공급이 제한되고 수요가 증가하면, 노동의 가격(임금)도 상승한다. 그렇게 되면 일반적으로 노동 시장 외부에 있던 사람들, 즉 일을 하지 않기로 선택하거나 집에 머물러 있는 사람들이 더 높은 임금에 이끌려 노동 시장에 진입한다. 그 결과 공급이 증가한다.

그렇다면 주의력은 어떨까? 분명히 어떤 농부도 우리의 화면을 봐줄 새로운 시선을 재배할 수는 없다. 인간의 주의력은 땅속에 묻혀 있지 않다. 일정 수의 인간을 대상으로 일정 수의 깨어 있는 시간에 고정된 양의 주의를 포착할 수 있는 것이다. 주의력 자본가들이 공급을 늘리고 싶어도 이를 실현할 수 있는 수단이 없다. 그 대신 그들은 우리에게서 주의력을 앗아갈 새로운 방법을 찾아야 한다.

그리고 그들은 정말 열심히 공을 들였다. 지난 15년 동안, 특히 스마트폰이 등장한 이후로 우리의 주의력을 채굴해 팔고 싶어 하는 사람들은 상품의 공급을 늘리기 위해 끊임없이 노력해왔다. 여기서 가장 중요한 첫째 수단은 우리의 주의를 끌 수 있는 시간을 대폭 늘리는 것이었는데, 무엇보다도 스마트폰이 이것을 가능하게 했다. 스마트폰은 항상 우리와 함께 움직이며, 매 순간 우리와 함께한다. 스마트폰은 자동차 라디오나 TV, 고정된 광고판과는 다르다. 스마트폰은 항상 우리와 함께할 수 있기 때문에, 이론적으로는 우리가 깨어 있는 시점을 맞아 주의력 투입 순간을 늘리는 것이 가능하다. (신문과 잡지는 한때 TV나 영화보다 휴대성이 뛰어났지만, 이제는 스마트폰에 그 자리를 빼앗겼다.)

현재 애플은 주의력 공급을 더욱 확대하기 위해 약 200억 달러 (2025년 1월 환율 기준 약 28.6조원)를 투자해 비전 프로Vision Pro 헤드셋을 출시했다. 사용자가 시선을 스마트폰에 두는 대신, 앱과 함께 믹스되어 눈 앞에 펼쳐지는 세상을 볼 수 있는 것이 비전 프로의 특징이었다. 애플의 주의력 유니버스를 사용자가 가만히 있는 휴지기 그 자체가 되도록 하는 것이다. 사람들은 처음에 이 상품에 큰 반감을 보였다. 이는 상당 부분 이 야심찬 계획에서 명백히 드러난다. 소외의 범위에 대한 마음 깊은 곳에서의 반응이었다.

스마트폰과 몰입형 헤드셋은 주의력 공급을 늘리는 한 가지 방법을 보여준다. 주의력을 추출할 수 있는, 깨어 있을 수 있는 전체 시간을 늘리는 것이다. 내가 시간에 대해 '깨어 있다waking'는 표현을 쓰는 이유는 주의력의 공급을 확대할 수 있는 또 다른 영역이 있기 때문이다. 바로 수면이다. 밤늦도록 침대에서 스마트폰을 훑으며 잠을 이루지 못한 사람이라면, 주의력 채굴자들이 얼마나 성공적으로 우리의 수면을 앗아가는지 잘 알고 있을 것이다. 최근의 한 연구에 따르면, Z세대의 93%가 소셜 미디어를 사용하기 위해 취침 시간이 넘도록 잠들지 못한 경험이 있다고 대답했다.[25]

하루에 최대한 많은 시간에 걸쳐 사람의 주의를 끄는 것 외에, 주의력 대상의 범위를 넓히는 것을 모색할 수도 있다. 스마트폰은 등장 이후 15년 사이에 매우 빠르게 성장했다. 아이폰이 출시된 지 4년 만인 2011년에는 미국인의 35%가 아이폰을 소유하고 있었다. 10년 후에 그 수치는 85%에 달했다. 그러나 이제는 성장세가 둔화되고 있다.[26] 스마트폰 보급률은 전 세계적으로 여전히 증가하고 있지만, 포화 시장에서는 이미 최대치에 도달했다. 즉, 미국 같은 시장에서는 사람들에게 스마트폰을 제공하는 것이 더 이상 새로운 주의력을 공급할 방법이 못 된다는 의미다.

주의를 더 많이 끌 수 있는 또 다른 방법은 그 대상이 되는 사람들의 범위를 넓히는 것이다. 이 경우에는 말 그대로 아기를 포함하는 어린아이들이 대상이 된다. 코코멜론CoComelon의 소리에 시달린 적이 있는 부모라면 누구나 유튜브를 중심으로 아기들과 유아들을 위한 콘텐츠가 끝없이 제공된다는 것을 알고 있다.[27] 코코멜론 유튜브 채널의 구독자 수는 약 1억 8,000만 명이고, 조회 수는 1,820억 회에

달한다.[28]

그러나 어느 시점이 되면 공급의 한계에 직면하게 된다. 특히 당신이 포섭하려는 대상이 (미국의 성인 고소득자와 같이) 특정한 인구통계학적 특징을 가지고 있는 경우에는 더욱 그렇다. 이들만을 상대로 주의력을 더 많이 확보하기는 어렵다. 게다가 이들은 이미 모두 스마트폰을 가지고 있다. 따라서 공급이 기본적으로 고정되어 있다면, 그들의 관심을 끌려는 시장 진입자가 많아질수록 그 시장의 경쟁은 더욱 치열해진다. 주의력 점유율을 늘리는 방법은 파이를 키우는 것이 아니라 동종 업계 내에서 점점 더 큰 조각을 빼앗아가는 것이다.

주의력의 상품화 역사는 수요가 언제나 증가하는 가운데 다양한 주체들이 주의를 끌면서 그 주의력을 광고주에게 판매하는 새로운 방법을 찾지만, 주의력 판매 경향이 확산되면 피할 수 없는 역설적 결과가 상존한다는 것을 보여준다. 즉 광고 경쟁이 심해지면, 개별 광고의 가치는 낮아진다.

이것은 꽤 직관적이다. 상업의 흔적이 전혀 없는 무인도를 하루 종일 운전하며 다니다가 렉서스 광고판 하나를 발견한다고 생각해보자. 그 광고판은 1) 당신의 주의력을 확실하게 끌고, 2) 당신의 기억에 남을 것이다. 이제 그 경험을 타임스퀘어에서 똑같은 크기의 광고판을 보는 것과 비교해보자. 아마도 눈에 띄지 않을 가능성이 크다.

모든 조건이 동일할 때, 경쟁이 활성화되면 시장 기능은 더 잘 작동해야 한다. 작은 마을에서 어떤 사람이 품질이 엉망인 구두를 고가에 판매하고 있는데, 한쪽에 또 다른 구둣가게가 등장해 저렴하고 품질 좋은 구두를 판매한다면, 이는 소비자에게 긍정적인 영향을 미칠 것이다. 기존 가게가 고객을 유지하려면 품질을 높이거나 가격을 낮추거나 또는 둘 다 해야 한다.

이것이 시장 경쟁의 기본 논리이며, 이렇게 했을 때 이론상으로는 물론이고 실제로도 고객을 위해 더 좋고 저렴한 상품과 서비스를 제공하게 된다. 그러나 주의력을 얻기 위한 경쟁은 이상하고, 때로는 역설적이며, 종종 소외를 유발하는 결과를 불러온다.

마르크스는 노동자들이 역설에 시달렸던 산업 자본주의 형성기에 노동 가치론을 피력했다. 시장에서 그들의 노동은 그들이 가진 가장 가치 있는 것이었지만, 노동에 대한 시장 가격은 한심할 정도였다. 산업 자본주의 시스템이 전적으로 집단 노동에 의존하고 있음에도 불구하고, 개별 노동자는 미미한 가치만을 분배받았을 뿐이다. 노동은 막대한 가치를 창출하는 동시에 거의 가치가 없는 것이었다.

주의력은 이와 매우 유사한 특징을 가지고 있다. 가격의 관점에서 볼 때, 주의력 시장의 기본적인 시장 중력은 예상하던 궤적을 따라갔다. 주의력 수확 산업이 규모와 효율성 측면에서 성장함에 따라, 시선의 단위 가격은 하락했다. 지금은 100년 전보다 훨씬 더 많은 사람들에게 더 저렴한 가격으로 도달할 수 있게 되었다. 마치 조립 라인에서 몸이 갈기갈기 찢긴 채 발견되는 노동자처럼 말이다. 시장적 의미에서 저렴해진 이것은 작은 장치 혹은 식용유, 옥수수가 아니라 우리에게 가장 소중한 것이다. 이는 우리의 마음이 머무는 곳, 우리가 고려하는 것, 우리가 가는 곳, 우리가 자신과 대화하는 방식, 그리고 우리가 의식의 빛 속에서 파악하는 대상이다. 시간이 지남에 따라, 주의력 시장의 상품화된 논리는 이 자원의 가격을 떨어뜨렸다. 이는 곧 우리 삶의 본질 자체를 값싸게 만든다는 것을 의미한다.

설령 당신이 주의력을 수확, 판매, 구매하는 사업을 하고 있더라도(근래 들어 점점 더 많은 사람들이 이 사업에 뛰어들고 있기는 하지만) 당신이 지닌 주의력과 가장 밀접하게 관련되는 것은 자신과의 관계다. 사람은 자기 마음속에서 풀타임으로 살고 있다. 그렇기 때문에 주의력 경쟁의 경제적 영향이 무엇이든 그건 중요하지 않다. 주의력이 우리와 우리의 감각에 미치는 영향이 가장 주된 경험이 된다. 그리고 주의력을 향한 경쟁 시장이 형성된 초기부터, 사람들은 이 시장이 바닥을 향해 질주하는 경향이 있다는 것을 이해해왔다.

잠깐 생각해본다면 대다수의 사람은 이를 직관적으로 파악할 수 있을 것이다. 주의를 끌기 위한 홉스주의적 경쟁이 벌어지는 공간을 떠올려보라. 타임스퀘어나 카지노, 카니발 같은 곳이 생각날 것이다. 사람들은 규제 없는 무질서 속에서 주의력을 향한 경쟁이 가장 치열하게 벌어질 때 감각적 과부하를 경험하는 경향이 있다. 사람들은 우리의 지각 장치를 해킹하여 주의를 끌고자 똑같은 방법을 사용한다. 큰 소음, 번쩍이는 불빛, 밝은 색상 등이 여기에 해당할 것이다.

이런 종류의 분위기는 분명 나름대로의 매력을 자아내겠지만, 상대적으로 적은 양이 투입될 때만 그렇다. 자신의 시야 전체가 언제나 카지노로 뒤덮이는 걸 원하는 사람은 없다. 하지만 주의력 경쟁 시장은 언제나 이 같은 위협을 가해오고 있다. 그리고 주의력 경제의 역사에서 이 '바닥을 향한 질주' 문제는 계속 반복되어온 주제였다.

20세기 초, 파리의 상업 예술가들은 도시 곳곳에 공연장이나 전시회를 홍보하는 포스터를 붙이기 시작했다. 이러한 포스터는 큰 효과를 거두었고, 결국 도시의 모든 외관이 포스터로 뒤덮이게 되었다. 이에 파리 시민들은 시각적 오염의 형태로 자리 잡은 포스터를 규제하고 억제하기 위해 협력했다.[29]

나는 사람들의 주의를 끄는 일을 업으로 삼고 있는 만큼, 주의력의 역학 관계에 대해 많은 경험을 했다. 앞에서 언급했듯이, '사람들은 무엇에 주의를 기울이는가'라는 질문은 매우 열린 질문이다. 이 질문은 예상치 못한 답을 가져오기도 하고, 때로는 충격적이면서도 흥미로운 답을 불러오기도 한다. 그러나 만약 당신이 이 질문의 나쁜 답 쪽에 서 있다면, 당신은 절박감과 혼란에 빠지기 시작할 것이다.

내가 하는 일에서 가장 중요한 지표는 시청률이다. 매일 오후 4시 15분, 시청률 결과가 전체 직원에게 발송된다. 우리는 이를 간단히 '수치 the numbers'라고 부른다. 예를 들어 "A 블록의 수치는 어떻게 나왔어?" 또는 "어젯밤 수치 봤어? 정말 끔찍했어." 이런 식이다. 케이블 뉴스의 성공 여부는 바로 이 수치로 결정된다. 내가 방송을 진행하는 동안 이 수치는 노란색과 흰색 줄로 구분된 스프레드시트에 기록되어 전달되었다.

이 스프레드시트는 MSNBC, CNN과 폭스 뉴스를 대상으로 하루를 15분 단위로 나눠 집계한 데이터를 보여준다. 여기에는 총 시청자 수와, 광고주가 가장 관심을 갖는 25세에서 54세까지의 시청자층

이 포함되어 있다.

이 스프레드시트를 받는 건 마치 날마다 성적표를 받는 기분이다. 그런데 이 성적표는 이마에 써 붙이고 학교를 돌아다녀야 하는 상황과 같다. 모두가 그걸 보고 어느 뉴스쇼의 시청률이 좋고 나쁜지를 알 수 있기 때문이다. 내가 2013년 봄에 저녁 8시 방송을 시작했을 때, 레이첼 매도Rachel Maddow의 방송이 시작되면 시청률이 오르는 적이 있었다. 이 현상은 마치 나무 사이에 매달린 해먹이 처진 것처럼 보인다 하여 '해먹 현상hammocking'*이라고 불렸다. 사람들은 이를 시청률 저조의 신호로 받아들였다.

내 뉴스쇼를 시청하는 대다수의 사람들(그리고 닐슨이 측정하는 모든 사람들)은 리모컨을 들고 앉아 언제든 다른 화면을 클릭할 수 있는 상태다. 나는 '리니어Linear TV'**를 볼 때면 광고가 나오자마자 리모컨이나 휴대폰을 찾는다. 끊임없는 자극에 반응하는 불안하고 초조한 마음 때문이다. 실제로 한 연구에 따르면 TV 시청자의 3분의 2가 광고 시간에 휴대폰을 집어 든다.[30] 이는 실제로 1초면 시청자들의 주의를 잃을 수 있다는 것을 의미한다. 그들의 주의력은 언제든 흐트러질 수 있다.

그뿐 아니다. 어느 순간 나는 불현듯 깨달았다. 아마도 내가 소파

---

* 인기 없는 TV 프로그램을 두 개의 인기 있는 프로그램 사이에 편성하여 시청률을 높이려는 기법.
** 방송 스케줄이 정해져 콘텐츠가 시청자의 의도와 상관없이 처음부터 끝까지 재생되는 매체. 사용자의 간섭이 최소화된 형태의 매체로, 대표적인 레거시 미디어에 해당한다.

에 앉아 프로젝터로 TV를 보면서 노트북에는 농구 경기를 틀어놓고 트위터를 스크롤하고 있을 때였을 것이다. 내가 평일 저녁 8시에 일을 할 당시 나의 경쟁 상대는 다른 두 케이블 방송사의 뉴스쇼만이 아니라는 것을 깨달았다. 이 뉴스쇼들은 회사 전 직원 이메일로 매일 발송되는 시청률 스프레드시트에서 우리가 비교하는 다른 열의 숫자다. 하지만 이는 속기 쉽다. 방송을 진행하는 시간이 길어지면서 내 경쟁 상대는 같은 시간대에 방송되는 다른 케이블 뉴스 프로그램뿐 아니라, 말 그대로 모든 미디어가 제공하는 모든 콘텐츠라는 것을 알게 되었다. 지금까지 제작된 영화와 TV 프로그램, 틱톡이나 인스타그램의 비디오, 이용 가능한 모든 앱과 비디오 게임이 나의 경쟁자인 것이다.

사람들이 케이블 뉴스(또는 지역 심야 뉴스)를 볼 때 종종 비판하는 뉴스 스토리는 주로 매력적인 젊은 백인 여성의 실종, 비행기 실종, 또는 트럼프 후보의 도착을 기다리며 비어 있는 연단을 생중계하는 경우 등이다. 이런 보도는 치열한 경쟁 압박과 시청자의 관심을 끌고 유지하려는 욕망의 산물이다. 하지만 이는 보도본부의 선택을 설명하는 것일 뿐, 이를 정당화할 수 있는 이유가 되지 않는다.

개인적인 경험에 비춰보면, 경쟁이 가장 치열하게 느껴질 때는 내가 가장 형편없는 일을 하고 있다고 느낄 때였다. 관심에서 멀어질까 봐 가장 걱정되는 순간, 나는 목이 마르고 절박한 기분 속에서 시청자의 옷깃을 붙잡고 이렇게 외치고 싶어진다. 이것 좀 들어보세요! 이건 큰일입니다! 정말 중요한 이야기입니다! 그러다보니 대본에 적힌 모든 단어를 힘주어 발음하며 상황을 더 크고, 더 무섭고, 더 놀라운 것으로 만들어내려고 애쓰게 된다. 하지만 결국에는 뉴스 가치가 의심스러운 스토리를 찾게 되는 자신을 발견한다. 시청률 기록을 얻기 위한 경쟁이 모든 판단과 우려를 압도하기 때문이다.

뉴스 보도의 군중 심리는 대개 이런 경쟁 압박에서 비롯된다. 이는 처음에는 직관에 반하는 것처럼 보일 수 있다. 경쟁적인 환경에서라면 언론사들이 군중 속에 섞이는 대신 자신만의 차별화를 추구할 것이라고 생각할 수 있기 때문이다. 그러나 실제로는 그렇게 되지 않는다. 방송사는 일단 시청자들이 주목하는 주제를 발견하면, 그들이 지루해할 때까지 그 주제를 밀고 나가는 경향이 있다. 이런 경향이야말로 소음 속에서 신호를 포착해내려는 시도가 '뉴스 사이클'이라 불리는 강렬한 집중과 클러스터링*을 만들어내는 이유다. 한 스토리가 미디어 전체의 초점이 되었다가 순식간에 사라지는 이 과정은 일종의 연금술처럼 보이기도 한다.

2014년 당시만 해도 케이블 뉴스 시청률에 큰 영향을 미칠 만한 뉴스가 거의 없었다. 우리는 심각한 슬럼프에 빠져 있었다. 그런데 그해 3월, 쿠알라룸푸르에서 베이징으로 향하던 말레이시아 항공기가 남중국해에서 실종되는 사건이 발생했다. 그 비행기에 무슨 일이 일어났는지 아무도 알지 못했고 잔해도 곧바로 발견되지 않았다. 비행기가 문자 그대로 사라진 것이다.

---

*   하나의 데이터를 여러 개의 부분집합clusters으로 분할하는 것을 말한다.

비행기 실종 사건에 대한 새로운 정보도 전혀 없었지만, 이 사건은 시청률에 센세이셔널한 영향을 미쳤다. 닐슨의 시청률 수치는 다소 거친 측정 방식으로 나온 것이지만, 어떤 콘텐츠가 인기를 끌고 있는지는 매우 명확하게 보여준다. 그리고 그 주의력은 몇 주간 이어졌다. 비행기가 실종되고 나서 20일 후 아들이 태어났고 나는 육아 휴가를 받았다. 그리고 2주 후 직장에 복귀했을 때도 케이블 뉴스는 여전히 그 비행기 이야기를 다루고 있었다.

어느 순간, 이 뉴스 보도는 터무니없는 수준으로 치달았다. 실종된 비행기에 대해 할 말은 많지 않았다. 비행기는 사라졌고 우리는 어디에 있는지 알지 못했다. 이는 미스터리를 풀어야 할 중대한 사건이자 유가족들에게는 비극이었고, 당연히 흥미로운 기삿거리였다. 하지만 객관적으로 봤을 때 우리가 쏟아내는 엄청난 양의 보도는 그만한 가치가 없었다. 소셜 미디어에서는 반발이 일기 시작했다. "오늘도 비행기 소식을 다루다니 말도 안 돼!"라는 식의 불만이 쏟아졌다. 뉴스 보도는 조롱이나 풍자, 농담, 반론의 대상이 되었고, 실종된 비행기에 대한 초기의 주의력 씨앗에서 완전히 새로운 주의력 생태계가 형성되었다.

이렇듯 사람들이 뉴스 보도를 보고 지나친 보도에 대해 불평하는 데서 파생된 역동성은 트럼프 시대의 특징으로 자리 잡았다. 이는 매체가 시청률이라는 숫자에 따라 시청자들이 원하는 것을 제공하면서도, 동시에 시청자들로부터 반발을 사는, 특정한 종류의 소외 경험이다. 왜냐하면 우리의 주목을 끌려는 존재 — 사이렌 — 와 우리가 의식적으로 보고 싶어 하거나 시간을 보내고 싶어 하는 것 사이에는 갈등이 상존하기 때문이다. 이 경쟁은 주의력 산업 종사자들에게 창의적으로 사람들의 귀를 열고 사이렌 소리에 집중하게 만드는 방법을 개발하도록 부추긴다.

단적으로 폭스 뉴스를 보라. 폭스 뉴스는 1996년 방송을 시작한 이후 거의 대부분의 기간에 케이블 뉴스 시청률에서 독보적 1위를 차지해왔다.[31] 이는 방송 품질보다는 시장 포지셔닝과 더 관련이 있다. 현재 수천만 명의 보수주의자 중 상당수가 (보수주의자들이 '리버럴 미디어'라고 부르는) 이른바 주류 언론을 점점 더 불신하며, 이들의 방송이나 신문·잡지를 시청하지 않고 읽지도 않는다. 이런 상황에서 폭스 뉴스는 사실상 독점적 위치를 차지하며 매우 높은 수익성을 누리고 있다. 그러나 폭스 뉴스는 이를 당연시하지 않는다. 수십 년 동안 사실상 경쟁자 없이 독주해왔음에도, 폭스 뉴스는 여전히 시청률에 집착하는 병적인 기업 문화를 유지하고 있다.

사실 폭스 뉴스는 시청률 집착이 극에 달한 나머지 시청률 애널리스트들이 프로그램 제작에서 핵심적인 역할을 맡고 있다. 이들은 보도본부 회의에 참여하며, 게스트 섭외와 취재 주제 선정에도 영향을 미친다. 폭스 뉴스는 프로야구의 머니볼 전략moneyball-style의 이점을 활용해 프로그램을 편성해야 한다고 확신했다. 야구 통계학에 몰두했던 세대가 남들이 놓친 장점을 찾아 게임을 혁신했던 것처럼 말이다. 시청률 애널리스트들은 게스트별 시청률 데이터와 세그먼트 주제에 대한 피드백을 제공했다.[32] (참고로, 내가 MSNBC에서 일한 이래로 이런 일은 전혀 없었다.)

도널드 트럼프가 2020년 대선에서 패배하기 전까지 폭스 뉴스의 전략은 꽤 잘 작동했다. 그러나 선거 당일 밤, 폭스 뉴스의 보도본부 데스크Decision Desk는 잠시 시청률 계산 작업에서 단절된 듯 보였다. 이들은 경쟁사보다 먼저 바이든의 애리조나 승리를 정확히 예측했는데, 이는 트럼프의 패배를 받아들이고 싶지 않았던 폭스 시청자들의 분노를 샀다. 선거 후 몇 주 동안 폭스는 처음으로 우파 신생 매체인 뉴스맥스와 원 아메리카 뉴스에 시청률 1위를 빼앗겼고, 2020년 12월 7일에는 한 시간 동안 뉴스맥스에 시청률이 뒤처지기까지 했다.[33]

이런 종류의 출혈은 폭스 뉴스에 전례 없는 일이었다. 케이블 뉴스 관계자들은 매일 시청률 추이를 보며 충격과 동시에 쾌감을 느꼈다. 폭스는 처음으로 시청자의 주의력을 얻기 위한 진정한 경쟁에 직면했고, 내부에서는 불안감이 극에 달했다. 투표 기계 제조업체인 도미니언이 제기한 [그리고 폭스가 7억 8,700만 달러(2020년 환율 기준 약 9,285억 원)에 합의한] 명예훼손 소송 과정에서 공개된 이메일과 메시지에 따르면, 폭스 진행자와 프로듀서, 경영진은 시청자들이 경쟁사로 떠날까 두려워했고 이를 막기 위해 무엇이든 하려고 했다. 답은 분명했다. 경쟁자들이 말하고 있는 것처럼, 선거가 조작되었고 미국 민주주의 역사상 가장 큰 범죄가 발생했다는 주장을 시청자들에게 전해야 했다.[34] 이 전략은 의도적인 것이었다. 선거 후 시청률이 급락하자 숀 해니티Sean Hannity는 제작진에게 보낸 분노의 메모에서 이렇게 지적했다. "화요일과 수요일의 시청률 차이는 우리가 다룬 뉴스가 새롭지도, 강렬하지도 않았다는 것을 보여준다." 그리고 그는 해결책을 제시했다. "우리는 도미니언 스토리를 우리 것으로 만들어야 한다."[35]

많은 경우, 아니 대부분의 경우, 거짓말은 진실보다 더 쉽게 주의를 끌 수 있다. 이것이 경쟁적인 주의력 시장에서 뉴스가 종종 진실의 경계를 넘나드는 이유다. 슈퍼마켓 계산대나 영국의 신문 가판대를 떠올려보라. 치열한 경쟁 속에서 개개의 인쇄물은 단 몇 초 만에 시선을 사로잡고 구매를 유도해야 한다. 이들의 표지는 자극적이며, 내용적으로는 사실 관계가 의심스럽다.

이러한 현상은 주의력 경쟁 시장만큼이나 오래된 것이다. 1835년, 더 많은 독자를 끌어들이려던 《더 선》은 달에 생명체가 존재한다는 충격적인 6부작 시리즈를 실었다.[36] 이 시리즈는 스코틀랜드의 한 과학 저널을 인용하며, 남아프리카의 망원경으로 달의 생명체를 관찰할 수 있다고 주장했다. 기사에는 반인, 반박쥐 외계 종족이 지배하는 유니콘과 비버 같은 야생 동물에 대한 세부적 설명이 담겨 있었다. 이 기사는 엄청난 반향을 불러일으켰고, 《더 선》의 발행 부수는 폭발적으로 증가했다. 경쟁적 주의력 시장의 특성상 다른 신문사들은 이 보도에 대응하거나, 재구성하거나, 반박하며 자신들의 이익을 위해 이 기사에 대한 주의력을 활용하려 했다.

이것의 현대적 버전은, 놀라운 비밀 지식이 담겨 있다고 주장하는 소셜 미디어 게시물이 바이럴하게 퍼져나가는 모습이다. 그러면 누군가가 "이건 전혀 사실이 아니에요"라고 끼어들며 지적한다. 원

게시자는 아마 그 게시물을 삭제할 수도 있고, 그렇지 않을 수도 있을 것이다. 어떤 경우든, 게시물은 이미 주목받겠다는 목적을 달성했다. 저널리즘에서는 이를 두고 "너무 좋아서 확인할 필요가 없는too good to check" 이야기라고 비꼬는 표현을 쓴다. 이는 세부 사항이 지나치게 몰입도가 높고 흥미진진해 사실 여부를 알고 싶지 않을 정도인 이야기를 말한다. (물론 기자로서의 임무는 재미를 망치더라도 이를 확인하는 것이다.) 특히 초보 기자로서 배워야 할 중요한 교훈 중 하나는, 대부분의 이야기가 처음에는 단순해 보이지만 자세히 들여다보면 더 복잡하고 진부하기까지 하다는 점이다. 그러나 주의력 경제는 "너무 좋아서 확인할 필요가 없는" 콘텐츠를 장려한다. 타블로이드로 불리던 과거의 콘텐츠가 지금은 클릭 유도 콘텐츠로 변했을 뿐, 사람들의 주의를 끌기 위해 만들어진 점은 동일하다.

경쟁은 비자발적 주의를 이끌어낸다. 타임스퀘어와 파리의 공공장소를 뒤덮은 포스터들, 그리고 수많은 앱에서 쏟아지는 알림으로 가득 찬 스마트폰 화면이 그 예다. 하지만 이 경쟁은 단지 주의를 끌어내는 데 그치지 않는다. 선정적이고 타블로이드적이며, 종종 거짓된 방향으로 우리를 이끈다. 주의력 시장에서 경쟁이 치열해질수록, 이러한 경향은 더욱 강해진다. 플랫폼과 매체마다 차이는 있겠지만, 이러한 현상은 주의력 경쟁의 유인책이 우리를 끌고 가는 방향을 보여준다. 이는 마치 궤도에 있는 모든 것을 끌어당기는 중력과도 같다.

이 장에서 주장하려는 바를 명확히 하기 위해, 여기서 잠시 멈추고 재설정을 시도할 필요가 있다. 나는 이 장을 소외에 대한 논의로 시작했다. 주의력 시대에 경험되는 독특하지만 어디에나 있는 형태의 소외로, 심지어 사무직을 맡고 있는 탈레반 단원들조차 겪고 있는 현상이다. 왜 현대 디지털 환경에서 우리의 경험은 이런 소외감을 느끼게 할까? 내 대답은 이것이 주의력의 상품화로 인한 결과라는 것이다. 주의력은 기이한 종류의 상품으로, 폴라니의 표현을 빌리자면 '가상의 상품'이다. 이 상품화 과정은 마치 임금 노동과 유사하게, 주관적이고 형언할 수 없는 경험을 결국 가격을 매길 수 있는 '단순한' 상품으로 변형시킨다.

마르크스의 임금 노동에 대한 설명과 마찬가지로, 이는 소외를 초래한다. 소외는 우리의 의지와 무관하게 본질적인 무언가를 빼앗긴다는 느낌이다. 더 나아가, 나는 시간이 지나면서 주의력 자본주의의 본질이 점점 더 소외적인 형태의 주의력 추출로 이어질 것이라고 주장한다. 주의력 경쟁이 심화되면, 경쟁자들은 더 교활한 방법으로 관심을 이끌어내려 할 것이다. 사이렌의 노래처럼 우리의 무의식적 주의를 앗아가는 방법은 점점 더 발전할 것이다. 그리고 이는 일종의 현기증과 방향 감각 상실을 일으킨다.

주의력 시대에 대한 비판을 자신의 주된 주제로 삼아온 배우 보 버넘 Bo Burnham은 이 현상을 식민화의 메타포를 통해 설명한다. "우리는 지난날 땅을 식민화했고, 그 땅에서 돈을 벌 수 있었다"라고 말하면서 그는 이렇게 잇는다. "이제 저들은 당신 삶의 매 순간을 식민화하려고 한다. (…) 당신의 삶의 매 순간을 차지하려는 것이다."[37]

버넘이 이 점을 지적한 영상은 일론 머스크가 트위터를 인수한 시기에 바이럴되었다. 이 영상은 쇼츠로 편집되어 트윗에 올라갔고, 수백만 명이 시청했으며 수십만 명이 '좋아요'를 눌렀다. 이는 엄청난 참여를 유발했으며, 트위터는 이 게시물에 광고를 붙여 수익을 창출했다. 우리가 보이는 주의력의 모든 부분은 결국 상업적 주의력을 포착하기 위한 동일한 과정을 유도하는 데에 사용된다.

집단적 주의력에서 고립된 주의력으로

마르크스와 여타 마르크스주의 이론가들이 주장한 소외의 핵심 특징은 고립감이다. 이는 우리 자신으로부터, 혹은 우리의 신체와 진정한 자아로부터 분리되는 느낌이며, 동시에 다른 사람들과 멀어지는 느낌을 동반한다. 마르크스는 이러한 고립을 가리켜 노동자들이 자신의 상황을 자본주의의 결과로서 이해하기보다는 개인적 시련으로 여기는 원인이라고 보았다. 따라서 집단행동 — 만국의 노동자여, 단결하라! — 은 노동자들에게 필요한 첫걸음이었다.

주의력 시대에 나타나는 소외 역시 고립감과 사회적 소외가 그 중심에 자리한다. 이는 우리의 관심을 끌기 위해 점점 더 발전하는 기술과 깊은 관련이 있다. 이로 인해 집단적 주의의 '전력electricity' 역할을 하는 대중문화를 유지하기가 점점 더 어려워지고 있다.

집단적 주의력이 주는 황홀한 기쁨은 극장에서, 스타디움 공연장에서, 혹은 꽉 들어찬 농구 경기장에서 느낄 수 있는 감정과 비슷하다. 이는 단순히 관심을 기울일 대상을 찾는 즐거움에 그치지 않는다. 집중된 주의력의 에너지가 만들어내는 힘 자체에 빠져들고, 마치 다른 세계의 사회적 경험 속에 몰입된 것 같은 기분을 느끼게 된다. 대다수의 사람들은 처음 본 콘서트를 기억한다. 그 첫 경험이 유난히 아름답게 느껴지는 것은 바로 주의력이 또렷하게 고양되는 특별한 감각 때문이다. 무대 위 밴드나 연주자에게 집중하면서, 동시에 주변 모두가 똑같이 몰입하고 있다는 걸 느끼게 된다. 그 순간, 사람들은 하나로 연결된다. 마치 수천 개의 산업용 태양광 패널이 빛을 한 지점으로 모으는 장면처럼.

이와 같은 집단적 주의력은 종교 의식이 가지는 핵심적인 힘이기도 하다. 인류 역사 대부분에 걸쳐 종교 행사, 의식rite, 의례ritual, 헌신은 집단적 주의력이나 공유된 볼거리가 중심이었다. 이는 '함께 집중하기'의 원형이라 할 수 있다. 에밀 뒤르켐Émile Durkheim은 종교적 관행의 중심에 집단적 의식의 관찰이 있다고 말한 바 있다. 이런 의식은 공동체를 결속하고, 믿음을 공고히 하며, 구성원 간의 유대감을 형성한다.[38] 지구상에 인류가 존재한 이후로 99%의 기간에 우리는 다른 사람들과 직접 대면할 때만 의식, 공연, 혹은 스포츠 경기를 경험할 수 있었다. 그러나 현대에 이르러 우리의 주의력은 주로 고독 속에서 스크린에 집중되어 있다.

개인적 주의의 첫 테크놀로지는 '기록 문학'의 형태로 구현되었다. 문학은 구비 문학으로 시작되었고, 개인적으로 전승되거나 군중 앞에서 발표되면서 집단적으로 공유되었다. 그러나 글쓰기와 읽기의 등장은 이런 집단적 소통 방식을 개인적 형태로 전환했다. 기록 문학이 등장한 이후 수천 년 동안 사람들은 글쓰기를 희소하고 특별한 기술로 여겼다.

인쇄술과 대량 출판의 등장은 근대성의 전환점을 이루었다. 이는 주목할 만한 변화였다. 오늘날에도 우리는 '독서광'이라 불리는 사람들을 얼핏 수줍음 많고 반사회적인 부류로 여기기도 한다. 이는 그들이 다른 사람들과의 교류보다 글 속에 몰입해 있기 때문이다. 책, 잡지, 신문은 대화나 음악, 공연 같은 사회적 활동과 달리, 오랫동안 고독한 형태의 주의 행위로서 두드러졌다. 물론 교회에서 기도문을 단체로 낭송하는 식의 집단적 독서 방식도 있었지만, 대체로 독서는 고독한 행위로 인식되어왔다.

그리고 19세기 초, 잡지 문화가 폭발적으로 확산되자 현대인이 휴대폰에 대해 제기하는 비판—인쇄물이 사용자의 주의력을 불투명한 거품 속에 가둔다는—과 유사한 논의가 당시 인쇄물에도 제기됐다. 신문과 잡지는 모종의 피할 수 없는 주의력 시장의 논리에 따라 자연스럽게 성장했다. 이런 매체는 책보다 제작 비용이 낮았고, 온갖 이야기와 삽화, 헤드라인 등을 통해 독자의 관심을 끌고 유지하도록 설계되었다. 마치 트위터가 각종 기사로 가득 찬 신문보다 더 강하게 주의를 사로잡는 것처럼, 신문은 책보다 더욱 효과적으로 주의를 포착할 수 있었다.

그러나 이제까지 여러 세기에 걸쳐 글이 고독 속의 주의력이라는 특별한 형태로서 두드러졌다면, 적어도 지난 세기에 분명해진 것은 주의력 자본주의의 확고한 논리가 작용해 각 매체에서 모든 형태의 주의력 포착을 신문처럼 휴대 가능한 것으로 만들었다는 점이다. 새로운 기술과 개발이 이루어질 때마다, 공유된 볼거리의 경험은 점점 고립된 주의력의 경험으로 대체되었다. 한때 집단적이었던 경험이 개인적인 경험으로 바뀌게 된 것이다.

음악은 고대부터 집단적 주의력을 촉진하는 주요 수단이었다. 북을 치고 노래하며 춤을 추는 행위는 한 장소에 모인 수많은 사람들을 하나로 묶고 집중하게 만들었다. 이는 수십만 년 동안 그대로 유지되었다. 초원의 달빛 아래서 바이올린을 연주하는 아버지와 함께하는 가족의 작은 모임에서부터 맥스 야스거의 농장Max Yasgur's farm에서 지미 헨드릭스Jimi Hendrix가 국가를 연주하는 것을 듣는 수십만 명의 진흙투성이 히피에 이르기까지 말이다.

이러한 집단적 경험은 1979년에 소니가 워크맨을 출시하면서 전환점을 맞았다. 워크맨은 음악 듣기 용도로 대량 생산된 최초의 휴대용 개인 기기로, 소니의 전설적인 공동 설립자 이부카 마사루井深大의 아이디어에서 시작되었다. 그는 장거리 비행 중 오페라를 들을 수 있는 휴대용 플레이어를 만들 것을 지시했다.[39] 이 기기는 발매 즉시 히트 상품이 되었다. 당시 150달러라는 비싼 가격에도 불구하고 재고가 부족할 정도로 워크맨은 큰 인기를 끌었다. 그러나 워크맨이 사용자와 외부 세계 사이에 고립된 주의력의 역장力場*을 만든다는 이

---

*　　force field. 눈에 보이지 않는 힘이 작용하는 장애 구역을 말한다.

유로 반발도 일었다. 한 백화점 매니저는 이 기기를 "80년대의 질병"이라고 불렀다.[40] CBS 레코드의 경영진은 "사람을 만나는 시대는 끝났다. 이건 마약과도 같다. 워크맨을 착용하면 세상이 사라진다"라고까지 말했다.[41] 한 비평가는 "가는 곳마다 일종의 정서적 온도 조절을 추구하는 과정에서, 우리는 단지 서로를 상대하지 않겠다는 의지를 새로이 증명하고 있는 것뿐이지 않은가?"라고 지적했다.[42]

뉴저지의 한 마을에서는 워크맨 사용을 금지하는 법을 제정하기도 했으며, 이 법은 2016년까지 폐지되지 않았다. 소니조차 이 기기의 고독감을 우려해 첫 모델에 두 개의 헤드폰 잭과 함께, 사용자가 고독하다고 느낄 때 다른 사람과 대화할 수 있는 버튼을 추가했다.[43] 《뉴욕 타임스》는 이를 "패닉 버튼과 같은 비상 '공유' 버튼"이라고 소개하며, 소니 내부에서도 "이기적이라고 여겨질 수 있는 상품을 출시하는 걸 주저했다"고 전했다.[44]

이제 워크맨의 이러한 우려를 읽는 것은 재미있고 때로는 사랑스럽게 느껴진다. 오늘날 기본적인 헤드폰 기술은 너무나 보편화되어 공공장소에서 개인 기기에 몰입하는 모습이 더 이상 낯설게 느껴지지 않는다. 이제 그것은 인생이다. 워크맨은 아이팟, 그 후에는 아이폰에 자리를 내주었다. 나만 해도 헤드폰을 끼지 않고 뉴욕 거리를 걷는 일이 드물어졌다.

볼거리들도 집단적 주의에서 개인적 주의로 같은 궤적을 그렸다. 수만 년 동안 군중이 함께 즐기던 라이브 공연은 20세기에 들어 영화라는 볼거리로 자연스럽게 전환되었다. 영화 역시 관객이 함께 즐기며 하나의 초점에 주의를 집중하는 집단적 경험의 형태였다.

그리고 TV가 등장했다. TV는 사람들이 혼자서도 볼 수 있는 최초의 기술이었다. 2차 세계대전 이후 상업 방송이 시작되자, TV는 군중에게 볼거리를 제공하던 기존의 주의력 산업들을 빠르게 대체하기 시작했다. 1948년, 미국 연방통신위원회는 별다른 이유를 명시하지 않은 채 새로운 TV 사업권 부여를 중단하고, 미국을 TV 도시(즉, TV 사업권을 받은 네트워크 방송사가 있는 도시)와 그 외의 도시로 나누었다. 그 차이는 극명했다. "1951년, 영화 관람객 수는 대부분의 TV 도시에서 20~40% 감소했다. 반면, TV 도시가 아닌 지역에서는 관람객 수가 유지되거나 오히려 증가했다. 특히 TV 보급률이 높은 지역에서는 영화관이 잇따라 문을 닫는 일이 발생했다."[45]

그러나 초기에는 TV 역시 공동체적 경험이었다. TV가 처음 유행하던 시절에는 TV를 소유한 일부 가정이 이웃 가족들을 초대해 함께 시청하곤 했다. TV가 희귀한 사치품으로 여겨졌던 가난한 나라에서는 이러한 공동 시청 문화가 더욱 두드러졌다. 엘레나 페란테Elena Ferrante의 소설 《나의 눈부신 친구My Brilliant Friend》(2012)에서, 나폴리 출신의 화자는 자신에게 구애하던 남자로부터 TV를 선물 받는다. 이 사건을 계기로 그녀의 집은 매일 밤 이웃들이 모이는 일종의 미니 영화관으로 변한다. "상자를 열자마자, 우리 모두 알고 있긴 했지만, 이웃 중 극소수만이 집에 가지고 있던 물건이 모습을 드러냈다. 바로 TV, 즉 영화관에서처럼 영상을 볼 수 있는 스크린이 달린 장치였다. 그리고 이제 어머니, 아버지, 여동생과 남동생을 포함해 이웃의 절반이 이 기적을 보려고 세롤로의 집에 모여들었다."[46]

하지만 TV가 동네의 화젯거리였다가 (1970년에는 95%의 가정이 TV를 소유한 것처럼) 미국 가정의 필수품으로 자리 잡은 후에도 대다수의 사람들은 여전히 가족 단위로 TV를 시청했다.[47] 많은 가정에서 함께 TV를 보는 것은 교회나 가족 모임과 더불어 가정의 중요한 활동 중 하나였다. 내가 어렸을 때는 숙제를 마치고 식탁을 치운 뒤 형제가 부모님과 함께 거실에 앉아 TV를 보곤 했다. 〈로 앤 오더Law & Order〉(1990~2010), 〈사인펠드Seinfeld〉(1989~1998), 〈심슨 가족〉 같은 프로그램이 우리의 일상이었다. 나이를 먹으면서는 밤늦게까지 어른들을 위한 프로그램을 보기도 했다. 어머니가 잠자리에 드시면, 아버지와 함께 〈찰리 로즈 쇼〉를 보며 하루를 마무리하곤 했다.

내게 이 기억들은 따뜻함의 원천이다. 같은 농담에 웃고, 광고 시간에 대화를 나누는 순간들. 이렇게 함께 관심을 기울이는 행위는 일종의 사회적 윤활유 역할을 했다. 특히 십대 시절, 부모님과 대화하는 것이 다소 부담스러웠을 때 더더욱 그랬다. 우리의 관심이 화면에 쏠려 있다 하더라도, 적어도 우리는 함께 화면을 바라보고 있었다. 그것은 우리가 함께 있다는 사실을 의미했다.

그러다가 태블릿, 스마트폰, 그리고 여러 방에 설치할 수 있는 점점 더 저렴해진 평면 스크린 TV 같은 스크린 기술이 등장하면서 이러한 일상은 크게 바뀌었다. 워크맨이 음악 감상의 방식을 가족에서 개인의 경험으로 바꾼 것처럼, 영화나 TV를 보는 일도 가족의 공유된 경험에서 점점 개인화된 경험으로 옮겨갔다. 오늘날에는 '스크린 타임'을 설정해 아이들이 각자 개별 기기를 사용하며, 서로 다른 콘텐츠를 보고, 서로 다른 관심을 기울이는 모습이 일반적이다.

나는 이런 이야기를 하는 것이 약간은 쓸쓸하며 향수에 젖은 듯하고, 조금은 기술에 반감을 가진 사람처럼 들릴 수도 있다는 것을 알고 있다. 그리고 나는 그쪽으로 너무 깊이 빠지고 싶지는 않다. 왜냐하면 이 이야기에는 또 다른 중요한 측면이 있기 때문이다. 바로 '함께 보기' 모델이 이른바 '방송 문화'를 탄생시켰다는 점이다. 수천만 명의 사람들이 동시에 같은 것에 주의를 기울이고, 이를 통해 문화적 레퍼런스가 광범위하게 공유되는 현상 말이다. 그렇다고 해서 이런 문화가 본질적으로 더 우월하다고 주장할 수는 없다. 사실 이 방송 문화는 유색인종, 퀴어, 이민자 가족 등 많은 미국인을 거의 전적으로 배제하며, 이들로 하여금 또 다른 형태의 소외감을 느끼게 했다.

스크린의 확산은 다양한 시청 대상의 확산을 가능하게 했거나 최소한 그러한 변화와 동시에 일어났다. 만약 가족 구성원 모두가 아니라 오직 한 사람만 시청할 수 있다면 무엇이 가능할까? 주의력 시장의 냉엄한 논리는 주의를 끄는 물리적 장치와 그 위에 표시되는 콘텐츠 모두에서 개별화individuation를 지향한다. 이 두 요소는 서로 맞물려 작용한다. 영화 스크린에서 TV 스크린, 태블릿, 그리고 아이폰으로의 이동은 대중문화가 점차 더 세분화된 하위문화로 분산되도록 촉진한다.

개별화의 논리적 결론은 틱톡 같은 앱에서 경험하는 맞춤형 알고리즘 기반의 '피드'로 귀결된다. 틱톡은 전 세계 10억 명의 사용자 중 누구에게도 동일한 콘텐츠를 보여주지 않는 앱이다. 워크맨으로 새로운 싱글 앨범을 혼자 듣는 경우, 당신이 듣는 음악은 그 노래를 듣는 다른 모든 사람들도 똑같이 듣는다. 아이패드로 넷플릭스 쇼를 몰아볼 때도 마찬가지다. 그러나 인스타그램이나 틱톡에서 당신이 보는 피드의 순서는 각 사용자마다 완전히 다르다.

이처럼 개별화의 수준이 극단적으로 높아진 환경에서, 같은 사용자라 하더라도 순간마다, 당시 기분마다 내용이 달라질 수 있다. 나는 이 책을 쓰기 위해 틱톡을 다운로드했던 어느 날 밤을 기억한다. 그날 밤은 가족들이 모두 외출해 집에 혼자 남은 드문 경우였다. 젤리를 반쯤 먹은 뒤, 아무 생각 없이 휴대폰을 훑기로 했다. 틱톡의 차별화된 특징은 무엇보다 알고리즘이 기본적으로 사용자를 완전히 통제한다는 점이다. 특정인을 팔로우할 수도 있지만, 앱을 실행하기만 하면 자동으로 동영상 피드가 재생되기 시작한다. 틱톡은 사용자의 시청 시간 같은 데이터를 기반으로 무척 구체적으로 취향을 파악해, 좋아하는 것과 싫어하는 것을 정확히 맞춘 콘텐츠를 제공한다. 그날 밤, 나는 문득 틱톡에서 맛있는 샌드위치가 만들어지고 반으로 잘리는 동영상을 계속 보고 있다는 것을 깨달았다. 그러면서 이 알고리즘이 마치 내가 몽롱한 상태에 있음을 알아채기라도 한 것 같은 생각이 들었다. 전설적인 SF 작가 아서 C. 클라크 Arthur C. Clarke는 "충분히 발전한 기술은 마법과 구별할 수 없다"고 썼다. 그 순간 틱톡의 알고리즘이 마법처럼 느껴졌다.[48] 나는 이 모든 것이 단지 알고리즘일 뿐이라는 사실을 알고 있었지만, 내 손에 든 이 기계가 내가 말하지 않은 것을 알아낸 것 같은 기묘한 기분이 들었다.

이처럼 디지털 기술의 발전은 점점 더 개인적이고 고독한 세상을 만들어내고 있다. 나는 현대 생활에서 고독의 증대와 우리의 주의력이 점점 더 구체적으로 개별화되는 과정 사이에 깊은 연관이 있다고 결론지을 수밖에 없다고 생각한다. 주의력 시대에 이뤄지는 주의 전환의 중심 원천은 내 인생을 통틀어 점점 더 치밀하게 원자화되었다. 이러한 경쟁 과정은 주의력 장사꾼들이 우리의 의지와 무관하게 우리의 관심을 강제적으로 끌어당기게 만든다. 그리고 그 결과, 우리는 고독감이라는 특정한 형태의 주의력을 선택하도록 점점 더 유도되고 있다.

그러나 사회적 연결에 대한 인간의 본능적 충동, 특히 집단적 볼거리에 대한 욕구는 너무 강렬해서 이야기가 여기서 끝나지 않는다. 소셜 웹social web의 자부심은 공유와 연결이 핵심이다. 그리고 솔직해지자. 무언가를 공유하는 것은 정말 즐거운 일이다. 자신이 좋아하는 것을 다른 사람들도 즐길 수 있도록 전달하는 것은 진정한 연결의 한 형태다. 물론 우리는 모두 같은 방에 있는 것이 아니고, 각자 자신의 화면을 들여다보고 있을 뿐이다. 하지만 좋아요, 댓글, 문자 메시지, 그리고 작은 공유 버튼은 그 거리를 좁힐 수 있는 도구가 된다. 함께 보고 싶다는 원초적인 욕구가 점점 더 원자화되는 기술적 조건에 맞서 스스로를 주장하는 것이다.

2022년 영국 역사상 최장수 군주였던 엘리자베스 여왕이 서거하자 영국은 물론이고 전 세계 영어권 언론은 여왕에 대한 뉴스로 넘쳐났다. 그러나 많은 미국인들은 이런 보도가 지나치다고 느꼈다. 미국인이야말로 영국 왕족의 사망에 대해 전 국민적 애도를 표하는 바로 그 시나리오를 피하기 위해 혁명을 일으킨 사람들이 아닌가?

문화를 정의하는 한 가지 방법은 사람들이 무엇에 관심을 기울이고, 또 함께 관심을 기울이는지를 살펴 보는 것이다. 미국에서는 슈퍼볼 경기가 다른 어떤 단일 행사보다 더 높은 시청률을 기록한다. 만약 미국 문화와 아무런 접점이 없는 외국인이나 방문객이 미국을 대표하는 단 하나의 것을 보여달라고 한다면, 슈퍼볼 경기가 가장 적합한 출발점이 될 것이다. 이런 맥락에서 엘리자베스 여왕의 죽음과 장례식에 대한 대대적인 보도는 주의력 시대에 군주제의 본질을 보여주는 완벽한 사례라 할 만하다. 단순히 말해, 사람들에게 함께 관심을 기울일 대상을 제공하는 것이다. 이 뉴스는 시청자들을 하나의 거대한 볼거리로 묶어준다. 포스트모던 시대의 왕조는, 이 시대의 기업 용어로 표현하자면, 하나의 '콘텐츠'에 해당한다. 사실, 이런 관점에서 보면 해리 왕자와 메건 부부가 공식적인 왕실 구성원의 역할을 포기하고 미국으로 이주해 팟캐스트와 TV 쇼를 제작하며 콘텐츠 계약을 체결한 것도 놀라운 일이 아니다.

주의력 자본주의는 대중의 볼거리라는 전체적인 경험, 즉 함께 관심을 갖는 사회적 결속, 같은 방향으로 같은 감각에 몰입하는 많은 사람들 중 하나가 되는 희열을 각자 개별적으로 경험하는 복합적인 과정, 즉 무언가를 보고 그것을 공유하는 과정으로 쪼갰다. 바이럴되는 밈은 '함께 집중하기'의 현재적 형태이지만, 이렇듯 중요한 방식을 통해 크게 약화되었다. 오페라나 콘서트를 관람하거나 함께 노래를 부를 때 나오는 집단적 열기는 두 부분으로 분리되어, 각각 단독으로 이루어진다. 나는 본다. 그리고 공유한다. 나는 본다. 그리고 공유한다. 그리고 우리는 함께 웃지만 따로 웃는다.

비즈니스 관점에서 이 혁신이 가지는 탁월한 점은 무엇보다 주의를 끌고 수익을 창출할 수 있는 두 가지 기회를 동시에 만들어낸다는 것이다. 하나는 우리가 무언가를 보는 순간 느끼는 기쁨이나 분노 같은 감정이고, 다른 하나는 그것을 공유하려는 충동이다. 우리가 공유하고 싶은 충동을 느끼는 것은 인간이기 때문이다. 인간은 본능적으로 연결을 원한다. 또 우리의 주의를 끄는 무언가를 보는 순간, 비록 시장과 주의력 기술이 우리를 고립시키는 방향으로 작동하지만, 우리는 여전히 연결되고 싶어 한다. 그래서 우리는 친구에게 밈을 보내고, 그 옆에 웃음 표시나 반응이 나타나기를 기다린다. 그리고 그런 과정을 통해서도 기쁨을 느낀다. 하지만 내게는 이 모든 일들이 삶의 본질적인 생명력을 한낱 인공물로 흉내 낸 것처럼 보인다. 물론 나는 이렇게 평가하는 것이 지나치다고는 생각하지 않는다.

대중문화는 이제 파편적으로 재생산되는 하위문화, 트렌딩과 바이럴에 지배되는 담론, 그리고 우리가 깨어 있는 매 순간의 작은 조각들에 의해 밀리고 당겨지며 형성되는 집단적 주의에 자리를 내주었다.

6장

주의력 시대의 개막

주의를 보존하기 위해 정보를 선별하는 데 능숙한 기술은 대체로 우리의 주의를 끌고 착취하는 것을 생성하는 데도 동일하게 능숙하다.

정보 과잉 시대에 주의력이 의미하는 것

1980년, 베스트셀러 작가이자 미래학자인 앨빈 토플러Alvin Toffler는 저서 《제3의 물결The Third Wave》(1980)에서 인류 역사를 세 시대로 나누어 설명했다.[1] 제1의 물결은 대부분의 인류학자들이 약 1만 2천 년 전에 시작되었다고 보는 신석기 혁명이다. 이 시기의 사람들은 수렵 채집 사회에서 벗어나 한곳에 정착하며 스스로 식량을 재배하는 농업 사회로 전환했다. 일반적으로 이 시기는 문명의 시작으로 간주된다. 농업을 중심으로 한 인간 삶의 기본 구조는 태양과 인간 노동을 주요 에너지원으로 삼아 약 18세기까지 지속되었다. 그 후 제2의 물결인 산업혁명이 시작되었다. 화석 연료에 기반한 기계화는 인류 발전에 급격한 변화를 가져왔다. 수십억 년 동안 저장되어 있던 태양 에너지가 갑자기 인간 앞에 모습을 드러낸 것이다. 현대 생활에서 우리가 경험하는 거의 모든 것은 이 산업혁명에서 비롯되었다.

그런 다음 2차 세계대전 종전 후의 어느 시점에 우리는 제3의 물결을 맞이하게 된다(토플러는 이 시기를 1950년대 후반으로 본다). 이 시기의 컴퓨팅 파워와 정보 처리 능력은 인류의 사회경제적 삶에 거대한 변화를 가져왔다. 많은 사람들이 이 시대를 정의하려고 시도했지만, 토플러는 이를 다음과 같이 설명했다. "그 어떤 용어도 우리에게 다가오는 변화의 힘, 그 범위와 역동성을 충분히 전달할 수 없다. 또한 이 변화로 생긴 압박과 갈등을 설명하기에도 부족하다."[2] 오늘날 이런 대략적인 연대 구분은 하나의 통념으로 자리 잡았으며, 이는 우리가 인간 진보를 바라보는 방식의 근간이 되었다. 우리가 살고 있는 이 시대는 흔히 정보화 시대로 알려져 있다.[3] 정보가 인간 사회의 중심에 자리 잡은 이 시대는 석탄 엔진과 조립 라인 공장이 상징적이었던 산업화 시대와도, 농업 문명이 지배하던 산업화 이전 시대와도 근본적으로 다르다.

정보화 시대를 구분하는 첫 번째 특징은 우리가 접근할 수 있는 데이터의 양이 급격히 증가했다는 점이다. 정보를 측정하고 계산하는 방식에는 다소 독특한 점이 있다. 정의 방식에 따라, 우리는 어느 순간 거의 무한한 양의 정보와 마주할 수 있다. 예를 들어 내가 지금 이 글을 쓰며 바라보는 나무의 잎사귀들이 그렇다. 이런 이유로 '데이터'는 유용한 개념으로 등장한다. 데이터와 정보의 차이를 이해하는 방법에는 여러 가지가 있지만, 개인적으로 가장 이해하기 쉬운 방법은 데이터를 인간이 생성하거나 인코딩한 특정 유형의 정보로 보는 것이다. 이와 같은 정의에 따르면 데이터는 하드 드라이브의 기가 바이트, 책의 단어 수, 앨범의 사진 수처럼 셀 수 있고 계량화할 수 있다는 장점이 있다. 이는 아마존 열대우림 1에이커(약 1,224평)에 포함된 잠재적 '정보'와 다르다. 그리고 실제 데이터의 관점에서 보면, 정보화 시대 이전과 비교할 때 오늘날 우리가 접근하고 처리해야 하는 데이터의 양이 기하급수적으로 증가했다는 점은 명백하다.

정보화 시대 이전에는 우리가 접근할 수 있는 데이터의 양이 제한적이었다. 집에 있는 경우 접근 가능한 정보는 물리적으로 보관된 파일, 서류, 책, 백과사전 등에 국한되었다. 폭설 휴교령과 같은 최신 정보를 확인하려면 라디오를 듣거나, TV를 시청하거나, 아는 사람과 통화하거나, 긴급 상담 전화에 의존해야 했다. 그러나 정보화 시대에 접어들면서 인터넷에 연결된 순간마다 기능적으로 무한에 가까운 양의 데이터에 접근할 수 있게 되었다. 한때 엄격히 제한되었던 정보 접근성이 이제는 대부분 전혀 제한되지 않는 시대가 된 것이다. 이와 같은 변화가 다른 영역에서 발생한다면 어떤 일이 일어날지 상상해보자. 예를 들어 한정된 양의 돈만 사용할 수 있다가 갑자기 기능적으로 무한한 돈을 가지게 되면 어떻게 될까? 또 특정 규모의 집만 소유하고 있다가 갑자기 기능적으로 무제한의 공간을 누리게 되면 어떻게 될까?

에너지 접근에 대한 이와 유사한 대전환은 산업화 이전 사회에서 산업화 시대로의 도약을 가능하게 했다. 산업화 이전에는 에너지가 극도로 제한적이었다. 태양, 물, 그리고 인간의 노동력으로 얻을 수 있는 동력이 전부였을 정도다. 그러나 화석 연료의 활용으로 접근

가능한 에너지의 양이 기하급수적으로 증가했다. 이제 에너지의 한계는 주로 가격에 의해 결정된다. 석탄과 석유를 구매할 수 있을 만큼 구매해서 원하는 일을 할 수 있게 된 것이다. 이와 유사하게, 산업화 시대에서 정보화 시대로의 급격한 전환은 정보를 제한하던 기존 요인들을 제거했다. 이 변화는 정보가 엄격히 제한되던 상태로부터 실질적으로 무제한에 가까운 상태로 변하게 되었음을 의미한다.

그렇다. 이것이 바로 우리를 정보화 시대로 이끈 첫 번째 큰 변화다. 이제 모든 사람은 방대한 양의 정보에 거의 무한히 접근할 수 있게 되었으며, 이를 거의 즉각적으로 누릴 수 있게 되었다.

세계의 모든 정보에 대한 무한한 접근과 함께 나타난 두 번째 큰 변화는 정보의 경제적 중심성이다. 정보화 시대의 주된 특징은 비물질적 생산이다. 물질이 아닌 정보의 흐름, 처리, 전환에 초점을 맞추는 것이다. 산업 생산은 일반적으로 금속 채굴, 고무 수확과 같은 원자재 추출로 시작하여 원자재를 생산 현장으로 운반한 다음 공장에서 이들을 조합하여 제품으로 만드는 과정을 포괄한다. 이 작업은 물질을 전환하는, 우리 앞에 놓인 물건들로 재창조하는 '세속적 성체 변화 secular transubstantiation'라고 할 수 있다.

이 작업은 매우 정교하여 일종의 마법처럼 보이기도 한다. 과거에는 존재하지 않았던 자동차가 이제는 조립 라인에서 생산되고 있지 않은가. 우리가 입는 옷이나 사용하는 가전제품도 마찬가지다. 그 기원을 살펴보면, 극히 복잡하여 단순히 이전의 형태에서 변환된 물리적 성질의 축적물처럼 느껴지지 않는다. 오히려 무에서 유를 창조한 것처럼 느껴진다. 이것이 바로 산업화 시대의 기적이었다. 우리는 세상의 원자 배열을 재구성하여 온갖 물건을 대량으로 생산한다. 우리의 집단적 의지는 화학과 물리학을 활용해 항공 운송, 고속 주행, 한여름의 냉방을 실현하고 장난감이나 각종 잡동사니 등등 셀 수 없이 많은 물건들을 만들어냈다.

정보화 시대의 산물은 다르다. 트윗을 보내거나 스프레드시트를 작성하거나 뉴스쇼를 스트리밍할 때, 물리적 세계의 어떤 부분이 변하게 되는 것일까? 이 모든 것은 물리적 기반을 가지고 있다. 이를 운영하는 데 드는 전기, 그리고 정보를 조작하고 전달하며 표시하는 데 사용되는 전화와 컴퓨터와 스크린에 들어가는 원자재가 필요하다. 그러나 정보화 시대의 주요 작업은 회로에 인코딩된 비트, 즉 이진 숫자의 조작으로 귀결된다.[4]

경제 기록을 살펴보면 이러한 대전환이 분명히 드러난다. 원자를 이동시키는 것은 비트를 이동시키는 것보다 훨씬 더 많은 에너지를 소모한다. 산업화 시대에서 정보화 시대로 전환되는 과정에서 GDP 단위당 필요한 에너지의 양이 눈에 띄게 감소했다. 이는 직관적으로도 쉽게 이해할 수 있다. 예를 들어 철강 노동자와 주요 건강보험사의 손해사정사를 비교해보자. 손해사정사는 철강 노동자보다 더 많은 돈을 벌 가능성이 높다. 특히 그 사람이 관리자라면 그 격차는 더 커질 것이다. 그러나 철강 노동자의 노동은 훨씬 더 많은 에너지 집약적 인풋을 필요로 한다. 반면, 손해사정사는 하루 시간의 대부분을 컴퓨터 앞에 앉아 있는다. 1973년에서 2019년 사이에 전 세계 석유 집약도(GDP 대비 석유 사용량)는 무려 56%나 감소했다.[5] 이 기간에 이를 위한 의도적인 정책 노력이 거의 없었다는 점을 감안하면 이는 매우 놀라운 통계다. 전력을 좀 더 효율적으로 사용하거나 절약해서 이루어진 것은 아니다. 오히려 고에너지 작업을 저에너지 작업으로 대체함으로써 달성된 결과다. 실제로 산업 생산에 더 많이 의존하는 경제일수록, 특히 제조업 비중이 큰 가난한 국가일수록 에너지 집약적인 성격을 띠는 경향이 있다.[6]

나아가 일자리와 경제 활동의 구성에서도 정보화 시대로의 전환을 측정할 수 있다. 고용 시장에서는 넓은 의미의 사무직, 예컨대 보험사의 손해사정사처럼 정보 조작과 관련된 다양한 분야의 일자리가 차지하는 비중이 급격히 확대되었다. 1980년 미국에서 지식 노동 관련 일자리에 종사하는 사람은 3천만 명에 불과했다. 그러나 2020년이 되자 그 수는 두 배 이상 증가한 반면, 생산직 육체노동과 같은 형태의 일자리는 정체 상태에 머물렀다.[7]

나는 1979년생으로, 정보화 시대로의 전환기를 직접 경험한 세대다. 이는 마치 1880년에 태어난 사람이 전기, 자동차, 비행기, 가정용 배관, 에어컨의 급격한 보급을 직접 목격한 것과 같다. 어린 시절에 사용했던 다이얼 전화기는 전화를 건 상대방이 통화 중일 때 통화 중 신호음을 울렸다. 비디오 플레이어는 없었다. 그러나 무엇보다도 중요한 것은, 나같이 호기심 많은 너드nerd 소년이 이 전환을 직접 겪었다는 점이다. 세상은 내가 가진 책 속의 정보만으로 살아가던 시대에서 인류의 모든 지식에 접근할 수 있는 시대로 변했다. 마치 마법의 문을 통과하는 듯했던 경이로움은 지금도 내 몸 깊숙이 각인되어 있다. 나는 열정적이고 강박적일 정도로 몰입했던 1세대 인터넷 사용자였다. 당시 인터넷은 열성적인 괴짜geek들의 틈새 취미와 대중적인 공공재 사이의 어딘가에 자리하고 있었다. 1992년, 나는 그래픽 인터페이스 브라우저를 통해 월드 와이드 웹에 접속했다. 그때 부모님께 AOL의 뒤처지고 폐쇄적인 환경을 버리고 인터넷 서비스 제공자ISP의 서비스를 쓸 수 있게 해달라고 간청했던 기억이 지금도 생생하다.

당시에는 화면 앞에 앉아 머릿속에 떠오르는 첫 질문의 답을 찾아 헤매곤 했다. 그 시기는 초기 검색 엔진조차 등장하지 않은 때였고, 구글이나 위키피디아도 존재하지 않았다. 작은 지식의 조각을 얻기 위한 여정은 마치 미스터리를 풀어가는 모험과도 같았다. 하지만 어딘가에 답이 있다는 확신 덕분에 그 과정은 더욱 보람차게 느껴졌다. 이러한 발견의 감각은 끝없이 스크롤하는 틱톡과는 전혀 다른 방식으로 스릴 있고 중독적인 경험이었다. 그 무렵 디지털 라이프를 표현하는 메타포는 '사이버 공간cyber space'[*]이나 '정보 고속도로 information superhighway'[**]처럼 주로 공간적인 것이었다. 이는 움직임과 탐험의 감각을 포착한 표현이었으며, 지금 우리가 소셜 미디어에 몰

---

[*] 인공두뇌학cybernetics을 뜻하는 사이버와 공간의 합성어로서 두뇌 속에서 펼쳐지는 또 다른 우주를 뜻함. SF 작가 윌리엄 깁슨의 1984년 소설 《뉴로맨서》에 처음 등장했다.

[**] 첨단의 광케이블 망으로 연결하여 대량의 정보를 초고속으로 주고받는 최첨단 통신시스템. 미국의 전 부통령 앨 고어가 부친이 상원의원 시절 주도했던 주간州間 고속도로 구상에 따라 국가정보기반NII 정책에 부여한 이름이다.

두하며 경험하는 정적인 좀비 상태와는 질감과 느낌이 크게 달랐다.

아이 같은 호기심을 넘어, 정보에 대한 접근이 대전환을 가져오고 중대한 의미를 지닌다는 근본적 이해가 있었다. 정보가 곧 힘이기 때문이다. 이는 무수히 많은 방식으로 나타났다. 금융 시장에서는 실시간 정보 접근이 가능해졌고, 소비자들은 가격 비교를 손쉽게 할 수 있게 되었다. 또한 일반인들도 해커들이 게시한 보안 취약점과 코드 정보를 활용할 수 있었다. 정보의 중심성, 특히 대량의 정보를 처리하는 능력은 어느 정도 정보화 시대의 선조들에게서 물려받은 유산이다. 이들은 2차 세계대전 당시 적군 정찰 활동을 감시하며 암호를 해독하고, 정보와 암호화 분야에 심혈을 기울였다. 이는 결코 우연이 아니다. 이 선구자들은 대규모의 혁신적인 방식으로 암호를 변환하고 해독하며, 현대 컴퓨팅의 개념적 토대가 된 정보 이론의 상당 부분을 발전시켰다. 암호를 해독하고 제작했던 이들에게 정보는 곧 힘이었다. 적군은 아군에게 필요한 정보를 보유하고 있었고, 아군은 그 정보를 추출해 활용함으로써 전장에서 우위를 점할 수 있었다.

그전에는 존재하지 않았고, 심지어 가져서는 안 되는 새로운 정보를 해독하는 스릴은 초기 정보화 시대의 원동력이었다. 인터넷은 마치 미지의 신천지와 같았고, 이를 탐험하려면 한 걸음 한 걸음 목을 빼고 조심스럽게 나아가야 했다. 모든 것이 너무 가까이, 너무 갑작스럽게 다가와 마치 현기증이 나는 듯한 감각을 불러일으켰다. 과거에는 1984년 시카고 컵스 중간 계투진의 평균 자책점ERA 같은 정보가 엘리아스 스포츠 뷰로Elias Sports Bureau 야구 백과사전의 색인 속에 묻혀 있어, 이를 찾아내려면 상당한 노력이 필요했다. 하지만 이제는 즉각적이지는 않지만 약간의 노력만으로도 쉽게 관련 정보를 얻을 수 있게 되었다.

정보의 금덩이 하나를 발견하거나, 공사 중인 기억의 궁전mind palace* 한 귀퉁이를 새롭게 열어가는 경험은 도파민이 짜릿하게 솟구치는 순간이었다. 만약 당신이 팩트와 지식을 수집하겠다는 너드적인 집착과 호기심으로 가득 찬 아이였다면 이는 마치 보호자 없이 모든 게 무료이고 그만 먹으라고 말리는 사람도 없는 사탕 가게에 들어간 경우와 같았을 테고, 그런 상황에서 마음껏 사탕을 먹을 수 있다는 것은 황홀한 경험이었을 것이다. 전 세계의 모든 지식에 즉각 접근할 수 있는 경험은 여전히 존재하며, 이제 스마트폰의 등장으로 어디서나 가능해졌다. 하지만 소셜 미디어 이전 시대에는 온라인 활동의 상당 부분이 정보를 찾아 헤매는 데 집중되었다. 어쩌면 우리 세대는 이 탐색의 감각을 소셜 미디어를 통해 제공되는 상품화된 콘텐츠 형태로 추구하고 있는지도 모른다.

그러나 강력했던 것은 정보만이 아니라 그것을 공유하고 교환할 수 있는 능력이었다. 질문을 품은 사람과 답변을 지닌 사람을 연결하는 것이 핵심이었다. 원 나잇 상대, 룸메이트, 록 밴드 그레이트풀 데

---

* 환경의 시각화를 사용하는 기억 강화 전략인 '장소법'에서 정보를 기억하기 위해 사용하는 공간. 베네딕트 컴버배치Benedict Cumberbatch 주연의 영국 드라마 〈셜록홈즈〉에서 다루어졌다.

드The Grateful Dead의 잘 알려지지 않은 실황 앨범 등 필요한 것을 찾는 사람들과 이를 제공할 수 있는 사람들을 연결하는 것이었다. 초기 컴퓨터 너드와 네트워크 애호가들 중 가장 열정적인 집단은 전 세계 모든 인류의 지식을 담은 네트워크를 연결하면 계몽과 글로벌 협력이라는 새로운 시대가 열릴 것이라는 거의 종교적인 믿음을 공유했다. 1996년, 록 밴드 그레이트풀 데드의 작사가이자 인터넷의 선구자인 존 페리 발로John Perry Barlow는 '사이버 공간 독립 선언'에서 다음과 같이 밝혔다. "우리는 인종, 경제력, 군사력, 출생지 등에 따른 특권이나 편견 없이 누구나 참여할 수 있는 세상을 만들고 있다." 디지털 혁명에 대한 준공식 간행물인 《와이어드》 잡지의 한 초창기 편집자는 이 잡지가 다음과 같은 미래를 약속한다고 말했다. "거시적 통제를 넘어선 경제, 투표함을 넘어선 합의, 정부를 넘어선 시민의식, 그리고 시간과 지리적 경계를 넘어선 공동체에 기반을 둔 미래를 개선하기 위한 새로운, 비정치적 방식을 포용하는 비폭력 혁명."[8]

정보에는 과연 어떤 가치가 있을까? 예를 들어 개는 고지능 동물로 매 순간 무한에 가까운 정보의 영역에 접근할 수 있다. 그러나 각각의 냄새, 움직임, 색깔, 감각 등이 개의 생존에 반드시 깊은 의미를 갖는 정보는 아니다. 모든 동물에게 중요한 것은 생존에 필요한 정보를 선별해내는 능력이다. 이들에게는 오히려 과도한 정보가 일상적 위험이 될 수도 있다. 눈에 보이는 수많은 나뭇잎이 포식자를 가리는 상황 자체가 바로 그런 경우다.[9]

정보 과잉이 초래하는 위험은 정보화 시대의 고질적인 문제다.

가령 누군가의 휴대폰 화면에 표시된 보이스메일 아이콘 위 작은 빨간색 동그라미는 듣지 않은 음성 메시지가 쌓여 있음을 나타낸다. 받은 편지함은 메시지, 보이스메일, 스팸 전화, 줌 미팅 초대 등으로 넘쳐나며, 읽지 않은 알림이 가득하다. 누구나 저렴하고 풍부하면서도 압도적인 정보량의 부하 속에서 줄곧 고군분투하고 있다.

여기서 음식에 대한 비유가 역시 유용하다. 인류 역사의 대부분에서 식량 문제는 물량을 충분히 확보하는 데 초점이 맞춰져 있었다. 홍수와 가뭄을 극복하고, 농한기에는 곡물을 비축하거나 고기를 염장해 보존할 방법을 찾아야 했다. 그러나 20세기 후반에 이르러 일부 부유한 선진국에서는 옥수수 시럽이 가득한 저가의 초가공 식품이 넘쳐나기 시작했고, 그로 인해 비만과 관련한 건강 문제가 급격히 늘어났다. 인류가 수천 년 동안 칼로리 부족에 시달렸다면, 이제는 적어도 특정 사회와 계층이 풍요로 인한 부작용과 씨름하게 된 것이다.

오늘날의 정보도 마찬가지다. 한때는 굶주렸지만, 지금은 배부르게 먹는다. 그리고 정보화 시대 초반부터 사람들은 후자의 문제에 대해 논의하고 적절한 이름을 붙였다. 토플러는 자신의 베스트셀러 《미래의 충격Future Shock》(1970)에서 책 제목의 현상이 야기한 주요 심리적 측면 중 하나로 "정보 과부하"를 꼽았다. 그는 정보 이론의 핵심 개념인 '채널 용량channel capacity'을 인용하면서, 인간은 처리할 수 있는 일정한 양의 비트 수로 제한되어 있으며, "시스템 과부하는 심각한 성능 저하로 이어진다"고 주장한다.[10] 나아가 토플러는 이러한 과

부하를 일종의 정신 이상과 관련지어, "전쟁 PTSD(외상 후 스트레스 장애)에 시달리는 군인, 재난 피해자, 문화 충격을 겪는 여행자들 사이에 나타나는 증상"과 유사하다고 말한다.[11]

토플러는 이 현상을 비교적 이른 시기에 발견하여, 정보의 풍부함과 접근성 증대에 대한 일련의 신념을 제시한다. 이는 지금은 상식처럼 여겨지지만, 당시에는 매우 신선한 내용이었다. 토플러의 핵심 주장은, 세상에 정보가 너무 많아서 우리 모두가 이에 끊임없이 압도당하고 산만해지며, 그 결과 약간씩 미쳐가고 있다는 것이다.

그 후 수십 년에 걸쳐 대중문화는 정보 과부하 현상에 주목했다. 1990년, 록 밴드 리빙 컬러Living Colour는 싱글 앨범 〈인포메이션 오버로드Information Overload〉를 발표하여 "가끔은 느낌에/ 마음이 폭발할 것 같아/ 가끔은 느낌에/ 상황 통제가 안 되는 것 같아"라고 노래했다. 1992년, 록 가수 브루스 스프링스틴Bruce Springsteen은 〈새터데이 나이트 라이브SNL〉에 출연해, 새로운 싱글 〈57개 채널(그리고 아무것도 없음)57 Channels (and Nothin' On)〉을 불렀다. 무한한 엔터테인먼트 세계 속의 완전한 공허함을 다룬 이 곡의 뮤직비디오는 44구경 권총으로 TV를 쏘는 장면을 선보인다. 1년 후, 영국의 신스팝 밴드 듀란 듀란Duran Duran은 직설적인 제목의 싱글 〈투 머치 인포메이션Too Much Information〉을 발표하고 다양한 플랫폼에서 쏟아지는 상업적 메시지의 홍수를 비난했다. "이봐, TV의 아이야/ 내 눈을 보렴/ 이렇게 방해하면서/ 네 관심을 끌고 싶구나."

이처럼 '무한한 정보가 존재하는 세상'에 대한 수요가 커지는 상황에서, 정보 처리 능력에 대한 진지한 고민이 시작되었다. 그렇게 우리는 다시 '주의력의 힘'이라는 주제로 돌아온다.

이 책 2장에서 언급된 1971년의 유명한 강연에서 노벨 경제학상 수상자 허버트 사이먼은 정보화 시대의 핵심은 주의력이라고 주장했다. 다음은 그의 핵심 통찰이 담긴, 당시 강연 내용 중 가장 빈번히 인용된 부분이다.

> 정보가 넘치는 세상에서 정보의 풍부함은 다른 어떤 것의 부족, 즉 정보가 소비하는 자원이 희소하다는 것을 의미한다. 정보가 소비하는 자원은 명확하다. 그것은 수요자의 주의력이다. 따라서 정보의 풍요는 주의력의 빈곤을 만들어내며, 주의력을 소모할 수 있는 수많은 정보 출처 속에서 주의력을 효율적으로 배분할 필요성이 생긴다.[12]

사이먼이 대다수의 사람들보다 훨씬 일찍 파악한 것은, 논리적으로 볼 때 정보의 중요성이 증가함에 따라 반드시 주의력의 가치도 높아진다는 사실이다. 다시 말해 정보화 시대는 곧 주의력 시대이기도 한 것이다. 정보가 주의력을 소비하기 때문에 이 두 가지는 분리될 수 없다. 정보가 많을수록 그 정의상 희소성이 있는 주의력에 대한 경쟁이 치열해진다. 희소한 자원에 대한 수요가 많을수록 그 자원의 가치는 더 높아진다.

사이먼은 '주의력 경제'라는 용어를 창안한 연구자로 알려져 있으며, 그의 논문은 이 분야 연구의 기초 텍스트로 자주 인용된다.

그러나 오늘날 대기업, 플랫폼, 테크 기업 등 다양한 시장 세력이 우리의 관심을 끌기 위해 벌이는 노력에 주목한다면, 사이먼이 집중했던 부분은 이와 상당히 달랐다. 그의 간결한 논문은 정보화 시대가 왜 주의력 시대였는지, 그리고 앞으로도 왜 계속 그럴 것인지에 대한 훨씬 더 깊이 있는 통찰을 담고 있다.

사이먼이 지적한 정보 처리 문제는 패밀리 레스토랑에서 포춘의 글로벌 500대 기업에 이르기까지, 마을 자치회에서 제국 해군에 이르기까지 모든 규모의 조직이 직면하는 공통된 어려움이다. 컴퓨터의 정보 처리 능력은 이러한 문제를 해결하기 위한 매우 유용한 도구로 보였다. 정보 처리의 자동화를 통해 조직의 효율성을 높이고, 확보된 자원을 다른 용도로 활용할 수 있을 것으로 기대되었다. 그러나 실제로는 일이 그렇게는 별로 진행되지 않는다. 컴퓨팅 능력의 증대는 일종의 영구 기관 perpetual motion machine*에서의 정보 처리 필요성을 증가시키는 경향이 있다.

이것이 바로 사이먼이 자신의 논문에서 지적한 핵심 문제다. 정보 처리의 문제는 조직 내에서 컴퓨터나 인간 집단 같은 시스템이 얼마나 많은 정보를 처리할 수 있는지의 의미가 아니다. 그보다 어떤 정보 처리 시스템이 조직 전체의 주의력 수요를 얼마나 효과적으로 줄일 수 있느냐의 문제다.

---

* 일단 외부로부터 동력을 전달받으면 더 이상의 에너지 공급 없이 스스로 영구히 운동하거나 작동하며 일을 한다는 가상의 기관.

어떤 정보 처리 하위 시스템이 컴퓨터로 구현되었거나 새로운 조직 단위로 존재한다고 가정해보자. 이 하위 시스템이 조직의 나머지 부분의 순 주의력 수요를 줄이기 위해서는, 스스로 생성하는 정보량보다 조직의 나머지 부분이 그전까지 받아온 정보를 더 많이 흡수해야 한다. 다시 말해, 주의력 수요가 줄어든다는 것은 이 하위 시스템이 **말하는 것보다 듣고 생각하는 것이 더 많을 때**만 가능하다.[13]

이런 아이디어는 처음엔 뻔한 이야기처럼 들릴 수 있지만, 거기에는 본질적인 통찰이 담겨 있다. 조직이 특정 정보 처리 시스템을 유용하게 여기는 것은 그것이 생성하는 정보량이나 처리 가능한 정보의 총량 때문이 아니다. 오히려 "핵심 질문은 시스템의 나머지 부분에서 주의를 끌지 않고 얼마나 많은 정보를 걸러낼 수 있는가"에 달려 있다. 다시 말해, "조직의 관심을 효과적으로 유지하려면 정보 처리 시스템IPS이 정보 응축기 역할을 해야 한다".[14]

이러한 프레임워크는 많은 조직이 정보와 자원을 다루는 방식을 근본적으로 뒤집는다. 사이먼은 정보 처리 업무를 맡은 해외 공관의 사례를 통해 이를 설명한다. 이 가상의 해외 공관이 직면한 문제는 의사소통이 부족하고 정보 전달이 원활하지 않다는 점이었다. "전 세계적으로 수많은 사건이 발생하지만, 정작 텔렉스teletype exchange 전보가 더 늦게 들어오는 경우도 많았다. 이에 대한 해결책은 텔렉스를 훨씬 더 큰 용량의 라인 프린터line printer로 교체하는 것이다. 그러나 당시에는 IPS가 텔렉스 대신 라인 프린터를 사용해 훨씬 더 많은 메시지를 수신하고 처리할 준비가 되어 있는지, 그렇게 할 의지와 능력이 있는지를 묻는 사람은(외교부 장관을 포함하여) 아무도 없었다.[15] 사이먼은 과거 국무부 산하 정부 부처에서 현장 조사를 수행한 경험이 있어, 이런 종류의 조직적 딜레마를 직접 겪었을 가능성이 크다.

정보가 넘쳐나는 세상에서 모든 조직은 주의력 부족 문제를 해결하기 위해 고군분투하고 있다. 특히 의사소통과 정보 생성 능력이 커짐에 따라, 모든 시스템은 좋든 싫든 주의력 문제를 해결할 수 있도록 설계되어야 한다. 우리가 그것을 의식하지 못하더라도 말이다.

예를 들어 지구상에서 가장 강력한 조직인 미국 연방정부를 떠올려보자. 만약 행정부 전체를 한 사람이 운영한다면, 그의 시간과 주의력은 정부에서 가장 귀중한 자원이 된다. 백악관은 단호한 권한 위임과 대통령의 시간을 보호하는 방식으로 운영된다(혹은 운영되어야 한다). 이런 구조에서 대통령이 전달받는 정보는 조직이 처리하는 실제 정보 중 극히 일부에 불과하다.[16]

대통령의 주의력이 엄격히 제한되는 것과는 대조적으로 정부가 처리해야 하는 정보량은 시간이 지남에 따라 기하급수적으로 증가한다. 조지 워싱턴이 이끌었던 앙상하고 후줄근한 연방정부의 대통령도 한 사람이고, 지금의 행정부를 이끄는 대통령 역시 한 사람이다. 세상이 아무리 복잡해지고 행정부가 처리할 수 있는 정보의 양이 아무리 늘어나더라도, 대통령의 역할은 여전히 한 사람이 맡는다.[17] 대통령이 참석할 수 있는 회의, 단행할 수 있는 결정, 그리고 소화할 수 있는 브리핑의 수는 제한될 수밖에 없다. 그렇기에 백악관

내의 모든 활동은 대통령의 주의력, 즉 가장 귀중한 자원을 보존하는 데 초점을 맞춰야 한다. 이런 이유로, 어떤 구체적인 문제가 대통령의 책상에까지 도달하기 위해서는 수많은 단계를 거쳐야 하는 것이다.

아이러니하게도 이런 일반적 사실을 가장 잘 이해한 인물은 역사상 그 무엇보다도 주의를 흩뜨리는 기기인 아이폰의 발명에 기여한 스티브 잡스였다. 애플의 전설적인 디자이너 조니 아이브Jony Ive는 잡스와 함께 일했던 시절을 회상하며, 잡스는 스스로 어디에 주의력을 할당할지를 치열하게 고민하고 이를 알뜰하게 관리해 가장 가치 있는 항목에만 집중했다고 말했다. "스티브는 제가 만난 사람들 중 집중력이 가장 뛰어난 사람이었습니다. 제가 특히 자주 들었던 말 중 하나는, 아마도 제가 [집중하지] 못한다고 생각해서 한 말일 텐데, '지금까지 몇 건이나 기각해봤나?'였습니다."[18] 주의력은 부정negation이다. 조직 환경에서, 사이먼은 이를 어떤 시스템이 전달하지 않는 정보의 양으로 이해했다. 잡스는 이를 프로젝트와 아이디어를 기각하는 것으로 개념화했다.

무엇인가를, 특히 새로운 정보를 비판적으로 보는 것은 정보가 부족한 환경에 익숙했던 사람들로서는 익히기 어려운 기술이다. 1916년생인 사이먼은 동시대 사람들에게 정보 부족이 이전 세대로부터 물려받은 유산임을 지적했다. 그는 이렇게 말했다. "우리 대다수는 제본된 책 한 권을 그냥 쓰레기통에 던져버리는 일을 본능적으로 받아들이지 못하는 사람들이다."[19] 내 주변의 베이비부머들은 치열한 주의력 시대에 태어난 내 또래보다 정보 선별에 훨씬 둔감하다. 나이 지긋한 사람들의 경우 전화가 오면 항상 벨 소리가 울린다. 무음 설정을 해두는 경우는 없다. 게다가 모든 앱의 알림이 켜져 있어 벨 소리는 마치 7월 4일 독립기념일 불꽃놀이처럼 연신 터진다. 이전 세대는 정보가 부족한 환경에서 자랐다. 외출 중일 때는 서로 간에 중요한 소식을 전할 방법이 없었다. 이러한 정보 빈곤 상태에 익숙해져 있다면, 주의력이 얼마나 소중한 자원인지 깨닫기 어려울 가능성이 크다.

제로섬 게임이 되어버린 주의력 쟁탈전

주의력이 한정적이고 희소한 자원이라는 사실을 이해하면, 지난 50년에 걸친 경제학의 가장 큰 미스터리 중 하나를 풀 수 있을 것이다. 그것은 왜 생산성이 지금보다 더 크게 향상되지 않았는가 하는 문제다. 정보 혁명이 막 시작되던 1980년대에 경제학자 로버트 솔로Robert M. Solow는 이렇게 말했다. "컴퓨터의 시대는 모든 곳에서 확인된다. 단, 생산성 통계만 제외하고."[20] 이는 다소 성급했던 판단으로 볼 수 있다. 20세기가 끝나갈 무렵, 네트워크로 연결된 컴퓨터의 대량 도입으로 생산성이 급격히 향상되었기 때문이다. 그러나 비교적 짧은 기간을 제외한 그 이전과 이후의 생산성 증대는 미미했다. 20세기 중반, 그중에서도 특히 1920년부터 1970년 사이의 폭발적 성장세에는 미치지 못했다. 이전 시대와 비교했을 때, 전환적 혁명으로 과대 선전되었던 시대는 적어도 성장률에서는 다소 실망스러운 결과로 끝이 났다.

경제학자들은 생산성을 여러 가지 방법으로 측정하는데, 가장 포괄적인 지표는 '총요소생산성'이다. 총요소생산성은 (한 노동자가 한 시간에 얼마나 많은 제품을 생산할 수 있는지를 측정하는) 노동생산성뿐 아니라 모든 생산 요소를 종합해 (전체 공장에서 한 시간에 얼마나 많은 제품을 생산할 수 있는지를 측정하는) 총생산성을 측정한다. 정보화 시대에 가장 생산성이 높았던 10년(1994~2004) 동안의 연간 성장률은 겨우 1%를 조금 넘겼을 뿐이다. 그 후 10년 동안의 성장률은 0.4%로 하락했다. 이와 대조적으로 1920년부터 1970년까지의 연간 성장률은 2%에 달했다. 20세기 중반의 연간 생산성 성장률은 정보 혁명의 전성기 10년의 두 배에 달했으며, 이후로도 50년간 유지되었다.[21]

1920년부터 1970년까지 우리의 현실 세계와 일상 활동은 대대적으로 변화했다. 이 시기에 실내 상하수도 시설, 전기, 전화, 도로, 자동차, 에어컨, 항공 여행, 안정적인 실내 난방, 세탁기, TV의 보급이 널리 이루어졌다. 우리가 현대 생활에서 누리는 거의 모든 편의 시설은 이 시기에 등장한 것이다. 그럼 이 시기를 1970년부터 2020년까지의 기간과 비교해보자. 자동차, 비행기, 에어컨, 실내 상하수도 시설, 전기, 가전제품의 품질은 점진적으로 향상되었지만, 1970년과 현재를 비교해보면 기본적인 물리적 인프라는 별로 변하지 않았다. 컴퓨터와 휴대폰을 제외하고는 실제로 달라진 것이 거의 없다.

대서양 횡단에 소요되는 시간은 1970년과 지금이 거의 비슷하다. 하지만 컴퓨터는 빨라졌다. 훨씬, 훨씬 빨라졌다.[22] 그러나 아무리 컴퓨터가 빨라지고 연산 능력이 향상되더라도 그것은 여전히 우리가 상호작용하는 도구일 뿐이다. 결국 우리는 우리 삶의 주인이다. 우리의 주의력은 제약 조건이 되며, 지금까지 그 고정된 제약을 넘어설 실질적 돌파구를 찾지 못하고 있다.

디지털 시대 역사상 가장 성공적이고 혁신적인 기업 중 하나인 구글을 떠올려보자. 구글이 등장하기 전까지 인터넷에서 원하는 정보를 찾는 일은 매우 어려웠다. 정보는 넘쳐났지만 그 안에서 주의력을 유지할 방법이 없었기 때문이다. 인터넷 '서핑'은 초기에 만들어진 용어인데, 디지털 공간을 탐색하는 방식의 특징을 잘 보여준다. 이는 탐색이 어렵고, 고되며, 오락적인 일이라는 점을 반영한 표현이다. 인터넷 서핑에는 어느 정도 연습이 필요했지만, 익숙해지면 짜릿한 쾌감을 느낄 수 있었다.

검색은 인터넷에서 주의를 집중하는 주요 방법이다. 인터넷이 시작된 이래로 온갖 시도가 이뤄졌지만, 구글이 등장하기 전까지 특별히 잘 작동하는 검색 엔진은 없었다. 그런데 구글이 다른 검색 엔진과 차별화되는 점은 검색 알고리즘 자체에 관련성과 중요성에 대한 실제 인간의 판단이 인코딩되어 있다는 것이다. 구글은 간단하고 우아한 기법으로 이를 수행했다. 웹은 하이퍼링크를 통해 연결되고, 사람들은 링크할 대상을 스스로 판단하여 하이퍼링크를 웹사이트에 코딩했는데, 이러한 링크를 관련성과 신뢰성에 대한 일종의 셀 수 있는 프락시proxy*로 사용할 수 있었던 것이다.

설명을 위해 조금은 지나치다 싶게 단순화해보자. 기본적인 작동 방식은 다음과 같다. 두 곳의 ESPN이 있다고 가정해보자. 하나는 유명한 스포츠 TV 방송사Entertainment and Sports Programming Network고, 다른 하나는 내슈빌의 에릭슨 상하수도 배관 설비 회사Erickson Sewer and Plumbing of Nashville다. 믿기 어렵겠지만, 이전의 검색 엔진들은 이 두 회사를 모두 ESPN이라는 이름으로 색인 처리했다. 그 상태에서는 두 회사를 구분하기가 어려웠다. 반면에 구글은 우선 특정 웹사이트, 즉 글로벌 스포츠 네트워크인 ESPN.com과 내슈빌의 배관 설비 회사인 ESPN.net에 얼마나 많은 다른 페이지가 링크되어 있는지를 확인했다. 그런 다음 그것을 검색 관련성을 나타내는 신뢰할 수 있는 프락시로 사용했다.[23] 기술적인 세부 사항으로 들어가면 좀 더 복잡하겠지만, 이 핵심적 통찰력은 검색 신뢰성에 일종의 획기적인 변화를 가져왔다. 구글은 역대 최고의 인터넷 검색 엔진으로 빠르게 부상했다. 나아가 거의 혼자 힘으로 인터넷 자체의 변혁을 가져왔다. 이제 사용자는 전 세계의 지식을 즉시 이용할 수 있게 되었다.

사이먼의 프레임워크로 돌아가자면, 구글은 궁극의 정보 처리 시스템IPS이었다. 언제 어디서든 누구나 무료로 접근할 수 있고, 결정적으로 방대한 양의 정보를 입력받아 최소한의 정보를 출력함으로써 사용자의 주의가 산만해지지 않도록 했다.

---

* 시스템의 일부 기능을 다른 것이 임시로 대행하는 것.

이것이 인터넷을 얼마나 변화시켰는지는 새삼 강조할 필요도 없다. 구글의 사시社是는 그 원동력이 되는 목표를 명확하게 요약하고 있다. "전 세계의 정보를 조직하여 보편적으로 접근 가능하고 유용하게 만드는 것."[24] 이 문구는 다소 거창하게 들릴 수 있지만, 이는 바로 구글이 실제로 해낸 일이다.

이 상품이 비록 혁명적이긴 했지만, 초반에는 수익성을 기대하지 않았다. 그러나 구글은 독창적인 비즈니스 모델을 함께 개발했다. 구글이 영리 기업으로서 높은 가치를 지니는 것은 사용자의 관심을 보존하는 과정에서 그 관심을 효과적으로 포획하기 때문이다. 구글에 접속한 사용자는 불필요한 정보는 손쉽게 걸러내고 구글의 IPS가 제공하는 결과를 신뢰하며 집중한다. 이를 통해 구글은 가장 귀중한 자원인 사용자의 관심을 독점적으로 확보하게 된다. 그리고 이렇게 얻어진 주의력을 다른 이해관계자들에게 판매할 수 있었던 것이다.

구글의 핵심 광고 상품인 '애드워즈AdWords(현 구글 애즈Google Ads)'는 이런 경위로 탄생했다. 구글은 검색 결과 페이지의 공간을 경매의 가장 높은 응찰자에게 판매하고, 자연 검색 결과organic results 바로 옆에 작은 광고를 게재하기 시작했다. 그리고 20세기 광고에서 광고주들이 원인과 결과를 명확히 구분할 수 없었던 것과 달리, 구글은 사용자가 광고 링크를 클릭할 때만 광고주에게 비용을 청구하는 모델을 개발했다.[25]

광고주들은 특정 검색어가 다른 검색어보다 훨씬 더 가치 있다고 여겼다. 이는 검색 자체가 검색하는 사람의 관심사를 보여주기 때문이다. 예를 들어 '중피종中皮腫mesothelioma'은 석면 노출과 관련된 폐암의 일종이다. 중피종을 검색하는 사람은 이 병에 걸린 상태거나, 이 병에 걸린 사람을 알고 있을 가능성이 매우 높다. 검색자의 이러한 주의력은 석면 피해자 집단 소송을 진행하는 변호사에게 매우 귀중한 자원이었다. 따라서 해당 애드워즈의 클릭당 요금은 최고 233달러에 달했다.[26]

그러나 이는 그저 하나의 단어에 불과하다. 얼마나 많은 검색어가 존재할 수 있는지, 그리고 얼마나 많은 기업이 자사 상품이나 서비스에 관심을 가질 잠재 고객의 주의를 끌려고 노력하는지를 생각해보라. 가령 "내 주변의 헬스 회원권", "캐나다 토피노의 맛집 추천", "1996년식 포드 피에스타의 블루북 시세". 애드워즈는 운영 초기부터 놀라울 정도로 높은 수익성을 기록했다. 2004년 구글이 상장했을 당시 총매출 32억 달러 중 99%가 광고에서 발생했다.[27]

구글은 상장 순간부터 기본적으로 돈 찍는 기계 같았다. 이 기업이야말로 현대 인터넷을 진정으로 구조화한 선구자라 할 수 있다. 이는 최종 사용자 관점(즉, 우리가 인터넷을 경험하는 방식)뿐 아니라, 사용자 정보를 활용해 광고를 정밀하게 타기팅하여 인터넷 백엔드 사업에서 수익을 창출하는 방식에서도 드러난다. 디지털 이론가 쇼샤나 주보프Shoshana Zuboff는 현대 인터넷의 많은 부분을 지탱하는 이 모델을 '감시 자본주의'라고 명명했다. 그녀는 "구글이 감시 자본주의를 발명하고 완성한 것은, 100년 전 제너럴 모터스가 경영자 자본주의managerial capitalism를 발명하고 완성한 것과 거의 같은 방식"이라고

주장한다.[28]

  하지만 결국 우리는 멈출 수 없는 자본주의의 힘과 움직이지 않는 인간 주의력이라는 대상 간의 대격돌에 필연적으로 직면하게 된다. 현대 자본주의의 본질은 상장 기업이 반드시 성장해야 한다는 것이다. 전에 없이 강력한 돈 찍는 기계로 불리는 구글의 주주들은 구글이 창출하는 안정적 수익에 투자하기보다는 앞으로 실현할 미래 성장에 투자하는 성격이 강하다. 구글로서는 사용자들의 주의를 점점 더 많이 상품화해 판매하고 싶은 유인책이 많이 있지만, 주의력에서 더 많은 매출을 올릴수록 그 주의력을 유지하기가 점점 더 어려워진다. 그러나 주의력을 유지하는 것은 바로 이 상품이 처음부터 높은 가치를 가질 수 있었던 핵심 기능이기도 하다.

  2004년 상장 당시, 구글의 설립자인 세르게이 브린Sergey Brin과 래리 페이지Larry Page는 이러한 긴장감을 정확히 이해하고 있었던 것으로 보인다. S-1 투자설명서에서 그들은 투자자들에게 이렇게 말했다. "구글을 설립한 이유는 어떤 주제에 대해서도 관련 정보를 즉각적으로 제공하여 전 세계에 훌륭한 서비스를 제공할 수 있다고 믿은 데 있다. 우리가 하는 일의 핵심은 최종 사용자에게 서비스를 제공하는 것이며, 이는 우리의 최우선 과제다."[29] 하지만 그들은 사업상 직면한 위험을 언급하며, 구글의 핵심 서비스인 검색이 주의를 집중시키는 역할을 위태롭게 할 수 있는 다양한 진전 상황에 대해 계속해서 언급했다. "우리는 웹 검색 결과의 무결성을 해칠 수 있는 스팸덱싱index spammers 공격에 취약하다." 구글은 이어 "이 문제를 매우 심각하게 받아들이고 있다. 우리의 성공 열쇠는 사용자에게 관련 정보를 제공하는 능력에 달려 있기 때문이다"라고 강조했다. 그러면서 만약 이 능력을 잃는다면, "관련 정보를 제공하는 우리의 명성이 추락할 수 있다. 이는 사용자 트래픽 감소로 이어져 우리의 사업에 심각한 악영향을 미칠 수 있다"고 경고했다.[30]

구글의 규모가 커지면서 핵심 상품은 점점 더 부실해졌다. 그 이유 중 하나는 S-1 투자설명서에서 우려했던 검색 결과 조작과 관련이 있었다. 실제로 'SEO', 즉 검색 엔진 최적화는 이제 그 자체가 수십억 달러 규모의 산업으로 성장했다. 검색자의 주의력이 매우 중요한 자원인 만큼, 원하는 결과를 사용자 눈앞에 띄우기 위해 검색 알고리즘을 해킹하는 데 따르는 금전적 유인은 막대하다.

그러나 가장 큰 문제는 구글이 스스로 초래한 것이다. 직접 검색했던 사례를 예로 들어보겠다. 최근 '3열 전기 SUV three row EV'를 검색했더니, 최상단의 4개 결과는 자동차 회사들의 유료 광고로 채워져 있었다. 문제는 1번으로 표출된 스바루 솔테라 Subaru Solterra 모델이 3열이 아니라는 점이다. 2번인 닛산 아리야 Nissan Ariya 모델은 전기차이긴 한데 역시 3열이 아니다! 3번으로 표시된 인피니티 QX80은 드디어 3열이긴 했지만, 전기차가 아니었다. 4번 광고는 3열이 아닌 새로운 전기차 스타트업인 폴스타 Polestar의 제품이었다. 나는 광고로 채워진 첫 4개의 결과를 스크롤을 한 후에야, 원출처가 있는 실제 링크를 찾을 수 있었다. "현재 시판 중이거나 출시가 임박한 3열 전기차 전체 목록."[31] 내가 찾던 정보가 마침내 나왔다.

내 생각에 이 한 화면 분량의 콘텐츠는 정보화 시대와 주의력 경제의 역설을 압축적으로 보여준다. 구글은 정보화 시대의 궁극적 상품이며, 모든 가치는 선별된 정보를 사용자가 집중할 수 있는 작은 단위로 쪼개어 전달하는 데 있다. 그러나 사용자의 주의가 집중되는 이 작은 단위의 가치가 바로 구글이 막대한 수익을 내는 원천이다. 그리고 이 공간을 수익화하는 것과 자사의 목적에 이 공간을 활용하는 것 사이에는 제로섬의 법칙이 작용한다.

그들은 수익을 내기 위해 당신의 주의를 조작해야 한다. 하지만 조작이 지나쳐 남용으로 이어지게 되면, 애초에 당신의 관심을 끌었던 상품의 기본적 유용성은 훼손된다. 구글의 설립자들은 더 넓은 관점에서 볼 때 구글의 핵심 상품이 스팸 문제를 해결하도록 설계되어 있다는 사실을 알고 있다. 그러나 역설적으로, 이익을 추구하는 과정에서 오히려 사용자들에게 스팸을 보내는 결과를 초래했다.

사실 나는 스팸이 넓은 의미에서 주의력 시대를 정의하는 핵심 문제라고 주장하고 싶다. 이는 마치 굴뚝 연기로 인한 오염과 스모그로 뒤덮인 하늘이 산업혁명을 상징했던 것과 같다. 허버트 사이먼에게는 최악의 악몽과도 같은 상황이다. 모든 정보 기술의 물리적 한계는 우리의 주의력의 양이 고정되어 있다는 데 있다. 따라서 우리의 주의를 돈으로 바꾸려는 사람들과 그 주의를 보존하려는 서비스를 제공하려는 사람들(때로는 이 두 역할을 겸하는 구글 같은 회사도 있다)은 필연적으로 제로섬 싸움을 벌이게 된다. 그리고 이 싸움에서 승리하는 쪽은 대개 금전적 인센티브를 지닌 쪽이다. 이는 인터넷의 가장 근본적인 아키텍처 안에서 매일같이 전개되는 일종의 '스파이 대 스파이' 드라마와 같다. 우리의 관심을 효과적으로 사로잡는 상품과 서비스는 모두 이 역학 관계의 영향을 받는다. 만약 어떤 상품이나 서비스가 우리의 주의를 잘 보존하고 집중을 지속하는 데 탁월하다면, 그것은 동시에 다른 목적으로 우리의 관심을 앗아가려는 시도를 하기 좋은 요소가 된다. 이는 결국 스팸이 침투할 수 있는 경로가 된다는 의미다.

주의력 시대에 이것은 일종의 물리 법칙과도 같다. 스팸은 완전히 박멸할 수 없다. 단지 관리할 수 있을 뿐이다. 왜냐하면 스팸이란 주의가 모이는 곳이면 어디서든 생겨나기 때문이다. 이는 마치 작물을 재배할 수 있는 적절한 조건이 갖춰진 곳이면 잡초도 함께 자라나는 것과 같은 이치다. 그 토양에서는 작물뿐 아니라 잡초도 잘 자란다.

스팸의 역사를 훌륭하게 정리한 핀 브런튼Finn Brunton은 스팸을 "정보 기술 인프라를 활용해 현존하는 인간 주의력의 집적 상태를 약탈하는 것"이라고 정의한다.[32] 이 용어는 악명 높은 가공육 식품 자체가 아니라 1970년에 방영된 몬티 파이튼Monty Python의 해당 식품을 다룬 콩트에서 유래했다.[33] 이 콩트는 약 2분간 이어지는 부조리극absurdist sketch으로, 한 부부가 식당에 들어가 아침 식사를 주문하는 내용을 담고 있다. 카운터 뒤에 선 요리사가 일반적인 메뉴를 나열하기 시작한다. "계란·베이컨이 있고, 계란·소시지·베이컨도 가능하고, 계란·스팸도 됩니다." 그러다가 메뉴에 스팸이 점점 더 많이 포함되면서 다른 재료들은 점점 줄어든다. "스팸·베이컨·소시지·스팸이 있고, 스팸·계란·스팸·스팸·베이컨·스팸도 되고요, 스팸·소시지·스팸·스팸·베이컨·스팸·토마토·스팸도 있습니다." 마지막에는 식당 안에 있던, 바이킹 복장을 한 손님들과 웨이트리스가 갑자기 "스팸! 스팸! 스팸!"을 미친 듯이 외치기 시작한다. "스팸!"을 외치면 외칠수록 대화는 점점 더 무의미한 수준으로 떨어진다.

 네트워크 컴퓨팅의 초창기였던 1970년대 중반, 대규모 네트워크 사용자들은 텍스트 기반 대화방에서 많은 시간을 보내며 다른 사용자들의 관심을 끌거나 심지어는 이를 남용하려는 사용자들과 필연적으로 마주치게 되었다. 그중 일부는 전체 화면을 독차지할 정도로 큰 텍스트 블록을 사용하기도 했다. 이는 마치 사람이 가득 찬 방에서 "여기요, 나 좀 봐요!"라고 소리치는 것과 같은 효과를 냈다. 이와 같은 행동을 하며 몬티 파이튼의 콩트를 언급하는 것은 게시판 문화에서 일종의 인사이더 농담이 되었다. "네트워크 컴퓨팅의 초기 문화에서는 '흔하고 반복적인 농담running gag'으로 자리 잡았다. 이는 농담의 웃음 포인트를 반복에 의존한다는 점과, 컴퓨터 괴짜들이 몬티 파이튼을 좋아한다는 두 가지 이유 때문이다."[34]

 사용자들은 '스팸'을 대문자로 입력한 뒤 키보드 단축키를 이용해 이를 복사하고 붙여넣으며, 모든 사람의 화면을 가리는 거대한 텍스트 블록을 만들어 당시 귀중했던 네트워크 자원을 차지하곤 했다. 이렇게 해서 '스팸'이라는 용어의 현대적 의미가 탄생했다. 브런튼은 이에 대해 "스팸은 온라인에서 게으르고, 무차별적이며, 다른 사람들의 시간과 주의를 낭비하는 사고방식과 행동 양식을 지칭하는 데 사용되었다"고 설명한다.[35] 그러나 결정적으로, 초창기 스팸은 오로지 스릴과 관심을 끌기 위해서만 사용되었다. 상업적인 목적은 없었다. 그것은 "짜증을 유발하긴 했지만, 악의적이라기보다 유희적이고 장난스러운 행위였다. 마치 대화 중에 누군가가 갑자기 부부젤라를 부는 것과 같았다".[36]

그러나 상용화 이전의 인터넷에서는 상용화 이전의 스팸이 사용되었다고 한다면, 상용화가 진행되면서 스팸 발송자들이 네트워크 컴퓨터에 저장된 방대한 주의력 자원이 지닌 엄청난 상업적 잠재력을 깨닫는 데는 그리 오랜 시간이 걸리지 않았다. 1994년 4월 12일, 애리조나 출신의 이민법 변호사 부부가 상업적 스팸을 발명했다.[37] 이들의 홍보 대상은 취업 비자로 체류 중이며 영주권을 희망하는 외국인 테크 인력이었다. 당시 영주권 추첨은 누구나 참여할 수 있었으며, 신청자는 정부에 간단한 신청서를 우편으로 보내기만 하면 되었다. 하지만 이민법 변호사들은 이 단순한 신청 과정을 유료로 대행하며 상당한 수익을 올릴 수 있었다. 로런스 캔터Laurence Canter와 마사 시걸Martha Siegel 부부는 프로그래머를 고용해 유즈넷 뉴스그룹 게시판 6,000개 전체에 자신들의 서비스를 일괄적으로 홍보하는 간단한 스크립트를 작성했다. 이 게시판은 AOL과 같은 기업 서비스의 일부가 아니라, 사용자들이 협력적으로 유지·관리하던 공간으로, 영화나 뉴스, 야구 카드 수집 등 다양한 관심사에 따라 분류되어 있었다. 간단히 말해, 이는 영미권 최대의 온라인 커뮤니티인 레딧이 등장하기 훨씬 전에 존재했던 레딧의 비영리 협업 버전이라 할 수 있다.

1994년 4월 12일, 모든 주제의 유즈넷 뉴스그룹에 다음과 같은 메시지가 게시되었다. "1994년 영주권 추첨이 마지막일지도 모릅니다! 접수 마감일이 발표되었습니다. (…) 6월 30일 마감 엄수. 지금 신청하세요." 이 광고에는 변호사들의 연락처가 들어 있었다. 그 후 이들은 이 게시물 하나로 10만 달러의 수익을 올렸다고 주장했다.

이 광고에 대한 반발은 즉각적이고도 엄중했다. 컴퓨터 괴짜들은 저마다 디지털 보안관 방식으로 정의를 실현할 방법을 재빠르게 고안했다. 변호사들의 음성 메일을 자동 전화로 폭격해 마비시키고, 이메일 공격으로 ISP를 다운시켰다. 그러나 변호사 부부는 굴하지 않고 스스로를 자유 언론의 전사로 선언하며 대응했다. 이들은 《정보 고속도로에서 부자 되기 How to Make a Fortune on the Information Superhighway》(1995)라는 제목의 책을 출간하기까지 했다. 1997년이 되자 로런스 캔터는 기만적인 광고 실행 등의 이유로 변호사 자격을 박탈당했다.[38]

캔터와 시걸은 특별히 주목할 만한 사람들은 아니었다. 그러나 그들에게는 우리가 눈여겨볼 만한 특징이 있었다. 바로 주의력 시대의 필수 요소인 '뻔뻔함 shamelessness'이다. 그들은 인터넷에서 공공의 적 1호로 지목되자 이를 받아들였다. 그들은 논란을 즐기는 듯 보였고, 온라인의 무리에게 한번 붙어보자는 듯이 도발했다. 대다수의 사람들은 이런 방식으로 행동하지 않는다. 잘 확립된 행동 규범을 따르며, 긴밀히 결속되어 있고 자율 규제가 이루어지는 공동체에 소속

된 수천 명을 짜증 나게 하거나 분노를 유발할 행동은 피하는 것이 보통이다. 그러나 캔터와 시걸은 그런 것 따위는 다 집어치우라고 말했다. "그건 중요하지 않다. 우리가 하는 일은 불법이 아니다. 만약 우리가 사람들의 짜증을 돋운다면, 그것은 우리가 더 많은 관심을 끌고 있다는 증거일 뿐이다."

뉴스그룹 멤버들에게 이 '대문자 도배 광고ALL CAPS advertisement'의 등장은 마치 누군가가 북 클럽에 난입해 스테이크 나이프를 팔려는 것처럼 보였다. 그러나 캔터와 시걸에게 유즈넷 뉴스그룹은 그저 공공 인프라의 한 부분일 뿐이었다. 그들에게 그것은 마치 포스터로 덮어달라고 애원하는 커다란 빈 벽과 같았다. 그들은 인터넷 마케팅으로 부자가 되는 법을 조언한 책에서 이렇게 주장했다. "인터넷에 실제 커뮤니티 따위는 없다. 존재하는 것은 단지 사람들과 그들의 집단적인 주의력 자원뿐이다."

안타깝지만 이것은 정보화 시대의 희망이 그 이면에 있는 또 다른 자아인 주의력 시대라는 현실에 자리를 내준 것처럼, 계속해서 반복적으로 입증된 핵심 통찰이다. 우리가 지금 상업적 스팸으로 인식하는 것(느낌표를 넣어 대문자로 도배하는 긴급 호소문!!!)의 기원이 되는 이야기는 교훈적이다. 왜냐하면 이것을 이룬 주체는, 단지 무언가를 팔고 싶어 하면서 인터넷에 게시하는 데 드는 한계 비용은 거의 없지만 끌어낼 수 있는 주의가 매우 가치 있다는 점을 이해한 평범한 두 사람이었기 때문이다.

오늘날 스팸은 규모가 대단히 커졌으며, 주로 봇넷을 통해 작동한다. 봇넷은 소유자의 동의 없이 서로 연결된 컴퓨터로 구성되며, 멀웨어를 사용해 하루에 수백만 개의 메시지를 조용히 전송한다. 추정 방식에 따라 다르지만, 전 세계 이메일 트래픽의 50%에서 90%가 스팸이다.[39]

스팸은 인터넷이 제공하는 경험과 유용성을 근본적으로 변화시켰다. 한때 이메일은 지리적 거리를 단숨에 좁혀주고, 멀리 떨어진 친구나 가족과 쉽고 즉각적으로 연락을 유지할 수 있게 해주는 거의 마법 같은 기술이었다. 물론 이 점은 여전히 어느 정도 사실이지만, 이메일이 '오염된 강'으로 변해버린 것 또한 사실이다. 이메일은 여전히 존재하지만, 그 안으로 들어가려면 그곳을 떠다니는 온갖 종류의 쓰레기를 피해 다녀야 하는 현실에 직면하게 된다.

이 같은 현상은 어디서나 발견된다. 누군가가 어떤 방법으로 사람들의 관심을 끄는 데 성공하면, 스팸이 곧바로 뒤따라온다. 주의력의 양은 고정되어 있는 반면, 점점 더 많은 사람과 기업, 단체가 동일한 방법으로 관심을 끌려고 시도하는 것이다. 결과적으로 처음에 사람들을 끌어들였던 매체나 플랫폼은 점점 더 큰 압박을 받게 된다.

정치 후원금과 관련한 이메일 모금 운동은 초창기에 놀라운 성공률을 기록했다. 2003년 10월, 당선 가능성이 낮았던 하워드 딘Howard Dean의 대통령 선거 운동은 단 8일 만에 300만 달러를 모금하며 전체 선거 운동 모금 활동에서 유리한 고지를 점했다.[40] 2012년 재선에 나선 버락 오바마Barack Obama 대통령은 온라인으로 6억 9,000만 달러를 모금할 수 있었는데, 그중 대부분이 이메일 모금 활동에서

나왔다.[41]

그러나 정치판에서 "긴급! 오늘 밤 마감!!! 우리 선거 운동을 구할 수 있는 것은 당신뿐!"과 같은 문구로 잠재적 기부자의 주의를 끌 수 있다는 사실이 알려지자, 다른 사람들도 앞다투어 이 방법을 구사하기 시작했다. 그 결과, 모든 사람들의 받은 메일함이 수많은 요청으로 넘쳐나면서, 이러한 요청의 효과는 급격히 떨어졌다. 선거 자금 기부를 요청하는 문자 메시지도 처음에는 이메일 스팸의 혼란을 뚫고 두드러져 보였지만, 결국 문자 스팸의 대열에 합류하고 말았다.

우리는 조직에서도 이와 비슷한 현상을 목격한다. 슬랙Slack은 고용주와 팀원 간의 신속한 소통을 지원하는 매우 성공적인 메시징 소프트웨어다. 기존의 의사소통 수단, 그러니까 주로 이메일의 역할에 회의감을 느낀 회사들이 이를 '규범 외 수단'으로 채택하는 경우가 많았다. 실제로 슬랙은 홍보 자료에서 "이메일을 통한 협업은 스팸과 피싱의 위험을 초래한다"고 지적하며 '이메일 킬러' 역할을 자임했다.[42]

전통적인 이메일이 정보 처리 시스템으로서는 더 이상 유용성을 발휘하지 못하게 되면서, 슬랙은 이메일의 주의력 비용 문제를 해결하기 위한 대안으로 등장했다. 이메일이 과도한 정보를 배출하면서 과도한 주의를 소비하고 있었기 때문이다. 그러나 슬랙은 점차 그 사용이 확산되고 규모가 커지면서, 스스로 해결하고자 했던 문제를 반복하기 시작했다. 한 얼리 어답터는 온라인 출판 플랫폼 '미디움Medium'에 게재된 〈천 번의 핑이 야기한 죽음: 슬랙 사용의 숨겨진 측면〉이라는 글에서, 슬랙이 시간 절약 소프트웨어에서 주의력 낭비

소프트웨어로, 주의력 보존 소프트웨어에서 주의력 소모 소프트웨어로 변해가는 불가피한 궤적을 다음과 같이 설명했다. "나는 굳이 그럴 필요가 없을 때도 슬랙을 확인해야 한다는 강박감을 느꼈다. 결과적으로 나의 상태는 쉴 새 없이 산만해졌다."[43] 그러면서 이 문제는 "슬랙이 사용하기 너무 쉬워서 의사소통에 따르는 장벽이 크게 낮아졌기 때문"이라고 설명한다. 이렇게 되면 사용자는 지나치게 많은 주의력을 소모하는 정보 처리 시스템을 사용하게 되는 것이다.

이는 단순히 디지털 기술이나 인터넷의 문제에만 국한되지 않는다. 제대로 이해한다면 스팸, 즉 집단적인 주의력에 대한 착취는 인터넷이나 해당 용어가 등장하기 전부터 이뤄져왔다. 사실, 충분히 큰 규모로 주의력을 끌어모은 곳에는 스팸도 늘 함께해왔다. 세기말 파리에 포스터가 난무했던 광경을 기억하는가? 그 시대의 한 관찰자는 당시 빛의 도시가 "굴뚝에서 길거리에 이르기까지 단순한 문구가 적힌 온갖 색상과 크기의 종이 포스터들로 여기저기 뒤덮인 거대한 벽에 불과해졌다"고 지적한 바 있다.[44]

그때의 포스터가 스팸이 되어버린 것이다. 그리고 지금의 우리가 스팸을 싫어하듯, 포스터를 혐오하는 파리 시민들도 점점 늘어났다. 시민들은 '프랑스의 경관과 미의식을 보호하는 협회 Protection of the Landscape and Aesthetics of France' 같은 다양한 단체를 조직하기 시작했다. 시민 단체들은 결국 승리를 거두었다. 파리는 포스터를 엄격히 규제하기 시작했으며, 그 규제는 현재까지도 유효하다.[45]

우편도 비슷한 과정을 겪었지만, 만족스러운 규제 성공 사례는 아직 나오지 않았다. 한때 미국 우정청US Postal Service은 인류 커뮤니케이션 역사에서 손꼽히는 위대한 업적 중 하나로 평가받았으며, 우편함을 통해 들어오는 모든 것에 사람들이 자연스럽게 관심을 기울이던 시절이 있었다. 당시 모든 우편물은 당신을 위한 것이었다. 청구서, 편지, 그리고 주의가 필요한 모든 것들이 우편물의 전부였다. 그러나 마케팅 담당자, 모금 담당자, 정치인 등이 대량 우편물 발송을 통해 이를 이용하려 들기까지는 그리 오래 걸리지 않았다. 잡다한 홍보물이 전체 우편물에서 차지하는 비율이 1972년에는 4분의 1 수준이었으나, 2019년에는 거의 3분의 2에 달했다. 2015년 미국 우정청 감사관의 조사에 따르면, 미국인은 개인 서신 1통당 광고 우편물을 18통씩 받는 것으로 나타났다.[46]

이와 같은 과거 스팸 발신자들의 사례조차도 이 현상의 방대함을 완전히 설명하지 못한다. 브런튼은 스팸 발신자들이 우리의 주의를 다루는 방식에 대해 이렇게 말한다. "그들이 착취적인 것은 우리의 주의력에서 가치를 추출하기 때문이 아니라, 그로 인해 다른 모든 사람들의 가치를 떨어뜨리기 때문이다. 결국, 자신의 이익을 위해 우리의 시간을 낭비하는 것이다."[47]

그들은 자신들의 이익을 위해 우리의 시간을 낭비한다. 이렇게 이해하면 스팸은 단순히 부차적이거나 사소한 문제가 아니라, 우리 시대를 관통하는 문제로 부각된다. 스팸은 우리가 주의하고 싶지 않음에도 불구하고 끊임없이 우리의 관심을 끌려고 애쓰는 모든 것이다. 이는 주의력 시대에 내재된 두 가지 근본적인 사실, 즉 정보는 무한하지만 주의력은 유한하다는 사실로 인한 긴장에서 비롯된다. 경제학 용어로 표현하자면, 주의를 요구하는 한계 비용은 0에 수렴하는 반면, 유한한 자원인 주의력의 가치가 상승함에 따라 주의를 빼앗기는 데 따르는 우리의 비용은 점점 증가한다. 스팸 발송자로서는 우리의 주의를 흩뜨리는 데 비용이 들지 않지만, 주의가 산만해진 우리는 큰 대가를 치르게 되는 것이다.

어느 순간이든 우리의 시선을 사로잡으려는 방해, 호소, 매혹의 요소 대부분은 우리가 외면하고 싶은 것들이다. 이는 마치 포기할 줄 모르는 상인들의 끈질긴 호객 소리 속에서 혼잡한 시장을 헤매는 듯한 느낌으로, 현대인의 삶에서 핵심적인 경험이다. 스팸 발송자들은 우리의 가장 소중한 자산인 주의력을 앗아가려 하며, 우리는 이를 지키기 위해 계속 애쓴다. 그러나 이들은 종종 우리의 의지와 상관없이 성공을 거두는데, 이는 인간의 '전前의식적 주의'가 가진 악마적인 본성 때문이다.

당신은 이것이 일시적인 문제일 뿐이며, 구글 검색이 등장하기 전의 인터넷처럼 적절한 해결책을 아직 찾지 못한 상황일 뿐이라고 생각할 수도 있다. 아마도 스팸 문제는 대단히 정교한 신기술로 극복할 수 있는 것이라고 여길지도 모른다. 내가 이 글을 쓰고 있는 지금, 이 고정된 경계를 넘어서는 데 LLM AI(대규모 언어 모델 AI)가 어떤 역할을 할 수 있을지에 대한 뜨거운 논쟁이 진행 중이다. 이러한 맥락에서, LLM AI 대화형 모듈이 무엇보다도 검색 기능의 일종의 보완 수단으로서 주로 활용된다는 점은 놀라운 일이 아니다. 마이크로소프트는 AI 기반 검색 엔진인 빙Bing의 새 버전을 공개하며 "검색의 미래를 재창조하겠다"는 포부를 밝혔다.[48] 현재 인터넷 어디서든 오픈AI의 챗GPT를 활용한 생산성 향상 기술 광고를 피하기란 거의 불가능하다.

정보 처리 시스템으로서의 챗GPT는 대단히 인상적이다. 챗GPT에게 사이먼이 정보가 넘치는 세계에서의 조직에 관해 쓴 논문을 한 문장으로 요약하라고 하면, "허버트 사이먼의 논문은 정보의 가용성이 커지는 상황에서, 효과적인 조직 설계는 주의력 배분, 의사 결정의 효율성, 그리고 정보 필터링 메커니즘을 우선시하는 구조와 프로세스를 구축해 정보를 효과적으로 관리·활용하는 것이라고 제안한다"라고 정리한다. 나쁘지 않다.

만약 당신이 AI를 둘러싼 이 떠들썩한 소란을 믿는다면, 이 AI를 지금까지 고안된 것 중 가장 뛰어난 정보 처리 시스템으로 상상할 수 있을 것이다. 즉, 엄청난 양의 정보를 즉시 처리하고, 주의력을 유지할 수 있도록 작고 이해하기 쉬운 형태로 축소하는 능력이 획기적으로 향상될 것이라고 생각할 수 있다. 하지만 여기에는 함정이 있다. 이러한 모델은 정보를 합성하는 데 매우 능숙할 뿐 아니라, 정보를 생성하는 데도 탁월하기 때문이다. 만약 당신이 이 모델을 이용해 준비서면이나 논문, 논평, 또는 시의회에 제출할 신규 개발 계획에 대한 장문의 탄원서를 작성하고자 한다면, 이 모델은 즉시 그 작업도 수행해낼 것이다.

AI가 이 주의력 전쟁의 양극단에서 동시에 작동하는 세상은 쉽게 상상할 수 있다. AI가 스팸을 생성하고 AI 기반 스팸 필터가 이를 막는 모습은 야구에서 투수와 타자가 모두 정신이 나간 스테로이드 시대의 말년과 비슷하다. AI 기업 데이터브릭스의 컴퓨터 과학자 조너선 프랭클Jonathan Frankle은 《뉴욕 타임스》의 에즈라 클라인Ezra Klein과의 인터뷰에서 이를 AI의 "지루한 대재앙"이라고 표현했다. "우리는 챗GPT를 이용해 긴 이메일과 문서를 생성하고, 수신자는 챗GPT를 이용해 이를 몇 가지 핵심 사항으로 요약한다. 수많은 정보가 오가지만, 그것은 모두 부스러기에 불과하다. 우리는 단지 AI가 생성한 콘텐츠를 계속 부풀리고 압축하는 작업을 반복할 뿐이다."[49]

주의를 보존하기 위해 정보를 선별하는 데 능숙한 기술은 대체로 우리의 주의를 끌고 착취하는 것을 생성하는 데도 동일하게 능숙하다. 이는 디지털 시대의 기술에 대한 일종의 '철칙'으로 자리 잡아가고 있다. 더욱이 생성과 포착이라는 양면의 압박은 지속적으로 가해지며, 이는 주의력 자본주의에 내재된 해결 불가능한 긴장이다. 주의력은 고정적이고 유한한 자원인 반면, 자본주의는 무한한 성장을 요구하기 때문이다. 실제로 이러한 성장은 줄곧 주의력의 한계에 부딪히게 될 것이다. 우리는 정의상 한 번에 한 곳에만 집중할 수 있기 때문이다. 구글은 화면을 부동산처럼 확장할 수 없으며, 우리가 집중할 수 있는 검색 결과의 수를 늘릴 수도 없다. 수익 성장을 향한 자본주의의 욕망이 인간의 한계에 직면할 때는 결국 무언가를 포기할 수밖에 없다.

이 긴장감은 환경 운동가들이 산업 자본주의의 지속적인 경제 성장 욕구에서 발견한 것과 유사하다. 문제의 본질은 동일하다. 자본주의는 무한한 성장을 목표로 작동하지만, 석유나 목재, 구리 등 유한한 지구 자원과 인풋에 의존한다. 결국 응보의 순간은 피할 수 없다. 대량의 자원 부족, 비용 급증, 환경 파괴, 혹은 이 세 가지가 결합된 일종의 격변적 상황이 현실로 다가올 가능성이 크다.

이런 전망과 관련해, 1972년 국제 싱크탱크인 로마 클럽이 발표한 아주 유명한 선언문인 《성장의 한계 The Limits to Growth》(1972) 보고서는 정교한 컴퓨터 모델링을 활용하여 가격 급등, 대량 부족, 재앙이 결합된 미래를 내다보았다. 논리는 간단했다. 세계 경제의 발전은 모든 종류의 자원에 대한 수요의 기하급수적 증가를 주도하는 반면, 같은 자원에 대한 공급은 선형적으로만 증가해왔다. 이로 인해 조만간 상품 가격의 급등이나 그 밖의 문제들이 발생하게 되고, 나아가 전체 글로벌 생산 시스템의 붕괴까지 초래하게 된다는 것이다. "현재와 같은 증가 추세로 세계 인구, 산업화, 환경 오염, 식량 생산, 자원 고갈이 변함없이 지속된다면, 이 행성은 향후 100년 안에 성장의 한계에 도달할 것이다. 그 시점에는 인구와 산업 생산력이 급작스럽고 통제 불가능한 방식으로 급락할 가능성이 가장 크다."[50] 결국 '성장의 한계' 학파는 절반만 맞았다.

산업 자본주의의 세계적 확산은 지구에 끔찍한 피해를 입혔다. 바다에는 플라스틱이 떠다니고, 습지는 파괴되었으며, 종은 멸종했고, 아마존 열대우림의 17%가 소실되었다.[51] 그러나 '성장의 한계' 학파가 주장했던 구체적인 예측들, 즉 전 세계적인 자원 부족, 대규모

기아, 인구 감소는 아직 나타나지 않았다. 부유한 국가들에서 자본주의적 가격 메커니즘은 물리적 장애물과 제약을 우회하거나 돌파하는 혁신을 꾸준히 유도해왔다. 당시 보고서는 "대부분의 재생 불가능한 주요 자원이 100년 후에는 매우 비싸질 것"이라고 예측했지만, 실제로 지난 50년간 대부분의 원자재 가격은 지속적으로 하락했다.[52] 특히 독창적이고 파괴적인 예를 들자면, 수압파쇄법이 있다. 이 방법은 고압의 액체를 암석층에 주입하여 천연가스를 추출하는 기술로, 이전에는 접근 불가능했던 수십억 갤런의 석유와 수십억 입방피트의 가스를 활용 가능하게 만들었다. 이와 유사한 기술이 특정 귀금속과 광물 채굴을 개선하는 데도 적용되었다.

　이 모든 것은 막대한 생태적·사회적·인적 비용을 수반했다. 기후변화는 현재의 글로벌 산업 자본주의 모델에 근본적인 도전을 제기한다. 우리가 가진 단 하나의 대기가 흡수할 수 있는 탄소량은 한정되어 있으며, 이를 초과하면 지구는 치명적인 수준으로 가열될 것이다. 이런 맥락에서 성장의 한계 학파가 제시한 세계 자본주의와 지구 간 충돌 과정에 대한 근본적인 통찰은 단지 예언에 그치는 것이 아닌, 인류가 직면한 가장 중대한 문명적 도전과제인 것으로 입증되었다. 그러나 자원 공급이나 지구의 생산 능력이라는 좁은 범위의 예측에 관해서, 인간은 유한한 지구로부터 점점 더 많은 것을 추출하는 독창적인 방법을 찾아내왔다.

주의력 시대의 특징들

그렇다면 주의력은 어떠할까? 주의력이라는 자원의 양은 정말로 고정되어 있는 것일까, 아니면 자본주의적 혁신의 지속적인 힘에 의해 훨씬 더 많은 양을 확보할 수 있을까? 나는 주의력 자본주의가 한때 가능해 보였던 것보다 더 많은 자원을 추출하는 방식을 누구나 일상적으로 경험하고 있다고 본다. 이는 주의력 이론가 D. 그레이엄 버넷 D. Graham Burnett이 인상적으로 표현한 바와 같이, 우리의 정신을 파쇄하는 방식으로 이루어진다.[53]

    우리 모두는 주의력의 질이 저하되는 대신에 양이 크게 증가하는 현상을 경험해왔다. 20세기 초 자동차가 처음 등장했을 때, 운전자가 운전과 라디오 토크에 동시에 주의를 기울이는 것은 터무니없는 일로 여겨졌을 것이다. 그러나 1930년대에는 자동차 라디오가 차량에 쉽게 장착할 수 있는 흔한 장치가 되었고, 몇 세대가 지나면서 운전자들은 라디오 없이 운전하는 것은 상상할 수 없는 일이라고 여기게 되었다. 한 세대 전만 해도, 나는 사람이 한 번에 한 가지만 볼 수 있다고 주장했을 것이다. 사실, 이는 거의 동어반복처럼 들렸을 것이다. 하지만 오늘날 우리는 앉아서 TV 프로그램이나 영화를 시청하면서 휴대폰을 스크롤하는 걸 당연하게 여긴다. 지금 세대의 아이들에게는 이것이 기본적인 시청 방식으로 자리 잡았다.

    따라서 주의력의 '물리적 한계'가 완전히 고정된 것은 아니라는 점은 분명하다. 그러나 이 한계는 반드시 존재해야 한다. 우리는 인간으로서, 연쇄 처리자serial processor로서 한 번에 한 가지에만 진정으로 집중할 수 있다. 결국 어느 순간이 되면 인지 활동의 수행 능력을 향상시키려는 모든 시스템은 이 한계에 부딪힐 수밖에 없다.[54]

사이먼의 통찰력은 직장이나 학교, 기관, 행정망, 기업 등의 조직 환경에서 정보화 시대를 주의력 시대로 이해할 때 더욱 명확해진다. 그러나 우리 삶의 대부분, 즉 가장 소중하고 친밀하며 짜릿한 순간들은 조직의 맥락 바깥에서 발생한다. 가족, 친구, 이웃과 함께 보내는 시간 등이 그 예이다. 삶에 의미를 부여하는 인간관계의 맥락에서, 사이먼이 조직의 정보 처리 방식에 대해 제기한 핵심 질문은 다소 동떨어져 보인다. 정보와 주의력의 불가피한 '끌어당김'이 조직의 삶을 정의한다고 해서 그것이 사회적 삶까지 정의할 필요가 있을까?

사이먼이 주의력 경제에 관한 강연을 하고 나서 26년이 지난 1997년은 인터넷이 급성장하던 시기였다. 그해에 이론물리학자 출신 인터넷 철학자 마이클 골드하버Michael Goldhaber는 '주의력 경제와 인터넷'이라는 주제의 강연을 통해 사이먼의 핵심 통찰을 사회적 영역으로 확장하는 데 크게 기여했다.[55] 골드하버는 '디지털 정보의 경제학'을 주제로 열린 회의에서 연설했으며, 솔직히 말해 이후에 발표된 같은 주제의 문헌들을 모두 고려하더라도 사이먼과 골드하버의 아이디어는 여전히 오늘날 이 시대를 이해하는 데 가장 탁월한 토대를 제공한다.

사이먼이 주의력 경제에 대해 견지한 초기 입장은 정보가 주의력을 소비하며 주의력은 한정된 자원이라는 통찰에 기반을 두고 있다. 모든 경제학은 궁극적으로 희소한 자원의 배분을 연구하는 학문이다. 그러나 골드하버가 이 프레임워크에 추가한 핵심 내용은 주의력이 단순히 우리 안에서 소모되는 유한한 자원에 그치지 않는다는 점이다. 그렇다. 주의력은 이동 가능한 자원이다. 교환하고, 선물하고, 거래할 수 있는 자원인 것이다.

골드하버는 주의력의 문제가 단지 우리가 무엇에 주의를 기울이는가에 그치지 않는다는 점을 인식한다. 이 책 4장에서 자세히 논의한 바와 같이, 이는 당신이 남들에게 관심을 기울일 수 있으며, 남들 또한 당신에게 관심을 기울일 수 있다는 사실과 깊이 연관되어 있다. '사회적 주의'는 주의력이 어떻게 이동하고, 배분되고, 공유되고, 선물로 오가고, 거래될 수 있는지를 이해하게 해주는 핵심 요소로, 주의력이 흘러가는 방식을 밝혀주는 중요한 개념이다.

골드하버는 인간의 의사소통과 사회적 유대의 가장 기본적인 형태 중 하나인 대화에 관해서도 언급하며, 대화가 본질적으로 (종종 부차적인 것으로 여겨지는) 정보의 교환이 아니라 "주로 주의력의 교환"이라고 주장한다.

내가 어떤 이유로든 당신의 주의를 끌고 싶다면, 당신이 누구인지, 무엇을 하는지 같은 정보를 묻는 것으로 대화를 시작할 수 있다. 이는 반드시 당신에게 유달리 주목하고 있어서가 아니라, 당신의 관심을 끌기 위한 효과적인 방법이기 때문이다. 아이들은 이러한 동기를 가지고 명백히 뻔한 질문들을 쉴 새 없이 던지며, 어른들도 마찬가지다.

따라서 모든 대화에서 정말로 중요한 것은 주의력의 교환이다. 어느 한쪽이 관심을 잃지 않으려면, 대화의 흐름은 보통 어느 정도 균형을 유지해야 한다.[56]

대화를 통해 관심을 주고받는 이러한 흐름은 다양한 형태로 나타날 수 있다. 예를 들어 어떤 회의에서 발표자가 참석자 중 한 명을 지목해 자리에서 일어나 이번 발표에 본인은 어떤 기여를 했는지를 말해달라고 요청한다면, 이는 발표자가 자신이 얻은 관심을 다른 곳에 배분하는 행위가 된다. 이에 대해 골드하버는 이렇게 말한다. "청중의 관심을 끌 수 있다면, 그 관심을 다른 사람에게 전달하는 것도 가능하다는 게 핵심적인 사실이다." 그는 이어 말한다. "주의를 가진 사람이 그것을 다른 사람에게 전달하고, 다시 연달아 전달할 수 있다는 사실은, 만약 경제를 연상시킬 만한 행동이 있다면 당연히 중요한 특징으로 여겨질 것이다."[57]

골드하버는 사회가 점점 더 부유해지고 기본적인 물질적 필요에 대한 걱정이 줄어듦에 따라, 사람들의 관심을 끄는 일이 점점 더 중요해지고 인간 행동의 주요 동기가 될 것이라고 예측했다.

우리가 좀 더 완전한 의미의 주의력 경제로 나아감에 따라, 관심을 의식적으로 추구하는 행위를 종종 나쁜 취향이나 부실한 전략으로 간주하던 이전 경제의 정신은 점차 사라지고 있다. 대신, 많은 관심을 받는 것을 칭찬받을 만한 일로 여기고, 이를 추구하는 태도 또한 전혀 부정적으로 보이지 않는 분위기가 자리 잡고 있다. 내가 '금융업-제조업 주도 경제money-industrial economy'라고 부르는 시스템의 성공으로 해방된 에너지는 점점 더 관심을 얻는 데 집중되고 있다. 이로 인해 주의는 점점 더 희소해지고, 당연히 주의력 경쟁은 심해진다. 이러한 상황은 끝없는 쟁탈전을 초래하며, 동시에 우리 각자가 가능한 한 관심을 적게 기울일 것을 요구한다.[58]

골드하버는 현대의 주의력 경제가 등장하기 훨씬 전에, 주의가 곧 '가장 중요한 가치'가 될 것이라고 예언했다. 주의를 실제 화폐적 부와 나란히 축적될 수 있는 일종의 부로 이해하는 것은 조직 생활과 사회적 삶 모두에서 탈산업화 시대의 윤곽을 그리는 데 중요한 통찰을 제공한다. 인터넷에 흥미로운 콘텐츠가 있는 이유는 무엇일까? 1993년 열네 살 때 처음 온라인에 접속한 이후 지금까지 내가 몇 시간이고 인터넷 서핑을 즐길 수 있는 이유는 무엇일까? 그것은 사람들이 금전적 보상이 전혀 없음에도 다른 이들의 관심을 끌고자 엄청난 시간과 노력을 들이기 때문이다. 사람들은 기꺼이 유즈넷 뉴스그룹에 글을 올리고, 블로그를 작성하며, 채팅방에서 대화를 나누고, 한 페이지짜리 유머 글을 쓴다. 이러한 창의성, 유머, 지식은 얼마간 관심을 끌기 위해 이루어진다. 그리고 이 모든 활동은 사람들이 관심을 주고받는 비영리적인 '주의력 선물 경제'의 일부를 구성한다.

골드하버는 아직 현실화되지 않았지만, 훨씬 더 야심 찬 예측을 제시한다. 그는 주의력이 대단히 가치 있는 자원이기에 결국 돈 자체를 대체할 수 있을 것이라고 주장한다. 충분히 큰 관심을 끌어모으면 이를 돈이나 부와 교환할 수 있지만, 그 반대 방향은 거의 작동하지 않는다는 것이다. "돈은 주의로 흘러가지만, 주의가 돈으로 흘러가는 경우는 훨씬 적다." 즉, 당신이 마조리 테일러 그린Marjorie Taylor Greene처럼 관심을 끌어모으는 데 능숙하다면(그녀의 경우, 모금 활동의 형태를 취한다), 그 관심을 현금으로 전환할 수 있을 것이다. 하지만 그 반대 방향의 교환은 불가능하다. 즉, 당신이 막대한 현금을 보유하고 있다 해도, 그 돈으로 사람들의 관심을 살 수는 없다.

이 주장에는 일정한 진실이 담겨 있다. 누군가가 돈을 지불해 당신이 볼 수 있는 광고를 게재했다고 해서 당신이 그 광고를 주목하거나 기억한다는 보장은 없다. 그러나 자본주의와 시장 교환은 골드하버가 예상했던 것보다 훨씬 더 유연한 (또는 교활한) 것으로 입증되었다. 현재의 주의력 경제 대부분은 돈과 주의력의 교환 구조를 중심으로 작동하고 있다. 다시 말해 돈과 주의력 사이의 거래는 양방향으로 이루어진다. 사람들은 관심을 끌어모아 그것을 돈으로 바꾼다. 예를 들면 인스타그램 인플루언서들이 수익성 높은 브랜드를 상대로 홍보 계약을 맺는 방식이 그렇다. 반대로, 사람들은 돈을 써서 관심을 끌기도 한다. 일론 머스크가 자신의 형편 없는 트윗을 남들에게 읽히기 위해 440억 달러(2022년 10월 환율 기준 약62조 원)를 지출한 사례처럼 말이다.

지금까지 나는 주의력을 자원으로 봐야 한다고 주장해왔다. 이 자원은 시장 가치를 위해 추출되는 물질로, 그 가치가 점점 커져서 이제는 가장 중요한 자원이 되었다고도 주장했다. 이것이 이 책에서 제시하는 두 가지 핵심 논지이다. 이 장은 두 번째 주장을 설명하기 위한 것이었다. 그러니까 흔히 정보화 시대라고 불리는 이 시대의 본질은, 정보가 지배하는 사회·경제에서 주의력이 필연적으로 가장 중요한 자원이 될 수밖에 없음을 의미한다는 것이다.

하지만 이쯤에서 내 주장의 가장자리에 자리 잡고 있는 반론에 대해 잠깐이나마 반박할 필요가 있다고 본다. 요컨대 우리의 주의력과 주의력 경제의 영역 바깥에는 막대한 힘과 부를 소유한 많은 사람들이나 조직, 기업, 그리고 기관들이 존재한다는 것이다. 물론 필요하다면 정치인이나 억만장자의 실명을 댈 수도 있다. 그러나 사회학자 C. 라이트 밀스C. Wright Mills가 언급한, 최상층에서 권력을 행사하는 파워 엘리트는 대부분 익명의 세계에 속해 있다.[59] 그들은 우리의 관심을 피하며 주의가 아닌 다른 것에서 자신들의 권력을 끌어내고 있다. 예를 들어 미국에는 자산 규모가 10억 달러(2025년 1월 환율 기준 약 1조 4,500억 원) 이상인 부자들이 800명 넘게 있다. 그들의 명부를 받는다면, 당신은 기껏해야 수십 명 정도를 알아볼 수 있을 것이다. 나머지 대부분은 처음 보는 이름일 것이며, 아마도 그들 대다수는 지금과 같은 익명 상태를 유지하고 싶을 것이다.

정부 관료들도 마찬가지다. 널리 알려진 관료는 소수에 불과하다. 하원의 최고 예산 책임자인 세입위원장이 특별히 유명하거나 파파라치의 추적 대상이 될 가능성은 높지 않다. 미국의 많은 상원의원들은 막강한 영향력을 행사하는 위치에 있지만, 상대적으로 익명의 인물들이다. 수백 명에 달하는 고위 관료, 연방준비제도이사회(연준) 의장, 영향력 있는 로비스트, 그리고 최상위 대형 로펌의 파트너 변호사들도 마찬가지다. 이들은 개인적으로나 직업적으로 대중의 주의를 끌지 않으면서도, 주의력이라는 자원과는 실질적으로 무관하게 강력한 권력을 행사한다. 이들은 주의를 수확하거나 사거나 팔지 않는다. 익명의 삶을 살며 대중의 주목을 크게 받지 않는 상태에서 권력을 행사하는 것이다. 자신들이 속한 전문 세계에서는 주목받을지 몰라도 일반 대중에게는 그렇지 않다.

더구나 사실 주의력은 '황철광 fool's gold'*과 같다는 말로 표현할 수도 있다. 관심을 추구하는 사람들은 실제 권력이나 부를 가진 사람들 중에서도 가장 궁핍하고 심리적으로 가장 큰 타격을 입은 이들이다. 정서가 제법 안정된 사람들은 주의력이 실제로 그다지 가치 있는 자원이 아니라는 것을 이해하고 있기 때문이다.

여기서 좀 더 철저히 내 주장을 반박해보자. 주의력의 가치에 대한 내 견해가 구제할 수 없을 정도로 편향되어 있을 가능성도 충분히 있다. 분명한 사실은 나야말로 남들의 관심을 중요하게 여기는 사람이라는 점이다. 당신이 이 책을 손에 들고 있다는 사실과 내 직업 생활 전체를 보면 이를 쉽게 알 수 있다. 더구나 나는 주의력 산업 종사자다. 그러니 주의력은 내게 중요한 자원일 수밖에 없다. 어쩌면 주의력의 가치에 대한 나의 견해는 결국 내가 얼마나 주의력을 중요시

---

* 색깔 때문에 사람들이 종종 금과 혼동하는 철광석.

하는지에서 기인하는 것일지도 모른다. 내가 주의력 경제에 완전히 몰입해 있어서 그 사실을 명확히 인식하지 못하는 것일 수도 있다.

좋다. 이제 거의 스스로 설득된 기분이다. 하지만 한 걸음 물러서서 왜 이것이 옳지 않다고 생각하는지 이야기해보겠다. 바로 우리의 주의력이 미치지 않는 영역에서 번성하며 보이지 않게 권력을 행사하는 부자, 기업, 기관이 무수히 존재한다는 것은 사실이다. 그러나 이를 더 자세히 살펴보면, 그 내부에서도 일종의 세대적 변화가 일어나고 있음을 알 수 있다. 주의력 집중 시대의 본질은 어떤 정적이고도 평온한 상태에 머무는 것이 아니라, 시간이 지나면서 전개되고 변화하는 과정에 의해 형성된다. 이는 모든 사회적·물질적 관계의 새로운 시스템이 겪는 자연스러운 현상이다. 지금 우리는 사회 구성원들 사이에서 주의력 집중 시대의 '원주민'과 '비원주민' 간에 실질적인 단절이 나타나고 있음을 목격한다. 이는 새로운 시대가 펼쳐지는 과정의 일부라고 볼 수 있다.

일례로 2020년대에 접어들며 일론 머스크는 지구상에서 가장 부유한 사람이 되었다. 세계에서 가장 부유한 남성의(항상 남성이지만) 순자산은 주식 시장의 흐름에 따라 변동하기도 하지만, 2023년 기준으로 약 2,400억 달러(2023년 환율 기준 약 312조 원)에 달했다. 이 정도 재산이라면, 이 지구상에 그가 손에 넣지 못할 물건은 없다. 그는 모든 사람들의 상상을 뛰어넘는 부를 축적했으며, 자동차와 주택, 요트, 말 등 원하는 것은 무엇이든 가지고 있다.

이러한 머스크가 진정으로 원했던 것은 주의력이었다. 하지만 그

조차도 처음부터 그런 것은 아니었다. 커리어 초기 상당 기간에 그는 언론 노출을 피하는 편이었다. 그러다 많은 사람들과 마찬가지로 트위터에 가입했고, 그곳에서 알렉산드르 코제브가 말한 인정 욕구, 즉 '스타와 팬'의 역학 관계가 그의 삶에서도 작동하기 시작했다. 머스크는 점점 더 많은 글을 포스팅하며 점점 더 절박한 모습을 보였고, 결국 역사상 가장 비싼 충동구매에 나서게 되었다. 트위터를 440억 달러라는 과도하게 평가된 가격에 매입했던 것이다.[60]

아마도 자신이 얼마나 많은 돈을 지불해야 하는지를 깨달은 머스크는 잠시 인수 포기를 고려했을지도 모른다. 그러나 트위터와의 소송과 재앙적인 재판 가능성에 직면한 그는 어쩔 수 없이 거래를 완료해야 했다. 머스크는 언론의 자유와 다양한 관점에 대해 온갖 고상한 발언을 늘어놓았지만, 끊임없이 이어지는 강박적인 게시물과 트롤링은 그가 진정으로 원했던 것이 트위터의 '메인 캐릭터main character'*가 되는 것임을 분명히 보여주었다.

트위터의 메인 캐릭터가 된 머스크는 하원의장의 남편에 대한 잔인한 공격을 둘러싸고 악랄하고 거짓된 음모론을 부추겼고,** 나치

---

* 매일 한 사람이 플랫폼에서 가장 화제가 되는 인물이 되어 많은 부정적 멘션의 대상이 된다는 트위터의 격언. 이는 2019년 1월 2일, 트위터 사용자 @maplecocaine이 게시한 "트위터에는 매일 한 명의 메인 캐릭터가 등장한다. 목표는 절대 그 메인 캐릭터가 되지 않는 것이다"라는 글에서 유래한다.

** 2020년 10월 28일 데이비드 드파페가 낸시 펠로시 하원의장을 노리고 샌프란시스코 자택에 침입했다가 부재중인 펠로시 대신 남편 폴 펠로시에게 둔기를 휘둘러 중상을 입힌 사건을 말한다. 29일, 힐러리 클린턴 전 국무장관은 드파페가 증오를 퍼뜨리는 우익 매체의 가짜 뉴스와 음모론에 심취해 있었다는 《로스앤젤레스 타임스》 기사를 트위터

문신을 한 총기 난사범이 백인 우월주의자일 수 있다는 생각을 조롱했으며,* 흑인의 내재된 범죄성에 대한 인종차별적 게시물과 트랜스젠더에 대한 모욕적인 트윗을 지속적으로 포스팅했다.

이렇게 일론 머스크는 사람들의 관심을 끄는 데 성공했다. 그가 글을 쓰면 항상 트위터의 인기 글에 올랐고, 장난처럼 보이는 행동조차 주류 언론의 기삿거리가 되었다. 그러나 많은 트위터 사용자들에게는 그의 이러한 행동이 지나치다고 여겨졌다. 결정적으로, 광고주들이 하나둘씩 물러서더니 결국 대거 떠나기 시작했다. 앞에서 말한 대로 머스크가 440억 달러에 트위터를 인수하고 나서 7개월 뒤인 2023년 5월 피델리티 인베스트먼트는 플랫폼의 총가치를 불과 150억 달러로 추산했다.[61] 대다수의 관찰자에게 머스크는 거의 300억 달러를 허공에 날린 것처럼 보였지만, 그는 그 돈을 써서 전 세계인의 관심을 샀다. 머스크에게 주의력은 말 그대로 그 어떤 것보다 더 가치 있는 것이었다. CNBC와의 인터뷰에서 한 기자가 그에게 왜 조지 소로스가 "인류를 싫어한다"는 등의 트윗을 계속 올리는지 묻자,**

에 공유했고, 30일 일론 머스크는 이에 맞서 폴 펠로시가 술을 먹고 동성애를 하려다 사고를 당했을 것이라는 《샌타모니카 옵서버》 기사를 링크했다가 비난이 쇄도하자 삭제했다.

* 2023년 5월 6일 텍사스주 앨런의 한 쇼핑몰에서 일어난 총기 난사 사건의 범인 마우리시오 가르시아의 백인 우월주의 성향에 대해 머스크는 11일 트위터에서 의문을 제기하며 이러한 정보가 대중을 오도하려는 심리전일 수 있다고 주장했다.

** 2023년 5월 12일 소로스 펀드 매니지먼트가 2022년 매입한 테슬라 주식과 콜옵션의 전량 매각을 공시하자 16일 머스크가 헤지펀드의 매니저 조지 소로스를 비난하는 트윗을 게시한 사건을 말한다.

머스크는 잠시 숨을 고른 뒤 이렇게 말했다. "〈프린세스 브라이드The Princess Bride〉(1987)라는 훌륭한 영화에 이런 장면이 있다. 한 남자가 아버지를 죽인 원수를 만나서 이렇게 말한다. '돈을 제안해보라. 권력을 제안해보라. 나는 개의치 않는다.' (…) 나는 하고 싶은 말을 할 것이고, 그 결과로 돈을 잃게 된다면 어쩔 수 없는 일이다."[62] 이 발언은 원칙이라는 망토를 두른 듯 보였지만, 머스크가 실제로 말한 것은 다음과 같다. 주의력은 나에게 그만한 가치가 있다. 말 그대로, 그 이상 내게 소중한 것은 없다.

머스크는 주의력에 집착한 나머지, 자신이 인수한 기업의 수익성과 가치가 급격히 떨어지는 상황에서도 직원들에게 자신이 거기서 관심을 끌고 있다는 사실에 주목할 것을 요구했다. 실제로 한 보고서에 따르면, 2024년 초가 되자 머스크는 X(구 트위터)에서 자신의 관여도를 높이는 일을 엔지니어들에게 과업으로 부여하고, 매일 밤 11시 회의를 진행하기 시작했다. 한 프로그래머는 《비즈니스 인사이더》와의 인터뷰에서 이렇게 말했다. "우리가 해결해야 할 문제는 간단하다. 왜 일론의 트윗 조회 수가 줄어들고 있는지. 그것만 해결하면 된다. 다른 계정은 고려 대상이 아니다."[63]

머스크는 극단적인 예일 뿐이며 결코 그 개인만의 문제가 아니다. 그의 세대 집단에서 공통적으로 나타나는 특징은 바로 관심을 끌고자 하는 간절한 욕망이다. 실리콘 밸리의 수십억대 부자들조차 자신만의 팟캐스트를 시작하거나 강박적으로 게시물을 올리는 데 몰두한다. 헤지펀드 억만장자인 빌 애크먼Bill Ackman도 그중 한 사람이다. 이 시대의 신흥 부호들은 주의력에 집착하고 있다.

이 궤적은 '주의력 시대'를 완벽하게 보여주는 우화다. 여기 머스크라는 인물이 있다. 그는 모든 물질적·재정적 자원을 가진 남성으로, 인류 역사 전체가 그 시점까지 생산할 수 있는 모든 것을 혼자 사들이거나 소유할 수 있는 존재가 되었다. 그런데도 그는 주의력을 얻기 위해 이 모든 것을 기꺼이 교환할 준비가 되어 있다.

머스크와 주의력의 관계는 우크라이나의 볼로디미르 젤렌스키Volodymyr Zelensky 대통령이 주의력과 맺고 있는 관계와는 정반대다. 젤렌스키는 정치에 입문하기 전, 그리고 전시 지도자가 되기 전까지 매우 성공적인 코미디언이자 연기자였다. 그는 수년간 갈고닦은 기술, 즉 관심을 끌고 유지하는 능력을 활용하여 전 세계의 주의력을 자국의 곤경에 집중시켰고, 그 주의력을 물질적 자원인 돈과 무기로 전환했다. 주의력이 강력한 자원인 이유 중 하나는 무엇보다 주의력이 교환 가능하다는 데 있다. 젤렌스키처럼 주의를 끌고 유지하는 데 능숙하다면, 그 주의력을 다른 자원으로 전환할 수 있다. 반면 머스크는 이를 정반대의 방식으로 보여준다. 젤렌스키가 타고난 연기자라면, 머스크는 그 반대다. 그는 부정적인 카리스마의 블랙홀과도 같다. 그러나 그는 주의력을 너무도 원하기에, 그것을 얻기 위해 최고가를 지불할 준비가 되어 있다. 젤렌스키가 주의력을 물질적 자원과 교환한 반면 머스크는 물질적 자원, 즉 말 그대로 수백억 달러를 주의력과 교환했다. 머스크에게 주의력보다 더 소중한 것은 없다.

7장

공론장과 주의력:
주의력 전쟁의 총성 속에서

주의력 레짐이 없는 곳에서는 공적 주의를 한 주제에 집중시킬 공식적인 제도도, 누가 언제 말하고 누가 경청할 것인지에 대한 기본 규칙도 존재하지 않는다. 그런 상황에서는 주의력에 대한 독점적 욕구가 일어나서 논쟁이나 설득, 담론 자체를 통째로 삼켜버린다.

주의력을 기울이는 일에도 규칙이 있다: 링컨-더글러스 토론

1858년 가을, 미국이 금융 위기에서 회복하고 부흥운동spiritual fervor*이 반쯤 주기적으로 나타나는 시기에 접어들었을 때, 두 사람이 상원의원 선거에서 맞붙었다. 이 선거는 미국 역사상 가장 유명한 주 단위의 정치 경합으로 기록되었다. 도전자는 일리노이주 하원의원 에이브러햄 링컨Abraham Lincoln으로, 그는 '드레드 스콧 판결Dred Scott decision'**과 새로 확장된 영토로의 노예제 확대에 반대하는 신생 공화당을 대표했다. 상대는 스티븐 A. 더글러스Stephen A. Douglas

---

*   로마서 12장 11절, "열심을 내어서 부지런히 일하며, '성령으로 뜨거워진 마음'을 가지고 주님을 섬기십시오"에서 온 표현. 1850년대에서 1900년대 사이에 일어난 제3차 대각성 운동을 말한다.
** 1857년 3월 7일 노예로 미합중국에 들어온 흑인과 그 후손은 그가 노예이든 노예가 아니든 미국 헌법 아래 보호되지 않으며, 미국 시민이 될 수 없기 때문에 연방 법원에 제소할 권리가 없다는 연방대법원의 판결이다.

로, '1850년 타협Compromise of 1850'*을 통해 '도망노예법Fugitive Slave Act'** 개정에 기여한 현직 민주당 상원의원이었다. 이 법은 도망노예를 숨겨주고 체포를 방해하는 행위를 범죄로 규정했으며, 또한 개별 주가 노예제 허용 여부를 결정할 수 있도록 하는 '국민주권popular sovereignty'*** 개념을 지지했다. 이는 더글러스가 정치인으로서 계속 옹호해온 주요 입장이기도 했다. 두 후보는 2개월 동안 7개 도시를 돌며 일곱 차례의 토론을 진행했고, 오늘날과 같은 방송 매체가 없던 시기임에도 이 토론은 전국적인 센세이션을 불러일으켰다. 댈러스의 한 신문은 이를 두고 "역대 선거에서 가장 흥미진진한 선거 중 하나"라고 평했다.[1] 버지니아주 리치먼드 신문의 한 통신원은 다음과 같이 썼다.

"주 단위 선거가 이토록 큰 관심을 불러일으킨 적은 거의 없었을 것이다. 이렇게 많은 지역에서, 이렇게 많은 정치인들이 이토록 적극적으로 두 후보 중 한 후보를 지지하는 경우는 드물었다."[2] 노예제 폐지 운동 기관지인《리버레이터The Liberator》는 "일리노이주는 화염에

---

*   켄터키주 상원의원 헨리 클레이의 제안으로, 1) 캘리포니아의 자유주free state 지위 승인, 2) 유타와 뉴멕시코에 준주정부 설치, 3) 텍사스와 미국의 국경 정립, 4) 워싱턴 D.C.에서의 노예 무역 금지, 5) 도망노예법 개정, 이 5개 연방법률을 일괄 처리한 타협안이다. 노예주와 자유주 간의 긴장을 해소하기 위한 시도였으나, 오히려 북부와 남부를 더욱 분열시키는 결과를 가져왔다.

**   1793년과 1850년에 미국 의회를 통과한 여러 법률이며, 특정 주에서 다른 주로 또는 공유된 영토로 도망간 노예의 반환을 규정하였다. 남북전쟁(1861~1865)을 거쳐 1864년에 폐지되었다.

***   국민주권은 국가의 정치 형태와 구조를 최종적으로 결정하는 권력이 국민에게 있다는 원리다.

휩싸인 상태"라고 선언했다.³ 이 토론은 전국적인 관심을 불러일으켰고, 불과 2년 후 두 사람은 소속 정당의 후보로 대통령 선거에 출마하게 되었다. 오늘날의 관점에서 보면, 링컨-더글러스 토론은 놀랍고도 낯설게 느껴진다. 먼저 이 토론은 대학 강당에서 열리는 학술 강연이라기보다 랩 배틀에 가까운 대중 엔터테인먼트의 한 형태였다. 사람들은 두 명의 위대한 연설가를 보기 위해 행사장으로 몰려들었고, 열광적인 반응으로 화답했다. 이 토론은 글로 기록되었으며, 특히 링컨이 군중과 소통하는 데 탁월한 재능을 보여주었다는 방증이었다.

그러나 그 형식 자체는 현대인의 관점에선 졸음을 유발할 정도로 지루했을 것이다. 당시 토론 형식은 첫 번째 연설자가 1시간에 걸쳐 연설하고, 두 번째 연설자가 90분 동안 반박한 다음, 다시 첫 번째 연설자가 30분 동안 답변하는 방식이었다. 이는 대부분의 영화나 축구 경기보다 긴 3시간에 걸친 연설을 의미한다. 20세기 후반의 미국 TV 엔터테인먼트 문화를 둘러싼 논쟁에서 닐 포스트먼은 이를 "문학적 수사라고 할 수 있는 일종의 웅변", 즉 20세기에 완전히 사라진 소중한 민주적 의사소통 문화의 한 예로 제시한다.⁴

오랜 세월이 지난 지금, 이 토론을 옮겨놓은 대략적인 기록을 보더라도 두 사람의 재치, 지성, 그리고 수사적 기교는 여실히 드러난다. 그러나 오늘날의 기준으로 볼 때, 언어와 논증의 밀도가 너무 높아 토론의 내용을 이해하기 어렵다는 점은 부인할 수 없는 사실이다.⁵ 예를 들어 스티븐 더글러스가 이후 〈프리포트 독트린The Freeport

Doctrine〉(1858)으로 알려지게 된 개념을 어떻게 표현했는지 살펴보자. 그는 개척지 영토의 시민들이 스스로 적절하다고 생각하는 대로 노예제를 금지하거나 허용할 수 있다는 견해를 다음과 같이 표현했다.

> 헌법에 따라 노예제가 특정 영토에 도입될 수 있는지 여부에 대해 대법원이 향후 어떤 결정을 내리든 상관없이, 사람들은 이미 노예제를 도입하거나 배제할 수 있는 합법적 수단을 가지고 있습니다. 왜냐하면 노예제는 현지 경찰의 규정으로 뒷받침되지 않는 한 어느 곳에서도 하루, 아니 심지어 한 시간도 존속할 수 없기 때문입니다. 해당 경찰 규정은 지역 의회에 의해서만 제정될 수 있습니다. 따라서 노예제에 반대하는 사람들은 노예 소유에 친화적이지 않은 입법을 통해 자신들 사이에 노예제가 도입되는 것을 효과적으로 막을 수 있는 대표자를 선출할 것입니다.[6]

비록 이해가 불가능한 문장은 아니지만, 오늘날의 정치인이 발표하는 그 어떤 문장보다 더 복잡하고 중층적으로 구성되어 있다. 이 전사轉寫 기록을 읽으면 도입부에서 어떤 아이디어를 예고하고 잠시 다른 주제로 갔다가 다시 돌아오는, 동격절과 종속절로 가득한 문장이 얼마나 많은지 알 수 있다. 포스트먼은 이 연설을 가리켜 말하기보다는 글쓰기에 가깝다고 지적한다. 이는 이미지가 아닌 글로 정의되는 사회에서의 매스 커뮤니케이션인 것이다.[7] 그리고 글쓰기와 마찬가지로, 이 토론은 다른 텍스트의 인용, 노예제에 대한 더 큰 국가적 담론, 그리고 그 안에서 벌어지는 많은 하위 논쟁과 갈등으로 가득 차 있다. 이런 모든 요소는 현대 독자들에게 따라가기 버거운 느낌을 줄 수 있다. 다음은 링컨의 네 번째 토론에서 나온 한 부분이다.

> 트럼불Lyman Trumbull 판사는 비글러William Bigler 상원의원이 상원 회의장에서 의원들 간의 회의가 진행되었다고 선언했음을 보여줍니다. 상원의원들은 캔자스 주민들이 주 헌법을 제정할 수 있도록 허용하는 '수권법授權法'*을 통과시키기로 결정했으며, 헌법 초안이 작성된 후 이를 주민 투표에 부치는 조항을 수권법에 넣지 않는 것이 최선이라는 합의를 도출했습니다. 그 후 트럼불 판사는 더글러스 판사**가 상원에 법안을 다시 제출할 때 그 조항을 삭제했다고 주장하며 이를 제시합니다. 나아가 그는 단지 법에 별다른 규정이 없어서 국민이 투표할 권리가 있다고 가정하게 되는 상황을 방지하기 위해, 사실상 헌법 초안을 국민 투표에 회부하지 못하도록 하는 새로운 조항이 법안에 삽입되었다는 점을 보여줍니다.[8]

사람들은 3시간에 걸쳐 제자리에 서서 홀린 듯 이 연설을 들었다! 이 복잡한 사고와 수사는 링컨-더글러스 토론이 여전히 모범적인 최고의 민주적 담론으로 평가받는 주된 이유다. 150년이 지난 지

---

*   Enabling Act. 국가 비상사태 등의 발생 시 입법부가 행정부나 기타 국가 기관에 일정한 권한을 부여하는 법률을 말한다.
** 스티븐 더글러스 의원은 1841년부터 1843년까지 일리노이주 대법원 판사를 지냈다.

지금까지 여러 세대에 걸쳐 미국의 고등학생들은 링컨-더글러스 형식의 토론 경시대회에 참가해왔으며, 이는 오늘날에도 여전히 가장 인기 있는 토론 형식 중 하나로 자리 잡고 있다.

민주주의 사회가 공론장public sphere에서 어떻게 표현되는지 이야기할 때, 우리는 대체로 토론 모델을 활용한다. 우리의 의회 기관은 이 모델에 따라 작동한다. 한 연설자가 연단에 올라 일정 시간에 걸쳐 연설을 하고, 그 후 반대 의견을 가진 다른 연설자들이 연단에 올라 자신의 주장을 펼친다. 이렇게 양측 간에 논쟁이 오간다. 우리는 이런 구조를 바탕으로 공적 담론의 모델을 세운다. 예컨대 이민과 같은 특정 이슈가 있고, 그 이슈에 대한 (장점과 단점, 제한과 확대 등) 이견이 존재하면, 사람들은 TV, 인터넷, 심지어 교회 모임이나 술집 같은 장소에서 서로 다른 견해를 주고받는다. 크로스파이어Crossfire,* 맥라플린 그룹McLaughlin Group,** 그리고 지난 몇 년 동안 수많은 시간에 걸쳐 방영된(그리고 그중 일부는 내가 직접 참여한) 케이블 뉴스쇼들은 이 견고한 프레임워크를 활용한다.

토론은 주의력 체제, 즉 레짐regime의 한 형태로, 주의가 어디로 어떻게 흘러갈지를 조정하는 공식 수단이다. 첫 데이트에서 나누는 간단한 호구조사에서 플라톤의 소크라테스식 대화에 이르기까지, 모

---

* 1982~2005년, 2013~2014년에 방영된 CNN의 심야 시사 토론 프로그램. 보수와 진보 패널이 서로 의견을 제시하고 이의를 제기하도록 설계되어 있다.
** 1982~2016년에 방영된 미국의 토크쇼 TV 프로그램으로, 존 맥라플린이 진행했다. 매주 일요일 4명의 전문가가 출연해 원탁회의 형식으로 정치 현안을 논의했다.

든 담화에는 명시적이든 암묵적이든 주의력 레짐이 필요하다. 주의력 레짐은 특정 순간에 주의를 집중할 위치를 규정하기만 한다면 다양한 형태를 취할 수 있다. 예를 들어 태평양 북서부 원주민 부족은 회의나 심의 때 주의를 조절하는 수단으로 '토킹 스틱talking stick'[*]을 사용한다. 학술회의에서는 기조 강연자와 토론자의 자리가 회의실 앞쪽에 지정되는 반면, 소규모 세미나에서는 누구나 손을 들어 발언자 명단에 이름을 올릴 수 있다. 회의에는 의제가 있고, 진행자가 있다. 클럽이나 단체, 각종 위원회에서는 《로버트 의사규칙Robert's Rules of Order》(1876)이라는 책자를 참고하는 경우가 많다. 《로버트 의사규칙》은 남북전쟁 당시 헨리 마틴 로버트Henry Martyn Robert 준장이 회의의 원활한 진행을 위해 고안한 일련의 지침이다. 로버트가 이 규칙을 처음 만든 계기는 매사추세츠주 뉴베드퍼드의 한 지역 교회 회의에서 의장 역할을 요청받은 경험이었다. 의장 경험이 전혀 없었던 그는 금세 자기 소임에 압도당했다.[9]

> 내가 느낀 당혹스러움은 최고조에 달했다. (…) 나는 내심 회의는 저절로 굴러갈 것이라는 신의 섭리에 의지하며 이 일에 나섰다. 그러나 그 순간, 나는 의회법parliamentary law(회의진행규칙)을 어느 정도 이해하기 전까지 (…) 다시는 다른 회의에 참석하지 않겠다고 결심했다.[10]

---

[*] 북미 태평양 북서부의 원주민들 사이에서 사용되는 민주제적 도구이다. 발언자는 자신의 말뜻을 모든 사람이 정확하게 이해했는지 확인하고 나서 다음 사람에게 이 지팡이를 넘겨준다.

이런 문제를 처음 접한 로버트가 파악한 것은, 한 집단의 주의력을 조절하기 위해 확립된 공유 레짐이 없다면, 그 집단의 주의력은 나비처럼 이리저리 움직인다는 것이다. 그러면 회의 참석자들은 나비를 찾느라 아무것도 달성하지 못하게 된다.

다시 말해 어떤 그룹 커뮤니케이션에서든 일정한 주의력 레짐이 필수적이라는 뜻이다. 이는 인간의 모든 협력 활동에 꼭 필요한 것이다. 아이들이 학교에서 가장 먼저 배우는 것 중 하나가 바로 이 주의력 레짐이다. 예를 들어 선생님이나 다른 친구들이 말할 때는 말하지 말 것, 질문이 있으면 손을 들 것 등과 같은 규칙들이 그것이다. 이런 행동들은 아주 어릴 때부터 아이들에게 주입된다. 왜냐하면 그룹 환경에서 주의를 규제하는 규칙은 결코 '자연스럽거나' 직관적이지 않기 때문이다. 실제로 자유 놀이터 같은 환경에서는 다양한 유기적 형태의 주의력 레짐이 자연스럽게 나타나기도 한다.

그런데 아이들에게는 주의력 배분 규칙도 주입된다. 왜냐하면 이 규칙이 없으면 교실은 혼란에 빠지기 때문이다. 모든 아이들이 동시에 말하고 소리를 지르면, 가르치는 것도 배우는 것도 거의 불가능해진다. 일정한 주의력 규칙이 모든 사회적 상호작용을 이끌기 때문에, 아이들은 인간 사회에 대한 더 큰 의미의 문화 변용 acculturation 과정의 일부로서 교실 내 주의력 규범과 규칙을 배워야 한다.

이러한 주의력 레짐은 너무도 보편적이어서 거의 당연하게 여겨진다. 그러나 그것은 마치 동결선 frost line 아래에 자리한 건물 기초와 같다. 기초가 없으면 진상 조사 fact-finding, 숙의 deliberation, 결정 decision

등 모든 의미 있는 활동이 무너진다. 주의력의 경우와 마찬가지로, 주의력 레짐은 필요하지만 그것만으로 충분하지는 않다. 즉, 그것은 필수적이면서도 하찮은 것이다.

그러면 다시 에이브러햄 링컨 하원의원과 스티븐 더글러스 상원의원의 토론으로 돌아가 이 토론을 민주적 담론의 모델로서 생각해보자. 이런 시도를 뒷받침하는 주의력 레짐에는 몇 가지 층위가 존재한다. 가장 명백한 층위는 토론의 기본 규칙이다. 첫 번째 연설자는 60분 동안 의견을 제시하고, 이어 90분 동안 상대방의 답변을 듣고, 마지막으로 30분 동안 최종 반론을 제기한다. 두 사람은 각 마을마다 역할을 바꿔가며 토론을 진행했고, 한 마을에서는 의견을 제시한 사람이 그다음 마을에서는 답변을 맡았다.

우리가 10초짜리 영상과 끝없는 스크롤의 시대에 살고 있다는 점을 감안할 때, 이 토론에서 경외감과 감탄을 느끼게 되는 이유 중 하나는 연사들과 청중 모두에게 요구되는 높은 수준의 집중력일 것이다. 예를 들어 10월 3일 스프링필드에서 더글러스 후보의 연설이 악천후로 인해 주 의사당 본청사에서 이루어졌을 때, "1만 명에서 1만 2,000명"의 인파가 몰려들어 그 공간의 "혼잡도를 최대치로" 끌어올렸다.[11] 링컨 후보가 다음 날 답변하겠다고 발표하자, 비슷한 규모의 군중이 그의 연설을 듣기 위해 모여들었다.

그러나 이는 단순한 인내력 그 이상이다. 또한 연설과 답변의 길이, 그리고 그러한 형식이 촉진하는 사고와 수사의 정교함 사이의 관계이기도 하다. 우리는 특정 아이디어, 무엇보다 복잡하거나 미묘한 뉘앙스를 담고 있는 아이디어는 단순한 아이디어보다 소통하고 분석하는 데 더 많은 시간이 필요하다는 것을 직관적으로 알고 있다. 반대로, 요즘 우리가 주로 소비하는 열광적이고 점점 더 짧아지는 소통 방식은 우리의 집중력을 유지하는 능력과 소통되고 이해되는 생각의 질 모두를 떨어뜨린다.

노엄 촘스키는 상업 TV 방송의 본질, 특히 광고 사이에 콘텐츠를 끼워 넣어야 하는 필요성이 비록 형식적인 제약일 뿐이지만 그 내용에 이데올로기적 영향을 미친다고 주장했다. 그는 이렇게 말했다. "간결성이라는 조건을 충족해야 한다, 두 광고 사이, 혹은 600단어 안에 말을 끝내야 한다. 그리고 이것은 매우 중요한 사실이다. 이 간결성의 장점은 당신이 오직 기존의 생각만을 반복할 수 있다는 것이다."[12] 이를테면 "지금 세계에서 벌어지고 있는 최악의 테러 캠페인은 워싱턴에서 조직하고 있는 것이다"와 같은 이례적인 발언은 이러한 제약 안에서는 결코 허용될 수 없는 수준의 충분한 설명과 해명이 필요하기 때문에 보통 방송에 나오지 못한다는 것이다.[13]

나는 이 주장에 대해 약간의 이견이 있다. 촘스키는 이것이 실제보다 훨씬 더 의도적으로 기업 권력에 의해 조작되고 있다고 생각하는 것 같다. 그러나 어떤 주제에 대해 할애되는 시간을 제한하면 그 주제에 대해 제시되는 생각의 내용에도 실질적인 영향을 미친다는 기본 가설은 분명히 타당하다.

이 부분이야말로 내가 정말 잘 아는 분야다. 방송인으로 일하며 내가 지금까지 진행한 프로그램은 2분에서 15분 사이의 꼭지segment

들로 구성된 1시간 분량의 프라임 타임 쇼, 한 블록block당 최대 30분의 대화로 구성된 2시간 분량의 패널 쇼, 그리고 하나의 대화 주제만을 깊이 다루는 1시간 분량의 주간 팟캐스트가 있다. 전력 그리드의 작동 방식과 탄소 제로 시대에 맞는 업데이트 방식, 또는 저명한 철학자의 말을 빌려 천국 없는 세상에서 영위되는 무종교인들의 삶의 의미를 생각해보는 방식 등은 훌륭한 팟캐스트 에피소드 주제가 될 만하다. 하지만 이러한 주제를 가져와 프라임 타임 케이블 뉴스의 7분 코너로 보도한다면 그야말로 밋밋한 뉴스로 전락할 것이다.

우리가 링컨-더글러스 토론을 기념한다는 것은 그 둘이 토론 주제를 깊이 파고들며 논의한 점을 기리는 것이다. 그들은 (인간의 평등과 같은) 추상적 원칙과 ('미주리 타협Missouri Compromise'*과 같은) 구체적인 입법 문제를 자유롭게 오간다. 그리고 아무리 사소하거나 독특한 주장이라도 놓치지 않고 응답한다. 이 같은 발언자들이 이런 토론을 현대 사회의 TV 토론 형식으로 진행한다면 어떻게 될까? "더글러스 후보님, 국민주권에 대해 설명해주십시오. 90초 드리겠습니다." "링컨 후보님, 드레드 스콧 판결에 대한 더글러스 후보님의 주장에 대해 반박해주십시오. 30초 드립니다." 이는 당연히 훨씬 더 어리석고 얄팍한 행위가 될 수밖에 없다.

---

*   1820년 미주리주의 연방 가입에 관해 북부의 자유주와 남부의 노예주 간에 맺어진 협정이다. 1819년 매사추세츠주의 월경지인 메인 지구를 자유주인 메인주로 승격하고 미주리를 노예주로 할 것, 미주리주의 남부 경계인 북위 36도 30분 이북에는 노예주를 설치하지 않을 것, 자유주와 노예주의 수를 동수로 유지할 것 등을 결정하였다.

그러나 링컨-더글러스 토론의 기본 규칙, 즉 두 사람의 발언에 주어진 시간은 토론을 규제하는 주의력 레짐의 첫째 층위에 불과하다. 어떤 면에서 이는 가장 중요하지 않은 부분일지도 모른다. 오히려 이 논쟁에서 가장 중요한 측면은 두 사람이 노예제 문제에만 관심을 쏟았다는 점이다. 그들이 집중한 부분은 수많은 부차적인 주제와 연결되어 있었다. 예컨대 실용적인 타협과 도덕적 비전의 상대적 장점은 무엇인가? 인종 평등 문제와 노예제의 본질은 무엇인가? 사법 심사의 위상과 많은 사람들이 받아들일 수 없었던 대법원의 주요 결정에 대한 '민주 정체democratic polity'의 적절한 대응은 무엇인가?

하지만 이 토론은 여러 시간, 여러 날, 여러 도시를 넘나들면서도 노예제라는 하나의 주제에 집중하고 있었다. 다시 말하지만, 링컨-더글러스 토론을 현대의 맥락에서 어떻게 진행할 수 있을지 비교해보는 것은 매우 흥미롭고 유익한 일이다. 현대 사회에서 하나의 주제에만 집중해 두 후보자 간의 토론을 진행하는 것은 상상조차 할 수 없고, 기능적으로도 불가능할 것이다. 사회자는 분명 그날의 다른 중요 현안들을 제대로 다루고 있는지 확인하려 들 것이기 때문이다.

링컨-더글러스 토론은 하나의 중요한 이슈에 대해 주의력과 집중력이 지속될 수 있다는 것을 보여주는 증거다. 그리고 그것이 당대는 물론이고 아마도 미국 역사상 가장 중요한 이슈였을 것이기 때문에, 이렇게 지속적으로 집중한다는 것은 고무적인 일로 보인다.[14]

2년 후 나란히 대통령 선거에 나서게 될 두 사람이, 이번 선거에는 상원의원 자리를 차지하기 위해 출마했다는 사실을 고려해보라. 그런데 이들의 당락은 유권자가 아닌 일리노이 주의회 의원들에 의해 결정되었다. 당시에는 상원의원을 직접 선거로 선출하지 않았기 때문이다. 일리노이 연방상원의원은 연방의회에서 일리노이주를 대표하며 그 이익을 위해 활동하는 자리다. 특히 이 두 사람은 자유주로서의 공식적인 지위가 문제시되지 않았던 일리노이주*를 대표하기 위해 출마했기 때문에, 공직 선거 운동을 통틀어 기본적으로 하나의 질문에 전념했다는 점은 매우 이례적인 일이다. 나는 바로 이 점이 이러한 토론을 조직한 주의력의 토대에서 가장 중요한 측면이라고 생각한다. 당시 국가, 후보자, 군중, 신문사 등의 주의가 온통 하나의 문제에 집중되었다. 미국 역사에서, 특히 남북전쟁 직전 몇 년 동안 노예제만큼 국가적 관심사로 부각되었던 문제는 달리 없었다.

1858년이 되자 왜 미국의 주의가 거의 전적으로 노예제 문제에 집중되었는지를 놓고 한동안 학계에서 논의가 분분했는데, 이에 대한 명확한 답은 없다. 이는 분명 여러 요인이 결합된 결과일 것이다. 미국의 건국 이념에는 근본적인 긴장이 내재되어 있었다. 즉, 자결권이라는 이상적인 비전과 지구상에서 그 어떤 제도보다 끔찍하게 수백만 명의 영혼을 억압했던, 여러 세대에 걸친 폭정 사이의 모순이었다. 여기에 서부로의 확장이라는 강제적인 메커니즘이 작용하면서 노예제 확대에 대한 긍정적 선택을 요구하는 상황이 만들어졌다. 그

---

*   일리노이주는 1818년 미국의 21번째 주가 되었고, 1824년에는 자유주가 되었다.

결과, 정치인들은 더 이상 이 문제를 단지 '해결된 균형 상태'로 간주할 수 없게 되었다. 이 문제에 대한 타협을 시도했던 '미주리 타협'이나 '캔자스-네브래스카 법Kansas-Nebraska Act'*과 같은 노력은 오히려 모순과 긴장을 더욱 악화시키는 데 기여했을 뿐이다. 무엇보다도 노예제는 근본적으로 인류에 대한 세계적인 역대급 범죄였기 때문에, 어떤 타협으로도 이를 무마하거나 정당화할 수 없었다.

그러나 미국 대륙의 '동산 노예제chattel slavery'**가 지닌 사악함은 새로운 것이 아니었다. 두 명의 상원의원 후보가 일리노이 평원을 가로지르며 노예제 문제를 토론했던 것은 상당 부분 노예제 폐지 운동 때문이었다. 백인 미국인들 사이에서 소수의 움직임에 불과했던 이 운동을 전국적 관심사로 끌어내 노예제에 초점을 맞추는 데 성공했던 것이다. 미국 최초의 진정한 다인종 평등 운동을 이끈 흑인과 백인 노예제 폐지 운동가들은 국가가 자기 원죄와 씨름하게 만들었다. 이들은 대중의 인식을 북돋고 이 문제를 국가 의제로 삼기 위해 다양한 도구를 활용했다. 팸플릿, 신문, 순회 강연, 그리고 지금으로 치면 바이럴 센세이션이라 할 수 있는 《톰 아저씨의 오두막Uncle Tom's Cabin》(1852) 같은 논쟁적인 소설이 그러한 도구였다. 흑인 작가 제임스 볼드윈James Baldwin은 이 작품에 대해 '소설로서는 실패작'이라는

---

*   1854년 미국이 캔자스와 네브래스카 준주를 창설하여 새로운 토지를 개방한 법으로, 국민주권을 통해 준주 개척자들이 노예제 인정 여부를 스스로 결정할 수 있게 허용했다. 이로 인해 공화당이 창당되면서 미국은 북부의 공화당과 남부의 민주당으로 나뉘게 되었다.
** 노예를 법적으로 그 소유주의 개인 재산(동산)으로 간주하는 노예제.

유명한 말을 남긴 바 있다. 그는 이 소설이 철저히 선동선전물임을 올바르게 지적하면서도, 선동선전물로서는 대단히 효과적인 작품이었다는 점에 주목했다.[15]

주의력 레짐의 붕괴

노예제 폐지론자들은 우리가 지금까지 공유하는 공적 담론의 기본적인 두 단계 모델을 이해하고 있었다. 당시 이를 정확히 이러한 용어로 생각했든 그러지 않았든 말이다. 상품 광고에서 노예제 폐지까지, 공개 토론에서 승리하기 위한 첫 단계는 메시지에 대한 관심을 끄는 것이다. 아무리 설득력 있고 효과적인 메시지라도 어느 누구도 주의를 기울이지 않으면 아무 소용이 없다. 하지만 그것만으로는 충분하지 않다. 흔히 그렇듯, 주의력은 필요조건일 뿐 충분조건은 아니다. 주의를 기울여야 다른 모든 일을 할 수 있지만, 주의력 자체가 필요한 일을 해주는 것은 아니다. 노예제 폐지론자나 다른 어떤 운동의 맥락에서도, 주의력은 수단이지 목적이 아니다. 목적은 설득이다. 일단 사람들의 관심을 끌면, 그때야 비로소 설득을 시도할 수 있는 것이다. 그러나 이 기본 모델은 주의력 시대에 들어서면서 붕괴되었다. 우리로서는 얼마나 멀리 와 있는지 받아들이기 쉽지 않지만, 주의력 레짐이 우리 눈앞에서 산산이 부서지고 있는 것이다. 링컨-더글러스 토론에서는 두 가지의 주의력 레짐이 작동했다. 하나는 공식적 레점이었고, 다른 하나는 실질적 레짐이었다. 공식적 레짐은 토론 자체의 규칙, 즉 각 참가자가 발언을 할 수 있는 시간과 순서에 관한 것이었다. 실질적 레짐은 노예제 문제에 대한 두 사람, 나아가 국가 전체의 집중된 주의력이었다. 우리는 여전히 공식적이든 실질적이든 어떤 내재된 주의력 레짐이 공적 담론을 뒷받침하고 있다고 집단적으로 상정하고 기대한다. 그러나 우리가 그 위에 굳건히 서려고 하면, 레짐은 우리를 지탱하지 못하고 그대로 무너져버린다.

주의력 시대가 드러내는 현실은 어디를 보든 공식적이거나 실질적인 주의력 레짐이 붕괴되었다는 점이다. 주의력 레짐이 없는 곳에서는 공적 주의를 한 주제에 집중시킬 공식적인 제도도, 누가 언제 말하고 누가 경청할 것인지에 대한 기본 규칙도 존재하지 않는다. 그런 상황에서는 주의력에 대한 독점적 욕구가 일어나서 논쟁이나 설득, 담론 자체를 통째로 삼켜버린다. 주의력은 수단에서 목적 그 자체가 된다. 당신의 목소리가 들리지 않는다면, 당신이 무슨 말을 하든 상관없다. 그리고 지금은 소리치는 것은 쉽고, 경청하는 것은 어려운 시대다. 주의력 시대가 제공하는 인센티브는 주의가 그 자체로 목적이 되는 새로운 형태의 공개 토론을 만들어냈다.

이러한 대전환은 오랜 기간에 걸쳐 이루어졌으며, 그동안 수많은 비평가들이 그 궤적을 확인하고 설명해왔다. 디지털 시대 이전의 TV 시대는 대중 담론에서 주의가 규제되는 방식에 혁명적인 변화를 가져왔다. 1985년에 출간된 《죽도록 즐기기》에서 닐 포스트먼은 미국의 초창기 150년이 독자와 작가의 문화였으며, 팸플릿이나 대판 신문broadsheets,* 또는 그 밖의 신문 그리고 연설문과 설교문 같은 인쇄 매체가 공적 담론뿐 아니라 사고방식과 민주주의 제도 자체를 구조화했다고 주장한다. 포스트먼에 따르면, TV는 이 모든 것을 파괴하고 우리의 문어체 문화를 문자 그대로 무의미한 이미지의 문화로 대체했다. 그는 이렇게 썼다. "미국인들은 더 이상 서로 이야기하지 않고 서로를 즐겁게 할 뿐이다. 그들은 아이디어가 아닌 이미지를 교환한다. 그들은 명제가 아닌 멋진 외모, 셀러브리티, 광고를 주제로 논쟁한다."[16]

포스트먼은 20세기 중반에 제시된 미래에 대한 두 가지 디스토피아적 비전, 즉 올더스 헉슬리Aldous Huxley의 《멋진 신세계Brave New World》(1932)와 조지 오웰George Orwell의 《1984》(1949)에 관한 글을 통해 자신의 주장을 확립했다. 포스트먼이 통찰한 부분은, 이 두 권의 책이 종종 함께 논의되지만, 정보 디스토피아에 대해서는 두 책이 근본적으로 상반된 견해를 드러내고 있다는 점이었다.[17] 오웰이 제시하는 비전에서 국가는 모든 정보를 엄격하게 통제하며, 사람들은 강제로 주입되는 좁은 범위의 강압적인 선전에만 접근할 수 있다. '2분간의 증오the two minute hates'**나 '전쟁은 평화WAR IS PEACE'와 같은

---

* 가장 큰 신문 판형으로, 보통 국내 일간지 한 면 크기를 말한다. 일반적으로 세로 길이가 57cm다.

** 조지 오웰의 《1984》에 등장하는 가공의 행사. 작중의 전제국가 오세아니아의 당원들이 매일 일을 멈추고 홀에 모여 커다란 텔레스크린 앞에서 당과 인민의 적인 임마누엘 골드스타인과 그 일당이 등장하는 영상을 보면서 적의 모습이나 사상에 대해 증오를 드러내야 하는 일과를 말한다.

슬로건이 그러한 예다. 오웰이 이러한 비전을 구상할 때, 그는 전체주의적 레짐, 특히 스탈린의 소련에서 보이는 엄격히 통제된 정보 환경을 모델로 삼았던 것으로 보인다.[18]

헉슬리의 비전은 오웰의 비전과 정반대였다. 《멋진 신세계》에서의 문제는 정보가 너무 적다는 것이 아니라 너무 많다는 것이었다. 아니면 적어도 엔터테인먼트와 주의 산만 요소가 너무 많다는 것이었다.[19] 쾌락과 뇌를 마비시키는 오락의 끊임없는 흐름은 대중을 온순하고 마비된 상태로 만든다. 포스트먼은 이렇게 썼다. "오웰은 책을 금지하는 사람들이 두려웠다. 헉슬리는 책을 규제할 이유가 없어지는 것이 두려웠다. 이는 책을 읽고 싶어 하는 사람이 없어졌다는 뜻이기 때문이다. 오웰은 정보를 앗아가는 사람들이 두려웠다. 헉슬리는 너무 많은 것을 줘서 우리를 수동적이거나 이기적으로 만들지 모르는 사람들이 두려웠다. 오웰은 우리에게서 진실이 숨겨지는 것을 두려워했다. 헉슬리는 우리가 서로 무관한 것들의 바다에 가라앉는 것을 두려워했다."[20]

오늘날 고전으로 자리매김한 포스트먼의 1984년 글이 보여주는 핵심 통찰은 헉슬리가 오웰보다 미래를 훨씬 더 잘 묘사했다는 것이다. 우리는 오웰의 디스토피아보다 헉슬리의 디스토피아 비전에 더 가까운 궤도에 올라 있었다. 특히 서구에서는 더 그렇다.[21]

포스트먼이 자신의 주장을 주의력이라는 프레임을 통해 설명했다고 보기는 어렵다. 그러나 그의 글에서 내가 해석하는 바는, 경쟁적인 주의력 시장에서 오락이 정보보다 더 경쟁력 있으며, 스펙터클

이 논쟁보다 더 경쟁력 있다는 점이다. 어떤 것이 우리의 관심을 더 쉽게 끌수록 인지 부하는 줄어들고, 우리는 더 적은 마찰 속에서 그 것에 끌려 들어간다. 영화를 볼 수 있는데 왜 책을 읽겠는가? 비디오 게임을 할 수 있는데 왜 신문을 읽겠는가?

확실하게 말하자면, 포스트먼의 주장에는 "우리 집에는 TV도 없다"는 속물적 허세를 넘어서는 무게감이 있다. TV의 주의력과 그 형식 문법이 공적 담론과 미국 민주주의의 작동 방식을 완전히 바꿔 놓았다는 점은 분명하다. 1980년대에 정치적 의사소통의 주요 방식은 30초짜리 광고였으며, 포스트먼의 주장처럼 링컨과 더글러스가 90분씩 연설을 주고받던 시대로부터 레이건의 '미국의 아침Morning in America'* 광고의 시대로 전환되었다는 것은 반박의 여지가 없어 보인다.

TV는 문자 언어보다 관심을 끌 수 있는 수단이 더 많다. 이미지, 음성 텍스트, 조명, 색상, 그리고 다양한 시각적 표현 요소들을 활용할 수 있기 때문이다. 물론 TV도 다른 매체처럼 긍정적으로나 부정적으로 사용될 수 있다. 그러나 주의력의 관점에서 보면, TV가 가진 이러한 장점은 제작자들이 더 치열하게 관심을 끌기 위해 경쟁해야 한다는 것을 의미한다.

---

* '다시 맞이한 미국의 아침'이라는 오프닝 라인으로 유명한 1984년 레이건 공화당 대통령 후보의 정치광고. 공식 명칭은 '더 자랑스럽게, 더 강하게, 더 좋게Prouder, Stronger, Better'이지만 흔히 '미국의 아침'으로 불린다. 출근하는 미국인들의 모습을 몽타주로 보여주고, 낙관적인 내레이션을 통해 1980년 선거 이후 미국 경제가 호전된 것은 레이건의 정책 덕분이라고 주장했다.

포스트먼의 책이 나오고 나서 20여 년 후, 미국의 뛰어난 작가 조지 손더스George Saunders는 2001년 9·11 테러 이후와 이라크 전쟁 직전의 시대를 배경으로 미국의 매스 미디어가 보인 우매함에 대해 다룬 책에서, 포스트먼의 주제를 더욱 심화시켰다.²² 손더스는 이 책 초반부에 언급되어 독자들에게 이미 익숙한 사고 실험을 제안한다. 손더스는 우선 칵테일 파티에 참석해 있다고 상상해보라고 말한다. 이 파티는 유쾌한 지식인들이 모여 대화를 나누는 평범한 모임이다. 그런데 갑자기 "확성기를 든 남자가 들어온다. 그는 그 파티에서 가장 똑똑한 사람도, 가장 경험 많은 사람도, 가장 말솜씨가 좋은 사람도 아니다. 그러나 그는 확성기를 가지고 있다."

그는 자신의 의견을 말하기 시작하고, 곧 자신만의 무게감을 자아낸다. 파티에 모인 사람들은 그가 하는 말에 반응한다. 손더스는 이렇게 되면 파티가 금세 망가진다고 주장한다. 그리고 만약 이 확성기를 든 남자가 아무 생각 없이 말한다면, 당신이 듣게 되는 담론은 단지 어리석은 내용에 그치지 않고 그 방에 있는 모든 사람을 더 어리석게 만들게 될 것이다.

그가 신중한 고려 없이 아무 말이나 떠벌리고 있다고 가정해보자. 확성기를 들고 있더라도, 남들이 들으려면 조금은 소리를 지를 수밖에 없다. 그렇게 되면 말할 수 있는 내용의 복잡성이 제한된다. 그는 재미있는 이야기를 해야 한다는 생각에 다양한 주제를 넘나든다. 예를 들어 "우리는 큐브 치즈를 더 많이 먹고 있는데, 정말 맛있어요!"처럼 개념적 일반화를 꾀하거나, "꺼림칙한 음모론 때문에 와인의 재고가 바닥나고 있나요?"처럼 불안감이나 논란을 유발하는 이야기를 하거나, "남쪽 화장실에서 소문이 빨리 퍼졌어요!"처럼 가십을 쏟아내거나, "파티장의 어느 구역이 더 좋으세요?"와 같은 사소한 주제를 이야기하게 된다.[23]

그렇다. 손더스가 이 글을 쓴 시점은 2007년이다. 그러니까 이 글은 최근의 어느 미국 대통령의 말투와 놀랍도록 비슷하게 들린다. 그렇지 않은가? 그러나 손더스의 비판은 9·11 테러를 전후한 주요 TV 뉴스에 나타나는 흥미 위주나 선정적인 보도보다 훨씬 더 깊은 곳을 겨냥한다. 그는 담론의 형태가 우리의 개념적 구조를 형성하며, 우리가 세상을 묘사하는 데 사용하는 언어의 정교함이 사고의 정교함을 상당 부분 결정한다고 주장한다.

이것은 물론 새로운 주장이 아니다. 멍청한 매체가 우리를 더 멍청하게 만든다는 생각은 18세기 후반 미국의 신문, 팸플릿, 타블로이드 신문에 대한 초기 비판에서부터 1961년 뉴턴 미노Newton Minow 연방통신위원회FCC 위원장이 전국방송협회NAB를 대상으로 방송사가 형편없는 상품을 제공하고 있고, TV는 '광대한 황무지'에 불과하다고 일갈한 발언에 이르기까지 계속 이어져왔다.[24]

나는, 그리고 우리 중 많은 사람들은, 인터넷이 이러한 문제를 해결할 것이라고 믿었다. 이제는 누구나 자기 목소리를 낼 수 있게 되었고, 발언권을 누가 가질 것인지 따위의 케케묵은 관념으로 바리케이드를 치는 게이트키퍼는 더 이상 필요하지 않게 되었다. 거대 기업의 천박한 상업적 계산에 의존하여 어떤 시청자가 무엇을 원하는지 추측할 필요도 없게 되었다. 다수의 대중은 의사소통 수단을 되찾게 되었다. 급진적으로 민주화된 글로벌 대화를 통해 세상을 다시 만들 수 있을 것이라 믿었다. 이제 대중의 지혜가 세상을 이끌 것이다.

그러나 일은 그렇게 풀리지 않았다. 인터넷은 오랫동안 (백인 중심, 남성 중심, 부유층 중심의) 너무 협소한 집단이 통제해온 국가 담론에 새로운 목소리를 더했다. 하지만 우리의 민주적 문화와 사고방식을 TV 이전의 로고스 중심주의logocentrism로 되돌려놓지는 못했다. 긴 블로그 글과 게시판 토론이 잠시 르네상스를 맞이했지만, 그 시기는 오래가지 못했다. 글은 점점 짧아지는 대신에 이미지와 비디오가 더 많아지더니, 어느 순간 인터넷은 단어와 이미지를 결합한 새로운 형태의 담론을 낳았다. 그것이 바로 밈 문화다. 밈은 영리하고 심지어 계시적인 성격도 지녔지만, 그것은 포스트먼이 갈망했던 담론의 형태는 아니었다.

큐브 치즈에 대해 떠들던 확성기 남자는 어떻게 되었을까? 그 남자의 확성기를 빼앗는 대신, 우리는 파티에 참석한 모든 사람에게 자신만의 확성기를 주었다. 결과는 어땠을까? 상황은 크게 개선되지 않았다! 이제 모든 사람이 자신의 목소리를 전하려고 소리를 질러야 했고, 대화는 점차 모든 사람이 같은 문장, 구절, 슬로건을 자기 버전으로 외치는 전화 게임으로 변질되었다. 그 결과는 끝없이 이어지는 청각적 '거울의 방'이다. 그 효과는 너무 혼란스러워서 소셜 미디어를 오랫동안 스크롤하다보면 어지러움을 느낄 정도다.

그뿐 아니다. 가장 큰 소리로 외치는 사람이 여전히 관심을 가장 많이 받는다. 이는 부분적으로, 그렇게 하는 사람이 지금 우리의 집단적·정신적 삶의 배경, 즉 진자 운동을 하는 '소리의 벽'을 배경으로 더 두드러지기 때문이다. 그러나 결과적으로 파티는 더 즐거워지지도 않았고, 많은 사람들이 기대했던 대등한 수준의 대화 역시 이루어지지 않았다.

그리고 이런 환경에서 가장 큰 확성기를 가진, 어쩌면 나라의 역사상 가장 절박하고 간절히 관심을 필요로 했던 한 사람이 권력을 잡게 되었다.

도널드 트럼프, 이 시대의 가장 성공한 주의력 사냥꾼

안타깝게도 이 대목에서 나는 도널드 트럼프에 대해 어느 정도 길게 이야기하지 않을 수 없다. 나는 한 번뿐인 소중한 인생에서 8년 이상을 도널드 트럼프를 다루는 데 전념했다. 그는 정말 그렇게 많은 시간을 들여 생각할 만한 사람이 아니다. 그의 존재가 우리를 미치게 하고 정신을 피폐하게 만드는 것은, 그에게 관심을 기울일 때마다 그것이 바로 그가 원하던 것임을 뼈저리게 자각하게 되기 때문이다. 그렇지만 그는 미국이라는 입헌 공화제를 뒤엎으려는 시도와 같이 결코 좌시할 수 없는 일을 벌인다. 트럼프는 증인과 판사를 위협하고 이민자들을 사회의 독으로 묘사하며 정적을 해충에 비유할 뿐 아니라, 권위주의적인 미국을 만들기 위한 일종의 탈민주적 계획을 즐겁게 떠들어댄다. 그런데 (나처럼) 민주주의와 헌법 질서를 수호하기 위해 헌신하며 뉴스를 보도하고 사람들의 관심을 끄는 일을 하는 사람이라면 그런 행태를 그냥 무시할 수는 없는 노릇이다.

더구나 트럼프에 대해 쓰지 않고서는 '주의력 시대'에 공적 생활과 공적 담론이 어떻게 작동하는지, 그리고 가장 가치 있는 자원으로 떠오른 주의력이 우리의 정치를 어떻게 변화시켰는지에 대해 쓸 수 없다. 트럼프는 주의력 시대에 새롭게 등장한 규칙을 가장 완벽하게 활용한 정치인이다. 뉴욕 타블로이드 신문과의 경험과 애잔한, 날것 그대로의 심리적 욕구가 결합된 결과, 그는 중요한 것은 오직 주의력뿐이라는 사실을 본능적으로 깨달은 듯하다. 트럼프의 선거 운동은 미국의 전설적인 쇼맨 P. T. 바넘P. T. Barnum*의 규칙에 따라 운영되었다. 바넘은 한 여성에게서 자신에 대한 부정적인 내용이 포함된 책을 쓰고 있다는 말을 듣자 이런 (출처는 불명확하지만 유명한) 반응을 보였다고 한다. "괜찮소, 부인. (…) 나에 대해 뭐든 좋으니 아무 말이나 하시오. 내 이름을 맞게 써주기만 하면 됩니다. (…) 그러면 나는 어쨌든 기쁘겠소."[25]

---

* 1810~1891. 미국 코네티컷주 하원의원, 엔터테이너, 기업인, 사기꾼. 미국 역사상 가장 유명한 서커스단 대표이자, 대중문화에 큰 영향을 끼친 인물이다. 60대에 서커스 사업을 시작하여 '링링 브라더스 앤드 바넘 & 베일리 서커스'라는 이름의 서커스단을 설립한 것으로 잘 알려져 있다.

바넘에게는 팔아야 할 티켓이 있었다. 그는 자신의 서커스가 많이 알려질수록 유리하다는 점을 잘 알고 있었고, 사람들이 자신을 개인적으로 어떻게 생각하든 별로 개의치 않았다. 적어도 이것이 바넘의 셈법이었다. 하지만 이런 접근법이 정치인들에게 일반적으로 적용된다고 보기는 어렵다.[26] 정치인은 호감을 얻고 높은 지지율이 뒷받침되어야만 하는 직업이다. 물론 충분한 인지도를 확보하려면 관심을 끌 필요가 있다는 점은 사실이다. 그러나 그것은 첫 단계에 불과하다. 링컨 시대에 노예 폐지론자들이 깨달았던 것처럼, 먼저 대중의 관심을 끌고 나서 그들을 설득하는 것이 핵심이다. 정치인은 사람들이 자신을 좋아하고 자신에게 투표하도록 만들기 위한 수단으로 관심을 필요로 한다.

그런데 만약 당신이 받는 주의력의 양을 극대화하는 데만 신경 쓴다면, 주의를 끌기 위해 할 수 있는 일은 무궁무진하다. 2장에서 예로 든 칵테일 파티에서 참가자가 주의를 끌기 위해 할 수 있었던 모든 방법들을 떠올려보라. 천장으로 총을 쏘거나, 소리를 지르거나, 유리잔을 바닥에 던지면 된다. 지방 공직에 출마한 후보자라면 동네를 알몸으로 뛰어다니며 비명을 지르기만 해도 저녁 뉴스에 등장하며 화제의 인물이 될 것이다. 하지만 이는 부정적인 관심을 피하려는 정치인들에게는 결코 적합한 접근법이 아니다. 정치인들은 일반적으로 자신이 역겹거나 정신이상자로 보이길 원하지 않기 때문이다.

따라서 전통적인 모델에는 일단 대중의 관심을 끌고, 그다음 설득을 하는 두 단계의 과정이 있을 뿐 아니라, 두 가지 목표 사이에 중요한 상쇄 효과가 존재한다. 관심을 끌기 위한 방법, 예컨대 알몸으로 선거구를 뛰어다니는 것은 관심을 끌려는 제한된 목표와 관련해서는 효과적일지 모르지만, 이웃 주민들의 표를 얻기 위한 시도로는 오히려 역효과를 낼 수 있다.

트럼프가 2015년 여름 대통령 선거에 출마한 이후 보여준 정치적 행보는 마치 알몸으로 동네를 뛰어다니는 것과 같다. 혐오감을 불러일으키면서도 동시에 시선을 강렬하게 사로잡는 것이다.

그의 경쟁자들은 트럼프가 만들어낸 모든 볼거리를 지치고 분노를 유발하는 일이라고 여겼다. 그들은 무엇을 하든 언제나 트럼프에 관한 질문을 마주했다. 새로운 세금 정책을 발표하거나, 세계 속에서의 미국의 역할에 대해 연설하거나, 공장을 방문해 경쟁력 강화를 강조하는 연설을 하더라도 마찬가지였다. 젭 부시Jeb Bush의 선거 운동에 동참했던 팀 밀러Tim Miller는, 부시에 대한 모든 언론 보도를 추적하여 정리하는 직원이 있었다고 회상한다. 그의 스프레드시트에 가장 많이 기입된 내용은 트럼프에 대한 부시의 반응이었다.²⁷ 트럼프는 '주의의 태양'이었고, 그 궤도에서 벗어날 수 있는 후보는 없었다. 그들은 모두 이를 인지하고 있었다. 무엇을 하든 중력의 영향은 피할 수 없었다. 물론 비판이든 풍자든 칭찬이든, 트럼프에 대해 어떤 말을 하더라도 결국 더 많은 주의가 트럼프에게 쏠릴 참이었다. 사랑이나 존경과는 달리, 주의력은 가치 중립적이다. 그것은 긍정적일 수도 있고 부정적일 수도 있으며, 흠모나 혐오의 기반이 될 수 있다. 당연히 트럼프는 존경받기를 원한다. 그러나 그는 너무 망가진 사람이고,

그의 심리적 욕구는 밑 빠진 독처럼 채워질 줄 모른다. 트럼프는 어떤 형태로든 관심을 끌 수 있기만 하면 된다. 당신이 그를 생각하는 한, 그는 규탄이나 질책, 심지어 혐오까지도 기꺼이 받아들인다. 이처럼 설득을 포기하면서 부정적인 관심이라도 기꺼이 끌려는 태도는 트럼프가 주의력 시대에 공적 담론을 해킹하기 위해 채택한 단순하면서도 효과적인 전략이다.

이런 접근 방식에는 표면상의 혼란에 가려진 심오한 논리가 있었다. 트럼프는 특정 주제에 대해 주의를 끌기만 하면, 비록 그 방식이 소외를 초래하더라도, 자신과 공화당이 여론조사에서 우위를 점하고 있는 이슈의 중요성을 부각해 얻는 이익이 그로 인한 손실을 능가할 것임을 본능적으로 간파했다. 그 확실한 예가 있다. 2016년 실시된 각종 여론조사에 따르면, 미국인들은 이민 문제와 관련해 민주당원보다 공화당원을 더 신뢰하는 경향이 있는 것으로 나타났다. 트럼프는 이민 문제에 대한 관심을 높이기 위해 터무니없고 이상하고 혐오스러운 이야기를 끊임없이 쏟아냈다. 그는 후보로서 했던 첫 연설의 초반 몇 분 만에 멕시코 정부가 강간범과 그 밖의 범죄자들을 미국으로 보낸다고 비난했다. 그 발언이 너무나 우스꽝스럽고 모욕적이어서, NBC를 포함한 여러 회사와 기관이 곧바로 그와 관계를 끊었다. 하지만 그것은 시작에 불과했다. 그의 유세 연설에는 멕시코 국경 이야기가 항상 빠지지 않고 등장했다. 트럼프는 미국-멕시코 국경 2,000마일 전역에 걸쳐 장벽을 세우겠다는 악명 높은 공약을 발표했으며, 멕시코가 그 비용을 지불하게 만들겠다는 더욱 어처구니

없는 주장도 내놓았다. 그해 6월 갤럽 여론조사에 따르면 미국인의 66%가 남쪽 국경 전체를 장벽으로 막는 것에 반대했다.[28]

이 같은 여론조사 결과를 고려한다면, 트럼프가 이 문제에 대한 집착을 포기할 것처럼 보일 수도 있다. 그러나 트럼프는 이 정책을 고수하며, 일반적으로 공화당이 민주당에 비해 우위를 점하고 있다고 평가되는 이민 문제에 대한 관심을 꾸준히 끌어낼 수 있었다.[29] 자신의 소송을 심리하는 연방 판사의 멕시코계 혈통을 공격한 것은 비열하고 편협한 행동이었지만, 트럼프는 이를 이민 문제에 대한 주의를 환기할 또 다른 기회로 삼았다.[30]

전 세계 20억 명에 달하는 무슬림의 미국 입국을 금지하겠다는 그의 악랄하고, 명백히 위헌적이며 비현실적이기까지 한 선거 공약도 마찬가지였다. 이 제안은 상당히 우울하게도 (버락 오바마 지지자들 중 거의 절반이 찬성했다는 여론조사도 포함되는) 여론조사에서 얼추 50 대 50의 지지를 얻었으며, 그래서 (하긴 그래야 마땅하겠지만) 그 자체를 정치적으로 독성이 강한 사안으로 볼 수는 없었다.[31] 하지만 그것은 엄청난 주의력 흥행몰이가 되었다. 트럼프가 샌 버나디노에서 두 명의 무슬림 총격범이 총기 난사 사건*을 일으킨 직후 발표한 무슬림 입국 금지 공약은 뉴스를 휩쓸었다. 이 제안을 둘러싼 모든 반응과 비판, 그리고 토론은 다시 한번 이민 문제에 대한 주의를 집중시키는

---

* 2015년 12월 2일 캘리포니아주 샌 버너디노시의 인랜드 리저널 센터에서 일어난 대규모 총격 사건. ISIS에 충성을 맹세한 이슬람 신자 2명이 카운티 보건부의 연말 파티를 겨냥해 총격을 가해 14명을 살해했으며, 이들은 뒤이은 총격전으로 사망했다.

데 일조했다.

특히 대중의 주의력은 선거 운동의 경우 제로섬 게임이다. 유권자들은 후보자를 고려할 때 몇 가지 사항만 염두에 둘 뿐이다. 어떤 이슈를 고려하고 있는지는 유권자들의 의견이 후보자의 의견과 전반적으로 얼마나 일치하는지 못지않게 그들의 투표를 결정하는 데 지대한 영향을 미친다. 2016년 대통령 선거 운동이 막바지에 이르렀을 때, 갤럽은 유권자들에게 각 후보와 관련된 단어를 떠올리게 한 후, 응답 빈도에 따라 단어의 크기를 조정하는 워드 클라우드word cloud*로 시각화했다. 힐러리 클린턴의 워드 클라우드의 대부분은 악명 높은 '이메일'로 뒤덮였으며, 트럼프의 경우 '멕시코'와 '이민'이 가장 많이 언급된 단어로 나타났다.[32]

이것이 트럼프가 선거인단 투표에서 근소한 차이로 승리할 수 있었던 이유다. 그는 (다른 많은 요인들 중에서도) 설득력을 주의력으로, 호감도를 눈에 띄는 존재감으로 바꾸는 불가능해 보이는 전략을 성공시킨 것이다. 나는 여기서 너무 과장해서 해석하고 싶지는 않다. 만약 당신이 트럼프를 따라 설득력과 호감도를 희생하면서 끊임없이 관심을 끌려고 한다면, 미국인들 사이에서 가장 비난받는 인물 중 한 명이 될 것은 불 보듯 뻔하다. 트럼프의 호감도는 실제로 상당히 낮다.[33] 그는 유권자 투표popular vote에서 2016년 300만 표 차로 패했고, 2020년에는 700만 표 차로 패했다. 그는 갤럽 여론조사에서 역

---

* 문서의 키워드, 개념 등을 직관적으로 파악하기 위해 많이 언급된 단어일수록 크게 표현하는 방식으로 핵심 단어를 시각화하는 기법.

대급으로 낮은 지지율을 기록한 채 대통령직에서 퇴임했다.[34] 상쇄 효과가 현실로 나타난 것이다.

그의 모델을 따라 P. T. 바넘이나 쇼크 조크shock jock* 정치 방식이라고 부를 수 있는 전략을 시도한 많은 사람들은 제한적인 성공을 거두거나 완전히 실패했다. 2022년, 블레이크 마스터스Blake Masters,** 캐리 레이크Kari Lake,*** 더그 마스트리아노Doug Mastriano,**** 허셜 워커Herschel Walker*****에 이르기까지, 트럼프 스타일로 관심을 끌려는 정치인들은 도발적인 발언과 행동으로 언론의 주목을 받는 데 성공했다. 그러나 그들은 트럼프식 주의력과 설득의 교환 과정에서 원치 않는 결과를 얻었다.[35] 이들은 관심을 얻는 대신, 승리할 수 있었던 선거에서 질 정도로 상당수 유권자들을 잃는 대가를 치렀던 것이다.

* 유머나 멜로드라마적 과장을 통해 청중의 일부를 불쾌하게 할 수 있는 라디오 방송인 또는 DJ를 말하며, 도발적이거나 무례한 라디오 방송인을 묘사할 때 경멸적인 뉘앙스로 사용된다. 타블로이드 신문의 라디오 버전에 해당한다.
** 1986~. 미국의 벤처 캐피털리스트이자 정치인. 벤처사업가 피터 틸Peter Thiel의 투자회사인 틸 캐피털의 COO를 역임했다.
*** 1969~. 전직 TV 뉴스 앵커. 2022년 애리조나 주지사 선거에서 공화당 후보로 출마했지만 낙선했다. 2024년 12월 트럼프 대통령에 의해 '미국의 소리VOA' 국장으로 지명되었다. 2025년 3월 트럼프는 '미국의 소리' 해체를 명령했다.
**** 1964~. 군인 출신의 극우 정치인. 2022년 펜실베이니아 주지사 선거에서 민주당 후보 조시 샤피로Josh Shapiro에게 패한 뒤 2024년 펜실베이니아주 상원의원에 재출마해 당선(3선)되었다.
***** 1962~. 전 프로 미식축구 선수, 종합 격투기 선수. 조지아주 연방 상원의원 선거에 공화당 후보로 출마했지만 낙선했다. 2024년 12월 트럼프 대통령에 의해 바하마 대사로 임명되었다.

애리조나 주지사 선거에서 전직 애리조나주 국무장관 출신의 민주당 후보 케이티 홉스Katie Hobbs는 캐리 레이크와의 토론마저 거부한 채 아예 주의를 피하는 듯한 태도로 낮은 자세를 유지했다.[36] 지역 방송사의 전직 앵커로 카메라 앞에서 주저함이 없었던 레이크를 상대로 전개된 홉스의 전략은 트럼프식 전략과 정반대였다. 결과적으로 홉스의 전략이 성공하여, 그녀는 선거에서 승리를 거둘 수 있었다.[37] 반면 2024년 공화당 대통령 후보 예비선거에서 비벡 라마스와미Vivek Ramaswamy*는 도발적이고 공격적인 발언을 연신 쏟아내며 언론의 스포트라이트를 받는 전략을 택했다. 그는 공화당의 첫 TV 토론에서 강렬한 존재감을 드러내며 중심 무대를 차지하는 데 성공했다. 문제는 그가 토론회에서는 확실히 주목받았지만, 인성에 대한 혐오감이 너무 거세게 일어나 선호도가 급락했다는 것이다. 결국 그는 금세 잊힌 인물이 되었다. 한 언론인은 이를 두고 "라마스와미는 주의를 끄는 데 능숙했지만, 주의를 끄는 것과 정치적 재능을 발휘하는 것은 전혀 다른 문제다"라고 평가했다.[38]

따라서 사람들의 주의를 끌기 위해 끊임없이 애쓰는 것이 결코 정치적 승리를 보장하는 확실한 방법은 아니다. 사실 트럼프의 성공 사례는 (그 성공이 복합적인 결과라는 점을 고려할 때 더욱더) 출마 희망자,

---

* 1985~. 미국의 기업가, 정치인. 로이반트 사이언스 설립자. 2024년 공화당 대통령 선거 경선 포기 후 트럼프를 지지했다. 2024년 11월 정부효율부DOGE 수장에 일론 머스크와 공동 지명되었으나, 2025년 1월 선출직 의사를 밝히며 사퇴했다. 오하이오 주지사직에 도전할 의향인 것으로 전해진다.

특히 공화당 후보들에게 선거 운동 방식에 대한 잘못된 교훈을 남긴 것으로 보인다. 그러나 트럼프식 방식이 모든 경우 혹은 대부분의 경우에 효과적인 전략이 되지는 못한다 하더라도, 트럼프가 보여준 주의력 장악은 중요한 현실을 드러낸다. 주의력 시대에 주의를 끄는 것이 그 무엇보다 중요하며 관심을 얻기 위해서는 어떤 일이든 할 각오가 필요하다는 것이다.

주의력 레짐이 약화되면서 우리는 지속적인 주의력 투쟁, 즉 언제나, 모든 순간에 벌어지는 '만인의 만인에 대한 투쟁'에 직면하게 되었다.[39] 이것은 '토론'—주고받기, 대화, 토론이나 기능적 주의력 레짐 아래 작동하며 우리가 사용하는 그 밖의 모든 도구 등—이 실제로 벌어지고 있는 일을 포착하지 못한다는 것을 의미한다. 트럼프는 이것을 뼛속 깊이 꿰뚫고 있었다.

노예제 폐지론자들이 신문, 팸플릿, 연설, 소설 등을 통해 노예제에 대한 대중의 관심을 촉구했던 노력은 오늘날과 비교하면 인구 밀도가 매우 낮은 주의력 시장에서 이루어진 것이었다. 20세기 후반, TV가 공적 담론을 지배하게 된 시대의 민권 운동도 마찬가지다. 마틴 루터 킹 주니어Martin Luther King Jr.와 그의 동료들은 운동을 보도하는 방송사가 여론의 흐름을 자신들의 방향으로 이끄는 데 얼마나 중요한지를 이해하고 있었다. 그러나 네트워크 방송사들의 저녁 뉴스 주의력 레짐은 급격하게 쇠퇴했다. 한때 거대한 제국을 지배하던 것이, 이제는 경쟁자에 둘러싸인 도시 국가 정도로 축소되었다.

우리는 주의력 시대에 깊이 편입되어 있으며, 그로부터 오는 영향과 스마트폰 중독, 그리고 매혹되면서도 실은 결코 집중하지 못하는 혼란스럽고 산만한 정신 상태에 빠져 있다고 한탄하는 와중에도, 미국에서 공적 대화가 이루어지는 방식에 대해서는 시대에 뒤떨어진 측면이 있다. 우리는 여전히 토론의 관점에서 사태를 바라본다. 우리는 공개 토론을 뒷받침하는 주의력 레짐이 있을 것으로 기대하거나 예상한다. 그래서 그 레짐의 규칙과 제약 안에서 진정한 토론을 할 수 있을 것이라고 기대하는 것이다.

그러나 그런 일은 전혀 일어나고 있지 않다. 트럼프는 전통적인 의미에서 끔찍한 토론가다. 토론에 참여할 수 있을 때에도 토론을 건너뛰고, 참여할 경우에도 제대로 토론에 임하지 않는다. 그의 수사적 방식은 링컨-더글러스 토론과 정반대다. 그는 논쟁에 깊이 관여하지 않고, 세부적인 문제를 파고들지도 않으며, 길고 논리적인 반론과 반박을 구성하는 법이 없다. 사실 그의 발언 기록을 보면, 구문 구조가 얼마나 이상한지, 생략과 자기 방해가 얼마나 심한지, 그리고 단어와 문장 수준에서 명제적 내용이 전무하다시피 한 경우가 얼마나 많은지 놀라게 된다. 그가 하는 말은 대부분 과장이거나 영업 멘트salesman patter, 보르시 벨트Borscht Belt* 스타일의 모욕적인 코미디, 혹은 광고 슬로건 같은 것이다. 트럼프가 무엇보다도 원하는 것은 당신이 그에게 관심을 기울이고, 당신이 그의 메시지에 반응하는 것이다. 그 메시지가 아무리 우스꽝스럽거나 추잡하더라도 말이다.

---

* 뉴욕주 캐스킬 산맥에 자리한 지역으로, 유대인들의 휴양지였다. '보르시'는 유대인들이 즐겨 먹는 수프를 말한다.

2020년 조 바이든Joe Biden과의 첫 TV 토론에서 트럼프는 걸핏하면 바이든의 말을 끊었고, 결국 바이든은 "입 좀 다물어, 이 양반아!Will you shut up, man?"라고 말하며 짜증을 냈다. 이런 식의 말 끊기는 트럼프의 '무엇보다 주목이 우선'이라는 공적 소통 방식의 전형적인 예이다. 가장 기본적인 주의력 레짐은 대화할 때 서로 번갈아가며 발언하는 것이다. 그것은 거의 모든 인간 상호작용에 적용되는 가이드다. 다른 사람의 말을 방해하면 매번 자신의 말에 주의를 끌수는 있지만, 기본 규범을 위반하는 대가로 역겹거나 불안정하거나 혹은 더 나쁘게 보이는 위험을 감수해야 한다. 트럼프의 계속되는 말 끊기는 그의 핵심 통찰, 즉 주의력 레짐이 더 이상 존재하지 않는다는 믿음의 논리적 결론이다. 특정 질문이나 이슈, 논란거리에 초점을 맞추고 토론할 수 있을 만한 중심 수단은 더 이상 존재하지 않는 것이다.

이 장에서 나는 주어진 상황에서 주의를 집중시키는 일련의 규칙, 규범, 또는 구조를 설명하기 위해 주의력 레짐이라는 용어를 사용했다. 이는 서로 번갈아가며 발언하는 가장 기본적인 레짐일 수도 있고, 미국 상원의 복잡한 의사 진행 규칙일 수도 있다. 그러나 주의력 레짐이 무엇이든, 참여자들은 규칙을 얼마간 자각한 채 그 권위에 어느 정도 동의한다.

우리가 살고 있는 시대는 실패한 국가가 겪을 수밖에 없는 시기와 유사하다. 즉, 기존의 통치 레짐이 붕괴되어 일종의 주의력 군벌주의에 빠진 사회와 같다. 정부가 합법적으로 무력을 독점하는, 체계가 붕괴된 사회에서는 강압과 폭력을 통해 자신들의 의지를 관철할 수 있는 능력에 따라 다양한 파벌과 권력의 중심이 생겨난다. 제대로 기능하는 정부라면 설득력, 카리스마, 대중 동원, 혹은 엘리트 정당과 동맹을 능숙하게 활용해 권력을 획득할 수 있다. 하지만 실패한 국가에서 권력은 가장 잔인하고 원초적인 본질, 즉 무력의 행사로 축소되는 경향이 있다.

플랫폼

우리가 살고 있는 '주의력 시대'의 가장 중요한 특징은 무엇보다도 관심을 끌어모으는 능력이다. 사람들은 부끄러운 줄 모르고 말을 끊는다. 제대로 작동하는 주의력 레짐하에서는 다른 능력들이 공론장에서 사람을 구별하는 기준이 될 수 있지만, 주의력 레짐이 붕괴되면 관심을 끌어모으는 능력만이 점점 더 중요해진다. 그리고 실패한 국가에서 난무하는 폭력처럼, 정적 평형 상태는 존재하지 않게 된다. 관심을 끌기 위한 경쟁은 줄기차게, 지속적으로, 역동적으로, 그리고 항상 유동적인 상태에서 진행된다. 주의력은 언제든 한 방향으로 혹은 또 다른 방향으로 이동할 수 있다. 이로 인해 권력 중심과 동맹도 이동한다.

　이러한 기본 조건들은 주의력 시대가 낳은 공적 담론에 혁명적인 결과를 초래한다. 이 시대에는 토론 모델이 거의 완전히 해체되고, 토

머스 홉스Thomas Hobbes가 자연 상태로 묘사한 "전쟁이라 불리는 상태, 만인의 만인에 대한 투쟁"과 같은 주의력 버전의 자연 상태가 대신하게 된다.[40]

이러한 특징에는 주목할 만한 별표(*)가 붙는다. 구글, 페이스북, X, 틱톡 등과 같은 소셜 미디어 회사들의 역할은 종종 '플랫폼'으로 통칭된다. 만약 우리 시대에 주의를 통제하는 레짐이 존재한다면, 그 역할은 바로 이 플랫폼들이 수행하고 있을 것이다. 그러나 이들의 경계는 모호하고, 힘은 실재하지만 제한적이며, 서로 경쟁하고 긴장 관계에 놓여 있다. 이들은 자연 상태에 있는 것이 아니라 마치 서로 전쟁을 벌이는 도시 국가들로 이루어진 봉건 체제에 더 가까운 모습이다.

생각해보면, '플랫폼'이라는 이름 자체가 이 회사들이 무엇을 하는지에 대한 환원 불가능한 진실을 드러낸다. 플랫폼은 주의를 규제하고 통제하는 수단이다. 관심을 끌고 배분하는 가장 오래된 기술 중 하나인 것이다. 누군가를 군중들로부터 1~2피트 위로 올려놓는 연단 하나만으로도 그 사람의 목소리는 더 멀리 전달되고, 모두가 그 사람을 주목하게 된다. 이처럼 단순한 작은 구조물이 하나의 주의력 레짐을 만들어낸다. 오늘날의 플랫폼도 본질적으로 이와 같은 역할을 한다. 다만 기술이 훨씬 더 정교해졌고, 그 역할을 수행하는 방식이 훨씬 더 복잡해졌다는 차이가 있을 뿐이다.

우리는 모두 플랫폼이 일종의 통치 형태라는 것을 알고 있다. 플랫폼에는 주의를 규제하는 규칙과 관행이 있으며, 실제 국가의 입법

부나 행정부가 로비를 받는 것처럼, 플랫폼도 다양한 방식으로 로비와 청원을 받는다. 실제로 페이스북을 운영하는 메타는 거버넌스 의사 결정과 관련된 논란과 압박을 겪으면서 자체적으로 대법원과 유사한 기구를 설립하기도 했다. 이 기구는 감독위원회Oversight Board라 불리며, 전 세계의 여러 지식인, 법학자, 석학으로 구성되어 있다. 이들은 세계에서 가장 강력한 플랫폼에 대한 주의력을 어떻게 규제할 것인지를 놓고 어려운 결정을 내리는 역할을 맡고 있다.[41]

우리의 봉건제적 주의력 세계 가운데 플랫폼들은 자체적으로 통제할 수 있는 영역 내에서 행동 규칙을 설정하고, (종종 부실한) 집행 메커니즘을 마련하며, 위반자들을 처벌하는 방식으로 통치자 역할을 수행한다. 그렇다면 이들이 만든 규칙은 무엇을 위한 것일까? 알파넷ARPANET*의 첫 게시판이 등장했을 때부터 플랫폼이 사용자 콘텐츠를 조정하려는 시도에 대한 방대한 문헌이 축적되어왔다. 일반적으로 이는 표현의 자유에 관한 문제로 이해되곤 하지만, 나는 그런 접근이 현실의 핵심을 가린다고 생각한다. 플랫폼이 주의를 규제하는 진정한 이유는 그것이 수익을 창출하는 주요 수단이라는 데 있다.

그리고 여기에 많은 혼란과 기능 부전의 원인이 있다. 플랫폼은 수익을 극대화하기 위해 주의를 규제한다. 이 점에서 플랫폼은 민주적 숙의에 필요한 활발한 토론이나 집단적 의사 결정의 질서 있는 관

---

*   Advanced Research Projects Agency NETwork. 미국에서 민감한 군사 데이터를 전송하고 전국에 걸쳐 주요 연구 그룹을 연결하기 위해 1969년에 구축된 초기 컴퓨터 네트워크를 말한다.

리 등 다른 목적을 위해 주의를 규제하는 기존의 주의력 레짐들과 본질적으로 다르다. 플랫폼들은 오직 플랫폼 자체에 대한 주의력을 유지하려는 목적으로 주의를 규제한다. 다른 목적은 존재하지 않는다. 그것이 바로 플랫폼들의 가치 제안이다.

상업 플랫폼은 주목의 총량을 극대화하여 수익을 창출하려 하는데, 그것에 지배당하는 공론장이 만들어내는 것은 집중력을 유지하는 데 어려움을 겪는 대중이다. 유치원에 막 입학한 아이들의 예로 돌아가보자. 훌륭한 교사는 첫날부터 아이들에게 주의력 조절 규칙을 가르친다. 그는 수업 중 언제, 어디에 주의를 기울여야 하는지에 대한 습관이나 규칙, 행동 기준, 규범 등을 정한다. 예를 들어 발표 시간에 누가 발언할 것인지, 생일을 맞은 아이를 학급에서 어떻게 축하해줄 것인지, 손을 든 학생 중 누가 먼저 말할 것인지, 선생님이 박수를 세 번 치면 언제는 조용히 하고 또 언제는 선생님에게 집중해야 하는지 등을 가르친다. 아이들은 대체로 어른들보다 이런 규칙을 잘 지킨다. (책을 읽어줄 때 다섯 살 난 아이들이 집중하는 모습과, 학회나 대기업 회의에서 학자나 경영진이 멍한 눈으로 핸드폰을 스크롤하는 모습을 비교해보라.)

그러나 이제 누군가가 교실에 들어왔다고 상상해보자. 이 교사의 보수는 유치원 아이들이 다른 무엇보다 그녀에게 얼마나 많은 관심을 기울이느냐에 따라 결정된다. 그는 아이들의 관심을 끌기 위해 재미있는 소리를 내거나, 휴대폰으로 구석에서 영화를 보여주거나, 비디오 게임을 설치한다. 그리고 이제 이런 유인책으로 경쟁하는 사람들이 교실 안에 여럿 있다고 상상해보라. 교사는 이 경쟁자들을 이길 수 없을 것이 분명하고, 수업은 제대로 이루어지지 않을 것이다. 엉터리 같은 사고 실험처럼 들릴 수도 있다. 나도 그 점을 잘 안다. 하지만 사실 이것은 지금 우리가 공적 담론을 진행하는 방식과 놀랍도록 유사하다.

이는 주의력 시대에 주의력을 유지하는 것이 점점 더 중요한 요소로 자리 잡고 있기 때문이다. 어떤 이야기나 논란, 이슈가 과도하게 대중의 관심을 끌게 되면, 그 결과는 정부의 기능이나 선출직 대표들이 내리는 정치적·통치적 결정에 막대한 영향을 미치게 된다. 이는 언제나 사실이었다. 노예제 문제에 직면한 링컨의 시대에도, 월터 리프먼이《환상의 대중》을 집필하던 시기에도 그러했지만, 지금처럼 절실한 적은 없었다. 주의력에 대한 경쟁이 갈수록 치열해지고, 비상업적 주의력 레짐은 거의 완전히 붕괴되었으며, 우리의 주의를 끌고 이를 통해 수익을 창출하는 기술이 점점 더 정교해지는 상황에서, 우리가 어떤 문제에 관심을 기울이는지는 우리의 민주주의와 문화의 향방을 결정하는 데 있어 그 어느 때보다도 중요한 역할을 한다.

이 단순한 진실은 '시민적 건전성civic health'에 심대한 영향을 미친다. 간단히 말해, 무엇이 관심을 받는지는 번영하는 사회를 유지하는 데 긴요한 것과는 전혀 다른 범주에 속하기 때문이다. 이러한 긴장은 내가 속한 주의력 산업, 특히 저널리즘 분야가 직면한 가장 큰 도전 과제 중 하나다. 뉴스 비즈니스에 종사하는 우리는, 연방준비제도이사회의 업무를 설명하는 데 사용되는 표현을 빌리자면, 이중의 과업을 수행해야 한다. 우리는 사람들의 주의력을 유지하면서 동시에 민주사회의 자치에서 중요한 것들을 알려야 한다.[42] 그리고 연준이 인플레이션과 실업률을 동시에 낮게 유지하려고 애쓰는 것처럼, 우리는 이 두 가지가 서로 충돌하는 경우에도 둘 다 성취하려고 노력해야 한다.

다음 예시는 내가 케이블 뉴스쇼를 진행한 13년 동안 거의 매일 어떤 방식으로든 반복해서 겪었던 문제 중 하나를 무작위로 고른 것이다.

2023년 6월 18일, 타이타닉호의 잔해를 탐사하기 위해 캐나다 북대서양 연안을 출발한 심해 잠수정 타이탄Titan호의 통신이 약 105분 후 두절되었다.[43] 미니밴 크기의 이 잠수정에는 5명이 탑승하고 있었고, 산소는 약 96시간만 공급될 수 있었다. 산소가 모두 고갈되기 전에 이들을 구조하고자 대규모 다국적 구조대가 신속히 투입되었다. 나는 이 사건이 특히 TV 뉴스에서 큰 화제가 될 것임을 바로 알아차렸다. 이 사건에는 사람들의 주의를 사로잡고 유지할 만한 여러 특징이 있었다. 무엇보다도 이 5명이 처한 위기 상황은 서스펜스와 서사적 긴장감을 내포하고 있었다. 이들에게 어떤 일이 벌어질 것인가. 사람들이 생존의 위기에 처한 상황에서 구조대가 사투를 벌이는 모습은 언제나 많은 관심을 끌기 마련이다. 예를 들면 텍사스 미들랜드에서 우물에 빠졌다가 생방송 중 구조된 아기 제시카,*

---

* 1987년 10월 14일 텍사스주 미들랜드에 있는 이모의 집 우물에 빠진 18개월 난 아기 제시카 모랄레스를 구조대원들이 56시간에 걸쳐 구출한 사건을 말한다.

붕괴된 광산에 매몰되었다가 69일 만에 구조된 칠레 광부 33명,[*] 그리고 태국의 침수된 동굴에서 2주간 고립되었다가 다이버들에 의해 구조된 12명의 소년 축구팀과 그들의 코치[**] 등, 누가 갇혔는지는 중요하지 않다. 이러한 상황 자체가 강렬한 관심을 불러일으키는 것이다.[44]

그리고 적어도 케이블 뉴스에서는 선박 침몰이나 비행기 추락 같은 사고가 언제나 사람들의 관심을 끌어왔다. 게다가 역사상 가장 상징적인 재난 사고인 타이타닉호의 잔해 주변에서 이런 일이 일어났다는 사실은 더욱 주목할 만하다. 나는 이 사건이 엄청난 시청자 수요를 만들어내고 많은 매체에서 집중적으로 다뤄질 것임을 즉각적으로 인지했고, 실제로 그렇게 되었다.

그러나 수색이 계속되고 보도가 확대되면서 사람들은 이러한 불균형한 보도에 반발하기 시작했다. 같은 주에 또 다른 끔찍한 해양 재난 사고가 발생했기 때문이다. 파키스탄, 이집트, 시리아에서 온 수백 명의 이민자를 태운 어선이 이탈리아로 향하던 중 지중해에서 전복되었다.[***] 그리스 해안경비대가 근처에서 이 상황을 목격했지만 구조에 나서지 않았고, 결국 어린이를 포함한 수백 명이 목숨을

---

[*] 2010년 8월 6일 칠레 대지진의 여파로 발생한 구리 광산 붕괴사고로 광부 33명이 지하 700m 아래에 매몰되었다가 구조된 사건을 말한다.
[**] 2018년 6월 23일 태국 북부 치앙라이주의 탐 루앙 동굴에서 유소년 축구선수단과 코치가 조난되었다가 약 2주 만에 구출된 사건을 말한다.
[***] 2023년 6월 20일 튀니지 동부 해안에서 이탈리아로 향하던 불법 이민선이 전복돼 적어도 12명이 사망하고 약 200명이 실종된 사건을 말한다.

잃었다.⁴⁵ 이런 비극은 결코 처음 일어난 일이 아니었다. 사실 지중해에서는 절망에 빠진 망명 신청자들이 유럽에서 새로운 삶을 시작할 수 있다는 희망을 품고 인신매매범이 운영하는 낡은 배에 오르는 끔찍한 일이 일상적으로 벌어지고 있었다.

그런데 수백 명의 이민자로 가득 찬 배에 대한 보도는, 여정 초반에 잠수정이 내파되어 탑승자 다섯 명 전원이 사망한 것으로 밝혀진 타이탄호 사고에 비해 극히 적은 수준에 그쳤다. 잠수정 사건이 뉴스 사이클을 지배하는 동안 부유한 관광객 다섯 명의 곤경에는 엄청난 관심이 쏟아진 반면, 절망에 빠진 수백 명의 이민자들이 침묵 속에서 익사한 현실은 거의 주목받지 못했다. 한편에선 이러한 보도가 매우 비인간적이고 부당하다는 점을 지적하는 또 다른 유형의 기사들도 등장했다.

냉정하게 말하자면(그리고 내가 오랜 기간 주의력 산업에 몸담아왔기에 냉정해질 수밖에 없는 점도 있지만), 이 뉴스 보도의 이중 잣대에 관한 글들조차 결국 잠수정 이야기에 관한 것이었다. 잠수정 사건에 쏟아지는 관심을 활용해 사람들의 주의를 다른 주제로 전환하려는 시도였던 것이다. 예컨대 《뉴 리퍼블릭 The New Republic》이 이런 종류의 기사를 실었을 때, 사람들은 당시 이 매체가 그리스 이민선에 대한 기사를 한 번도 다룬 적이 없었다는 사실을 깨달았다.⁴⁶

주의력은 도덕적 능력 moral faculty 이 아니다. 조율된 노력이나 습관, 훈련이 없을 경우 우리가 무언가에 쏠려서 끌려들어가는 것과 중요하다거나 가치 있다고 여기는 것이 본질적으로 서로 무관하게 느껴질 수 있다. 물론 우연히 이 둘이 겹칠 때도 있지만, 대부분은 자아id와 초자아superego만큼이나 동떨어진다. 우리는 '자극적이다', '섬뜩하다', '음란하다' 등 흥미롭지만 도덕적으로 의심스러운 것들을 묘사하는 확실한 어휘를 가지고 있다. 그리고 바로 이런 것들이 특정 시점에 주의력 경제의 상당 부분을 차지하는 범주에 속한다. 그 섬뜩함과 자극성은 벤저민 H. 데이의 페니 프레스의 주된 내용이고, 저녁 뉴스를 주도하는 경향이 있으며, 과거에는 '타블로이드'로, 지금은 '클릭 유도'로 불리는 것들과도 연결된다.

정확히 정량화하기는 어렵지만, 이는 인터넷의 상당 부분을 차지하는 요소이기도 하다. 예를 들어 전체 인터넷 트래픽의 약 10%가 포르노 산업과 관련되어 있는 것으로 추정된다.[47] 포르노가 반드시 부도덕하다고 단정할 수는 없지만, 전 세계 수백만 명이 수십억 시간을 들여 포르노를 소비하며, 그 과정에서 후회와 수치심을 느끼면서도 또 그것을 찾는다. 이는 단지 하나의 예일 뿐이다. 이 밖에도 사람들이 한 번 발을 들였다가 시간 낭비라고 느끼며 빠져나오는 수많은 함정들이 존재한다.

주의를 끄는 것과 우리가 깊이 숙고한 끝에 진정으로 중요하다고 여기는 것 사이의 간극은, 적어도 현대 미디어의 등장만큼이나 오래된 문제다. 그리고 대중의 관심을 끄는 데 있어서 피상적인 것이 심오한 것을 압도해왔다는 사실은 수십 년 동안 비평가들에게 줄곧 좌절감을 안겨주었다. 월터 리프먼은 대중의 관심사가 너무 유치한 나머지 실질적인 것보다는 사소한 문제에 관심을 두는 것이 미칠 노릇이라고 생각했다. "예컨대 한 아이는 아버지의 사업에 매우 큰 이해관계를 가지고 있다. 그것은 아이의 인생에서 많은 기회를 결정하는 요소이기 때문이다. 그러나 그 아이는 아버지의 사업 이야기에 전혀 관심이 없다. 마찬가지로, 미국인들은 독일의 전쟁배상금 문제 해결에 엄청난 이해관계를 가지고 있지만, 메리 공주*의 웨딩드레스에 관한 기사**에 훨씬 더 많은 관심을 가진다."[48]

대중의 주의력이 어디로 향하느냐에 따라 그 결과는 엄청나게 달라진다. 두 해양 재난 사고의 예로 돌아가보자. 타이탄호의 통신 두절 소식이 전해지자 미국, 캐나다, 프랑스 정부는 대규모 수색 및 구조 작업에 착수했다. 이 작업에 소요된 정부 지출의 규모를 정확히 추정하기는 어렵지만, 아마 수백만 달러에 달했을 것이다. 이는 대중의 주의력이 직접적으로 초래한 실제적이고 물질적인 결과다. 반면 이민선 전복 사고에서는 이처럼 집중적인 구조 작업이 이루어지지 않았다. 이는 단지 하나의 사례일 뿐이지만, 동시에 우화의 역할도 겸한다. 가장 작은 지방 자치 단체에서부터 연방정부에 이르기까지, 정책의 거의 모든 영역에서 돈은 대중의 주의가 향하는 곳을 따라 움직인다. 그리고 생명의 가치는 사망 사건이 얼마나 관심을 끌었는지에 따라 크게 달라진다.

---

*   1897~1965. 영국 국왕 조지 5세의 장녀이자 영국 국왕 에드워드 8세와 조지 6세의 여동생, 엘리자베스 2세의 고모이다.
** 1922년 2월 28일 훗날의 헤어우드 백작 헨리 래슬스Henry Lascelles와 결혼할 때의 웨딩드레스를 말한다.

그러나 우리의 가장 심각한 문제와 도전 과제는 종종 대중의 눈에 띄지 않거나, 침묵 속에 있거나, 은밀함과 어둠 속에서 발생하여 볼거리와는 반대되는 결과를 낳는다. 내가 이 글을 쓰고 있는 2023년 여름, 세계는 관측 역사상 가장 더운 여름을 경험하고 있다. 이는 15만 년 만에 가장 더운 여름일 것으로 추정된다.[49] 기록적인 더위와 함께, 하와이 마우이섬에서 일어난 화재, 80년 만에 처음으로 남부 캘리포니아를 강타한 열대성 폭풍으로 일어난 데스 밸리의 홍수 등 파멸적인 기후 재난이 여러 차례 발생했다.[50]

기후 변화의 영향은 이따금 극적으로 드러날 때가 있지만, 대기 중 탄소가 느리고 꾸준히, 그리고 눈에 보이지 않게 증가하는 기후 변화 자체는 인간의 능력으로는 문자 그대로 '알아차릴 수 없는' 현상이다. 그것은 사이렌과는 정반대의 성격이다. 우리의 관심을 끌기보다는 오히려 외면하게 만들며, 우리의 어떤 오감으로도 감지할 수 없는 것이다. 영화 제작자 애덤 맥케이Adam McKay가 기후 변화에 관한 할리우드 블록버스터 영화를 제작하려 했을 때, 그는 2시간 넘게 관객의 주의를 끌어야 하는 영화의 특성상 지구를 파괴하고 모든 인간의 생명을 앗아갈 혜성에 관한 우화를 통해 기후 변화의 이야기를 전달하기로 결정했다.[51]

영화 《돈 룩 업Don't Look Up》(2021)에서 가장 극적인 순간 중 하나는 지금까지 과학자들이 경고하고 회의론자들이 무시해왔던 혜성이 마침내 하늘에 모습을 드러내는 장면이다. 사람들이 혜성을 발견하자, 차량이 멈추고 운전자와 승객들은 경외심과 공포에 사로잡힌

채 차에서 내려 하늘을 올려다본다. 나는 이 영화를 정말 좋아했고 완전히 매료되었지만, 기후 변화의 문제는 정작 우리가 그런 특정한 순간을 결코 경험할 수 없다는 점에서 다르다! 우리가 가진 것은 가뭄, 산불 연기, 갈라지는 빙하 등을 보여주는 차트뿐이다. 폭염으로 공항이 폐쇄되고 사람들이 집에서 사망하는 일도 일어나지만, 우리는 이러한 재앙을 직접 보고 들을 수 없다. 혜성이 하늘에 나타나는 순간이나 두 번째 비행기가 쌍둥이 빌딩에 충돌하는 순간처럼, 재앙이 닥쳤음을 단번에 깨닫게 해주는 그런 순간은 존재하지 않는다.

전 세계의 기후 운동가들은 대중의 주의를 끌기 위해 점점 더 절박한 행동에 나서며 일종의 볼거리를 연출하고 있다. 일부 활동가들은 도로 한복판을 점거하고는 튜브를 이용해 서로의 팔을 엮은 채 움직이지 않는다. 이로 인해 교통 체증이 발생하고, 분노한 사람들 사이에 소란이 일며, 결국 뉴스 카메라가 현장에 출동한다. 고립된 통근자들이 활동가들에게 소리를 지르는 장면은 잠깐이나마 바이럴된다. 또 다른 사례로는 기후 운동가들이 박물관에 들어가 유명한 예술 작품에 페인트를 던지는 시위가 있다. 이러한 박물관 시위는 충격과 혐오감을 유발하고자 기획된 것으로 보인다.

어떤 시위자들은 스포츠 경기나 공연 실황을 중단시키기도 했다. 2023년 US 오픈 여자 단식 4강전 도중, 시위대 4명이 휴식 시간에 기후 변화와 관련한 구호를 외치기 시작했으며, 그중 한 명은 경기장 바닥에 몸을 접착제로 고정시켰다. 그를 떼어내는 데 45분 넘게 걸렸고, 그동안 경기가 중단되었다. 그 해 US 오픈에서 우승을 차지한 미국의 테니스 신동 코코 가우프Coco Gauff는 경기 중단과 지연에 대한 질문을 받고도 놀라운 평정심을 보였다. 경기가 끝난 후 열린 기자회견에서 그녀는 이렇게 말했다. "저는 시위대에게 화가 나지 않았어요. 제 생각에는 경기장 측이 화가 났던 것 같아요. 엔터테인먼트를 방해했으니까요. 저는 항상 자신이 느끼고 믿는 바를 말하는 것을 옹호해요. 물론 제가 이기고 있을 때 그런 일이 일어나지 않기를 바라긴 하지만요. (…) 그러나 그들이 목소리를 내기 위해 그렇게 해야 한다고 느꼈다면, 제가 그것에 대해 화를 낼 수는 없겠죠."[52] 그해 스위스의 기후 시위대는 바이에른 주립 오페라 극장에서 전설적인 지휘자의 무대에 올라 공연을 방해하며 스위스 정부에 기후 비상사태 선포를 촉구했다. 지휘자는 공연을 잠시 중단하고 두 시위자가 청중 앞에서 연설할 시간을 준 뒤 공연을 재개했다.[53]

하지만 이는 예외적인 경우들이다. 이런 노력에 대한 반응은 거의 다음과 같이 항상 부정적이다. 이런 행동은 목적 달성에 아무런 도움이 되지 않는다! 사람들에게 당신은 그저 괴짜로 보일 뿐이고, 설득하려는 대상에게 오히려 부정적인 편견을 심어줄 뿐이다! 좋다, 물론 그럴 수 있다. 하지만 이 같은 시위의 순수하고 절박하며 마음에서 우러난 외침cri-de-coeur, 즉 '제-발-부-탁-이-니-관-심-을-가-져-줘' 식의 간절한 노력은 어떤 객관적인 진실을 포착하고 있다. 우리는 재앙을 향해 질주하고 있으며, 누구도 우리가 마땅히 기울여야 할 만큼의 관심을 이 문제에 쏟고 있지 않다.

이러한 방해 행위는 트럼프가 성공적으로 활용한 것과 같은 종류의 기술을 실현하기 위해 고안된 것이다. 아무도 관심을 기울이지 않는다면, 설득이 무슨 소용이 있겠는가? 사람들이 어떤 식으로든 반응을 보인다면, 설령 그게 부정적인 반응이라도 무슨 상관인가? 당신은 예의 바르고 조심스럽고 교양 있게 행동하며 무시당할 수도 있고, 아니면 판을 뒤엎고 사람들의 관심을 강제로 끌 수도 있다. 이 두 가지는 '만인의 만인에 대한 홉스주의적 투쟁'이 벌어지는 주의력 시대에 우리가 선택할 수 있는 길이다. 그리고 나는 후자를 선택한 사람들을 무턱대고 비난할 수는 없다.

주의력 시대에 공공의 영역에서 일하는 모든 사람, 즉 정치, 홍보, 사회운동, 언론, 또는 우리가 뉴스 사이클이라 부르는 것과 관련된 모든 분야에 종사하는 사람들은 자신이 주의를 통제하기보다는 쫓고 있다고 느낀다. 주의력이 어디로 향할지를 결정하는 데 있어 과도할 만큼 큰 영향력을 가진 나 같은 사람도 마찬가지다.

정치인들 사이에서 이런 현상은 항상 볼 수 있다. 정치인들이 대중의 관심을 끄는 데 어느 정도 주도성을 가지고 있는 것은 분명하지만, 그들 또한 자신이 언론의 변덕스러운 주의력의 희생양이라고 느끼곤 한다. 실제로 에이브러햄 링컨은 링컨-더글러스 토론의 첫 번째 토론에서 "민심이 전부다. 민심을 얻으면 어떤 것도 실패할 수 없고, 민심을 잃으면 어떤 것도 성공할 수 없다"라는 유명한 말을 남겼다.[54]

링컨은 더글러스가 여론을 형성하는 역할을 경시했다는 긴 논평에서 이와 같이 말했다. 노예제 문제에 관한 토론에서 더글러스의 입장은 '1850년 타협'과 '드레드 스콧 판결'이 곧 국법이고, 사람들은 좋든 싫든 이 두 가지가 곧 확립된 진리로 통하는 현실 세계에서 살아가야 한다는 것이었다. 그러나 링컨의 주장인즉, '미주리 타협' 같은 법은 여론의 산물이며, 스티븐 더글러스 같은 저명한 정치인들이 그 여론을 형성하는 데 중요한 역할을 했다는 것이다. "이것이 현실이니 어쩔 수 없다"라고 말하는 것은 옳지 않다. 정치인들은 대중과의 소통을 통해 여론을 미합중국에 가장 이롭다고 생각하는 방향으로 이끌 기회와 의무를 지녔다. "민심을 빚는 자는 법을 제정하거나 판결을 내리는 자보다 더 큰 영향력을 발휘한다"고 링컨은 주장했다. "이 점을 명심해야 하며, 추가적으로 기억해야 할 사실은 더글러스 판사가 막강한 영향력을 가진 인물이라는 것이다. 그의 영향력은 대단히 커서, 많은 사람들이 단지 더글러스 판사가 어떤 것을 믿는다고 공언한다는 사실을 알기만 해도 그들 역시 그것을 믿는다고 주장할 정도이다."[55]

도널드 트럼프의 첫 번째 탄핵을 앞둔 시점에, 낸시 펠로시Nancy Pelosi 하원의장은 탄핵 조사를 진행하는 속도가 너무 더디다는 비판을 받자, 링컨의 "민심이 전부다"라는 말을 자주 인용하며 그 이유를 설명했다. 심지어는 자신의 집무실에 이 말을 새긴 명판을 걸어두기도 했다. 펠로시의 말은 일리가 있었다. 민심이 뒷받침되지 않는 상황에서 현직 대통령 탄핵과 같은 중대한 사안을 추진하는 것은 정치적으로 위험하고, 심지어는 민주적으로도 위험한 일이다. 그러나 펠로시가 다음과 같이 탄핵을 언급하면서 책임을 회피하려는 의도를 드러낸 것도 사실이다. "좋아요, 대통령을 탄핵하고 싶다면 민심을 얻는 것이 당신의 일입니다. 그다음은 우리가 할 테니까."

정치인들이 링컨의 이 명언을 좋아하는 것은, 이를 링컨이 의도했던 것과는 정반대의 의미로도 사용할 수 있기 때문이다. 링컨은 정치인들이 민심을 형성하는 데 책임이 있다는 점을 강조하려 했다. 그러나 많은 정치인들은 민심을 외부의 대상으로 간주한다. 마치 날씨처럼 갑자기 들이닥치게 되면 그제서야 대응해야 하는 것쯤으로 여긴다. 이것은 정치인으로서는 매우 편리한 입장이다. 왜냐하면 대법원에서 더글러스가 취한 입장과 마찬가지로, 이런 입장은 정치인들의 책임을 면해주기 때문이다. 정치인은 이렇게 말할 수 있다. "음, 제가 민심을 얻지 못했군요. 그러니 제가 무엇을 할 수 있겠습니까?"

그러나 그것은 변명처럼 들리긴 하지만, 적어도 진실된 감정으로 보인다. 정치인으로서의 경험은 자신이 만든 것이 아닌, 외부에 존재하는 것으로 느껴지는 주의력 지형이라는 엄연한 현실을 헤쳐나가는 데 초점이 맞춰져 있다. 직업상 매일 밤 정치인들을 인터뷰하는 저널리스트로서, 나는 그들이 뉴스 사이클과 주의력의 변덕스러움에 얼마나 좌절하고 제약받는지 알 수 있다. 나는 무수히 많은 정치인들을 인터뷰하면서 미국의 대단히 높은 총기 폭력 사건 발생률처럼 해결하기 어려운 문제에 대해 질문해왔다. 나는 그들에게 상원의원, 하원의원, 시장, 또는 주지사의 권한으로 무엇을 할 수 있는지 묻는다. 그러면 그들은 "모든 것은 언론의 주의력에 달려 있다"고 말하면서 공을 이쪽으로 넘긴다. 그러면 나는 되묻는다. "하지만 당신은 권력을 가진, 실제로 선출된 지도자가 아닌가?" 그들은 "그렇다"고 인정하면서도, "국민들이 이 문제에 집중하지 않으면 아무것도 할 수 없다"고 답한다.

미국과 같은 민주주의 국가의 정치인들은 마음속에서 대중의 주의력이 차지하는 비중이 너무 커서 종종 자신이 실제로 권력을 쥐고 있다는 사실을 잊곤 한다. 그들은 무력감을 느끼며, 자신이 포착하기 어렵고 유지하기는 더욱 어려운 대중의 변덕스러운 주의력에 의존하고 있을 뿐이라고 생각한다. 나는 그 기분을 이해한다. 왜냐하면 언론계에 몸담고 있는 사람들 역시 같은 기분을 느끼기 때문이다. 이것이 바로 주의력 시대에 주의력 산업이나 공개 토론 종사자들이 느끼는 경험의 핵심이다. 언제나 관심을 추구하지만, 결코 그것을 지배하지는 못한다.

이런 여건 속에서 언론인과 정치인의 경계는 점점 더 모호해지고 있다. 2022년에 하원 다수당을 차지한 공화당은 자당 하원의원들의 정보를 제공하는 포털 역할을 하는 웹페이지를 개설했으며, 그 페이지에는 의원들의 팟캐스트 연결 링크도 상당수 포함되어 있었다.[56] 공화당 소속 연방 하원의원 맷 게이츠Matt Gaetz 는 직접 팟캐스트 스튜디오를 마련하고, 이따금 케이블 뉴스쇼 〈뉴스맥스Newsmax〉에 게스트 진행자로도 출연한다.[57] 정치인들은 기본적으로 연예계 종사자들과 마찬가지로 타인의 관심을 필요로 하는 기이한 심리를 지니고 있다. 그러나 우리가 주의력 시대로 더 깊이 들어갈수록 주의력은 정치에서 점점 더 중요한 요소로 자리 잡는다. 팟캐스트 진행자와 정치인을 겸업할 수 있다면, 굳이 둘 중 하나를 선택할 필요가 있을까? 또한 두 역할 간의 실질적인 차이가 과연 존재하기는 할까?

소액 기부자들이 주를 이루는 시대에는 관심을 받는 것이 자리 보전용 기금을 모으는 데 필수적인 기술이 되었다. 마조리 테일러 그린은 극단적이고 터무니없으며 위험한 정견을 가지고 있음에도 불구하고, 공화당 하원의원 중 가장 뛰어난 기금 모금자 중 한 명이다. 이는 결코 우연이 아니다.[58] 자신의 터무니없는 발언이 언론의 관심을 받을 때마다 그녀는 그 관심을 현금으로 전환하고 있다. 알렉산드리아 오카시오코르테스Alexandria Ocasio-Cortez는 마조리 테일러 그린과는 실질적으로 정반대의 인물이다. 그녀는 입헌 공화제에 대한 신념을 가진 진지하고 똑똑한 정치인이며, 동시에 주의를 끄는 탁월한 재능이 있다. 그녀는 소셜 미디어에서도 매우 효과적으로 활동하며, 그 결과 청년 하원의원 중에서도 가장 강력한 기금 모금 수단을 가진 인물 중 한 명으로 자리 잡았다.

그러나 주의를 끄는 유도책과 그로 인해 생기는 자금은 종종 실제 통치 활동과 정면으로 충돌한다. 2023년 가을, 하원 공화당 내 소수파 의원들이 거의 사용되지 않던 '의장직을 공석으로 만드는 결의안motion to vacate' 절차를 통해 케빈 매카시Kevin McCarthy 하원의장을 해임했다. 이에 반대하는 공화당 의원들은 이 모든 일이 주도자인 매트 게이츠의 기금 모금을 위한 노골적인 시도라고 강하게 비난했다. 공화당 소속 루이지애나주 하원의원 개럿 그레이브스Garret Graves는 "안녕, 입금 부탁해. 내가 해임 동의안을 제출했어"라는 문자 메시지에 대해 격렬하게 비난하며 "[동의안 제출이라는] 공식 행동을 모금에 이용하다니, 역겹다. 이것이 워싱턴의 역겨운 점이다"라고 말했다.[59] 매카시 불신임 투표 당일, 하원 본회의장의 연단에 오른 공화당 소속 노스다코타주 하원의원 켈리 암스트롱Kelly Armstrong은 공화당의 상당수 의원들이 공유하는 견해를 다음과 같이 밝혔다. "우리가 왜 여기 모였는지 분명히 합시다. 바로 이 도시의 인센티브 구조가 완전히 망가졌기 때문입니다. 우리는 더 이상 충성심, 도덕성, 능력, 상호 협조 등을 중요하게 여기지 않습니다. 대신에 클릭 수나 TV 출연, 그리고 셀러브리티의 가장 평범한 수준의 명성이라도 얻고자 하는 끝없는 욕망으로 인해 이 존경받는 기관은 품격에 어울리지 않는 철없는 행동을 조장하는 곳으로 추락했습니다."[60]

솔직히 말하자면, 공화당 소속 하원의원들이 '주의력 시대'에 맞춰진 자신들의 당이 이렇게까지 기능 부전에 빠진 사실에 충격을 받은 것처럼 보이는 것은 다소 의외였다. 결국 이 시점은 '도널드 트럼프 시대'에 접어든 지 7년째 되는 해였다. 트럼프는 "가장 하찮은 수준의 지명도"를 추구하는 것을 자신의 기이하고 슬픈 인생의 핵심 목표로 삼은 사람이지 않은가.

공적 담론에 해로운 세 가지 경향: 트롤링, 왓어바우티즘, 음모론

공공 영역에서 주의가 유일하게 중요한 것이 될 때, 이와 관련된 여러 형태의 공적 담론이 곰팡이처럼 번져나가 모든 것을 잠식하기 시작한다. 주의력 시대에 나타나는 공적 담론 중 특히 흔하고 해로운 세 가지 경향은 트롤링, 왓어바우티즘, 그리고 음모론이다.

트롤링

2022년 가을, 의회 중간선거가 몇 주 앞으로 다가온 가운데, 공화당의 하원 법사위원회 공식 트위터 계정에 다음과 같은 글이 올라왔다. "칸예. 일론. 트럼프."[61] 이게 전부였다. 세 명의 이름뿐이지만 이것은 보수 정치의 지배적 세계관을 아주 간결하게 표현한 것이었다. 정책 제안도 처방도 슬로건도 없었다. 단 세 명의 인물이 등장하는 것뿐인데, 어떤 면에서는 제각각인 사람들이지만 트윗을 쓴 직원이 존경하는 방식으로 정확히 하나가 되어 있었다. 이 트윗은 몇 주 동안 게시되어 있었는데, 그 사이 칸예 Kanye West (또는 그가 그때부터 사용하기 시작한 이름을 쓰자면 예 Ye)는 점점 더 불안하고 혼란스러운 미디어 투어에 나서, 각종 매체를 돌아다니며 유대인을 비난하고 히틀러를 찬양하는 발언을 했다. 결국 이 트윗은 삭제되었지만, 그것이 표방한 정신은 여전히 남아 있다. 그리고 내가 이 글을 쓰고 있는 지금, 그 정신은 오히려 더 강해지고 있는 듯하다.

일론 머스크, 칸예 웨스트, 도널드 트럼프를 하나로 묶어주는 공통점은 그들이 관심을 지속적으로 끌어모으는 능력이 뛰어나다는 점이라고 말할 수 있다. 하지만 그것이 이야기의 전부는 아니지 않겠는가? 테일러 스위프트 Taylor Swift 역시 관심을 끌어모으는 능력이 탁월하지만, 그녀는 이 '저주받은 삼위일체'에 포함되지 않는다. 무엇보다 그녀는 긍정적인 주의를 모으는 데 탁월하기 때문이다. 그녀는 전통적인 의미에서 스타다. 반면에 머스크나 웨스트, 트럼프는 전혀 다른 부류다. 그들은 극단적인 양극화를 불러일으키는 인물들로, 논란에 중독된 듯 보인다. 가장 중요한 점은 그들이 부정적인 주의를 끊임없이 섭취하는 대표적인 부류라는 것이다. 다시 말해, 그들은 트롤이다.

트롤링은 현대적인 의미를 갖기 전까지 본래 낚시 방법을 설명하는 용어였다. 이는 밝고 화려한 미끼를 물속에 넣어 배고픈 물고기가 그것을 먹이로 착각하도록 유도한 뒤, 미끼를 물속에서 빙빙 돌리며 물고기를 유인하는 방식이다. 이는 주의력을 활용한 하나의 속임수라 할 수 있다. 물고기의 주의를 끌면서 그 반응 메커니즘을 작동시키는 것이다. 하지만 물고기 스스로가 속았다는 사실을 깨닫는 순간에는 이미 늦다.

20세기에는 전투기 조종사들이 적이 동료 조종사를 공격할 때 이를 애써 자신 쪽으로 유도하는 상황을 묘사하고자 '트롤링'이라는 용어를 메타포로 사용했다. 이때 트롤링은 의도된 주의 산만을 의미했다. 인터넷에서 주의를 끄는 독특한 형태로 트롤링이 발전하기 훨씬 전에도, 극심한 병리학적 욕구나 단순한 사업적 계산으로 인해 일부 공인들이 의도적으로 논란을 일으키는 일이 있었다. 그러나 트롤링이 공공 커뮤니케이션의 중심적인 형태가 된 것은 '주의력 시대'인 지금에 들어와서부터다.

이러한 변화는 어느 정도 시공간을 초월한 인터넷의 비대면 상호작용이 인간의 정신에 미치는 영향과 관련이 있다. 메시지 게시판이 등장하면서, 도발하거나 장난을 치며 스스로를 성가신 존재로 만들어 반응을 끌어내는 데서 즐거움을 찾는 사용자들이 나타나기 시작했다. 매스 커뮤니케이션과 사회화가 대면 커뮤니케이션에서 분리된다는 기본적인 현실은 모든 종류의 반사회적 행동에 대한 정상적인 억제 요소가 제거되었다는 것을 의미한다. 사람들은 당신을 볼 수 없고, 당신이 누구인지 알 수 없다. 이런 환경에서는 직접 대면했을 때는 감히 하지 못하거나 충동조차 느끼지 못할 말을 온라인 공간이기 때문에 서슴없이 할 수 있다. 온라인에서 만나는 사람은 모두 온전한 인간으로 여겨지지 않으며 단지 육체에서 분리된 작은 이미지나 유저네임에 불과한 존재로 인식된다. 이러한 형태의 사회적 상호작용은 인간적인 연결의 진정한 본질인 인정과 사랑을 좀처럼 있을 수 없는 일로 만든다. 대신 화학적으로는 유사하지만 만족도가 훨씬 낮은 형태인 주의력 경험으로 대체될 뿐이다. 가상 경험의 '밋밋함' 때문에 우리는 모든 형태의 주의, 심지어 부정적인 주의에도 반응하게 된다. 이것이 '진정한 연결'에 가장 근접한 형태이기 때문이다. 따라서 이러한 공간이 마치 부적응 아동의 행동처럼, 무언가를 느끼기 위한 수단으로 부정적인 주의를 끌어내는 행동을 자아내는 것은 전혀 놀라운 일이 아니다(4장 참조).

온라인 상호작용은 이제 인간 상호작용의 상당 부분을(어떤 사람들에게는 대부분을) 차지하게 되어, 마치 대화의 비디오 게임 버전처럼 변했다. 온라인 상호작용은 입력과 출력의 게임화된 경험과 거의 비숫해져서, 다른 인간이 숨 쉬고 웃고 고통받는 현실과는 완전히 분리되어 철저하게 매개되고 단절되는 상황이 되었다. 그 결과 온라인에서 누군가를 조롱하거나 모욕하는 것은 〈콜 오브 듀티〉 게임에서 여러 사람에게 난사하는 것과 거의 비슷하게 느껴진다. 인터넷에서 어떤 사람들은 이런 종류의 상호작용이 주는 보상을 '의미 없는 인터넷 포인트'라고 부른다.

중립적으로 설계된 공간에서도 이런 일이 일어나지 않는 것은 아니다. 하지만 알다시피 대부분의 이런 상호작용이 이루어지는 플랫폼은 사용자의 주의를 수익화하도록 설계되어 있다. 재무적 관점에서 플랫폼은 사용자의 행동에 의존하여 작동한다. 특정 사용자가 더 많은 주의를 끌고 '참여'를 유도할수록, 플랫폼은 이를 통해 더 많은 주의를 수익화할 수 있게 되어 수익이 증가한다. 이것은 마치 마피아 조직의 작동 방식과도 유사하다. 각 위계의 보스가 자신의 조직에서 벌어들이는 돈을 '보스 중의 보스 capo dei capi'에게 전달하는 구조와 같다. 이 경우, 최고 보스는 마크 저커버그나 일론 머스크 또는 이 글을 읽는 지금 이 순간 주의력 시장에서 지배적인 위치를 차지하고 있는 사람이다.

그리고 이 계획의 각 단계에서 콘텐츠 제작자는 심리적 욕구, 사회적 압박, 재정적 인센티브, 또는 이 세 가지가 결합된 일종의 '성스럽지 못한 조합'에 의해 움직인다. 결국 중요한 것은 그들이 당신의 관심을 더 많이 끌수록 마피아 보스에게 (그리고 그의 주주에게) 더 유리하다는 것이다.[62]

원래의 메타포로 돌아가자. 당신이 관심을 낚아 올리고 싶다면, 가장 쉬운 미끼, 즉 가장 밝고 반짝이며 무시하기 어려운 미끼는 보란 듯이 잔인하거나 터무니없거나 공격적인 태도다. 그리고 마치 미끼를 향해 쏜살같이 달려드는 물고기처럼, 누군가가 터무니없거나 당신의 신경생물학과 사회화의 깊숙한 부분을 자극하는 모욕적인 말을 하면, 당신은 무슨 일이 일어나고 있는지 깨닫기도 전에 그 충동이 자기 내부에서 솟구치는 걸 느끼게 될 것이다. 그러면서 결국 미끼에 걸려든 불쌍한 물고기 신세가 되고 만다.

물고기가 미끼에 낚싯바늘이 달려 있다는 것을 안다면 이를 쉽게 무시할 것이다. 그러나 우리는 누군가가 우리를 조롱하고 있다는 사실을 알고 있으면서도 이를 간단히 무시하지 못한다. 특히 재능 있거나 명성을 누리는 트롤들, 예컨대 앞에서 언급한 공화당 측의 연방 하원 사법위원회가 칭찬한 '트롤 삼위일체'는 담론적 딜레마discursive dilemma*를 만들어낸다. 이들을 전적으로 무시한다면, 이들은 고약하거나 불쾌하고 심지어 매우 위험한 말을 계속 내뱉을 것이다. 나아가 자신들의 영향력 있는 플랫폼을 활용해 사악한 음모론, 히틀러 수정주의Hitler revisionism,** 또는 무슬림에 대한 편협한 태도를 조장할 것이다. 하지만 이들을 규탄하면 규탄할수록, 이들은 더 많은 관심을 끌게 된다. 이는 이들이 원하는 바이면서, 동시에 역설적으로 이들이

---

* 다수결 투표로 판단을 종합하면 자기 모순적인 판단이 나올 수 있다는 것을 말한다.
** 히틀러와 나치 독일의 역사적 죄과를 왜곡하거나 재해석하려는 시도, 특히 홀로코스트와 같은 대량 학살을 부정하거나 축소하려는 시도를 말한다.

퍼뜨리는 병적인 메시지를 확산시키는 결과를 초래한다.

이것이 도널드 트럼프가 오랫동안 언론에서 야기해 온 근본적인 문제이며, 트롤을 상대해본 사람이라면 누구나 익숙한 문제이기도 하다. 아만다 리플리Amanda Ripley는 대인 관계 갈등을 다룬 책에서, 극적인 사건과 불화를 통해 번창하는 사람들을 설명하기 위해서 '갈등 기업가'라는 용어를 사용한다. 온라인 세계는 이러한 사람들이 막강한 영향력을 행사할 수 있는 이상적인 환경이며, 이들은 종종 자신의 영향력을 확대하기 위한 수단으로서 싸움을 일으키고 모욕을 퍼붓는다.[63]

이들은 갈등을 마케팅하고 있으며, 갈등은 자신들의 도발에 반응하는 다른 사람들과의 상호작용을 통해서만 만들어질 수 있다. 그렇기 때문에 수십 년 동안 트롤들을 상대해온 인터넷 게시판의 지혜는 "트롤에 먹이를 주지 마라"는 것이다. 이들에게 관심을 주어서는 안 된다. 이들은 관심을 먹고 살기 때문에, 관심을 주지 않으면 결국 사라진다.[64]

이 논리는 설득력이 있다. 어떤 방법으로든 당신의 관심을 끌기 위해 필사적으로 애쓰는 사람이 있다면, 그 사람에게 관심을 주지 않는 것이 최선이다. 그러면 마침내 그들은 포기할 것이다. 이는 부모들이 학교에서 괴롭힘을 당하는 아이들에게 흔히 하는 조언과 비슷하다. "그 아이는 너를 자극하려고 그러는 거야. 그러니 원하는 대로 해주지 마." 하지만 디지털 문화를 다루는 많은 기자들이 지적했듯, 트롤을 무시하는 것은 그들이 위협하고 괴롭히거나, 사람들이 보안을 강화하거나 심지어 이사를 고려할 정도의 공포감을 현실에서 조장하는 활동을 더욱 심화할 수도 있다.[65]

매일 무엇을 다룰지 결정해야 하는 내 자리에서, 트롤의 딜레마는 우리가 직면한 가장 중심적인 문제 중 하나다. 어쩌면 가장 중심적인 문제일지도 모른다. 가장 끔찍한 형태의 트롤링인 총기 난사 사건을 취재할 때, 보도본부에서 어떤 결정을 내릴지 생각해보자. 미국 특유의 야만성이 드러나는 사건은 거의 항상 가해자의 죽음으로 끝난다. 개별 사건은 여러 특정 요인에 의해 발생하겠지만, 대규모 총격 사건이라는 현상은 총기에 아무런 거리낌 없이 즉각적으로 접근할 수 있다는 점과 더불어, 주의력에 대한 어두운 욕망이 동기를 부여한 일종의 '사회적 전염'의 산물이라는 점은 분명하다. 실제로 놀라울 정도로 많은 총기 난사범들이 트롤링에 전념하는 메시지 게시판에서 대량 살인으로 향하는 여정을 시작한다. 이러한 게시판에 올라오는 어둡고 병적이지만 동시에 눈에 들어오는 글들은, 인터넷에 올린 글로 다른 '평범한 사람들normies'을 충격에 빠뜨리고자 하는 욕망과 현실 세계에서 대량 살인이라는 극단적 행위로 충격을 주고자 하는 욕망을 연결한다.[66]

총기 난사 사건은 새로운 비극과 트라우마를 만들어낼 뿐만 아니라 이를 보도하는 언론인들에게 새로운 딜레마를 안겨준다. 정신적으로 온전하지 못한 개인이 대량 살인을 저지르는 것은 그 자체로 보도 가치가 있는 사건이다. 그러나 총격 사건의 여파를 보도하면 필연적으로 범인이 노리는, 즉 대중의 관심을 제공하게 된다. 이러한 보도는 미래의 총기 난사범들에게 새로운 동기를 부여할 수 있다. 이들은 극단적인 폭력 행위야말로 그 행위가 없었다면 결코 받지 못했을 관심을 얻는 확실한 수단이라는 점을 간파하게 된다. 하지만 대규모 총격 사건을 무시하는 것은 단지 언론인의 직무 유기에 그치지 않고 유가족들과 지역사회에 불명예스럽고 모욕적인 행위가 될 것이다.

여러 해 동안 케이블 뉴스 분야에서 일해온 나는 우리가 이런 현실에 적응하는 데 있어 상당한 진전을 이루었다고 생각한다. 예전에는 범인의 이름, 얼굴, 이력 등의 정보를 화면에 노출하곤 했지만, 이제는 이를 가능한 한 피하는 것이 표준 관행이 되었다. 범인의 이름을 언급하거나 사진을 한 번쯤 보여줄 수는 있지만, 더 이상 범인을 보도의 중심에 두지 않는다. 대신에 사건 자체와 그 여파를 계속 보도하면서 사람들의 관심을 최대한 가해자에게서 멀리 떼어놓는 데 초점을 둔다.

그러나 이러한 조치는 필요하긴 해도 딜레마를 근본적으로 해결하지는 못한다는 점에서 다소 미진하긴 하다. 총기 난사 사건은 계속해서 발생할 것이고, 그 사건이 보도 가치가 있기 때문에 우리는 이를 계속 보도할 수밖에 없다. 그리고 우리가 아무리 규제를 한다 해도 이는 얼마간 세상에 파급효과를 미치며 나름의 결과를 초래할 것이다.

덜 파괴적이고 덜 치명적인 형태의 트롤링이라 하더라도 역시 마찬가지다. 특히 가장 높은 수준에서 지속적으로 이루어지는 트롤링은 '주의의 딜레마'를 만들어내며, 이 딜레마에서 벗어날 방법은 없다. 이것이 바로 우리 시대에 트롤링이 번성하는 이유다. 트롤링은 주의가 더 이상 의사소통을 위한 또 다른 수단이 아니라 그 자체로 목적이 되는 환경에 완벽히 적응한 담론의 한 형태이기 때문이다.

왓어바우티즘

내가 알기로 '왓어바우티즘whataboutism'이라는 용어는 1974년 한 역사 교사가 《아일랜드 타임스》에 보낸 편지에서 처음 사용되었다.[67] 북아일랜드에 거주하는 이 교사는 폭력적인 아일랜드 공화군IRA 임시파 옹호자들에 대한 불만을 토로하며, 이들을 '왓어바웃주의자whatabouts'라고 불렀다. "이들은 모든 비난을 '적'의 더 큰 부도덕성을 입증하는 논쟁으로 반박하여 임시파의 대의명분이 정당하다는 것을 입증하는 사람들이다. '피의 일요일,* 강제 구금, 고문, (단식 투쟁에 맞선) 강제 급식, 무력 과시 쪽은 어떤가?' 이들은 무력 투쟁 중단 요구에 대해서도 마찬가지 방식으로 대응한다. 1691년 리머릭Limerick 조약, 1921년 영국-아일랜드 조약, 1972년 레나둔Lenadoon 전투** 쪽은 어떤가?'"

며칠 후 같은 신문의 칼럼니스트가 '왓어바웃주의자whatabouts'라는 용어를 자신의 글에 채택했고, 이 표현은 그때부터 점차 확산

---

*   1972년 1월 30일 북아일랜드 데리Derry의 비무장 가톨릭 교도에게 영국군이 발포하여 14명의 사망자를 낸 유혈 사건. IRA의 재무장을 가속화하는 계기가 되었다.

**   IRA 임시파와 영국군 사이에 벌어진 일련의 총격전. 레나둔 애비뉴 지역과 그 주변에서 시작되어 벨파스트의 다른 지역으로 확산되었으며, 이 폭력 사태로 인해 영국 정부와 IRA 간의 2주간 휴전이 종료되었다.

되었다.⁶⁸ 1970년대에 들어서면서 미국과 서방 외교관들은 소련 외교관들이 자국의 인권 침해에 대한 비판에 직면했을 때 사용하는 표준적인 수사적 전략을 설명하는 용어로 왓어바우티즘을 사용하기 시작했다. 《이코노미스트》의 전 모스크바 지국장 에드워드 루카스 Edward Lucas는 다음과 같이 회상했다. "(아프가니스탄 문제, 폴란드 계엄령, 반체제 인사 투옥, 검열 등) 소련과 관련한 모든 비판에 대해 소련 측은 (남아공의 아파르트헤이트, 노동조합원 구금, 니카라과 콘트라 반군 지원 쪽이야말로 어떠냐는 식의) 왓어바우티즘으로 대응했다."⁶⁹ 이러한 대응은 소련식 선전의 대표적인 사례로, 러시아인들 스스로도 이를 풍자한 농담을 지어낼 정도였다. 구소련에서 유행했던 농담 하나를 살펴보자. 한 청취자가 러시아의 라디오 방송 프로그램에 전화를 걸어 미국인이 받는 임금 수준에 대해 묻는다. 진행자는 긴 침묵 끝에 이렇게 대답한다. "그 나라에서는 사람들이 흑인을 린치하지요." 이 농담은 소련 당국이 체제 비판을 회피하기 위해 미국의 인종차별 문제를 지적하며 논점을 흐리는 태도를 풍자한 것이다. 루카스는 "소련이 붕괴할 무렵, 이 표현은 소련식 선전 전체를 상징하는 말이 되었다"고 지적한다.⁷⁰

왓어바우티즘은 '피장파장의 오류 tu quoque' 또는 '누가 할 소리 look who's talking' 유형의 오류로 알려지며 교묘한 수사법으로 간주된다. 왓어바우티즘이 회피와 신의성실 위반의 한 형태인 경우가 많다는 데는 의심의 여지가 없다. 그러나 이는 또한 주의력 시대를 헤쳐나갈 때에 우리가 정확히 무엇에 주의하는지가 중요한 부분임을 알려준다. 왓어바우티즘은 비판으로부터 자신을 보호하기 위한 권력자의 '냉소적인 계략'일 수도 있다. 동시에 주의력 공간을 통제하려는 이들에게 맞서는 일종의 반란으로서 권력을 되찾으려는 시도일 수 있다. 그리고 주목할 대상의 범위를 결정하는 것이 얼마나 중요한지 암묵적으로 인정하는 행위일 수도 있다.

사실 주의력 시대에는 누구나 어떤 형태로든 '왓어바우티즘'을 행하고 있다. 왜냐하면 링컨-더글러스 토론과 같은 고전적인 토론 형식과 달리 현대의 공개 토론은 단일 주제에 초점을 맞추어 특정 정책 영역의 장단점을 다양한 관점에서 논의하는 경우가 별로 없기 때문이다. 오히려 대중의 주의가 파편화되고 방만해지면서 이념적 전투는 무엇에 집중할 것인지를 놓고 벌이는 전투가 되어버린다.

나는 사무실에 있는 여러 대의 TV를 통해 3대 케이블 뉴스* 채널을 시청하며 매일 이런 현상을 목격한다. 2023년 10월 7일 하마스의 이스라엘 기습 공격 직후와 같은 초기 상황에서는 세 방송사가 모두 동일한 내용을 다루기도 했다. 물론 각 방송사 보도국의 관점과 선택은 제각기 다르다. 그러나 일반적으로 방송사들은 일관된 방식으로 주의를 집중하지는 않는다. 내가 관찰한 대부분의 경우, 폭스 뉴스가 다루는 뉴스는 MSNBC에서 다루는 것과 완전히 다르다. 예를 들어 내가 도널드 트럼프의 형사 사건 진행 상황으로 뉴스쇼를 시작한다면, 같은 날 폭스 뉴스는 미국 국경지대의 망명 희망자들에 대

---

* 폭스 뉴스, CNN, MSNBC를 말한다.

한 보도로 시작한다. 또는 내가 공화당 의원들이 금세기 들어 유례없는 내부 갈등에 휘말린 하원의 대혼란 문제를 다룰 때, 폭스 뉴스는 헌터 바이든Hunter Biden의 형사 사건*에 대한 소식을 전한다.

 내가 다른 방송사나 다른 프로그램이 어떤 결정을 내리는지 말할 수는 없다. 나 자신과 우리 프로그램에 한해서 말하자면, 각 방송사가 강조하는 영역이 크게 달라지는 것은 중요한 주제에 대한 성실한 판단과 시청자들의 요구, 즉 그들의 관심이 어디로 흐르는지를 판단한 결과라고 볼 수 있다. 우리가 찾아야 할 최적의 지점은, 두 주요 정치 세력 중 하나가 미국 민주주의에 등을 돌린 이 시대에 미국 민주주의의 운명을 다루는 이야기처럼, 그 자체로 중요한 가치를 지니면서도 동시에 시청자의 주의를 끌고 유지할 수 있는 이야기다. 이 최적의 지점을 찾아냈다면 그 자리를 지켜야 한다. 오늘날과 같은 주의 산만의 시대에는 주의를 집중하는 것이 곧 힘이다. 그리고 어떤 주제에 꾸준히 초점을 맞추는 것은 그 주제의 중요성을 전달하기 위한 노력이다. 하지만 다른 힘과 마찬가지로 이 힘 역시 남용된다면 재앙적인 결과를 초래할 수 있다. 예를 들어 이민자들이 저지른 폭력 범죄나 흑인들이 저지른 잔인한 폭행 사건, 또는 성범죄 혐의로 기소된 유대인 남성에 대한 보도에 집중하는 것처럼 말이다.

---

* 2024년 6월 헌터 바이든은 총기 불법 소지 혐의로 델라웨어주 윌밍턴 연방지법 재판에서 유죄 평결을 받았고, 9월에는 탈세 혐의 재판에서 유죄를 인정했다. 2024년 12월 바이든 대통령은 아들 헌터에게 기존의 총기 불법 소지 및 탈세 관련 유죄 평결뿐 아니라 2014년 1월 1일 이후 그가 저질렀을 수도 있는 모든 '미국에 대한 범죄'에 대한 미래 기소도 포함하는 '조건 없는 완전 사면' 조치를 내렸다.

특히 파괴적인 사례로 코로나19 백신에 대한 보도를 들 수 있다. 미국에서만 수억 회분, 전 세계적으로 수십억 회분의 백신이 접종된 점을 감안할 때, 특히 악의적인 매체라면 백신 접종 후 발생한 — 백신과 직접 관련이 있거나 없는 — 부작용 사례만을 집중적으로 보도할 수도 있을 것이다. 언론사가 이러한 내용에만 초점을 맞추기로 했다면, 백신에 대해 명시적으로 거짓말을 할 필요는 전혀 없다. 예컨대 어떤 항공사에서 코로나19 백신 접종 의무화를 시행한 직후 심장마비를 겪은 항공기 조종사나 백신 접종 후 며칠 만에 경기장에서 쓰러진 운동선수의 부모를 인터뷰하면 된다. 백신의 부정적인 결과에 지속적으로 초점을 맞춘다면 백신이 쓸모없고 위험하다는 잘못된 인상을 광범위하게 퍼뜨릴 수 있다. 실제로 그것은 여러 저명한 우파 인사들이 한 행동이기도 하다. 그중에서도 가장 주목할 만한 인물인 폭스 뉴스의 터커 칼슨 앵커는, 코로나19 백신 접종 의무화와 심장마비 경험을 관련지어 진술한 조종사를 인터뷰하기도 했다.[71]

이는 이데올로기적으로 볼 때 한쪽에만 해당하는 현상이 아니다. 미국의 경찰관과 경찰 조직의 공정성을 옹호하는 사람들은 비무장 흑인 남성이 경찰에 의해 사살되는 사례가 절대적인 수치나 전체 경찰 총격 사건에서 차지하는 비율이 매우 낮다는 점(2020년 기준으로 1천 건 중 18건)을 지적한다. 그런데도 그들은 이러한 사건들이 뉴스 보도에서 지나치게 불균형적으로 큰 비중을 차지한다고 주장한다.[72] 이들의 관점에서 보자면 흑인에 대한 경찰 총격 사건 보도는 백신 부작용 사례에 대한 집착적인 보도와 같은 맥락으로 거짓말을 하지 않으면서도 현실에 대해 매우 왜곡되고 사실과 다른 인상을 심어주는 일종의 선전 활동이다.

내가 시청자나 그 밖의 뉴스 소비자로부터 우리의 뉴스 보도에 대해 받는 피드백을 보면, 거의 모든 비판이 우리가 무엇에 집중하거나 집중하지 않는가에 초점이 맞춰져 있다. 이를 통해 나는 대중의 관심을 받을 만한 대상을 신뢰할 수 있고 정확하게 판단하는 데 적용할 표준이나 객관적 기준, 혹은 외부 평가 척도가 존재하지 않는다는 결론에 이르렀다. 결국 이는 판단의 문제이며, 그러한 판단은 언제나 비판이나 재해석의 대상이 될 수 있다. 그리고 관심을 가질 만한 것들이 사실상 무한한 환경에서는 판결에 대해 어필할 심판도, 어디에 관심을 쏟아야 할지를 결정해줄 고정된 재판부도 존재하지 않는다.

음모론

퓰리처상을 수상한 전쟁 전문 기자 아즈마트 칸Azmat Khan이 2016년 이라크에서 ISIS(수니파 극단주의 무장세력 이슬람국가)의 전쟁을 취재하던 때의 이야기다. 그녀는 시아파 민병대 사령관을 따라 ISIS가 저위력 화학무기low-grade chemical weapons*로 폭격한 마을을 방문하는 일정에 동행했다. 이동 중에 사령관은 반反ISIS 연합군의 가차 없는 공습으로 집이 전소된 모든 시리아인과 이라크인을 위해 오바마 대통령이 미

---

* 즉각 살상하지 않고 인간에게 고통을 안겨 전술적 승리에 기여하도록 고안한 화학무기. 시리아 정부군은 59회, ISIS는 5회 사용했다.

국이 나서서 집을 지어주겠다고 발표한 것을 어떻게 생각하는지 물었다. 칸이 실제로 그런 일이 일어났는지 의심스럽다고 답하자 사령관은 휴대폰을 꺼내 오바마가 연설하는 아랍어 자막 영상을 보여주었다. 당시 미국 대통령이 이라크와 시리아에서 폭격으로 파괴된 모든 주택을 생각하면 죄책감이 든다고 말하는 내용이 자막으로 나왔다. "오바마 대통령은 잠시 멈추더니 눈물을 글썽이고, 얼굴에 흐르는 눈물을 닦았다"고 칸은 회상한다. "그리고 그는 계속해서 말했다. '나는 내가 폭격한 집에 살았던 모든 이라크인과 시리아인을 위해 집을 지어줄 것이다. 가끔은 이 일을 생각하면 너무 슬퍼져서 시카고 타워에서 뛰어내리고 싶을 때가 있다.'"[73]

이 자막은 조작된 것이다. 실제 영상은 초등학교에서 20명의 아이들이 희생된 뉴타운 총기 난사 사건[*]에 관해 오바마가 한 연설이다. 오바마는 이러한 총기 폭력이 매일 시카고 거리에서 일어나고 있다고 언급했으며, 이것이 자막에 '시카고 타워'라는 표현이 들어간 이유다.[**] 이 사기꾼은 오바마가 '시카고'를 언급한 부분을 반영해야 한다는 것을 알고 있었던 것이다.

---

[*]   2012년 12월 14일 코네티컷주 뉴타운에서 어린이 20명과 성인 6명이 희생된 샌디훅 초등학교 총기 난사 사건.
[**] 오바마의 연설에서 시카고가 언급된 부분은 다음과 같다. "우리나라는 이런 일을 너무 많이 겪어왔습니다. 뉴타운의 초등학교에서든, 오리건의 쇼핑몰에서든, 위스콘신의 사원에서든, 오로라의 영화관에서든, 아니면 시카고의 거리 모퉁이에서든, 이 모든 마을은 우리의 마을이고, 이 아이들은 우리의 아이들입니다. 우리는 이러한 비극이 다시는 일어나지 않도록 하기 위해 정치적 이해관계를 떠나 다함께 의미 있는 행동을 해야 합니다."

이 영상은 지금 우리가 흔히 사용하는 미꾸라지처럼 미끈거리는 용어인 '허위 정보'에 해당한다. 누군가는 분명히 내용을 잘 알고 있으면서도 의도적으로 번역을 조작하고 시간을 들여 영상을 제작해 올렸다. 하지만 그 목적이 분명하지 않다. 물론 군사령관이 그 말을 믿게 된 일은 이해할 만하다. 그가 속한 왓츠앱 그룹에서 영상이 공유되었고 그는 영어를 잘하지 못한다. 그런 상황에서 그가 어떻게 진실을 알 수 있었겠는가?

여기서 일어난 일의 일부는 문자 그대로 '번역 중 손실lost in translation'이라 할 수 있는 순간이었다. 하지만 이 일화에는 내가 계속해서 곱씹게 되는 중요한 통찰이 숨어 있다. 만약 버락 오바마 대통령이 자막에 보이는 허위 내용을 실제로 발표했다면, 이는 미국뿐 아니라 전 세계적으로 엄청난 뉴스가 되었을 것이다. 이 비디오의 허구적인 현실이 왓츠앱 그룹에서 바이럴된 데는 이유가 있다. 이 비디오에 깊이 매료된 시아파 사령관이 취재차 온 기자에게 이 영상을 언급하고 심지어 보여주기까지 한 이유도 여기에 있다. 이 비디오에 담긴 거짓 이야기가 반 ISIS 공습 지점에 갇힌 민간인에 대한 미국의 정책이 보여주는 잔혹하고 진부한 현실보다 훨씬 더 기억에 남고 관심을 끌기 때문이다.

현실은 음울하고 잔인하며 지루했다. 하지만 조작된 영상이 보여준 대체 현실은 밝고 선명하며 놀라웠다. 그런 상황에서 후자를 선택한 사령관을 비난할 수 있는 사람이 과연 있을까?

명백히 거짓된 믿음에 대한 끈질긴 집착은 인류의 역사만큼 오래되었다. 세상은 혼란스럽고 무작위적이며 이해하기 어려운 곳이다. 우리는 그러한 세상을 이해하기 위해 온갖 방법을 모색해왔다. 과거에는 우리의 운명을 좌우하는 신들의 다툼으로 세상을 이해했다. 그리고 오늘날에는 수백만 명의 사람들 마음속에 자리 잡은 자신들만의 올림포스산을 차지한 '딥스테이트 글로벌리스트'가 그 역할을 대신하고 있다. 우리는 우리 눈앞에 있는 것을 제대로 보려는 시도를 포기한 채, 우리만의 민속이론folk theory과 문화적 서사cultural story 속에서 세상의 질서를 형성해나간다. 무의미한 세상에 의미를 부여하는 이야기를 만들어내고, 주변이 모두 무너져 내려도 그 이야기를 줄기차게 이어간다. 세상에 대한 명확한 인과관계로 가득한 우리의 이론은 세상을 더 읽기 쉽고 이해하기 쉬운 곳으로 바꿔준다. 우리는 그 읽기 쉬운 상태를 유지하기 위해 목숨을 걸고 노력하며 결코 멈추지 않는다. 그렇게 우리는 죽을 때까지 그 노력을 계속하며 때로는 그로 인해 죽음을 맞이하기도 한다.

그건 그렇다 치더라도 '주의력 시대'가 음모론에 큰 축복이 되었다고 주장하는 데는 별다른 논란의 여지가 없어 보인다. 특히 주목할 만한 것은 미국의 양대 정당 중 하나가 2020년 대선에서 체계적이고 광범위한 부정 선거가 이루어져 700만 표 차로 선거 결과가 뒤집혔다는, 폭넓게 공유되고 위험할 정도로 폭력적인 망상에 시달리고 있다는 점이다.

사람들이 음모론에 집착하는 데는 여러 가지 사회적·심리적 이유가 있다. 우선 기존의 믿음(예컨대 민주당은 나쁘고, 미국은 민주당을 배격해야 한다는 믿음)을 확인시켜주는 내용을 믿는 것이 기존 신념을 수정해야 할 새로운 사실과 씨름하는 것보다 훨씬 더 기분 좋은 일이다. 또한 음모론은 신봉자들에게 비밀 지식을 얻는 듯한 스릴감을 선사한다. 나오미 클라인Naomi Klein이 걸작 《도플갱어Doppleganger》(2023)에서 지적했듯이, 이는 마치 미스터리 소설 속 사립 탐정처럼 수많은 단서를 통해 숨겨진 진실을 발견하는 과정에서 역사의 주인공이 된 듯한 짜릿한 감각을 준다.[74]

    게다가 점점 더 복잡해지고 엘리트의 실패가 일상적으로 드러나는 세상에서 음모론은 엘리트의 능력에 대한 왜곡되었지만 위안이 되는 비전을 제시한다. 즉 최상층 권력자들은 무자비할 정도로 효율적이며 정밀하게 실행할 수 있는 비밀 계획을 가지고 있다는 것이다. 하지만 지역 선거관리위원회나 대선 캠페인의 주 사무소와 같이 질서 있는 혼돈의 공간에 가본 적 있는 사람이라면 알 것이다. 여러 주에 걸쳐 수십 개 지역을 연결하는 것은 고사하고, 한 지역에서라도 이 두 기관이 어떤 방식으로든 협력해 선거를 체계적으로 조작한다는 것은 상상조차 할 수 없는 일이다.

    이 모든 것이 뒤죽박죽이지만, 나는 현재의 주의력 환경에서 음모론이 갖는 매력에 대해서는 간과한 측면이 있다고 생각한다. 그것은 음모가 종종, 아니 거의 항상 현실보다 더 많은 관심을 끌 수 있다는 점이다. 진화론적 관점에서 보면 충격적인 거짓 정보는 평범한 진짜 정보보다 더 큰 관심을 끌기 쉽다. 그리고 공적 담론의 지배적인 요소가 주의를 끌기 위한 경쟁인 우리 시대와 같은 환경에서는 음모론이 확실히 더 많이 등장할 수밖에 없다.

　버락 오바마가 폭격으로 피해를 입은 이라크인들을 위한 배상 프로그램을 눈물을 흘리며 발표했다고 믿었던 이라크의 시아파 민병대 사령관은 실제로 그런 일이 있었다면 엄청난 뉴스 가치가 있을 것이라는 점을 정확히 간파했다. 저널리스트로서 나는 그의 뉴스 판단이 탁월했다고 말하고 싶다. 유일한 문제는 그 이야기가 사실이 아니었다는 것이다. 인터넷을 떠돌거나 기숙사 방이나 빙고 게임장을 떠들썩하게 하는 거의 모든 유명한 (그리고 그다지 유명하지 않은) 음모론도 마찬가지다. 만약 어떤 '글로벌리스트 집단'이 실제로 포악한 정권을 압박할 목적으로 코로나19를 계획했다면 그것은 엄청나게 큰 뉴스가 되었을 것이다. 사실 어쩌면 우리 시대의 가장 큰 뉴스 중 하나가 될 것이다. 만약 큐어넌QAnon 지지자들이 주장하는 것처럼, 성적 학대를 목적으로 아동을 밀매하고 그들의 '신체에서 생성되는 화학 물질bodily chemicals'*을 채취하는 엘리트 권력자들의 비밀스러운 세계 질서가 존재한다면 그것 또한 미국 역사상 가장 충격적인 뉴스 중 하나가 될 것이다.

　그리고 같은 역학 관계가 우리 시대의 가장 중대한 위험을 내포한 음모론인 도널드 트럼프의 거짓 주장에도 적용된다. 트럼프는 2020년 대선에서 자신이 실제로 승리했으나 부정 선거로 인해 반대

---

*　큐어넌의 음모론에서 언급되는, 신체에서 생성되거나 분비되는 화학 물질을 말한다. 큐어넌은 아동을 학대해 극심한 공포를 유발하여 아드레날린을 분비하게 만든 후 그것을 추출하여 젊음과 활력을 유지하는 데 사용한다고 주장한다.

의 결과가 나왔다고 주장했다. 이 부정 선거 이야기는 거대하고 복잡한 음모론으로, 우고 차베스Hugo Chávez의 유령, 아마도 이탈리아 정보기관의 일부 요원, 그리고 어쩌면 중국의 도움까지 더해져 재선에 실패한 트럼프 대신에 조 바이든이 대통령으로 당선된 것처럼 보이게 하려는 거대한 음모를 꾸몄다는 내용이다. 이 이야기가 보수주의자들에게 대단히 매력적으로 들리는 이유 중 하나는 이것이 그들의 확증 편향을 만족시킨다는 점에 있었다. 즉, 자신들이 지지하는 사람이 실제로 선거에서 승리했으며, 트럼프는 사랑받는 거물beloved colossus이고 바이든은 하찮고 노망난 늙은이senile afterthought라는 그들의 마음속 세계가 옳았다는 믿음을 강화해주었기 때문이다. 이러한 음모론은 사람들의 주의를 오래 붙잡는 힘이 있다. 무엇보다 이 음모론이 묘사하는 세계가 실제 세계보다 보도 가치가 높고 더 놀라운 세상이기 때문이다.

이렇게 설명해보자. 만약 트럼프와 그의 변호인단이 주장하는 내용이 사실이었다면 그것은 기본적으로 미국 뉴스 역사상 가장 큰 뉴스가 되었을 것이다. 그리고 트럼프를 지지하는 언론사들이 말한 것처럼 숨이 멎을 정도의 뉴스 보도를 보장했을 것이다. 하지만 그것은 사실이 아니었다. 진부한 현실은 트럼프의 지지율이 매우 낮았고, 그는 유권자들에게 인기가 없었으며 그로 인해 700만 표 차로 선거에서 패배했다는 것이다.

작은 진실의 나열보다는 큰 거짓말 하나가 더 많은 관심을 끌 수 있다. 그리고 정보의 조각만 접한 소비자는 충격적인 새로운 사실이나 주장을 접했을 때 그 정보의 진실성을 평가하는 데 큰 어려움을 겪는다. 과거의 비교적 폐쇄적인 정보 게이트키퍼 시스템이 붕괴되었다는 것은 진실을 따르는 유일한 이유가 더 광범위한 가치 체계에 있다거나 거짓말 혹은 허위 정보 같은 것들이 지나치게 많아지면 결국 주의력의 수익화에 부정적인 영향을 미칠 것이라는 시장 기반의 전략적 판단에 있다는 것을 의미한다. 그런데 주의력 시장의 분리로 인해 언론사가 신뢰를 잃었을 때 지불해야 하는 평판 비용이 사실상 사라졌다. 예를 들어 당신이 구독 중인 신문이 계속 거짓 기사를 낸다면 당신은 구독을 중단할 가능성이 크다. 하지만 알고리즘이 지배하는 시대에는 개별적인 관심 끌기 시도가 어디에서 비롯되었는지 그 출처를 알 수 없는 경우가 많다. 바이럴을 노리는 사람들은 시간이 지나면서 반복을 통해 어떤 평판이 형성될지에 대해 크게 신경 쓰지 않는다. 이들은 단지 한 번의 대박, 즉 주의력의 잭팟을 터뜨리는 데만 집중하며, 다음 슬롯머신의 레버를 당기듯 또 다른 시도로 넘어갈 뿐이다.

 미국 정치에는 항상 난폭한 요소가 강하게 자리 잡고 있었다. 그러나 학교에서 배우는 주류 미국사는 그런 점을 강조하지 않는다. 미국의 기본 설화는 끊임없는 개혁을 통해 더욱 완벽해지고 단단히 결속된 입헌 공화제를 그려낸다. 이 나라는 다른 많은 나라들이 겪었던 독재, 파시즘, 공포 정치의 폭력 사태를 경험한 적이 없다. 그러나 진실은 이보다 훨씬 더 지저분하다. 어떤 관점에서 보면 미국은 광기, 광신주의, 대규모 인종차별 폭력, 그리고 혼란 사이를 질주하는 국가다.

미국의 공적 생활과 정치 영역에 그나마 남아 있던 약간의 이성조차도 수십 년 전이라면 존재했을 법하지만, 이제는 완전히 사라진 것처럼 보인다. 이 글을 쓰고 있는 2024년 대통령 선거 운동 시점을 기준으로 정보 환경은 내가 지금껏 본 것 중 최악의 상태로 보인다. 예를 들어 미국의 평균적인 스무 살 유권자가 현재 세계와 미국, 그리고 후보자들에 대한 정보를 어디에서 얻고 있는지조차 짐작하기 어렵다.

우리가 이용 가능한 데이터를 바탕으로 최선을 다해 판단해보자면 그 질문에 대한 답은 틱톡, 유튜브, 인스타그램, 페이스북, 그리고 X 같은 플랫폼이다. 그러나 이들 자체로는 아무것도 알 수 없다. 왜냐하면 이 플랫폼들은 단지 어떤 콘텐츠가 사용자의 스크롤을 멈추게 하는지에 근거하여 광고주에게 사용자의 시선을 판매하는 동적인 주의력 경매자에 불과하기 때문이다. 그리고 지난 몇 년 동안 대부분의 플랫폼은 사람들이 실제로 무엇을 보고 있는지에 대한 데이터에 접근하는 것을 점점 더 어렵게 혹은 아예 불가능하게 만들었다. 이제는 그 속을 도무지 알 수 없는 블랙박스가 된 것이다.

이제 주의력의 중요성은 정보의 중요성을 완전히 삼켜버린 것처럼 느껴진다. 크고 작은 방식으로 우리는 기능적인 주의력 레짐의 마지막 흔적들이 사라지는 모습을 목격하고 있다. 예를 들어 모든 시민이 선출한 한 명의 정치인이 나라를 대표하도록 선택하는 기본적인 메커니즘을 가능하게 했던 레짐이 점차 무너지고 있는 것이다.

한 가지 예를 들어보자. 2024년 초, 하마스의 2023년 10월 7일 이스라엘 공격에 대응하여, 미국은 이스라엘에 전폭적인 군사 지원을 제공했다. 그러나 이 정책이 가자 지구 민간인들에게 미치는 끔찍한 현실이 점점 분명해지면서 조 바이든 대통령의 정책은 민주당 내에서 분열을 초래하기 시작했다. 여론조사에 따르면 2020년 대선에서 바이든을 지지했던 유권자의 거의 절반이 이스라엘이 집단 학살을 자행하고 있다고 답했다. 이들 중 상당수의 민주당 지지자들은 이스라엘의 행동에 반대 의사를 표명했으며, 응답자의 과반수가 바이든의 위기 대처 방식에 반대했다. 이러한 상황은 바이든에게 심각한 정치적 부담으로 발전했다.

이 모든 일은 이미 공화당이 트럼프를 사실상 후보로 지명한 대통령 선거의 해에 일어났다. 이런 상황에서 당신은 이 대표적인 외교정책 문제에 대한 두 후보 간의 활발한 토론을 예상할 것이다. 그렇다면 이스라엘의 가자 지구 공세를 지원한 미국 정부에 대해 트럼프는 어떤 입장을 보였을까?

트럼프는 대체로 명확한 입장을 밝히지 않았다. 이와 같은 질문을 받으면 주로 "내가 대통령이었다면 이런 일은 일어나지 않았을 것이다"라는 말로 넘어갔다. 그는 (예컨대 이스라엘이 "일을 끝낼 수 있도록" 돕고 싶다는 발언으로) 네타냐후 정부의 전쟁 노력을 더 강력히 지지할 것임을 분명히 했지만, 그의 선거 전략은 대對이스라엘 정책과 관련한 구체적인 입장이나 포괄적인 비전을 제시하지 않았다. 트럼프의 발언은 대부분 모순된 수사적 제스처와 회피로 가득했다. 이런 상황에서 유권자들은 자신이 어떤 공약을 지지해 투표할지 어디서부터 평가해야 한다는 말인가?

링컨-더글러스 모델로 돌아가 상상해보자. 만약 링컨이 노예제 확장의 중단과 드레드 스콧 판결의 폐기를 요구하는 대신, 자신이 일리노이주 상원의원이었다면 "이런 일들은 일어나지 않았을 것"이라는 식으로 주장했다면 어땠을까? 그런 조건에서는 말 그대로 토론 자체가 불가능했을 것이다.

트럼프가 이런 식으로 빠져나갈 수 있었던 이유 중 하나는 정치 매체가 국민의 관심과 주의를 이슈와 질문에 효과적으로 집중시키는 능력이 급격히 쇠퇴한 데 있었다. 과거에는 선거 보도 언론이 그 능력을 내가 답답하게 느낄 정도로 엉뚱한 데 쓰곤 했다. 하찮은 스캔들이나 그날그날의 지지율 추이와 같은 사소한 주제에 집중하는 식으로. 그럼에도 불구하고 하나의 제도로서 과거의 선거 보도 언론이나 전국 단위 정치 매체는 대중의 관심을 집중시키는 실질적인 힘을 가지고 있었다.

이러한 언론의 접근 방식은 선거 운동 방식과 후보자들의 행동에도 영향을 미쳤다. 예를 들어 불과 16년 전인 2008년 여름, 블라디미르 푸틴Vladimir Putin이 조지아를 침공했을 때를 보자. 당시 공화당의 존 매케인John McCain과 민주당의 버락 오바마는 각기 다른 방식으로 미국의 대응 방안을 제시했다. 매케인은 대결적인 과격한 입장을 취한 반면, 오바마는 외교나 동맹국들과의 협력을 강조하며 러시아를 고립시키는 접근법을 택했다. 선거 운동 본부는 정책 자료를 배포

했고, 후보자들은 연설을 하거나 비공식 전화 브리핑을 통해 자신의 입장을 자세히 설명했다.

그들은 당시만 해도 존재했던 '주의력 레짐' 아래에서 링컨-더글러스 버전을 주류 선거 보도 형식으로 부분적으로나마 재현하고 있었다. 오늘날의 시급한 현안은 이런 것이고, 나는 이 문제에 대해 이렇게 생각한다고 말하는 식으로 말이다.

그러나 이런 모습은 이제 거의 사라졌다. 지금 우리는 확성기가 온 나라를 가득 채우고 귀를 짓누르는 소음의 벽과 24시간 내내 번쩍이는 카지노의 불빛에 둘러싸인 환경에서 살고 있다. 이런 조건에서는 민주적 숙의를 연상시키는 일이 점점 더 불가능해진다. 그것은 마치 스트립 클럽에서 명상을 시도하는 것처럼 부조리한 일이 되어 버렸다.

정보화 시대는 매 순간 인간 지식의 마지막 한 조각까지도 접근할 수 있는 전례 없는 수준의 기회를 약속했다. 그러나 우리가 처한 현실은 시민의 집단적 정신생활이 광기의 경계에서 영구히 흔들릴 모습이다. 2023년 가을 이스라엘과 하마스 간 전쟁이 시작되고 나서 한 달쯤 지났을 때 소셜 미디어 사용자들은 죽음, 파괴, 잔혹 행위가 담긴 끔찍한 영상과 이미지의 눈사태를 마주했다. 일부는 사실이고 일부는 거짓이며, 일부는 검증되었고 일부는 검증되지 않은 정보들이 뒤섞여 있었다. 이 와중에 하나의 바이럴 트윗이 퍼지기 시작했다. "미안, 문자를 놓쳤네. 나는 지금 동굴에서 열매나 따 먹도록 설계된 뇌로 24시간 내내 쏟아지는 정보의 폭격을 처리하는 중이야."[75]

정신이 온전하기 위한 필수 조건 중 하나는 생각을 정리하고 마음을 통제하며 사고의 빛줄기를 원하는 곳에 비출 수 있는 능력이다. 다양한 형태의 심각한 정신 질환으로 고통받는 사람들은 원치 않은 침입이나 환청, 환영, 통제할 수 없는 내면의 요소들에 맞서 싸우며 자신의 생각에 대한 주도권을 유지하기 위해 매 순간 고군분투한다. 하지만 바로 이런 모습이 우리가 공유하는 공적 담론의 본질을 그대로 닮아 있다. 끊임없이 들끓고 집요하게 떠들어대는, 극도로 불안한 내면의 소란처럼 말이다.

8장

주의력 시대 이후의 삶

주의력이 삶의 실체라면 우리가 무엇에 관심을 기울이는지는 곧 우리의 삶이 어떤 모습이 될지를 결정짓는 문제다. 여기서 우리는 예상보다 훨씬 답하기 어려운 근본적인 질문을 마주한다. 우리는 무엇에 관심을 기울이고 싶은가?

무엇에 주의를 기울일 것인가

요즘 특히 온라인에서는 공포와 파멸의 분위기가 팽배해 이를 피하기가 어렵다. 1990년대《와이어드Wired》잡지의 초반 전성기에 만연했던 인터넷 낙관주의와 블로깅의 시대는 이제 열병 같은 꿈이나 젊은 시절의 민망한 순진함처럼 느껴진다. 내가 20대 초반이었을 때, 나를 포함한 많은 동료들은 인터넷이 미국 정치의 역학 관계를 근본적으로 바꿀 수 있으리라 믿었다. 우리는 분노했고 때로는 절망하기도 했지만, 적어도 기술적 수준에서 미래는 우리의 것이라고 느꼈다. 연장자나 기성세대는 우리를 따라올 수 없었고, 우리의 등 뒤로 순풍이 불어오는 것만 같았다.

오늘날 나는 아주 다른 느낌을 받는다. 새로운 기술 혁신이 소개될 때마다 속이 울렁거리는 기분이다. 기술 세계의 새로운 발전은 그때마다 디스토피아적이고 불길하게 느껴진다. 나는 이것을 단지 '노화'의 과정이라 생각하고 싶은 유혹에 시달린다. 그렇다. 젊었을 때는 변화가 반갑고 흥미진진하게 느껴지지만, 나이가 들면서부터는 두렵게 느껴지는 법이다. 고릿적부터 계속되어온 이야기다.

그러나 무언가 다른 일이 일어나고 있는 것 같다. 나의 견해는 다수 대중의 의견과 일치하고 있으며 특히 가장 비관적인 미래 전망은 가장 젊은 청년층 사이에서 널리 공유되고 있다.[1] 미래가 암울하며 상황이 더 나빠질 것이라는 이런 비관적 전망은 정치나 기후뿐만 아니라 기술의 발달 궤적에도 적용되고 있다.

2023년, 미국 방언 학회 American Dialect Society 는 '엔시티피케이션 enshittification'을 올해의 단어로 선정했다. 이 용어는 기술 이론가이자 초기 블로거였던 코리 닥터로 Cory Doctorow 가 플랫폼의 흥망성쇠 과정을 설명하기 위해 만든 것이다. 그는 엔시티피케이션을 다음과 같이 정의했다. "처음에는 사용자에게 좋은 서비스를 제공한다. 그다음에는 기업 고객들에게 더 나은 서비스를 제공하기 위해 사용자들을 착취한다. 마지막으로 자신들을 위해 모든 가치를 회수하려고 그 기업 고객들마저 착취한다. 그리고 결국 그들은 사라진다. 나는 이것을 '엔시티피케이션'이라 부른다."[2]

오늘날 이러한 과정은 어디에서나 찾아볼 수 있다. 인터넷은 날이 갈수록 나빠지고 있으며, 이는 경험, 느낌, 유용성 등의 모든 면에서 확인된다. 주의력 시대가 초래하는 사회적 효과는 잘 문서화되어 있고 거의 모든 데이터가 동일한 방향을 가리킨다. 10대뿐 아니라 어린이들 사이에서도 우울증과 자살률이 급격히 증가하고 있다. 미국에서 스마트폰이 모든 연령대에 걸쳐 대량 보급된 이후 자가진단 행복 지수는 꾸준히 하락해왔다. 특히 10대 청소년들 사이에서 이 하락세는 더욱 두드러진다.[3] 사람들은 대면 상호작용에 소비하는 시간을 점점 줄이고 있으며 대신에 기기를 통해 상호작용하는 시간이 늘어나고 있다. 이에 따라 친구들과의 교류도 줄어들고 있다.[4] 또한 휴대폰 사용은 전 세계 학생들에게 해로운 영향을 미치는 것으로 보인다. 2012년 이후 표준화된 시험 점수는 여러 사회와 교육 시스템에서 상당한 하락세를 보였다. 국제 학업 성취도 평가 Program for International Student Assessment에 따르면 그 원인은 상당히 명확하다. 《애틀랜틱》은 그 결과를 다음과 같이 요약한다. "종합적으로 말하자면 휴대폰을 들여다보는 데 더 많은 시간을 소비하는 학생들은 학교에서 더 낮은 성적을 받고 주위 학생들의 주의를 흩뜨리며 자신의 삶에 대해 더 나쁜 기분을 느낀다."[5]

이것이 유일한 원인이든 그렇지 않든, 주의력 시대를 살아가는 과정에서 우리의 불안감과 우울감은 커지고 고립감이 심화되며 사회성은 점점 약해지고 있다. 친구의 수와 친구를 만나는 빈도 또한 점차 줄어들었다. 우리는 주의를 유지하거나 깊이 읽고 새로운 것을 배우는 데 점점 더 어려움을 겪고 있다. 정치 영역은 더욱 분절화되고 양극화되며 정보 환경은 갈수록 오염되고 있다. 이런 상황을 방치해서는 안 된다. 그렇지 않은가? 나는 이런 상황이 지속되어서는 안 된다고 생각한다. 우리 앞에는 우리의 마음에 대한 집단적 통제권을 되찾을 수 있는 전향적이고 서로 배타적이지 않은 열린 길이 몇 갈래 있다.

주의력이 삶의 실체라면 우리가 무엇에 관심을 기울이는지는 곧 우리의 삶이 어떤 모습이 될지를 결정짓는 문제다. 여기서 우리는 예상보다 훨씬 답하기 어려운 근본적인 질문을 마주한다. 우리는 무엇에 관심을 기울이고 싶은가? 만약 우리의 관심을 끌기 위해 경쟁하는 모든 기술과 기업이 사라지고, 우리의 주의가 더 이상 상품화되거나 추출되지 않는다면 우리는 어떤 것에 관심을 기울이기로 선택할 것인가?

주의력 시대가 도래하면서 우리가 주의를 쏟고 싶어 하는 것과 실제로 주의하게 되는 것 사이의 간극에 대한 불평이 자주 들린다. 예를 들어 어떤 사람이 야심 차게 소설 세 권을 챙겨 휴가를 떠났지만, 돌아올 때는 단 한 권의 3분의 1만 읽은 경우가 있다. 바로 인스타그램을 스크롤하는 데 빠져버렸기 때문이다. 이러한 불평은 특히 독서와 관련된 활동에서 자주 언급된다. 나를 포함해 많은 사람들이 요즘은 긴 책을 좀처럼 읽을 수 없다고 토로한다. 그럴 때면 나는 여전히 책 읽기를 내심 좋아하며 내 취향은 변하지 않았다고 믿는다. 변한 것은 우리의 행동일 것이다. 그리고 우리는 그 행동이 변한 것은 누군가가 우리에게서 무언가를 앗아갔기 때문이라고 생각한다. 누군가가 교묘하고 은밀한 방식으로 우리에게 강요하는 것이다.

하지만 어쩌면 우리 안에는 서로 다른 것을 원하는 여러 자아가 공존하고 있을지도 모른다. 읽고 싶은 자아와 스크롤하고 싶은 자아 말이다. 이 책의 도입부로 돌아가보면 우리 안에는 서로 조정되기 어려운 여러 자아의 다양한 측면 사이에 긴장이 존재한다. 초자아가 원하는 것(휴가 중 소설 읽기)과 실제 자아가 행하는 것(인스타그램 스크롤하기) 사이의 간극이 존재하는 것이다. 이처럼 우리의 드러난 선호는 종종 명시된 선호와 다르다. 그렇다면 과연 우리의 진정한 욕망이 무엇인지 누가 말할 수 있을까?

    현대적 의미의 자기계발론self-help의 많은 부분은 우리가 말하고 가치 있다고 여기는 것과 실제로 행동하는 것 사이의 간극을 좁히는 데 주력한다. 그리고 우리는 내면의 삶에서 여러 순간들이 교차할 때도 최소한 개인적 수준에서 비슷한 과제를 수행하고 있다고 상상해볼 수 있을 것이다. 우리가 실제로 주의하는 것과 주의하고 싶어 하는 것 사이의 간극은 소외를 초래한다. 그리고 이를 해결하는 첫걸음은 우리가 진정으로 원하는 게 무엇인지를 묻는 것이다. 당신이 자신의 주의를 완전히 통제할 만한 능력을 가지고 있다고 상상해보라. 엑스맨에 필적하는 초집중력을 가지고 무엇이든 원하는 만큼 오랫동안 주의를 집중할 수 있다면 이 초능력을 가지고 무엇을 하겠는가?

    나는 이 질문에 대해 대다수의 사람들이 비슷한 대답을 할 것이라고 생각한다. 나라면 가족이나 친구들, 사랑하는 사람들에게 집중할 것이고, 취미와 관심사, 기쁨을 주는 일들, 사진 찍기, 정원 가꾸기, 데크 만들기 같은 스스로 만족을 느끼게 해주는 일들을 할 것이다.

주의력 직거래 시장

우리의 영웅 오디세우스에게 다시 돌아가보자. 그는 모든 선원이 주의를 집중해야만 무사히 항해할 수 있다는 사실을 알고 있었다. 그러나 그 과정에서 필연적으로 사이렌이 자신의 주의를 앗아갈 것도 예견했다. 그래서 그는 그 순간에 대비하여 미리 스스로 결단했다.

이러한 결단 메커니즘은 금연이나 운동 습관 들이기 같은 개인 행동 변화에 핵심적인 역할을 한다. 그러나 주의를 사고파는 시장들 가운데는 이러한 결단을 더 쉽게 유도하는 것도 있고 그렇지 못한 것도 있다. '주의력 시대'라 할 만큼 오늘날의 주의력 시장은 점점 더 빠른 속도로 진화하고 있다. 초 단위로 작동하면서 우리가 끊임없이 관심을 옮기고 즉각 반응하게 만들고 어떤 결단이나 집중을 회피하게 만든다.

지금 우리가 경험하는 틱톡이나 인스타그램 릴스, 심지어 넷플릭스를 통한 콘텐츠 소비 방식을 이전 세대의 시청 방식과 비교해보라. (기술과 인간 문화에 대한 글을 쓰는 사람에게는 정말 위험한) 옛 향수에 빠질 위험을 무릅쓰고 비디오 대여점을 떠올려보자. 1980년대 후반부터 2000년대 초반까지 비디오 대여점은 미국인에게 중요한 산업이자 문화였다. 이 글을 읽는 많은 독자들은 그 시절을 기억할 수 있을 것이다. 하지만 다른 사람들을 위해 그때의 모습을 간략히 설명해보겠다. 동네마다 비디오 대여점이 하나쯤 있었고, 대여점 선반에는 수백 개의 VHS 카세트테이프가 깔끔하게 정렬되어 있었다. 초창기 비디오 대여점은 대부분 소규모 가족경영 형태였다. 그러나 시간이 지나면서 블록버스터라는 거대 기업이 이 시장을 잠식하게 되었다. 전성기에는 비디오 체인점이 9,000개에 달하기도 했다. 블록버스터 등장 전의 가게에서는 영화 너드나 영화애호가가 직원으로 일하는 경우가 많았다. 이들은 방대한 영화 라이브러리에 언제든 접근할 수 있다는 이유로 이 일을 선택했는데, 이는 오늘날 우리 아이들이 일상적으로 누리는 특권이다.

예를 들어 토요일 밤이면 함께 영화를 볼 사람, 즉 남자친구나 여자친구 혹은 좀 더 어릴 때는 엄마나 아빠와 같이 비디오 대여점에 가곤 했다. 때로는 모임에서 다 같이 볼 만한 영화를 찾기 위해 2인 원정대가 대여점에 파견되기도 했다. 이 역할에는 꽤 큰 책임이 따랐다. 대중성과 재미를 동시에 고려해 영화를 골라야 했기 때문이다.

가게에서 집에 있는 사람들에게 문자를 보내거나 전화를 할 수도 없었고, 대여 가능한 비디오의 수량도 제한적이었다. 결국 귀가 후 두 시간 동안 우리의 관심을 어디에 쏟을지는 그 자리에서 바로 결정해야 했다. 물론 때로는 영화 내용이 실망스러울 때도 있었고 가족 중 누군가는 빌려온 영화를 마음에 들어하지 않을 때도 있었다. 이 방식이 절대적인 해결책은 아니었다. 하지만 적어도 그것은 우리가 의식적이고, 능동적으로 어떤 것에 주의를 기울이기로 선택한 행위였다. 우리는 비디오 대여점에 가서 마치 스스로를 돛대에 묶듯이 그 선택에 자신을 맡겼다. 그리고 감상 시간이 되면 영화가 좋든 나쁘든 경이롭든 끔찍하든 그 영화를 끝까지 보았다.

우리는 시간을 되돌릴 수 없으며 이 모든 이야기가 단순하게 생활하기가 더 쉬웠던 시절을 그리워하는 사람의 허황된 공상처럼 여겨질 수도 있다. 하지만 나는 이 이야기에 지금도 적용 가능한 중요한 통찰이 있다고 생각한다. 당시 비디오 대여점이 비영리 단체였던 것은 아니다. 대여점은 그 시대의 주의력 경제에 맞는 서비스로 수익을 추구하는 사업체였다. 비디오 대여점의 가치는 (VHS 카세트, 이후 DVD의 등장과 같은) 기술 혁신과 그로부터 발전한 일련의 비즈니스에서 비롯된 것이었다.

과거의 사라진 기술을 부활시켜 우리가 형성한 현재의 주의력 시장의 폭정에서 벗어나려는 시도는 전적으로 편협한 시각으로 보일 수 있다. 그러나 다른 분야에서의 유용한 모델들을 보면 나는 이러한 탈출 방식이 앞으로 점점 더 대중적이고 심지어 수익성 높은 일이 될 것임을 시사한다고 믿는다.

LP 음반의 궤적을 생각해보자. LP 음반은 수십 년 동안 사람들이 음악을 듣는 일반적인 방식이었다. 하지만 카세트테이프의 등장으로 LP 음반 사업은 완전히 붕괴되었다. 그 후 카세트테이프는 CD, 디지털 다운로드, 스트리밍 서비스의 순서로 대체되었다. 하지만 소수의 음악 애호가들이 약 15년 전부터 LP 음반을 구매하기 시작했고, 이 유행은 멈출 줄 몰랐다. LP 음반 매장들은 놀라운 수익을 내기 시작했다. LP 음반 판매는 17년 연속으로 증가하고 있으며 증가세는 때로 폭발적이었다. 2020년에는 LP 음반 판매가 전년 대비 46.2% 급증했고 이듬해에 다시 51.4% 증가했다. 폭발적 성장이 주춤해졌음에도 불구하고 2023년 데이터에 따르면 LP 음반 4,130만 장이 판매되었는데, 이는 1991년 이후 가장 많은 수치다.[6] 다시 말하지만 이는 전체 음악 수익의 극히 일부에 불과하며 그 대부분은 스트리밍 서비스가 차지하고 있다. 하지만 LP 음반은 사람들이 앨범을 구매하는 가장 지배적인 방식이 되었다. 15년 전, 아이팟 혁명이 시작되고 LP 음반은 거의 타자기 취급을 받던 시절에는 아무도 이런 상황을 예상하지 못했을 것이다.

이 놀라운 부활에는 몇 가지 이유가 있다. 우선 LP 앨범의 물리적이고 시각적인 형태 덕분에 그 자체로 훨씬 더 매력적이며 수집할 만한 가치가 있다. 또한 LP 음반의 음질은 스트리밍 서비스의 압축된 오디오 파일보다 훨씬 뛰어나다. 무엇보다 레코드플레이어로 음악을 재생하면 디지털 미디어가 제공하는 끝없는 선택의 압박에서 벗어날 수 있다. 디지털 환경에서는 매 순간 다음 곡으로 건너뛰거나 재생을 중단할 수 있지만, 레코드플레이어는 앨범을 재생하는 순간 그 앨범에 온전히 주의를 쏟을 수밖에 없다. 당신은 스스로를 돛대에 묶은 셈이다.[7]

내게 LP 음반의 뉴스 버전은 바로 종이 신문이다. 나는 온라인에 항상 연결된 열렬한 뉴스 소비자지만, 집에 종이 더미가 쌓이는 것을 꺼려 수십 년 동안 뉴스를 오직 온라인으로만 접해왔다. 가족을 위해 여러 잡지와 《뉴욕 타임스》 일요판 등의 인쇄판을 구독했지만, 나는 대부분 디지털판으로 뉴스를 봤다. 그런데 이 책을 쓰는 동안 우리 가족은 《뉴욕 타임스》를 매일 집으로 받아보기로 결정했고, 종이 신문이 얼마나 뛰어난 매체인지 단박에 놀라게 되었다.

신문은 무엇보다도 독자의 관심을 끌어모으는 독창적인 매체다. 편집 담당자들은 기사 배치, 헤드라인 글자 크기, 사진 활용 여부, 동일 주제 기사들의 전면 구성 등을 세심하게 결정한다. 이러한 주의력 신호는 편집의 중요성과 직결되며 독자가 평소라면 관심을 두지 않을 만한 주제에도 관심을 기울이도록 유도하는 역할을 한다. 예를 들어 인구가 급격히 감소하고 있는 이탈리아의 작은 마을에 대한 화려한 사진이 담긴 특집 기사일 수도 있고, 한 면 전체를 할애한 미국 내 아동 노동 실태를 다룬 대규모 탐사보도일 수도 있다.

매일 인쇄판을 읽으며 가장 놀라는 점은 종이 신문의 경우 소셜 미디어를 통해 접하는 온라인 신문과 전혀 다르다는 것이다. 소셜 미디어에서 가장 큰 관심을 받는 기사는 대개 사람들을 가장 화나게 하는 기사다. 특히 오피니언 코너의 외부 필진 칼럼 중 논란이 심한 기사나 대학 캠퍼스의 '요즘 세대'를 비판하는 기사 등이 그렇다. 하지만 종이 신문에서는 이런 기사들의 위치와 비중이 훨씬 낮다. 이런 기사들은 신문의 안쪽 면에, 때로는 사진도 없이 실린다. 예를 들어 《뉴욕 타임스》는 인도네시아 선거에 대한 방대한 취재 기사를 컬러 사진으로 가득 채워 게재한다. 종이 신문을 펼친 독자는 이 기사를 자연스럽게 읽게 되지만, 온라인에서는 아무도 이에 대해 이야기하지 않는다는 사실을 금세 알게 된다. 《뉴욕 타임스》 웹사이트에서 '많이 읽은 기사' 탭을 보면 화제성이 높고 분노를 유발하는 기사들이 엄청난 트래픽을 끌어들이는 반면, 인도네시아 선거나 이집트의

금 구매자에 대한 기사는 거의 목록에 오르지 않는 것을 확인할 수 있다. 이는 의도적인 지면 편집 과정을 통해 관심을 유도하는 방식과 카지노와 같은 '플랫폼' 메커니즘이 관심을 유도하는 방식의 차이를 보여준다. 이 차이는 글자 그대로 흑과 백처럼 주의력이 상품화되기 이전 시대의 주의를 끄는 방식과 지금처럼 주의력이 상품화된 시대의 방식 사이에 뚜렷하게 드러나 있다.

종이 신문을 읽는 것은 이제 LP 음반을 구입하는 것과 다르지 않은 소수의 습관이다. 《뉴욕 타임스》 구독자 중 인쇄판 구독자는 약 8%에 불과하지만, 이들은 전체 구독 수익의 3분의 1을 차지한다. (이는 종이 신문 구독자가 사라질 경우 신문사의 사업 전망이 어두워질 수 있다는 뜻이다.) 대다수의 사람들은 결국 인쇄판 구독자 수가 0으로 수렴할 것으로 예상할 것이다. 하지만 그렇지 않다면 어떻게 될까? 만약 종이 신문이 LP 음반처럼 새로운 길을 걷게 된다면 어떻게 될까?

이런 일들은 주류 주의력 시장 모델과 대비되는 힙스터의 취향이나 틈새시장의 대안처럼 보일 수 있다. 하지만 내 생각에는, 그리고 간절히 바라건대, 우리가 살고 있는 끝없는 주의력 상품화의 가혹한 현실에서 벗어나거나 이를 뒤집으려는 사업이나 기술 그리고 소비 방식이 앞으로 더욱 성장할 것이다.

이것이 어떤 모습일지를 이해하기 위한 가장 좋은 방법은 식품의 산업적 생산과 우리의 생물학적 유산이 어떻게 상호작용해왔는지를 돌아보는 것이다. 1970년대에 히피족을 중심으로 한 소규모 집단에서 기업형 식품 생산의 주류 경로로부터 벗어나려는 작은 운동이 시작되었다. 어떤 사람들은 백 투 더 랜드back-to-the-land 운동의 일환으로 농장을 구입해 직접 농사에 뛰어들었다. 또 어떤 사람들은 대규모 농업 관련 산업에서 생산되지 않고 대형 슈퍼마켓에서도 취급하지 않는 건강식품과 통곡물 그리고 소규모 생산 식품 등을 판매하는 작은 매장을 열었다.

이 자연식품점들은 소규모로 운영되었고 곳곳에 흩어져 있었으며 각기 나름의 특색을 지니고 있었다. 수익성 높은 새로운 모델이라고는 할 수 없었지만, 기존의 지배적인 모델에서 벗어난 작은 맞춤형 피난처 같은 존재였다. 그런데 1978년, 20대 초반의 두 청년이 가족에게 돈을 빌려 텍사스주 오스틴에 자연식품점을 열었다. 2년 후 이들은 비슷한 상점과 합병하며 상호를 홀푸드Whole Foods Market로 바꿨다. 현재 미국 전역에 500개 이상의 홀푸드 매장이 있으며 시간이 지나면서 이 작은 히피 자연식품점은 거대 기업으로 성장했다. 2017년, 아마존은 이 회사를 140억 달러(2017년 환율 기준 약 15.8조 원)에 인수했다.

홀푸드 창업과 거의 같은 시기에 뉴욕시의 도시계획가 두 사람이 맨해튼에 농산물 도시 직매장을 들이자는 아이디어를 제안했다. 이는 롱아일랜드, 허드슨 밸리 등 주변 지역의 가족 농장에서 생산된 농산물을 판매할 수 있는 공간을 제공하려는 취지였다.[8] 1976년 뉴욕시 최초의 그린마켓이 2번가와 59번가에 문을 열었고, 현재 그 수는 50개로 확대되었다. 1994년에는 전국적으로 약 1,800개의 그린마켓이 있었으며 2019년에는 그 수가 8,800개로 늘어나 500% 이상

의 성장률을 기록했다.[9]

　유기농 식품도 이와 비슷한 경로를 밟았다. 1970년대에 소수의 농민들이 오늘날 흔히 유기농이라고 부르는 농업 방식을 개척했다. 이들은 주로 자연식품점에 자신들의 농산물을 유통하며 시장을 형성했다. 2002년, 미국 농무부USDA가 공식 유기농 인증 제도를 확립하면서 유기농 산업은 더욱 빠르게 성장했다. 제도 시행 후 유기농 산업은 10년 내에 300억 달러 규모로 확대되었고 2022년에는 600억 달러(2022년 환율 기준 약 77.5조 원) 규모의 사업으로 성장했다.

　다만 지금도 대다수의 미국인들은 유기농 식품을 외면하고 홀푸드나 농산물 직매장에서 쇼핑하지 않는다. 이 시장은 여전히 상대적으로 작은 틈새시장에 속한다. 그러나 절대적으로 보면 이 시장은 규모가 크고 성장 중이며 활력이 넘친다. 이러한 시장은 막대한 투자와 수익 창출의 기회를 제공하며, 대규모 자본을 끌어들이는 강력한 유인 요소를 지니고 있다. 더 큰 그림에서 보면 이 이야기에는 거대한 사회경제적 요소가 자리하고 있다. 유기농 식품을 구매하고, 농산물 직매장을 방문하며, 농장에서 식탁으로 직접 배송되는 음식을 즐기는 사람들은 그러지 않는 사람들보다 평균적으로 훨씬 더 부유한 경향이 있다. 나는 자연식품이나 유기농 식품 시장이나 농산물 직매장 같은 대안적인 주의력 상품을 취급하는 병행 시장이 앞으로 더욱 성장할 가능성이 매우 높다고 생각한다. 이것이 어떤 형태로 나타날지는 불확실하지만, 이미 그 조짐은 여러 곳에서 나타나고 있다. 예를 들어 전자책으로의 전환에 맞서 종이책 구매자들이 보이는 완강한 저항,《뉴욕 타임스》종이 신문 구독자들의 끈질긴 충성도 등이 있다. 자녀들의 스크린 사용을 금지하기 위해 과감한 조치를 취하는 부모들이 점점 더 많아지고 이에 동참하는 학교들도 늘어나고 있다. 게다가 몇몇 기업들은 사용자가 주머니 속에 작은 슬롯머신을 넣고 다니지 않고도 휴대폰의 기본 기능을 활용할 수 있는 '바보폰dumb phone'을 출시하기도 했다.

나는 주의력의 지속적인 상품화를 거부하는 사람들을 위해 다양한 형태의 '주의력 직매장'이 성장할 가능성이 매우 높다고 생각한다. 처음에는 이런 움직임이 기발하고 괴상하며 사소하고 반문화적인 현상으로 보일 것이다. 어쩌면 이 글을 읽으며 "신문과 종이책? 정말로?"라고 생각할 수도 있다. 하지만 그렇다, 정말로 그렇다. 그것이 정확히 어떤 모습으로 나타날지는 예측할 수 없지만, 끊임없이 소외를 유발하는 현재의 지배적 경험에 반발하는 사람들이 앞장서서 이를 거부하고 벗어나는 길을 선택할 것이다. 그리고 소비자 수요가 있는 곳에는 이를 충족시키는 사업이 곧 등장한다는 것은 미국 자본주의의 핵심 원칙 중 하나다.

비상업적 공간이라는 상상력

우리는 다른 형태의 주의력 시장을 갖게 될지도 모른다. 하지만 만약 상업 논리로부터 전적으로 자유로운 공간이 있다면 어떨까? 현재 우리가 온라인에서 소비하는 대부분의 시간은 우리의 주의를 상품화하고 상업화하려는 플랫폼이나 공간에서 이루어진다. 하지만 항상 그랬던 것은 아니다. 인터넷 초창기와 1990년대 후반부터 2000년대에 꽃피웠던 그 시기의 인터넷은, 사람들이 서로 소통하고 커뮤니티를 만들고 정보를 나누며 농담을 주고받고 채팅하는 등의 활동을 상업적 이익 없이 가능하게 해주는 비상업적 구조를 기반으로 구축되어 있었다. 주목할 점은 이러한 비상업적인 '열린 인터넷'이 이전 버전의 완전히 상업화된 폐쇄형 인터넷 모델, 즉 아메리카 온라인, 프로디지Prodigy, 컴퓨서브CompuServe와 같은 '벽으로 둘러친 정원Walled gardens'을 이겨냈다는 사실이다.

비상업적인 인터넷은 오픈 프로토콜을 기반으로 하며 대규모 자원봉사자들의 도움으로 게시판과 커뮤니티를 유지했다. 오늘날 이에 가장 가까운 사례는 아마도 레딧일 것이다. 레딧은 비상장 기업으로서 메타나 구글 같은 거대 기업들에 비해 훨씬 낮은 수준의 수익을 기록하면서도 꾸준히 성장해왔다. 그러나 레딧은 이제 상장과 함께 주주들의 압박을 받는 처지가 되었다. 과연 이런 상황에서도 레딧이 초창기 정신을 지켜나갈 수 있을지는 더 지켜봐야 할 일이다.

그렇다고 해도 레딧은 여전히 사업체다. 오늘날 우리가 가진 진정한 비영리 공간은 그룹챗이다. 할로윈 의상을 입은 손주들의 사진을 공유하는 가족들, 좋아하는 팀을 서로 놀리며 디스하는 오랜 친구들, 그리고 데이트 조언을 주고받는 친구들 등 다양한 형태의 그룹챗이 존재한다. 그룹챗은 지인들이 텍스트나 밈, 동영상 클립, 농담 등을 주고받는 공간이며 기쁨, 가십, 유대감, 때로는 드라마의 원천이 되기도 한다. 하지만 여기서의 드라마는 명백히 인간적인 드라마다. 그룹챗에는 알고리즘도 없고 광고도 없다. 만약 이곳에서 당신의 주의를 끌려는 사람이 있다면 그는 실제로 당신과 관계를 맺고 있는 지인이지, 당신을 괴롭힐 낯선 사람이 아니다. 이 공간은 비영리 인터넷이 제공했던 감각을 재현한다. 이는 1990년대 후반 대학 시절 멀리 떨어진 친구들과 이메일을 주고받으며 느꼈던 새롭고 친밀하며 중요한 연결의 형태를 현대적으로 재창조한 것이다.

2019년, 《뉴욕 매거진》은 "그룹챗이 인터넷의 즐거움을 되살렸다"고 선언했다. 기고자인 맥스 리드Max Read는 오랫동안 재미를 불어넣었던 기발하고 자유로운 분위기가 그룹챗에서 살아 숨 쉬고 있다고 썼다. "그룹챗에서 볼 수 있는 전형적인 메시지는 최근에 내 친구 샘이 보낸 것이다. '소소하게 웃기는 거 볼래?' 그룹챗에서 대답은 언제나 같다. '응.'"

리드는 나와 동년배이기도 해서 인터넷의 또 다른 버전이 어떤 모습일지에 대해 나와 비슷한 관점을 가지고 있다. 그는 그룹챗이 "지난 10년간의 대표적인 사회 조직 방식이었던 피드 기반의 플랫폼 중심 소셜 미디어를 완전히 대체하는 존재가 되었다"고 주장했다.

소셜 미디어에서 점점 느끼기 어려운 만족감을 그룹챗이 제공하면서 나는 그룹챗에서 점점 더 많은 시간을 보내고 있다. 나만 그런 게 아니다. 2023년, 메타의 애덤 모세리Adam Mosseri는 자신이 운영하는 인스타그램 앱에서 이루어지는 모든 성장이 준準사적 공간인 스토리 또는 DM이나 DM 그룹챗과 같이 친구들끼리 사진과 영상을 사적으로 공유할 수 있는 공간에서 발생하고 있다고 밝혔다. "10대들이 인스타그램에서 시간을 보내는 방식을 살펴보면 [친구들끼리만 볼 수 있는 반공개 게시물인] 스토리에서 보내는 시간보다 DM에서 보내는 시간이 더 많고 [공개 게시물인] 피드보다 스토리에서 보내는 시간이 더 많다." 실제로 모세리는 DM 사용이 급증하면서 앱의 중요한 요소가 됐고, 자신도 점점 더 많은 에너지를 DM에 집중하고 있다고 밝혔다.[10]

어떤 사람에게는 공개 피드, 반공개 스토리, 비공개 DM이라는 공유 방식의 차이가 사소하게 느껴질 수 있다. 예를 들어 항상 휴대폰에 정신이 팔려 있고 산만하며 마치 다른 세상에 있는 것처럼 인스타그램에 집착하는 10대와 함께 있다고 상상해보자. 이 아이가 그룹 DM 스레드에 있든 인스타그램 릴스를 스크롤하고 있든 무슨 차이가 있겠는가? 그러나 나는 주의력 자본주의의 소외 경험에 가장 많이 노출된 '원주민' 세대가 단순하고 직관적이며 알고리즘이 배제된 비공개 방식의 소통 공간을 만들기 위해 행동으로 의사를 표현했다는 점에 주목한다. 사람들이 그룹챗의 메시지 기능을 적극적으로 선택하는 것은 오늘날 주의력 자본주의가 초래하는 소외의 많은 부분을 피할 수 있기 때문이다.

디지털 기술에서 내가 가장 반기는 용도는 실제로 관계를 맺고 있지만 멀리 떨어져 있는 사람들과 거리를 초월해 연결될 수 있도록 도와주는 것이다. 우리 가족도 다른 가족들처럼 여러 개의 그룹챗을 만들어 서로의 근황이나 아이들 사진을 공유한다. 대학 시절 친구들은 플로리다에서 아이들과 함께한 휴가 사진이나 결혼기념일 파티 사진 등을 인스타그램에 올린다. 그런 사진들을 보며 나는 그들과 더욱 가까워진 느낌을 받고 그들의 삶 속에 함께 있는 것 같은 감각을 느낀다. 이는 같은 도시에 사는 것 외에는 다른 어떤 것으로도 대체할 수 없는 감각이다. 심지어 같은 도시에 살고 있더라도 말이다!

물론 이는 테크 기업들이 마케팅하며 약속했던 '연결의 꿈'이다. 여러 해 동안 페이스북이 내걸었던 가치는 "손주들의 사진을 쉽게 볼 수 있다"는 것이었다. 이 약속은 한동안 효과가 있었지만 페이스북이 스팸과 인게이지먼트 최적화라는 시장 논리의 희생양이 되면서 흐지부지되었다. 그러나 인공적인 레스토랑이나 쇼핑몰 대신에 자연 속의 공원이나 해변에서 친구들과 어울릴 수 있는 것처럼 우리에게는 이런 종류의 연결을 위한 비상업적 옵션이 필요하다.

그리고 이것은 결코 '허황된 가설pie-in-the-sky hypothetical'이 아니다. 현재 세계에서 가장 빠르게 성장하며 널리 사용되는 메신저 앱 중 하나는 501(c)(3) 비영리단체*가 개발하고 배포하는 종단 간 암호화 앱** 시그널Signal이다. 시그널의 웹사이트 소개에 따르면, 이 "비영리단체는 성장이나 금전적 목표를 달성하기 위해 '약간의 사생활 침

---

* 미국의 관련법 제26조 501(c)(3)항에 따라 연방 소득세가 면제되는 기타 유형의 비영리단체를 말한다.
** end-to-end encrypted app. 대화 내용을 대화 당사자만 볼 수 있도록 처음부터 끝까지 안전하게 암호화되는 메신저 앱.

해'를 감수하라는 투자자나 이익을 추구하는 이사회 멤버의 압박을 받지 않는다". 또한 시그널은 "그로스 해킹"을 배격하며 사람들이 피드와 알림에 묶여 있는 상태를 유지하도록 유도하거나 사용자의 주의를 조작하여 상품화하려는 모든 시도를 명시적으로 거부한다.[11] 시그널은 거대 기업들이 벌이는 치열한 경쟁 속에서 싸우는 하나의 앱일 뿐 반드시 유니콘이 되어야 할 필요는 없다. 과거에도 우리는 이런 비상업적 선택지를 가진 바 있지만, 그것들은 대형 플랫폼들에 의해 모두 사라지고 말았다. 이제 그 선택지들을 되살릴 때가 되었다.

우리가 현재의 주의력 자본주의 형태를 영원히, 혹은 그렇게 오랫동안 유지해야 할 운명을 타고난 것은 아니다. 우리는 주의를 위한 대안적인 시장을 창출할 수 있으며 지금의 지배적인 형태와는 다른 모델을 기반으로 한 대안적 제도와 기업들을 만들어낼 수 있다. 또한 주의가 포착되거나 구매·판매되지 않고, 서로의 취미나 관심사, 그리고 커뮤니티에 주의를 기울일 수 있는 비상업적 공간을 구축할 수도 있다. 나아가 이 모든 대안적 접근보다 더 급진적인 또 하나의 미래가 있다. 사람들이 자발적으로 새로운 대안을 만들어내는 것에 근본적인 의존을 하는 방식이다. 우리는 주의를 규제할 수 있다.

이 책에서 나는 21세기 주의력에 벌어지고 있는 일을 19세기 노동에 일어났던 일과 비교했다. 두 경우 모두 우리와 밀접하게 연결되어 있고 본래 우리 소유인 내면의 무언가가 기술적·법적 혁신이나 시장의 혁신을 통해 값이 매겨지고 추출되는 상품으로 변형되었다. 이처럼 도처에서 벌어지는 상품화는 우리의 삶에서 가장 세부적이고 사적인 측면들마저 변화시켰으며 그 결과 광범위한 소외를 초래했다.

노동운동가나 여러 급진적이고 개혁적인 사상가, 비평가, 그리고 정당과 정파를 대변하는 정치인들이 새로운 착취의 형태에 저항하고 연대하면서 공동체를 형성했다. 그 후 이들은 임금-노동 시장 교환에서 정부가 어떻게 개입해 핵심 측면을 규제해야 할지에 대한 논의를 구체화했다.

주의력에 대해서도 이와 비슷한 움직임이 필요하다. 이는 마치 식품 유통의 초자본주의 논리에 반대하는 이념적 저항 운동이 슈퍼마켓 체인이나 패스트푸드에 대한 대안으로 이어진 것과 같다. 우리의 내면 생활에 대한 다음 단계의 프레임워크와 모델 역시 이와 같은 방식으로 발전해야 한다. 우리에게는 주의력 자본주의의 포식 행위에 저항하는 운동이 필요하다. 이는 백 투 더 랜드 운동, 러다이트Luddite 운동과 노동조합 운동이 각기 맞닥뜨린 인간의 상품화와 소외의 형태에 저항했던 것과 같은 맥락이다. 우리는 앞에서 언급한 다큐멘터리 〈소셜 딜레마〉나 조너선 하이트의 저서 《불안 세대》가 지금의 주의력 착취 현실에 대해 비판하여 큰 성공을 거두는 등 이러한 움직임이 조금씩 일어나는 것을 곳곳에서 볼 수 있다. 그리고 한편에선 주의력 저항 운동의 풀뿌리 조직을 만들기 위해 노력하는 사람들을 볼 수 있다. 주의력의 친구들The Friends of Attention, 그리고 이와 관련된 급진적 주의력 학교인 스트로더Strother 는 주의력 자본주의의 현재 형태에 저항하는 풀뿌리 조직 중 하나다.[12] 나는 이들이 핵심적인 활동을 전개하고 있다고 생각하며 만약 당신이 이 책의 기본 주장에 동의한다면 이 단체들에 가입하는 것을 고려해보도록 권하고 싶다.

19세기를 돌아보면 당시 노동운동가들은 아동 노동 금지와 총 근로 시간제한이라는 두 가지 기초적이고 근본적인 형태의 규제를 촉구했다. 그러나 당시에는 이 두 가지 규제에 대해 명백하고 상식적인 조치라고 생각하지 않은 사람들이 많았다. 특히 거대 산업 자본가들과 정치인들은 더더욱 그렇게 여기지 않았다. 정부가 아동 노동을 금지하고 노동자의 근무 시간을 제한하기까지는 방대한 정치적 조직 사업과 선전 활동이나 설득 작업이 필요했다.

주의력을 이와 비슷한 관점에서 바라보면 어떨까? 완벽한 비유는 아니겠지만 두 현상 사이에는 많은 공통점이 있다. 특히 법적인 맥락에서 가장 큰 도전 과제 중 하나는 주의력이야말로 규제하기 어려운 대상이라는 점이다. 이는 미국에서 주의력이 '표현의 자유'와 밀접하게 연결되어 있어 이를 분리하기 어렵기 때문이다. 미국 수정 헌법 제1조는 매우 강력한 표현의 자유를 보장하고 있다. 따라서 소셜 미디어 회사에 그 운영 방식을 지시하거나 주의력을 규제하려는 모든 시도는 필연적으로 수정 헌법 제1조와 충돌하게 된다. 그렇다면 우리는 사용자의 사상이나 관점이 아닌 시간이나 장소처럼 표현되는 방식을 기준으로 주의력을 규제함으로써 표현의 자유 문제를 합리적으로 피해갈 수 있는 주의력 규제 방식도 생각해볼 수 있다.

주의회와 연방의회에는 이미 소셜 미디어 플랫폼 사용자의 연령을 제한하는 법안이 제출되어 있다. 세부 사항에서는 차이가 있지만, 이러한 규제는 대체로 명확하고 합리적으로 보인다. 우리 사회와 정부는 지금의 소셜 미디어가 어린이들의 주의력을 공격적이고 소외적인 방식으로 판매하고 상품화하는 것을 용납해서는 안 된다고 분명히 말할 수 있어야 한다. 열두 살 난 아이가 노동 계약에 스스로 동의할 수 없는 것처럼 우리는 아이들이 인스타그램이 자신의 주의력을 착취하는 방식에 스스로 동의할 수 없다고 말할 수 있는 것이다.

그렇다면 성인의 경우는 어떨까? 노동법 제정에서 얻은 교훈을 주의력의 문제에 적용해 우리에게서 수익을 창출할 수 있는 주의력의 양에 제한을 두기로 결정한다면 어떻게 될까? 예를 들어 휴대폰 사용 시간에 대해 의무적으로 입법화된 엄격한 제한을 두거나 앱별로 맞춤화된 제한을 설정하는 등의 기본적인 접근 방식을 상상해볼 수 있다. 물론 이러한 규제로 인해 빚어질지도 모르는 실무적인 문제를 금방 떠올릴 수도 있을 것이다. 예컨대 볼일을 보면서 업무 이메일을 처리하려는데 갑자기 주어진 시간이 다 지나버린 상황처럼 말이다. 나아가 이는 우리의 소중한 자유에 대한 용납할 수 없는 공격이라는 더 깊은 정치적·철학적 문제를 제기할 수도 있다. 예를 들어 당신이 병으로 몸져 누워 있거나 수술 후 회복 중이라서 넷플릭스 영상을 10시간에 걸쳐 몰아서 보고 싶다고 가정해보자. 그런데 빅 브라더가 정한 법적인 시간 제한 때문에 허사가 되었다면? 자유 국가에서 이런 일은 용납될 수 없을 것이다!

여기서 나는 바로 이 논리, 즉 정부는 성인 간의 동의에 기반한 경제적 거래에 개입할 수 없다는 논리가 미국 대법원의 가장 논란 많고 악명 높은 판결 중 하나인 '로크너 대 뉴욕 사건'의 핵심에 자리했다는 점을 지적하고자 한다. 1899년, 뉴욕의 빵집 주인 조지프 로크너 Joseph Lochner는 주법 위반 혐의로 유죄 판결을 받았다. 이 법은 제빵사가 주당 60시간 이상 일할 수 없도록 제한하고 있었다. 로크너는 보수적인 대법원에 항소했고, 대법원은 뉴욕주법을 무효화하는 결정을 내렸다. 대법원은 계약의 자유에 관한 수정 헌법 제14조에 의거해 뉴욕주법이 로크너의 실체적 적법 절차 substantive due process*상의 권리를 침해했다고 판결했다. 판결문에는 다음과 같은 내용이 포함되어 있다. "자신의 사업과 관련하여 계약을 체결할 일반적 권리는 연방 헌법 수정 제14조에 의해 보호받는 개인의 자유의 일부다. 해당 조항에 따라 어떠한 주도 법적 절차 없이 생명, 자유 또는 재산을 박탈할 수 없다. 노동을 사고파는 권리는 이 권리에 포함되며 특별히 이를 배제하는 상황이 아닌 한 보호받는다."[13]

이 획기적인 판결은 산업 자본주의에 대한 갖가지 진보적 규제를 무력화한 대법원 판례의 한 시대를 대표하는 이름이 되었다. 로크너 시대는 1937년에 뉴딜 시대의 대법원의 등장과 함께 막을 내렸다. 이로 인해 노동, 소비자, 그리고 환경 보호를 천명한 새로운 시대가 열리게 되었다.

나는 주의력 시장에 사용 시간 제한을 부과하는 것처럼 강력한

---

* 적법절차는 공권력 행사의 한계에 초점을 두는 '실체적 적법절차'와 공권력의 행사방법과 행사절차에 초점을 두는 '절차적 적법절차'로 나눌 수 있다. 실체적 적법절차는 헌법 과목에서 다루는 반면, 절차적 적법절차는 행정법에서 다룬다.

규제를 시도한다면 이에 대한 강력한 정치적·법적 반대 움직임이 일어나리라는 것을 잘 알고 있다. 그러나 주의력에 관해서라면 우리는 지금 로크너 시대에 살고 있는 것인지도 모른다. 그리고 이 시대가 끝나가고 있다는 징후도 보인다. 주의력 자본주의의 힘이 지나치게 막강해진 나머지 국가가 이를 통제할 방법을 모색할 수밖에 없는 상황이 되어가고 있다. 예를 들어 틱톡과 관련된 우려는 주로 국가 안보라는 맥락에서 제기되어왔다. 이는 중국 정부의 영향 아래 있는 중국 기업이 수백만 명의 미국인의 주의력과 데이터를 포착하고 수확하도록 허용해서는 안 된다는 논리다. 또한 미국의 여러 주에서는 사회 보수주의자 social conservatives*와 공화당 의원들이 젊은이들을 소셜 미디어의 부적절한 콘텐츠로부터 보호하기 위해 최소 연령 제한을 설정하는 법안을 추진하고 있다.

    그러나 우리의 주의력에 대한 마케팅을 규제하려는 노력은 또 다른 관점에서 해석할 수 있다. 8시간 근무제를 주장했던 초기 슬로건 중 하나는 "일하는 데 8시간, 자는 데 8시간, 그리고 원하는 것을 하는 데 8시간"이었다. 이제 우리는 그 시간을 점점 더 많이 빼앗기고 있는 듯하다. 그것도 우리의 의지와는 상관없이 말이다. 우리는 마음의 공간을 통제할 수 있는 능력을 도둑맞았다. 과연 우리는 깨어 있는 시간, 그리고 일하지 않는 소중한 시간을 정말 '원하는 것을 하며' 보내고 있는가? 아니면 자본주의의 논리가 우리의 가장 평온하고

---

*   전통적인 가치와 신념의 보존에 중점을 둔, 1981년 레이건 혁명으로 도입된 미국의 정치 이념이다. 미국에서 사회 보수주의의 가장 큰 세력 중 하나는 기독교 우파다.

가장 내밀한 순간까지 침투한 것일까? 우리가 이를 받아들여야 할 이유는 없다. 또 세상이 반드시 이렇게 굴러가야 할 필연성도 없다. 우리는 상상할 수 있는 모든 도구와 전략을 동원해 우리의 의지를 되찾아야 한다. 그리고 의지력을 가진 의식적인 존재로서 '우리'는 원하는 곳에 주의를 집중할 수 있는 세상을 만들어가야 한다. 그 세상은 우리가 온전한 인간으로서 완전하게 기능하고 번영할 수 있는 곳이어야 한다. 해방된 영혼으로서 돛대에 묶이지 않고 귀를 열어둔 채 파도가 부서지는 소리를 들으면서, 사이렌의 유혹을 떨쳐버리며 무사히 사랑하는 사람들에게 돌아갈 수 있는 세상이어야 한다.

감사의 말

먼저 이 책이 세상에 나오도록 나를 설득하고 격려하며 아낌없이 도와준 에이전트 윌 리핀코트Will Lippincott(에비타스 크리에이티브 매니지먼트 문학·정치 담당 에이전트)에게 깊이 감사한다. 윌은 내가 가장 신뢰하는 오랜 파트너이며, 그의 지속적인 관심이 없었다면 이 책은 세상에 나오지 못했을 것이다. 스콧 모이어스Scott Moyers(펭귄 출판사 부사장)는 모두의 말대로 뛰어난 편집자였으며 그의 엄격한 자세와 열정 덕분에 이 책은 최상의 형태로 완성될 수 있었다. 헬렌 루너Helen Rouner는 원고를 꼼꼼하게 관리했고, 다니엘 플라프스키Danielle Plafsky와 게일 브루셀Gail Brussel은 이 책을 성공으로 이끌기 위해 최선의 노력을 다해주었다.

　이 책에서 훌륭한 연구 어시스턴트들과 함께할 수 있었던 것은 정말 큰 행운이었다. 리암 벤딕센Liam Bendicksen은 대단히 똑똑하고 젊은 인재로, 이 광범위한 작업의 모든 자료 조사를 맡아주었다. 그의 노력이 없었다면 이 책은 존재하지 못했을 것이다. 역시 무척 인상적인 천재적 재능의 소유자 이사벨 크리스토Isabel Cristo는 팩트체크를 담당했는데, 내가 지금까지 20년 동안 글을 써오면서 만난 팩트체크 전문가 중 단연 최고라고 생각한다. 앞으로 이사벨과 리암의 이름을 자주 듣게 될 것이라고 확신한다. 그들은 정말 별 같은 존재들이다.

뉴욕대 인지 및 지각심리학 박사 과정에 재학 중인 에킨 턴쾩Ekin Tünçok은 이사벨과 함께 자료를 조사하며 우리가 주의력에 관한 심리학 문헌 섹션에서 실수하지 않도록 도와주었다. 물론 차후에라도 오류가 발견된다면 그것은 전적으로 내 책임이다.

에릭 클리넨버그(사회학자, 뉴욕대 교수이자 공공지식연구소Institute for Public Knowledge 소장)는 나의 친구이자 지적 멘토다. 그는 이 프로젝트의 시작부터 나를 격려해주었으며, 이 책의 방향과 관련해 중요한 전환점이 된 뉴욕대 공공지식연구소의 초기 세미나를 조직했다. 초고를 읽고 귀중한 식견과 깨달음을 주는 피드백을 제공한 케이틀린 피터Caitlin Petre, 매튜 맥크리어리 울프Matthew McCreery Wolfe, 케이틀린 절룸Caitlin Zaloom, 패트릭 르 게일스Patrick Le Gales, 존 조스트John Jost, 나타샤 다우 슐, 수전 머리Susan Murray, 폴 디마지오Paul DiMaggio, 조너선 메츨Jonathan Metzl, 닐 그로스Neil Gross, 로드니 벤슨Rodney Benson, 새뮤얼 드존Samuel DeJohn, 이사벨 캐럴루치Isabelle Caraluzzi, 브루스 로빈스Bruce Robbins, 그리고 나의 오랜 친구 제프리 레인Jeffrey Lane에게 깊은 감사의 마음을 전한다. 또한 이 세상에서 가장 오랜 친구 중 한 명인 조 셔먼은 수년 간 주의력의 문제를 깊이 있고 탁월하게 성찰해온 사람이다. 나는 운 좋게도 그녀와 여러 차례 긴 산책을 하며 이 아이디어들을 검토할 기회를 가질 수 있었다.

조너선 루윈손Jonathan Lewinsohn(1979~. 다이애미터 캐피털 파트너스 설립자), 앤드루 마란츠Andrew Marantz(1984~.《뉴요커》기자), 리치 예셀슨Rich Yeselson(노동문제 캠페인 전략가)은 모두 훌륭하고 박식하며 각자 자신의 분야에서 대가로 인정받는 이들이다. (헤지펀드 설립자,《뉴요커》기자, 술집에 들어온 노동 지식인 등등) 이들 모두 이 책의 초고를 읽고 매우 중요한 피드백을 제공해주었다. 그들의 조언 덕분에 이 책은 훨씬 더 나은 결과물이 될 수 있었다.

뉴스쇼〈올인All In〉의 스태프들은 이 책을 쓰는 동안 나를 지원해주었으며, 라시다 존스Rashida Jones(1980~. 2021년 2월부터 2025년 1월까지 MSNBC 회장. 음악 프로듀서 퀸시 존스의 딸)가 경영하는 MSNBC는 여전히 나에게 소중한 일터다.

아이가 셋이나 되면 책을 쓰는 데는 마을 전체의 도움이 필요하다. 우리 아이들을 사랑으로 돌봐주는 특별한 분들인 리디아 듀케트Lydia Duquette와 루이자 네이라 부스타만테Luisa Neira Bustamante가 없었다면 이 모든 일은 불가능했을 것이다. 우리 가족은 나의 부모님인 제리와 로저 헤이스Geri and Roger Hayes가 이렇게 가까이에서 함께 참여해주시는 것에 대해 진심으로 축복받고 있다고 생각한다. 나의 부모님은 장인·장모님인 메리와 앤디 쇼Mary and Andy Shaw와 함께 우리 가족의 삶에 큰 힘이 되어주셨을 뿐 아니라, 때로는 우스꽝스럽게 보일 정도로 과도한 우리의 업무 약속들을 감당할 수 있게 도움을 주셨다. 깊이 감사드린다.

물론 이 모든 일을 가능하게 하는 사람은 내 아내 케이트 쇼Kate A. Shaw(1961~, 펜실베이니아대 로스쿨 교수)다. 그녀는 언제나 동시에 열 가지 일을 완벽하게 해낸다. 그리고 내가 일 때문에 좌절하거나 조급해할 때면 언제나처럼 정서적 지지와 날카로운 지적 조언을 아낌없이 제공해주었다. 나는 열아홉 살 때부터 아내의 도움 없이 중요한 글을 써본 적이 없다. 앞으로도 그렇기를 간절히 바란다.

주

1장 ─── 대전환의 서막: 주의력 시대의 새로운 질서를 이해하기 위하여

1   Homer, *The Odyssey*, trans. Samuel Rockville (MD: Wildside Press, 2021), 148. (《오디세이아(개정판)》, 임명현 옮김, 돋을새김, 2015, 136. 전자책)
2   Ralph Ellison, *Invisible Man* (1952; New York: Vintage, 1995), 19. (《보이지 않는 인간 1》, 조영환 옮김, 민음사, 2008); William Shakespeare, *The Comedy of Errors*, ed. Barbara A. Mowat and Paul Werstine (New York: Simon & Schuster, 2020), 73. (《셰익스피어 전집 2: 희극 2》, 최종철 옮김, 민음사, 2024)
3   James Joyce, *Ulysses* (1922; New York: Random House, 1986), 532. (《율리시스(제4개역판)》, 김종건 옮김, 어문학사, 2016)
4   Jonathan Manning, "The Haunting History of the Air-Raid Siren," *National Geographic*, March 17, 2022, accessed March 1, 2024; Robert T. Beyer, *Sounds of Our Times: Two Hundred Years of Acoustics* (New York: Springer, 1999), 30.
5   John Robison, *A System of Mechanical Philosophy*, vol. 4, ed. David Brewster (Cambridge: Cambridge University Press, 2015), 404–5.
6   Kevin Desmond, *Gustave Trouve: French Electrical Genius (1839–1902)* (Jefferson, NC: McFarland, 2015), 106.
7   Evan Williams, "Fire Truck Sirens: A Tale of the Wail," *Toronto Star*, January 8, 2022, accessed March 3, 2024, www.thestar.com/autos/firetrucksirens-ataleof-thewail/article_e8c6878eedfa54c9b31c8d9664b8acd6.html.
8   William James, *The Principles of Psychology*, vol. 1 (1890; New York: Dover, 1950), 402. (《심리학의 원리 1》, 정양은 옮김, 아카넷, 2005)
9   William James, *The Principles of Psychology*, vol. 2 (1890; New York: Dover, 1950), 562. (《심리학의 원리 2》, 정양은 옮김, 아카넷, 2005)
10 *Plato's Phaedrus*, trans. R. Hackforth (Cambridge University Press, 1952). (《파이드로스》, 김주일 옮김, 아카넷, 2020)
11 "How Using Facebook Could Raise Your Risk of Cancer," *Daily Mail*, February 19, 2009, accessed February 19, 2024, www.dailymail.co.uk/health/article1149207/HowusingFacebookraiseriskcancer.html.
12 Nicholas Kardaras, "It's 'Digital Heroin': How Screens Turn Kids into Psychotic Junkies," *New York Post*, August 27, 2016, accessed February 19, 2024, https://

nypost.com/2016/08/27/itsdigitalheroinhowscreensturnkids intopsychoticjunkies/.
13 Jericka Duncan, "Teens on Social Media Go from Dumb to Dangerous," *CBS News*, April 28, 2016, accessed February 19, 2024, www.cbsnews.com/news/teens-on-socialmediafromdumb-to-dangerous/.
14 Jean M. Twenge, "Have Smartphones Destroyed a Generation?" *Atlantic*, September 2017, accessed February 18, 2024, www.theatlantic.com/magazine/archive/2017/09/hasthesmartphonedestroyed-a-generation/534198/.
15 Candice L Odger, "The Great Rewiring: Is Social Media Really Behind an Epidemic of Teenage Mental Illness?" *Nature*, March 29, 2024, accessed September 9, 2024, www.nature.com/articles/d41586-024-00902-2.
16 Mike Allen, "Sean Parker Unloads on Facebook: 'God Only Knows What It's Doing to Our Children's Brains,'" *Axios*, November 9, 2017, accessed February 19, 2024, ww.axios.com/2017/12/15/seanparkerunloads-on-facebook godonlyknowswhatitsdoing-toourchildrensbrains1513306792.
17 Nellie Bowles, "A Dark Consensus About Screens and Kids Begins to Emerge in Silicon Valley," *New York Times*, October 26, 2018, accessed February 18, 2024, www.nytimes.com/2018/10/26/style/phoneschildrensiliconvalley.html.
18 Stanley Cohen, *Folk Devils and Moral Panics: The Creation of the Mods and Rockers* (1972; Oxfordshire, UK: Routledge, 2011), 1. Kindle Edition.
19 Joseph Leeds, *Concerning Printed Poison* (self-pub., Joseph Leeds, 1885), 9.
20 Robert Ferrari, "Do Radio Noises Cause Illness?," *New York Times*, July 28, 1929, accessed February 19, 2024, https://timesmachine.nytimes.com/timesmachine/1929/07/28/107103487.html?pageNumber=130.
21 Randall Munroe, "The Pace of Modern Life," *xkcd*, accessed February 19, 2024, https://xkcd.com/1227.
22 Stewart A. Robertson, "The Teaching of English in Schools Which Study No Foreign Language," *Journal of Education* 38, no. 453 (1907): 288.
23 Henry David Thoreau, *Walden* (1854; New York: Thomas Y. Crowell & Co., 1910), 67. (《월든》, 정회성 옮김, 민음사, 2021)
24 Johann Hari, *Stolen Focus: Why You Can't Pay Attention—and How to Think Deeply Again* (New York: Crown, 2022). (요한 하리, 《도둑맞은 집중력: 집중력 위기의 시대, 삶의 주도권을 되찾는 법》, 김하현 옮김, 어크로스, 2023)
25 King James I of England, *A Counterblaste to Tobacco* (London: R.B., 1604).
26 예컨대 "Smoking and Health: Report of the Advisory Committee to the Surgeon General of the Public Health Service," US Department of Health, Education, and Welfare, January 1, 1964, accessed February 28, 2024, www.govinfo.gov/content/

pkg/GPO-SMOKINGANDHEALTH/pdf/GPO –SMOKINGANDHEALTH.pdf를 보라.
27 미국 46개 주 정부와 담배 제조회사 간의 마스터 합의서가 전환의 결정적 계기가 되었다. Barry Meier, "Cigarette Makers and States Draft a $206 Billion Deal," *New York Times*, November 14, 1998, accessed February 28, 2024, www.nytimes.com/1998/11/14/us/cigarette-makers-and-states-draft-a-206-billion-deal.html.
28 Ellen Barry, "Researchers Say Social Media Warning Is Too Broad," *New York Times*, June 19, 2024, www.nytimes.com/2024/06/19/health/socialmediakids mentalhealth.html.
29 "1961 Assets," *CNN*, accessed February 18, 2024, https://money.cnn.com/magazines/fortune/fortune500_archive/assets/1961/.
30 Andrea Murphy and Matt Schifrin, eds., "The Global 2000 2024," *Forbes*, June 6, 2024, accessed September 9, 2024, www.forbes.com/lists/global2000/.
31 Lawrence Lessig, *Free Culture: The Nature and Future of Creativity, Authorama*, www.authorama.com/book/free-culture.html. (《자유문화》, 이주명 옮김, 필맥, 2005)
32 Naomi Klein, *No Logo* (New York: Picador, 2009), 4–5. (《슈퍼 브랜드의 불편한 진실 NO LOGO》, 이은진 옮김, 살림Biz, 2010)
33 "Melamine-Contaminated Pet Food Recall of 2007," *LA County Department of Public Health*, accessed September 29, 2024, http://publichealth.lacounty.gov/vet/petfoodrecall2007.htm.
34 Barry C. Lynn, *Cornered: The New Monopoly Capitalism and the Economics of Destruction* (Hoboken, NJ: Wiley, 2010), 4.
35 Lynn, *Cornered*, 4.
36 Walter Lippmann, *The Phantom Public* (New York: Macmillan, 1927), 20. (《여론이란 무엇인가/환상의 대중》, 오정환 옮김, 동서문화사, 2018)
37 Jose Ortega y Gasset, *The Revolt of the Masses* (1930; New York: Norton, 1994), 73. (《대중의 반역》, 황보영조 옮김, 역사비평사, 2005)
38 Marshall McLuhan, *Understanding Media: The Extensions of Man* (Berkeley, CA: Gingko Press, 2013), 33. (《미디어의 이해》, 김성기·이한우 옮김, 민음사, 2019)
39 Neil Postman, *Amusing Ourselves to Death: Public Discourse in the Age of Show Business* (1985; New York: Penguin, 2006), 92–93. Kindle Edition. (《죽도록 즐기기》, 홍윤선 옮김, 굿인포메이션, 2020)
40 빌 매키번(Bill McKibben)과 주고받은 이메일.
41 Jeremy Barr, "Some Conservative Media Hosts Ridiculed Biden's Warnings of a Russian Attack. Now They Say It's His Fault," *Washington Post*, February 24, 2022, accessed February 19, 2024, www.washingtonpost.com/media/2022/02/24/media- fox- biden- blame/.

42 Tucker Carlson, "Tucker: This Is the Single-Most Damaging Thing Any American President Has Ever Done," *Fox News*, March 11, 2022, accessed February 1, 2024, www.foxnews.com/opinion/tucker- damage- president- biden - russia- ukraine- putin.

43 Karl Marx, *Economic and Philosophic Manuscripts of 1844* (Mineola, NY: Dover, 2012), 72. (《경제학-철학 수고》, 김태희 옮김, 필로소픽, 2024)

44 William Shakespeare, *Julius Caesar* (Mineola, NY: Dover, 1991), 46. (《셰익스피어 전집 4: 비극 1》, 최종철 옮김, 민음사, 2014)

2장 ──── 슬롯머신과 엉클 샘

1 Herbert Simon, "Designing Organizations for an Information-Rich World," in *Computers, Communications, and the Public Interest*, ed. Martin Greenberger (Baltimore: Johns Hopkins University Press, 1971), 40.

2 Frank Wolkenberg, "Out of a Darkness," *New York Times Magazine*, October 11, 1987, accessed February 19, 2024, www.nytimes.com/1987/10/11/magazine/out- of-a-darkness.html.

3 James, *The Principles of Psychology*, vol. 1, 403.

4 James, *The Principles of Psychology*, vol. 1, 404.

5 F. H. Bradley, "Is There Any Special Activity of Attention?," *Mind* 11, no. 43 (1886): 305–23.

6 Bernhard Hommel et al., "No One Knows What Attention Is," *Attention, Perception, & Psychophysics* 81 (2019): 2288.

7 James, *The Principles of Psychology*, vol. 1, 404.

8 Christopher Chabris and Daniel Simons, *The Invisible Gorilla: And Other Ways Our Intuitions Deceive Us* (New York: Crown, 2010), 5–6. (《보이지 않는 고릴라: 우리의 일상과 인생을 바꾸는 비밀의 실체》, 김명철 옮김, 김영사, 2011)

9 예컨대 다음을 참조하라. Ula Cartwright-Finch and Nilli Lavie, "The Role of Perceptual Load in Inattentional Blindness," *Cognition* 102, no. 3 (2007): 321–40.

10 Siri Carpenter, "Sights Unseen," *Monitor on Psychology* 32, no. 4 (April 2001): 54, www.apa.org/monitor/apr01/blindness.

11 E. Colin Cherry, "Some Experiments on the Recognition of Speech, with One and with Two Ears," *Journal of the Acoustical Society of America* 25, no. 5 (1953): 975–79.

12 Kimron L. Shapiro, Judy Caldwell, and Robyn E. Sorensen, "Personal Names and the Attentional Blink: A Visual 'Cocktail Party' Effect," *Journal of Experimental*

Psychology: Human Perception and Performance 23, no. 2 (1997): 504–14.
13. Neville Moray, "Attention in Dichotic Listening: Affective Cues and the Influence of Instructions," Quarterly Journal of Experimental Psychology 11, no. 1 (1959): 56.
14. Moray, "Attention in Dichotic Listening," 56.
15. Moray, "Attention in Dichotic Listening," 59.
16. Moray, "Attention in Dichotic Listening," 60.
17. Noelle Wood and Nelson Cowan, "The Cocktail Party Phenomenon Revisited: How Frequent Are Attention Shifts to One's Name in an Irrelevant Auditory Channel," Journal of Experimental Psychology 21, no. 1 (1995): 255–60.
18. P. Tacikowski et al., "Is It About the Self or the Significance? An fMRI Study of Self-Name Recognition," Social Neuroscience 6, no. 1 (2011): 98–107.
19. Hongsheng Yang et al., "The Cognitive Advantage for One's Own Name Is Not Simply Familiarity: An Eye-Tracking Study," Psychonomic Bulletin & Review 20 (2013): 1178.
20. Sigmund Freud, The Ego and the Id (1923; Mineola, NY: Dover, 2018), 27.
21. Adam Phillips, Attention Seeking (New York: Farrar, Straus & Giroux, 2022), 7. Kindle Edition.
22. Yuval Noah Harari, Sapiens: A Brief History of Humankind (New York: Harper-Collins, 2015), 10. Kindle Edition. (《사피엔스》, 조현욱 옮김, 김영사, 2015)
23. Harari, Sapiens, 10.
24. Tony Haile, "What You Think You Know About the Web Is Wrong," Time, March 9, 2014, accessed February 20, 2024, https://time.com/12933/what-you-think-you-know-about-the-web-is-wrong/.
25. Bill Peterson, "Ex-Hostage Calls Being American 'Dangerous,'" Washington Post, December 17, 1984, accessed February 20, 2024, www.washingtonpost.com/archive/politics/1984/12/18/ex-hostage-calls-being-american-dangerous/29e99318-6fa6-4b67-bac4-c544226fafbc/.
26. Tim O'Brien, The Things They Carried (New York: Mariner, 2009), 33. (《그들이 가지고 다닌 것들》, 이승학 옮김, 섬과달, 2020)
27. Laith Al-Shawaf, "The Evolutionary Psychology of Hunger," Appetite 105 (2016): 592.
28. Amy K. Sutton and Michael J. Krashes, "Integrating Hunger with Rival Motivations," Trends in Endocrinology and Metabolism 31, no. 7 (2020): 495.
29. Aron Ralston, Between a Rock and a Hard Place (New York: Atria, 2004), 212. (《6일간의 깨달음》, 이순영 옮김, 한언출판사, 2007)
30. Peter de Lissovoy, "Hunger Strike, Albany, GA, 1963," Civil Rights Movement Archive,

accessed February 20, 2024, www.crmvet.org/nars/peter5.htm.

31   Michael Moss, *Hooked: Food, Free Will, and How the Food Giants Exploit Our Addictions* (New York: Random House, 2021), 61. (《음식 중독: 먹고 싶어서 먹는다는 착각》, 연아람 옮김, 민음사, 2023)

32   Michael Pollan, *The Omnivore's Dilemma: A Natural History of Four Meals* (New York: Penguin, 2007), 106. (《잡식동물 분투기: 리얼 푸드를 찾아서》, 조윤정 옮김, 다른세상, 2010)

33   *Exodus* 3:8 (English Standard Version).

34   Michael Moss, *Salt Sugar Fat: How the Food Giants Hooked Us* (New York: Random House, 2014), 15. (《배신의 식탁: 우리는 식탁 앞에서 하루 세 번 배신당한다》, 최가영 옮김, 명진출판사, 2013)

35   William of Rubruck, *The Journey of William of Rubruck to the Eastern Parts of the World, 1253–1255*, as Narrated by Himself, with *Two Accounts of the Earlier Journey of John of Pian de Carpine* (London: Bedford Press, 1942), 85.

36   Eric R. Kandel, "The Molecular Biology of Memory Storage: A Dialogue Between Genes and Synapses," *Science* 294 (2001): 1031.

37   Vicky McKeever, "This Eight- Year- Old Remains YouTube's Highest- Earner, Taking Home $26 Million in 2019," *CNBC*, December 20, 2019, accessed February 20, 2024, www.cnbc.com/2019/12/20/ryan-kaji-remains-youtubes-highest-earner-making-26-million-in-2019.html.

38   Ryan's World, "HUGE EGGS Surprise Toys Challenge with Inflatable Water Slide," *YouTube*, April 13, 2016, www.youtube.com/watch?v=jjd-BeTX6U0.

39   Jay Caspian King, "The Boy King of YouTube," *New York Times Magazine*, January 5, 2022, accessed February 20, 2024, www.nytimes.com/2022/01/05/magazine/ryan-kaji-youtube.html.

40   James Poniewozik, "The Tick, Tick, Tick of the Times," *Time*, November 24, 2010, accessed February 22, 2024, https://content.time.com/time/specials/packages/article/0,28804,2032304_2032745_2032850,00.html.

41   Natasha Dow Schüll, *Addiction by Design: Machine Gambling in Las Vegas* (Princeton, NJ: Princeton University Press, 2014), 81. (《중독의 설계: 슬롯머신은 도박 중독을 어떻게 디자인하는가》, 김세건·홍혜미 옮김, 한국문화사, 2024)

42   Schüll, *Addiction by Design*, 80.

43   Schüll, *Addiction by Design*, 81.

44   Schüll, *Addiction by Design*, 6.

45   Schüll, *Addiction by Design*, 2.

46   2024년 3월, 일단의 원고들은 여러 주요 비디오 게임 개발사들이 "사용자 뇌의 화학적 보상 시스템(chemical reward system)을 이용해 이득을 취했다"며 소송을 제기했다. 기업들은 자사

게임이 헌법적으로 보호되는 표현의 한 형태라고 주장했다. 좀 더 자세한 내용은 다음을 참조하라. Tyler Wilde, "You Can't Sue Us for Making Games 'Too Entertaining,' Say Major Game Developers in Response to Addiction Lawsuits," *PC Gamer*, March 27, 2024, www.pcgamer.com/gaming-industry/video-game-addiction-lawsuit-motion-to-dismiss/.

47 habie147, "Why Is Warzone So Addicting," *YouTube*, September 19, 2020, www.youtube.com/watch?v=3Q76bULxMs8.

48 Brian Fung, "Humankind Has Now Spent More Time Playing Call of Duty Than It Has Existed on Earth," *Washington Post*, August 13, 2013, accessed February 22, 2024, www.washingtonpost.com/news/the-switch/wp/2013/08/13/humankind-has-now-spent-more-time-playing-call-of-duty-than-it-has-existed-on-earth/.

49 David Vergun, "WWII Posters Aimed to Inspire, Encourage Service," *US Department of Defense*, October 16, 2019, accessed February 22, 2024, www.defense.gov/News/Feature-Stories/story/Article/1990131/wwii-posters-aimed-to-inspire-encourage-service.

50 Antonio García Martínez, *Chaos Monkeys: Obscene Fortune and Random Failure in Silicon Valley* (New York: HarperCollins, 2018), 38.

51 Tristan Harris, "How Technology Is Hijacking Your Mind—rom a Magician and Google Design Ethicist," Medium, May 18, 2016, accessed February 22, 2024, https:// medium.com/thrive-global/how-technology-hijacks-peoples-minds-from-a-magicianand-google-s-design-ethicist-56d62ef5edf3.

3장 ──── 지루함의 탄생: 악의 근원

1 Timothy D. Wilson et al., "Just Think: The Challenges of the Disengaged Mind," *Science* 345 (2014): 75–77.

2 Blaise Pascal, *Pensées*, trans. W. F. Trotter (Pacific Publishing, 2004), 17. (《팡세》, 현미애 옮김, 을유문화사, 2013)

3 Pascal, *Pensées*, 18.

4 Pascal, *Pensées*, 18.

5 Pascal, *Pensées*, 18.

6 Marshall Sahlins, *Stone Age Economics* (New York: Routledge, 2017), 14. (《석기시대 경제학: 인간의 경제를 향한 인류학적 상상력》, 박충환 옮김, 한울아카데미, 2023)

7 Sahlins, *Stone Age Economics*, 33.

8 Frederick D. McCarthy and Margaret McArthur, "The Food Quest and the Time

Factor in Aboriginal Economic Life," in *Records of the American-Australian Scientific Expedition to Arnhem Land*, vol. 2, Anthropology and Nutrition, ed. Charles P. Mountford (Melbourne: Melbourne University Press, 1960), 193.

9 Edward M. Curr, *Recollections of Squatting in Victoria: Then Called the Port Phillip District (from 1841 to 1851)* (Melbourne: George Robertson, 1883), 240.

10 Pierre Biard, "Relation of New France, of Its Lands, Nature of the Country, and of Its Inhabitants, also, of the Voyage of the Jesuit Fathers to Said Country, and of Their Work There up to the Time of Their Capture by the English," in *The Jesuit Relations and Allied Documents: Travels and Explorations of the Jesuit Missionaries in New France, 1610–1791*, vol. 3, ed. Reuben Gold Thwaites (Cleveland: Burrows Brothers Company, 1897), 86.

11 Michael Cepek, email message to author, August 29, 2022.

12 Michael Cepek, email message to author, August 29, 2022.

13 Matti Eräsaari, "'Wasting Time' the Veratan Way," *HAU: Journal of Ethnographic Theory* 7, no. 2 (2017): 325.

14 Michael Cepek, email message to author, August 29, 2022.

15 Yasmine Musharbash, "Boredom, Time, and Modernity: An Example from Aboriginal Australia," *American Anthropologist* 109, no. 2 (2007): 310.

16 William Park, "What Can Different Cultures Teach About Boredom," *BBC News*, December 10, 2020, accessed March 3, 2024, www.bbc.com/travel/article/20201209-what-can-different-cultures-teach-about-boredom.

17 Karl Marx and Friedrich Engels, *The German Ideology* (Amherst, NY: Prometheus, 1998), 53. (《독일 이데올로기》, 김대웅 옮김, 두레, 2015)

18 John Maynard Keynes, *Essays in Persuasion* (New York: Classic House, 2009), 197. (《설득의 에세이: 전쟁과 경제 불황에 지친 사람들에게 던진 희망의 메시지!》, 정명진 옮김, 부글북스, 2017)

19 이것은 30년 후 베티 프리단(Betty Friedan)이 《여성의 신비(The Feminine Mystique)》에서 주장한 내용에 대한 페미니스트적이지 않은 해석이다. Keynes, *Essays in Persuasion*, 197–98.

20 Keynes, *Essays in Persuasion*, 198–99.

21 Keynes, *Essays in Persuasion*, 198.

22 Thorstein Veblen, *Theory of the Leisure Class: An Economic Study of Institutions* (New York: Vanguard Press, 1928), 40.

23 Pamela Hutchinson, "A Window on Infinity: Rediscovering the Short Filmsof the Lumière Brothers," *Guardian*, May 23, 2016, accessed March 4, 2024, www.theguardian.com/film/2016/may/23/rediscovering-lumiere-brothers-early-cinema-pioneers.

24 David A. Horowitz, "An Alliance of Convenience: Independent Exhibitors and Purity Crusaders Battle Hollywood, 1920–1940," *The Historian* 59, no. 3 (1997): 553.
25 "History of Commercial Radio," *Federal Communications Commission*, October 17, 2023, accessed July 1, 2024, www.fcc.gov/media/radio/history-of-commercial-radio.
26 "CBS Says 25,217,000 Heard Truman Friday," *New York Times*, May 26, 1946, accessed March 4, 2024, https://timesmachine.nytimes.com/timesmachine/1946/05/26/121024140.html?pageNumber=24.
27 "MTP at 70: Martha Rountree Blazes a Trail," *NBC News*, November 6, 2017, accessed March 4, 2024, www.nbcnews.com/storyline/meet-the-press-70-years/mtp-70-martha-rountree-blazes-trail-n817941.
28 "1960 Census of Housing, Advanced Report: Housing Equipment," US Census Bureau, May 1962, accessed March 4, 2024, www.census.gov/history/pdf/1960tv-homeequip.pdf. (1950 numbers can be found here: www.census.gov/history/pdf/1950tvsinkfridge.pdf.)
29 Postman, *Amusing Ourselves to Death*, 3–4. (《죽도록 즐기기》, 홍윤선 옮김, 굿인포메이션, 2020)
30 David Foster Wallace, *Infinite Jest* (1996; New York: Little, Brown, 2009), 549.
31 Hari, *Stolen Focus*, 121.
32 Hari, *Stolen Focus*, 121.
33 Keynes, *Essays in Persuasion*, 201.
34 Michael Cepek, email message to author, August 29, 2022.
35 John Geirland, "Go with the Flow," *Wired*, September 1, 1996, accessed February 28, 2024, www.wired.com/1996/09/czik/.
36 Søren Kierkegaard, *Either/Or: A Fragment of Life* (New York: Penguin Classics, 2004), 227–28. Kindle Edition. (《이것이냐 저것이냐 1, 2》, 임춘갑 옮김, 다산글방, 2008)
37 Kierkegaard, *Either/Or*, 228.
38 Kierkegaard, *Either/Or*, 230-231.
39 Kierkegaard, *Either/Or*, 231.
40 Kierkegaard, *Either/Or*, 232.
41 Robert Wright, *Why Buddhism Is True: The Science and Philosophy of Meditation and Enlightenment* (New York: Simon & Schuster, 2018), 255. (《불교는 왜 진실인가: 진화심리학으로 보는 불교의 명상과 깨달음》, 이재석·김철호 옮김, 마음친구, 2019)
42 Kierkegaard, *Either/Or*, 233.
43 Kierkegaard, *Either/Or*, 233.
44 James, *The Principles of Psychology*, vol. 1, 404.

45 Hari, *Stolen Focus*, 93.
46 Jenny Odell, *How to Do Nothing: Resisting the Attention Economy* (Brooklyn, NY: Melville House, 2019), 23. (《아무것도 하지 않는 법》, 김하현 옮김, 팔로우, 2023)
47 Jean-Paul Sartre, *No Exit and Three Other Plays* (New York: Vintage, 1989), 45.

4장 ──── 거대 산업, 관심 비즈니스

1 "Child Maltreatment, 2022," *US Department of Health and Human Services*, January 29, 2024, accessed March 4, 2024, www.acf.hhs.gov/sites/default/files/documents/cb/cm2022.pdf.
2 "Neglect," *Harvard University Center on the Developing Child*, accessed February 24, 2024, https:// developingchild.harvard.edu/science/deep-dives/neglect/.
3 Pascal, *Pensées*, 18.
4 Richard Vaux, "The Pennsylvania Prison System," *Proceedings of the American Philosophical Society* 21, no. 116 (1884): 651–64.
5 William Crawford, *Report of William Crawford, Esq., on the Penitentiaries of the United States, Addressed to His Majesty's Principal Secretary of State for the Home Department* (London, 1834), 9.
6 Alexis de Tocqueville, *On Democracy, Revolution, and Society*, ed. John Stone and Stephen Mennell (Chicago: University of Chicago Press, 1982), 311. (《아메리카의 민주주의 1, 2》, 이용재 옮김, 아카넷, 2018)
7 Tocqueville, *On Democracy*, 311.
8 Charles Dickens, *American Notes for General Circulation* (London: Chapman & Hall, 1842), 121. (《아메리카 노트: 찰스 디킨스 미국 여행기》, 이미경 옮김, B612북스, 2018)
9 William Blake, "A Sentence Worse Than Death," in *Hell Is a Very Small Place: Voices from Solitary Confinement*, ed. Jean Casella, James Ridgeway, and Sarah Shourd (New York: New Press, 2016), 29.
10 Nelson Mandela, *Long Walk to Freedom: The Autobiography of Nelson Mandela* (Boston: Back Bay Books, 1995), 333. (《자유를 향한 머나먼 길: 넬슨 만델라 자서전》, 김대중 옮김, 두레, 2020)
11 Mandela, *Long Walk to Freedom*, 334.
12 Mandela, *Long Walk to Freedom*, 334.
13 John T. Cacioppo and William Patrick, *Loneliness: Human Nature and the Need for Social Connection* (New York: Norton, 2008), 7. (《인간은 왜 외로움을 느끼는가: 사회신경과학으로 본 인간 본성과 사회의 탄생》, 이원기 옮김, 민음사, 2013)

14 Cacioppo and Patrick, *Loneliness*, 15.
15 Amelia Worsley, "Ophelia's Loneliness," *ELH* 82, no. 2 (2015): 546.
16 William Shakespeare, *Hamlet*, ed. Barbara A. Mowat and Paul Werstine (New York: Simon & Schuster, 2012), 127. (《셰익스피어 전집 4: 비극 1 로미오와 줄리엣/ 줄리어스 시저/ 햄릿》, 최종철 옮김, 민음사, 2014)
17 K. D. M. Snell, "The Rise of Living Alone and Loneliness in History," *Social History* 42, no. 1 (2017): 5.
18 Eric Klinenberg, *Going Solo: The Extraordinary Rise and Surprising Appeal of Living Alone* (New York: Penguin Press, 2012), 6.
19 Esteban Ortiz-Ospina, "Loneliness and Social Connections," *Our World in Data*, December 10, 2019, accessed September 24, 2024, https://ourworldindata.org/social-connections-and-loneliness.
20 Ortiz-Ospina, "Loneliness and Social Connections."
21 Snell, "The Rise of Living Alone and Loneliness in History," 8.
22 Jena McGregor, "This Former Surgeon General Says There's a Loneliness Epidemic and Work Is Partly to Blame," *Washington Post*, October 4, 2017, accessed February 26, 2024, www.washingtonpost.com/news/on-leadership/wp/2017/10/04/this-former-surgeon-general-says-theres-a-loneliness-epidemic-and-work-is-partly-to-blame/.
23 "Our Epidemic of Loneliness and Isolation," *US Surgeon General*, May 3, 2023, accessed February 26, 2024, www.hhs.gov/sites/default/files/surgeon-general-social-connection-advisory.pdf.
24 Cacioppo and Patrick, *Loneliness*, 7–8.
25 Nancy Kanwisher and Galit Yovel, "The Fusiform Face Area: A Cortical Region Specialized for the Perception of Faces," *Philosophical Transactions of the Royal Society B* 361, no. 1476 (2006): 2109–28도 참조하라.
26 Marco Iacoboni et al., "Grasping the Intentions of Others with One's Own Mirror Neuron System," *PLoS Biology* 3, no. 3 (2005): e79도 참조하라.
27 Kate Schweitzer, "Tina Fey Perfectly Explains How 'Having a Teenage Daughter Is Like Having an Office Crush,'" *PopSugar*, May 24, 2021, accessed February 26, 2024, www.popsugar.com/family/tina-fey-compares-having-teenage-daughter-to-office-crush-48337557.
28 R. I. M. Dunbar, "Gossip in Evolutionary Perspective," *Review of General Psychology* 8, no. 2 (2004): 100.
29 Dunbar, "Gossip in Evolutionary Perspective," 102.
30 Dunbar, "Gossip in Evolutionary Perspective," 102.

31 Dunbar, "Gossip in Evolutionary Perspective," 102.
32 Leo Braudy, *The Frenzy of Renown: Fame and Its History* (New York: Vintage, 1997), 3.
33 Braudy, *The Frenzy of Renown*, 32.
34 Rob Goldberg, "Kevin Durant Responds to Multiple Trash-Talking Fans on Twitter," *Bleacher Report*, June 18, 2017, accessed February 26, 2024, https://bleacherreport.com/articles/2716427-kevin-durant-responds-to-multiple-trash-talking-fans-on-twitter.
35 Francesca Gariano, "The 10 Most Shocking Speeches from Golden Globes History," *Today.com*, February 27, 2021, accessed February 26, 2024, www.today.com/popculture/10-most-shocking-speeches-golden-globes-history-t210224.
36 *The Simpsons*, "Bart the Murderer," season 3, episode 4, Disney+ video, 23:45, originally aired on Fox, October 10, 1991.
37 Jean-Paul Sartre, *Being and Nothingness*, trans. Sarah Richmond (1943; New York: Routledge, 2018), 382. (《존재와 무: 현상학적 존재론 시론》, 변광배 옮김, 민음사, 2024)
38 Alexis C. Madrigal, "Before It Conquered the World, Facebook Conquered Harvard," Atlantic, February 4, 2019, accessed February 26, 2024, www.theatlantic.com/technology/archive/2019/02/and-then-there-was-thefacebookcom/582004/.
39 페이스북의 초기 투자자 중 가장 영향력 있는 인물인 피터 틸(Peter Thiel)은 프랑스의 이론가 르네 지라르(René Girard)의 제자였으며, 지라르의 사상이 자신의 사고에 큰 영향을 미쳤다고 말한다. 지라르의 핵심 통찰은 "인간은 자신이 무엇을 욕망하는지 알지 못하는 존재이며, 다른 사람에게 의지해 결정을 내린다. 우리는 다른 사람이 욕망하는 것을 욕망한다. 그들의 욕망을 모방하기 때문이다"라는 것이다. 페이스북이 이러한 맥락에서 설계된 머신이라는 것을 쉽게 알 수 있다.
40 Arthur Miller, *Death of a Salesman: Certain Private Conversations in Two Acts and a Requiem* (1949; New York: Penguin, 1976), 36. (《세일즈맨의 죽음》, 강유나 옮김, 민음사, 2009)
41 Miller, *Death of a Salesman*, 56.
42 John Lahr, "Arthur Miller and the Making of Willy Loman," *New Yorker*, January 17, 1999, accessed February 26, 2024, www.newyorker.com/magazine/1999/01/25/making-willy-loman.
43 Rebecca Jennings, "Everyone's a Sellout Now," *Vox*, February 1, 2024, accessed February 26, 2024, www.vox.com/culture/2024/2/1/24056883/tiktok-self-promotion-artist-career-how-to-build-following.
44 Epictetus, *Discourses and Selected Writings* (New York: Penguin Classics, 2008), 53.
45 Epictetus, *Art of Living: The Classical Manual on Virtue, Happiness, and Effectiveness* (New York: HarperCollins, 2007), 58.

46 Epictetus, *Discourses and Selected Writings*, 69.
47 Alexandre Kojève, *Introduction to the Reading of Hegel: Lectures on the Phenomenology of Spirit*, ed. Allan Bloom, trans. James H. Nicholas Jr. (Ithaca, NY: Cornell University Press, 1980), 6.
48 Kojève, *Introduction to the Reading of Hegel*, 41.
49 Kojève, *Introduction to the Reading of Hegel*, 41.
50 Kojève, *Introduction to the Reading of Hegel*, 19.
51 Raj Patel, *Stuffed and Starved: The Hidden Battle for the World Food System* (Brooklyn, NY: Melville House, 2012). (《식량전쟁: 배부른 제국과 굶주리는 세계》, 유지훈 옮김, 영림카디널, 2008)
52 일론 머스크(@ElonMusk), "나에 대한 주의력의 양이 슈퍼노바 수준으로 증가했는데, 정말 짜증나는 일이다. 나에 대한 사소한 기사조차도 엄청난 클릭 수를 기록하다니 안타까운 일이다. 문명에 유용한 일을 하는 데 최선을 다해 집중하겠다," *X*, July 25, 2022, accessed February 26, 2024, https:// twitter.com/elonmusk/status/1551698120328749056.
53 Jonathan Weil, "Elon Musk Sold Tesla Shares Before Company Acknowledged Weakness," *Wall Street Journal*, January 20, 2023, accessed February 26, 2024, www.wsj.com/articles/elon-musk-sold-tesla-shares-before-company-acknowledged-weakness-11674177642.

5장 ─── 주의력의 상품화

1 Sabawoon Samim, "New Lives in the City: How Taleban Have Experienced Life in Kabul," *Afghanistan Analysts Network*, February 2, 2023, accessed January 28, 2024, www.afghanistan-analysts.org/en/reports/context-culture/new-lives-in-the-city-how-taleban-have-experienced-life-in-kabul/.
2 Samim, "New Lives in the City."
3 Karl Marx and Friedrich Engels, The Communist Manifesto (1848; New York: Penguin, 2002), 227. (《공산당 선언》, 심철민 옮김, 비(도서출판b), 2018)
4 Karl Marx, *Wage Labour and Capital: Wages, Price and Profit* (Beijing: Foreign Languages Press, 2020), 42.
5 Marx, *Economic and Philosophic Manuscripts*, 69.
6 Yann Moulier-Boutang, *Cognitive Capitalism* (Cambridge, UK: Polity Press, 2011); Claudio Bueno, *The Attention Economy: Labour, Time and Power in Cognitive Capitalism* (Lanham, MD: Rowman & Littlefield, 2016).
7 Tim Wu, *The Attention Merchants: The Epic Scramble to Get Inside Our Heads* (New

York: Knopf Doubleday, 2017), 12. Kindle Edition.
8   Wu, *The Attention Merchants*, 13.
9   Christine H. Carpenter, "The Spectre of Ingleton; or the Forest Mystery," *New York Sun*, November 21, 1859, accessed February 7, 2024, https://chroniclingamerica.loc.gov/lccn/sn83030272/1859-11-21/ed-1/seq-1/.
10 This was also the model in the UK. Kevin Williams, *Read All About It!: A History of the British Newspaper* (New York: Routledge, 2009), 64.
11 In our present day, CEOs' opposition to work from home comes from a stalking fear that allowing workers to work outside of the watchful eyes of managers will undo all of these developments.
12 Seamus Kirst, "What Are Nielsen Ratings and How Are They Calculated?," *Forbes*, December 18, 2015, accessed February 7, 2024, www.forbes.com/sites/seamuskirst/2015/12/18/what-are-nielsen-ratings-and-how-are-they-calculated/?sh=10ed8c8456e0.
13 Tony Magilo, "How Nielsen Has Built a TV Ratings Monopoly Nearly as Old as TV," *TheWrap*, April 26, 2016, accessed February 7, 2024, www.thewrap.com/nielsen-tv-ratings-new-threats-history/.
14 Magilo, "How Nielsen Has Built a TV Ratings Monopoly Nearly as Old as TV."
15 Masha Abarinova, "Nielsen Regains Media Rating Council Accreditation for National TV Ratings," *StreamTV Insider*, April 17, 2023, accessed February 7, 2024, www.streamtvinsider.com/video/nielsen-regains-media-rating-council-accreditation-national-tv-ratings.
16 Dan Clarendon, "Why Have TV Networks Turned Against Nielsen Ratings?," *StreamTV Insider*, July 28, 2021, accessed February 7, 2024, www.tvinsider.com/1006916/tv-network-nielsen-ratings-vab-mrc-accreditation/.
17 Raquel Harris, "Byron Allen's Media Group Files Lawsuit Against Nielsen for Fraud in Ratings; Seeks Billions in Damages," *Forbes*, March 23, 2022, accessed February 7, 2024, www.forbes.com/sites/forbestheculture/2022/03/23/byron-allens-media-group-files-lawsuit-against-nielsen-for-fraud-in-ratings-seeks-billions-in-damages/?sh=31b1b891728f.
18 Tim Hwang, *Subprime Attention Crisis* (New York: Farrar, Straus & Giroux, 2020), 42–43. Kindle Edition.
19 Suzanne Vranica and Jack Marshall, "Facebook Overestimated Key Video Metric for Two Years," *Wall Street Journal*, September 22, 2016, accessed February 7, 2024, www.wsj.com/articles/facebook-overestimated-key-video-metric-for-two-years-1474586951.

20 Alexandra Bruell, "Fraudulent Web Traffic Continues to Plague Advertisers, Other Businesses," *Wall Street Journal*, March 28, 2018, accessed February 7, 2024, www.wsj.com/articles/fraudulent-web-traffic-continues-to-plague-advertisers-other-businesses-1522234801.

21 Hwang, *Subprime Attention Crisis*, 87.

22 Karl Polanyi, *The Great Transformation* (1944; Boston: Beacon, 2001), 75. Kindle Edition. (《거대한 전환: 우리 시대의 정치·경제적 기원》, 홍기빈 옮김, 길, 2009); Zoe Sherman, Modern Advertising and the Market for Audience Attention: The US Advertising Industry's Turn-of-the-Twentieth-Century Transition (Abingdon: Routledge, 2020), 3.

23 Polanyi, *The Great Transformation*, 76.

24 For a more extensive treatment of Polanyi's theory applied to the digital age see: Dean Curran, "Polanyi's Discovery of Society and the Digital Phase of the Industrial Revolution," *European Journal of Social Theory* 27, no. 1 (2024): 78–96.

25 *American Academy of Sleep Medicine*, "Are You TikTok Tired? 93% of Gen Z Admit to Staying Up Past Their Bedtime Due to Social Media," September 7, 2022, accessed May 28, 2024, https://aasm.org/are-you-tiktok-tired-93-of-gen-z-admit-to-staying-up-past-their-bedtime-due-to-social-media/.

26 "Mobile Fact Sheet," *Pew Research Center*, January 21, 2024, accessed February 7, 2024, www.pewresearch.org/internet/fact-sheet/mobile/.

27 Jia Tolentino, "How CoComelon Captures Our Children's Attention," *New Yorker*, June 10, 2024, https://www.newyorker.com/magazine/2024/06/17/cocomelon-children-television-youtube-netflix.

28 Laura Ceci, "Number of YouTube Kids Mobile App Downloads Worldwide from 2016 to 2023," *Statista*, March 4, 2024, accessed May 28, 2024, www.statista.com/statistics/1251942/global-youtube-kids-app-downloads/.

29 Wu, *The Attention Merchants*, 22.

30 Frank Maguire, "New Research: Understanding Consumer Behaviors During TV Commercial Breaks," *Sharethrough*, February 10, 2022, accessed July 3, 2024, www.sharethrough.com/blog/new-research-understanding-consumer-behaviors-during-tv-commercial-breaks.

31 Brian Flood, "Fox News Celebrates 25 Years Since Rupert Murdoch's Vision Debuted on Air," *Fox News*, October 4, 2021, accessed February 7, 2024, www.foxnews.com/media/rupert-murdoch-fox-news.

32 Nicholas Confessore, "How Tucker Carlson Reshaped Fox News—and Became Trump's Heir," *New York Times*, April 30, 2022, accessed July 7, 2024,

www.nytimes.com/2022/04/30/us/tucker-carlson-fox-news.html.
33 Brian Stelter, *Hoax: Donald Trump, Fox News, and the Dangerous Distortion of Truth* (New York: Atria, 2020).
34 Sarah Ellison, Paul Farhi, and Jeremy Barr, "Fox News Feared Losing Viewers by Airing Truth About Election, Documents Show," *Washington Post*, February 17, 2023, accessed February 7, 2024, www.washingtonpost.com /media/2023/02/17/fox-news-dominion-ratings-fear/.
35 Amanda Terkel and Jane C. Timm, "See What Fox News Tried to Redact in the Dominion Defamation Case," *NBC News*, April 14, 2023, accessed February 7, 2024, www.nbcnews.com/media/see-fox-news-tried-redact-dominion -defamation-case-rcna77481.
36 Kevin Young, "Moon Shot: Race, a Hoax, and the Birth of Fake News," *New Yorker*, October 21, 2017, accessed February 7, 2024, www.newyorker.com /books/page-turner/moon-shot-race-a-hoax-and-the-birth-of-fake-news.
37 Ryan Smith, "Bo Burnham Goes Viral over Social Media Rant Amid Elon Musk Twitter Buyout," *New Yorker*, November 3, 2022, accessed February 7, 2024, www.newsweek.com/bo-burnham-social-media-rant-video-elon-musk-twitter-1756570.
38 Émile Durkheim, *The Elementary Forms of the Religious Life*, trans. Joseph Ward Swain (London: George Allen & Unwin Ltd., 1915), Project Gutenberg.
39 Lincoln Caplan, "The Walkman," *New Yorker*, September 13, 1981, www.newyorker.com/magazine/1981/09/21/the-walkman.
40 Tom Zito, "Stepping to the Stereo Strut," *Washington Post*, May 12, 1981, accessed January 28, 2024, www.washingtonpost.com/archive/lifestyle/1981/05/12/stepping-to-the-stereo-strut/c810a6d9-c054-4b2b-b150-db330cdd08a6/.
41 Zito, "Stepping to the Stereo Strut."
42 Rebecca Tuhus-Dubrow, "The Gadget That Broke Humanity," *Boston Globe*, September 1, 2017, accessed January 28, 2024, www.bostonglobe.com/ideas/2017/09/01/the-gadget-that-broke-humanity/NS9wsBmtIMHQmrEvRRmtZL/story.html.
43 Phil Patton, "Humming Off Key for Two Decades," *New York Times*, July 29, 1999, https:// archive.nytimes.com/www.nytimes.com/library/tech/99/07/circuits/articles/29walk.html.
44 Patton, "Humming Off Key for Two Decades."
45 Erik Barnouw, *Tube of Plenty: The Evolution of American Television* (Oxford: Oxford University Press, 1990), 114.

46 Elena Ferrante, *My Brilliant Friend* (New York: Europa, 2012), chapter 34. Kindle Edition. (《나의 눈부신 친구》, 김지우 옮김, 한길사, 2016)
47 "U.S. Census Bureau History: Philo Farnsworth and the Invention of Television," *US Census Bureau*, accessed January 28, 2024, www.census.gov/history/www/homepage_archive/2023/september_2023.html.
48 Arthur C. Clarke, *Profiles of the Future: An Inquiry into the Limits of the Possible* (New York: Harper & Row, 1973), 38.

6장 ──── 주의력 시대의 개막

1 Alvin Toffler, *The Third Wave* (New York: Random House, 1980). (《제3의 물결》, 김진욱 옮김, 범우사, 2014)
2 Toffler, *The Third Wave*, 12.
3 '정보화 시대'라는 표현은 1960년, 감시 회사를 설립하고 국방부에서 정보 및 정찰 시스템 개발을 총괄하던 한 남성이 작성한 기술 소논문에서 처음 사용되었다. 그는 컴퓨터 성능의 발전과 군사 및 민간 분야에서 컴퓨터의 중요성을 다루며 이렇게 말했다. "지금, 그리고 앞으로 예상되는 놀라운 정보화의 성과로 인해 대중은 '정보화 시대'를 인식하게 될 것이다. 아마도 더 상징적인 제목 아래에서." 그렇지 않았다. 이 표현은 이후로도 그대로 사용되었다.
4 Andrew Blum, Tubes: A Journey to the Center of the Internet (New York: Ecco Press, 2012).
5 Chistof Ruhl and Titus Erker, "Oil Intensity: The Curiously Steady Decline of Oil in GDP," Center on Global Energy Policy, September 9, 2021, www.energypolicy.columbia.edu/wp-content/uploads/2021/09/LongTermOilIntensity_CGEP_Report_111122.pdf.
6 이 글을 쓰는 시점에서, 양쪽 모두 에너지 집약적인 성격이 대단히 강한 성격을 가진 암호화폐의 폭발적인 증가와 대규모 언어 모델(LLM)의 사용이 이러한 추세를 반전시킬만한 위협을 제기하고 있다.
7 "Job Polarization," Federal Reserve Bank of St. Louis, April 28, 2016, accessed September 4, 2024, https://fredblog.stlouisfed.org/2016/04/job-polarization/.
8 David Carr, "The Coolest Magazine on the Planet," New York Times, July 27, 2003, accessed May 28, 2024, www.nytimes.com/2003/07/27/books/the-coolest-magazine-on-the-planet.html.
9 Andras N. Zsidó, Diana T. Stecina, Rebecca Cseh, and Michael C. Hout, "The Effects of Task-Irrelevant Threatening Stimuli on Orienting-and Executive Attentional Processes Under Cognitive Load," British Journal of Psychology 113, no. 2 (2022):

412-33, https:// doi.org/10.1111/bjop.12540.

10   Alvin Toffler, Future Shock (New York: Random House, 1970), 371. (《미래의 충격》, 장을병 옮김, 범우사, 1997)

11   Toffler, Future Shock, 366.

12   Herbert A. Simon, "Designing Organizations for an Information-Rich World," in Computers, Communications, and the Public Interest, ed. Martin Greenberger (Baltimore: Johns Hopkins University Press, 1971), 40-41.

13   Simon, "Designing Organizations for an Information-Rich World," 42.

14   Simon, "Designing Organizations for an Information-Rich World," 43.

15   Simon, "Designing Organizations for an Information-Rich World," 44.

16   Chris Whipple, The Gatekeepers: How the White House Chiefs of Staff Define Every Presidency (New York: Crown, 2017).

17   Simon, "Designing Organizations for an Information-Rich World," 47.

18   Jay Yarow, "Jony Ive: This Is the Most Important Thing I Learned from Steve Jobs," Business Insider, October 10, 2014, accessed January 8, 2024, www.businessinsider.com/jony-ive-this-is-the-most-important-thing-i-learned-from-steve-jobs-2014-10.

19   Simon, "Designing Organizations for an Information-Rich World," 44.

20   Robert M. Solow, "We'd Better Watch Out," New York Times Book Review, July 12, 1987, p. 36.

21   Robert J. Gordon, The Rise and Fall of American Growth (Princeton, NJ: Princeton University Press, 2016): 575. Kindle Edition. (《미국의 성장은 끝났는가: 경제 혁명 100년의 회고와 인공지능 시대의 전망》, 이경남 옮김, 생각의 힘, 2017)

22   경제사학자 로버트 고든은 남북전쟁 이후 급속하게 이루어진 대규모 산업화가 '미국 혁명'의 한 세기를 만들어 냈다고 평가하며, 그 결과 "미국의 가정은 고된 육체노동, 가사노동, 어둠, 고립, 조기 사망에서 비롯된 지칠 줄 모르는 일상으로부터 해방되었다. (…) 1970년 이후의 경제 성장은 눈부시면서도 실망스러웠다. 이 역설은 1970년 이후의 발전이 엔터테인먼트와 관련된 좁은 범위의 인간 활동으로 흘러가는 경향이 있다는 것을 인식할 때 해소된다"고 설명했다. Gordon, The Rise and Fall of American Growth, 2.

23   "Link Best Practices for Google," Google, updated December 20, 2023, accessed February 3, 2024, https:// developers.google.com/search/docs/crawling-indexing/links-crawlable.

24   "About Google," Google, accessed January 28, 2024, https://about.google/.

25   "Google Introduces New Pricing for Popular Self-Service Online Advertising Program," Google, February 20, 2022, accessed May 28, 2024, http:// googlepress.blogspot.com/2002/02/google-introduces-new-pricing-for.html;

"Google Launches Self-Service Advertising Program," Google, October 23, 2000, accessed May 28, 2024, http://googlepress.blogspot.com/2000/10/google-launches-self-service.html.

26. Google Adwords Keyword Planner (free online tool here: https://ads.google.com/home/tools/keyword-planner/) shows that "mesothelioma lawyer" would cost an advertiser between $55 and $233 per click. See also, Carl Bialik, "Lawyers Bid Up Value of Web-Search Ads," Wall Street Journal, April 8, 2004, accessed July 5, 2024, www.wsj.com/articles/SB108137355250477123.

27. United States Securities and Exchange Commission, Form 10-K, Google Inc., "Item 6—Selected Financial Data," www.sec.gov/Archives/edgar/data/1288776/000119312505065298/d10k.htm#toc10062_9.

28. Shoshana Zuboff, The Age of Surveillance Capitalism: The Fight for a Human Future at the New Frontier of Power (New York: PublicAffairs, 2018), 9. Kindle Edition. (《감시자본주의 시대》, 김보영 옮김, 문학사상, 2021)

29. Larry Page and Sergey Brin, "Letter from the Founders," New York Times, April 29, 2004, accessed January 28, 2024, www.nytimes.com/2004/04/29/business/letter-from-the-founders.html.

30. Google Inc., Form S-1 (filed April 29, 2004), US Securities and Exchange Commission, www.sec.gov/Archives/edgar/data/1288776/000119312504073639/ds1.htm, accessed February 3, 2024.

31. Jake Lingeman, "Here's Every Three-Row EV You Can Buy, Now and Soon," Newsweek, November 11, 2022, accessed January 28, 2024, www.newsweek.com/heres-every-three-row-ev-you-can-buy-now-soon-1758289.

32. Finn Brunton, Spam: A Shadow History of the Internet (Cambridge, MA: MIT Press, 2013), 565. Kindle Edition.

33. Monty Python's Flying Circus, series 2, episode 12, "Spam," featuring John Cleese, Graham Chapman, and Terry Jones, aired December 15, 1970, in broadcast syndication, BBC, 27:00.

34. Brunton, Spam, 35.

35. Brunton, Spam, 36.

36. Finn Brunton, "Spam," in The SAGE Handbook of Web History, ed. Niels Brügger and Ian Milligan (Thousand Oaks, CA: SAGE, 2019), 565.

37. Sharael Feist, "The Father of Modern Spam Speaks," CNET, March 16, 2002, accessed January 28, 2024, www.cnet.com/tech/tech-industry/the-father-of-modern-spam-speaks/.

38 Laurence A. Canter and Martha S. Siegel, How to Make a Fortune on the Information Superhighway: Everyone's Guerrilla Guide to Marketing on the Internet and Other On-Line Services (New York: HarperCollins, 1995). (《인터넷 비즈니스》, 박길부 옮김, 세종서적, 1995)

39 Justin M. Rao and David H. Reiley, "The Economics of Spam," Journal of Economic Perspectives 26, no. 3 (2012): 87.

40 Tom Curry, "How Dean Uses the Power of the Web," NBC News, October 23, 2003, accessed May 29, 2024, www.nbcnews.com/id/wbna3340001.

41 Alexis C. Madrigal, "Hey, I Need to Talk to You About This Brilliant Obama Email Scheme," Atlantic, November 29, 2012, accessed May 29, 2024, www.theatlantic.com/technology/archive/2012/11/hey-i-need-to-talk-to-you-about-this-brilliant-obama-email-scheme/265725/.

42 "Is Slack Better Than Email?" Slack, accessed January 28, 2024, https://slack.com/why/slack-vs-email.

43 Alicia Liu, "Death By a Thousand Pings: The Hidden Side of Using Slack," Medium, March 20, 2018, accessed January 28, 2024, https://medium.com/counter-intuition/the-hidden-side-of-using-slack-2443d9b66f8a.

44 Wu, The Attention Merchants, 22.

45 Wu, The Attention Merchants, 22–23.

46 Aaron Gordon, "How We Ended Up with All This Junk Mail," Vice, October 15, 2020, accessed May 29, 2024, www.vice.com/en/article/889wyv/how-we-ended-up-with-all-this-junk-mail, referring to Neither Snow Nor Rain by Devin Leonard.

47 Brunton, Spam, 566.

48 Yusef Mehdi, "Announcing the Next Wave of AI Innovation with Microsoft Bing and Edge," Microsoft, May 4, 2023, accessed May 29, 2024, https://blogs.microsoft.com/blog/2023/05/04/announcing-the-next-wave-of-ai-innovation-with-microsoft-bing-and-edge/.

49 Ezra Klein, "Beyond the 'Matrix' Theory of the Mind," New York Times, May 28, 2023, www.nytimes.com/2023/05/28/opinion/artificial-intelligence-thinking-minds-concentration.html.

50 Donella H. Meadows et al., The Limits to Growth: A Report for the Club of Rome's Project on the Predicament of Mankind (New York: Universe Books, 1972), 23. (《성장의 한계》, 김병순 옮김, 갈라파고스, 2021)

51 "The Amazon in Crisis: Forest Loss Threatens the Region and the Planet," World Wildlife Fund, November 8, 2022, accessed January 28, 2024, www.worldwildlife.org/stories/the-amazon-in-crisis-forest-loss-threatens-the-

region-and-the-planet.
52 Meadows et al., The Limits of Growth, 23.
53 "Your Mind Is Being Fracked," The Ezra Klein Show, May 31, 2024, www.nytimes.com/2024/05/31/opinion/ezra-klein-podcast-d-graham-burnett.html.
54 "New Perspectives on Human Multitasking," Psychological Research 82(2018): 1– 3, https:// link.springer.com/article/10.1007/s00426-018-0970-2; J. M. Watson and D. L. Strayer, "Supertaskers: Profiles in Extraordinary Multitasking Ability," Psychonomic Bulletin & Review 17 (2010): 479– 85, https://doi.org/10.3758/PBR.17.4.479.
55 Michael Goldhaber, "The Attention Economy and the Net," First Monday 2, no. 4 (1997), accessed February 4, 2024, https://doi.org/10.5210/fm.v2i4.519.
56 Goldhaber, "The Attention Economy and the Net."
57 Goldhaber, "The Attention Economy and the Net."
58 Goldhaber, "The Attention Economy and the Net."
59 C. Wright Mills, The Power Elite (Oxford: Oxford University Press, 1956). (《파워 엘리트》, 정명진 옮김, 부글북스, 2013)
60 Kate Conger and Lauren Hirsch, "Elon Musk Completes $44 Billion Deal to Own Twitter," New York Times, October 27, 2022, accessed February 4, 2024, www.nytimes.com/2022/10/27/technology/elon-musk-twitter-deal-complete.html.
61 Gareth Vipers, "Twitter Is Now Worth a Third of What Musk Paid for It, Fidelity Says," Wall Street Journal, May 31, 2023, accessed February 2, 2024, www.wsj.com/articles/twitter-is-now-worth-a-third-of-what-musk-paid-for-it-fidelity-says-e66f61db.
62 Tom Murray, "Mandy Patinkin Has Perfect Response to Elon Musk Using The Princess Bride quote," Independent, May 18, 2023, accessed February 2, 2024, www.independent.co.uk/arts-entertainment/films/news/mandy-patinkin-princess-bride-elon-musk-b2341121.html.
63 Zoë Schiffer, "Elon Musk Attacked My Article Accusing Him of Gaming Twitter's Algorithm for More Attention. In Some Ways, It Gave Him Exactly What He Wanted," Business Insider, February 15, 2024, www.businessinsider.com/musk-changed-twitter-algorithm-tweets-didnt-get-attention-book-2024-2; Zoë Schiffer, Extremely Hardcore: Inside Elon Musk's Twitter (New York: Portfolio, 2024).

7장 ——— 공론장과 주의력: 주의력 전쟁의 총성 속에서

1. Allen C. Guelzo, "Houses Divided: Lincoln, Douglas, and the Political Landscape of 1858," Journal of American History 94, no. 2 (2007): 391–417.
2. Allen C. Guelzo, Lincoln and Douglas: The Debates that Defined America (New York: Simon & Schuster, 2008), xii.
3. Guelzo, Lincoln and Douglas, xii.
4. Postman, Amusing Ourselves to Death, 48.
5. "Lincoln-Douglas Debates of 1858," Northern Illinois University Digital Library.
6. "The Freeport Doctrine," US National Park Service, www.nps.gov/liho/learn/historyculture/freeport-doctrine.htm.
7. 이는 부분적으로 기자들이 실시간 메모를 바탕으로 연설을 재구성하고 있었기 때문이기도 하다. 당시 완전한 형태의 전사 기록은 작성되지 않았다.
8. The Lincoln–Douglas Debates, ed. Rodney O. Davis and Douglas L. Wilson (Champaign: University of Illinois Press, 2008), 134.
9. Henry Robert, Robert's Rules of Order Newly Revised, 12th Edition (New York: Public Affairs, 2020).
10. Henry Petroski, "Henry Martyn Robert," American Scientist 84, no. 2 (1996): 106.
11. Graham A. Peck, "New Records of the Lincoln-Douglas Debate at the 1854 Illinois State Fair: The Missouri Republican and the Missouri Democrat Report from Springfield," Journal of the Abraham Lincoln Association 30, no. 2 (2009): 25–80.
12. Loren Lind, "Speed and Journalism," Queen's Quarterly 108, no. 3 (2001): 346–55.
13. Lind, "Speed and Journalism," 346–55.
14. 이것이 그들의 입장이 반드시 설득력 있었다는 말은 아니다. 더글러스의 노예제에 대한 사과는 분명히 도덕적으로 혐오스러운 것이다. 그러나 링컨도 한때 백인 청중에게 자신이 흑인과 백인 미국인 간의 실제 평등에 관심이 없다는 확신을 주기 위해 긴 이야기를 펼치며, 자신이 흑인 여성과 결혼하는 상상 자체가 얼마나 어리석은 일인지에 대해 일련의 농담을 하기도 했다.
15. James Baldwin, Notes of a Native Son (1955; Boston: Beacon, 1984), 13–14.
16. Postman, Amusing Ourselves to Death, 92.
17. Postman, Amusing Ourselves to Death, xvi.
18. George Orwell, Nineteen Eighty-Four (London: Secker & Warburg, 1949).
19. Aldous Huxley, Brave New World (London: Chatto & Windus, 1932).
20. Postman, Amusing Ourselves to Death, xxi.
21. 이 비판은 몇 년 뒤 동유럽에서 공산주의 정권들이 무너진 후 더욱 영향력을 얻게 되었다. 현재의 중국 공산당이 이 두 가지 모델을 성공적으로 병합하여 처벌이 결합된 새로운 성공 모델을 만들어냈다고 주장할 수 있을 것이다. 중국 공산당은 '대형 방화벽'과 정교한 감시를 통해 특정

종류의 정보에 대한 접근을 엄격히 차단하면서도 중국 공민들에게 현대 인터넷의 오락과 사소한 즐거움이 넘쳐나는 '빵과 서커스 포상(bread-and-circuses bounty)'을 제공한다. 틱톡은 원래 중국 앱으로 시작되었다.

22 George Saunders, The Braindead Megaphone: Essays (New York: Riverhead, 2007).
23 Saunders, The Braindead Megaphone, 3–4.
24 Lily Rothman, "The Scathing Speech That Made Television History," Time, May 9, 2016, accessed February 2, 2024, https://time.com/4315217/newton-minow-vast-wasteland-1961-speech/.
25 이는 실제로 다음의 발언을 인용한 것으로 보인다. Tim Sullivan of Tammany Hall. William Safire, Safire's Political Dictionary (New York: Oxford University Press, 2008), 583.
26 바넘이 이렇듯 다양한 활동을 펼친 것 외에도, 코네티컷 주의회에서 네 번이나 선출되어 의원으로 활동했다는 점을 언급하겠다. 따라서 이 흥행사의 정치적 성공은 전적으로 주의력 시대에서 비롯된 것이 아니다.
27 Tim Miller, email message to the author, October 1, 2023.
28 Jim Norman, "Solid Majority Still Opposes New Construction on Border Wall," Gallup, February 4, 2019, accessed February 2, 2024, https://news.gallup.com/poll/246455/solid-majority-opposes-new-construction-border-wall.aspx.
29 Alexandra Marquez, "Poll: Republicans Have Advantages on Immigration, Crime and the Economy," NBC News, September 26, 2023, accessed February 2, 2024, www.nbcnews.com/meet-the-press/first-read/poll-republicans-advantages-immigration-crime-economy-rcna117054.
30 Brent Kendall, "Trump Says Judge's Mexican Heritage Presents 'Absolute Conflict,'" Wall Street Journal, June 3, 2016, accessed February 2, 2024, www.wsj.com/articles/donald-trump-keeps-up-attacks-on-judge-gonzalo-curiel-1464911442.
31 Steven Shepard, "Poll: Majority of Voters Back Trump Travel Ban," Politico, July 5, 2017, accessed February 2, 2024, www.Politico.com/story/2017/07/05/trump-travel-ban-poll-voters-240215.
32 Frank Newport et al., " 'Email' Dominates What Americans Have Heard About Clinton," Gallup, September 19, 2016, accessed February 2, 2024, https://news.gallup.com/poll/195596/email-dominates-americans-heard-clinton.aspx.
33 Lydia Saad, "Biden and Trump Evenly Matched in U.S. Favorable Ratings," Gallup, January 9, 2024, accessed February 2, 2024, https://news.gallup.com/poll/548138/american-presidential-candidates-2024-election-favorable-ratings.aspx.
34 Jeffrey M. Jones, "Last Trump Job Approval 34%, Average is Record-Low 41%," Gallup, January 18, 2021, accessed July 6, 2024, https://news.gallup.com/

poll/328637/last-trump-job-approval-average-record-low.aspx.

35   Andrew Prokop, "The GOP Had Terrible Senate Candidates and It Really Did Sink Them," Vox, November 16, 2022, accessed February 2, 2024, www.vox.ccm/policy-and-politics/2022/11/16/23458896/republicans-senate-candidate-quality-trump.

36   Isabelle Schmeler, "Katie Hobbs Sticks with No-Debate Stance, Says Kari Lake Wants a 'Spectacle,' " NBC News, October 21, 2022, accessed February 2, 2024, www.nbcnews.com/meet-the-press/meetthepressblog/katie-hobbs-sticks-no-debate-stance-says-kari-lake-wants-spectacle-rcna53511.

37   Jonathan Weisman, "Vivek Ramaswamy, Wealthy Political Novice Who Aligned with Trump, Quits Campaign," New York Times, January 15, 2024, accessed February 2, 2024, www.nytimes.com/2024/01/15/us/politics/vivek-ramaswamy-drops-out.html.

38   Peter Hamby, "Death of a Salesman," Puck, October 16, 2023, accessed February 4, 2024, https:// puck.news/death-of-a-salesman/.

39   Hamby, "Death of a Salesman."

40   Thomas Hobbes, Leviathan (St Paul's Churchyard, 1651), Chapter 19.

41   2021년 1월 6일 국회 난입 사건 이후 플랫폼에서의 트럼프 계정 삭제를 검토한 (또는 검토를 시작한) 것은 감독위원회였다. Charlie Warzel, "Trump and Facebook's Mutual Decay," Atlantic, January 25, 2023, accessed February 2, 2024 www.theatlantic.com/technology/archive/2023/01/meta-reinstates-trump-facebook-instagram-accounts-ban/672845/을 보라.

42   "Monetary Policy: What Are Its Goals? How Does It Work," US Federal Reserve, accessed February 2, 2024, www.federalreserve.gov/monetarypolicy/monetary-policy-what-are-its-goals-how-does-it-work.htm.

43   Yonette Joseph and Eric Schmitt, "What to Know About the Titan Submersible," New York Times, June 20, 2023, accessed February 2, 2024, www.nytimes.com/2023/06/20/us/missing-submarine-titanic-search.html.

44   Olivia B. Waxman, "Baby Jessica's Rescue from a Well Capped Off a Terrifying Week in U.S. History," Time, October 16, 2017, accessed February 2, 2024, https:// time.com/4980689/baby-jessica-30th-anniversary/; Maureen Corrigan, "The Incredible Story of Chilean Miners Rescued from the 'Deep Down Dark,' " NPR News, October 29, 2014, accessed February 2, 2024, www.npr.org/2014/10/29/359839104/the-incredible-story-of-chilean-miners-rescued-from-the-deep-down-dark; Dave Davies, "Documentary Follows the Divers Who Risked It All in the Thailand Cave Rescue," NPR News, October 11, 2021,

accessed February 2, 2024, www.npr.org/2021/10/11/1043363760/thailand-cave-rescue-documentary-film.

45 Matina Stevis-Gridneff and Karam Shoumali, "Everyone Knew the Migrant Ship Was Doomed. No One Helped," New York Times, July 1, 2023, accessed February 2, 2024, www.nytimes.com/2023/07/01/world/europe/greece-migrant-ship.html.

46 Alex Shephard, "The Media Cares More About the Titanic Sub Than Drowned Migrants," New Republic, June 20, 2023, accessed February 2, 2024, https://newrepublic.com/article/173808/media-cares-titanic-sub-drowned-migrants.

47 Ogi Ogas and Sai Gaddam, A Billion Wicked Thoughts: What the Internet Tells Us About Sex and Relationships (New York: Penguin, 2012).

48 Walter Lippmann, Men of Destiny (New York: Macmillan, 1927), 236.

49 "NASA Announces Summer 2023 Hottest on Record," US National Aeronautics and Space Administration, September 14, 2023, accessed February 3, 2024, www.nasa.gov/news-release/nasa-announces-summer-2023-hottest-on-record.

50 Victoria Bisset, "Maui Police Identify the 100th, Last Known, Victim of the Lahaina Fires," Washington Post, January 27, 2024, accessed February 3, 2024, www.washingtonpost.com/nation/2024/01/27/wildfire-maui-lahaina-victims-lydia-coloma/; "Hurricane Hilary in Death Valley National Park," US National Park Service, accessed February 3, 2024, www.nps.gov/deva/learn/nature/hilary.htm.

51 Don't Look Up, directed by Adam McKay (Los Angeles: Netflix, 2021).

52 "US Open Semi-final Interrupted as Climate Protester Glues Feet to Floor in Stands," Guardian, September 7, 2023, accessed February 3, 2024, www.theguardian.com/sport/2023/sep/08/us-open-2023-semi-final-climate-protester-glues-feet.

53 Jack Guy and Inke Kappeler, "Renowned Conductor Allows Climate Activists to Address Crowd at Swiss Music Festival," CNN, September 11, 2023, accessed February 3, 2024, www.cnn.com/style/article/vladimir-jurowski-protesters-climate-scli-intl/index.html.

54 "First Debate: Ottawa, Illinois," US National Park Service, accessed February 3, 2024, www.nps.gov/liho/learn/historyculture/debate1.htm.

55 "First Debate: Ottawa, Illinois."

56 "Member's Podcasts," House GOP, accessed February 3, 2024, www.gop.gov/member-podcast/.

57 William Vaillancourt, "Matt Gaetz Shows Up on Newsmax—as a Guest Host," Daily Beast, May 26, 2023, accessed February 3, 2024, www.thedailybeast.com/matt-gaetz-shows-up-on-newsmax-as-a-guest-host.

58 Olivia Beavers and Melanie Zanona, "MTG's Eye-Popping Fundraising Haul,"

Politico, April 7, 2021, accessed February 3, 2024, www.Politico.com/news letters/huddle/2021/04/07/mtgs-eye-popping-fundraising-haul-492390.
59 Ryan Tarinelli, "House Republican Infighting Turns Raw During McCarthy Floor Debate," Roll Call, October 3, 2023, accessed February 3, 2024, https://rollcall.com/2023/10/03/house-republican-infighting-turns-raw-during-mccarthy-floor-debate/.
60 Tarinelli, "House Republican Infighting Turns Raw During McCarthy Floor Debate."
61 Amanda Terkel and Garrett Haake, "House Judiciary Republicans Delete 'Kanye. Elon. Trump.' Tweet as Rapper Praises Hitler," NBC News, December 1, 2022, accessed February 3, 2024, www.nbcnews.com/politics/congress/house-judiciary-republicans-delete-kanye-elon-trump-tweet-rapper-prais-rcna59654.
62 이러한 역학이 작동하는 방식에 대해 책 한 권 분량의 놀라운 내용을 보려면 다음을 참조하라: Andrew Marantz, Anti-Social: Online Extremists, Techno-Utopians, and the Hijacking of the American Conversation (New York: Penguin, 2019).
63 Amanda Ripley, High Conflict: Why We Get Trapped and How We Get Out (New York: Simon & Schuster, 2021).
64 그렇다, 원래 '트롤링'이 낚시에서 유래한 은유라는 점을 고려하면, 여기서의 '먹이 주기'라는 표현은 다소 역설적이다. 그러나 시간이 지나면서 '트롤링'은 이를 행하는 사람들을 뜻하는 '트롤'로 변화했고, 이들은 다리 아래 사는 동화 속 괴물처럼 부정적인 에너지를 '먹이'로 삼아 활동하게 되었다.
65 Olivia Solon and Brandy Zadrozny, "Trolls Turned 911 into a Weapon. Now Cops Are Fighting Back," NBC News, December 22, 2019, accessed July 7, 2024, www.nbcnews.com/news/all/trolls-turned-911-weapon-now-cops-are-fighting-back-n1105991.
66 Angela Nagle, Kill All Normies: Online Culture Wars from 4Chan and Tumblr to Trump and the Alt-Right (Alresford, UK: Zero Books, 2017).
67 Tracy Bowell, "Whataboutisms: The Good, the Bad and the Ugly," Informal Logic 43, no. 1 (2023): 102–3.
68 Patsy McGarry, "In a Word . . . Whataboutism," Irish Times, July 8, 2017, accessed February 3, 2024, www.irishtimes.com/culture/in-a-word-whataboutism-1.3129364.
69 Edward Lucas, "Whataboutism," Economist, January 31, 2008, accessed February 3, 2024, www.Economist.com/europe/2008/01/31/whataboutism.
70 Lucas, "Whataboutism."
71 Tucker Carlson Tonight, Fox News, January 31, 2023, accessed July 7, 2024, https:// grabien.com/file?id=1794829.

72 "Fatal Force," Washington Post, a database of police shootings, accessed July 7, 2024, www.washingtonpost.com/graphics/investigations/police-shootings-database/.
73 Columbia School of Journalism, "Resilience in Journalism and Free Speech in the Age of Social Media," YouTube, May 20, 2023, accessed May 29, 2024, www.YouTube.com/watch?v=JIfp2KcAKFc.
74 Naomi Klein, Doppelganger: A Trip into the Mirror World (New York: Farrar, Straus & Giroux, 2023), 240. Kindle Edition.
75 Janel Comeau (@VeryBadLlama), "hey sorry I missed your text, I am processing a non-stop 24/7 onslaught of information with a brain designed to eat berries in a cave," X, September 26, 2023, accessed February 3, 2024, https:// twitter.com/VeryBadLlama/status/1706859631098630633.

8장 ──── 주의력 시대 이후의 삶

1 World Happiness Report 2024, University of Oxford: Wellbeing Research Centre, March 20, 2024, accessed September 4, 2024, http://doi.org/10.18724/whr-f1p2-qj33.
2 Cory Doctorow, "The 'Enshittification' of TikTok," Wired, January 23, 2023, accessed September 23, 2024, www.wired.com/story/tiktok-platforms-cory-doctorow/.
3 Jean M. Twenge, "The Sad State of Happiness in the United States and the Role of Digital Media," World Happiness Report, March 20, 2019, accessed May 29, 2024, https:// worldhappiness.report/ed/2019/the-sad-state-of-happiness-in-the-united-states-and-the-role-of-digital-media/.
4 Daniel A Cox, "The State of American Friendship: Change, Challenges, and Loss," Survey Center on American Life, June 8, 2021, accessed July 7, 2024, www.americansurveycenter.org/research/the-state-of-american-friendship-change-challenges-and-loss/.
5 Derek Thompson, "It Sure Looks Like Phones Are Making Students Dumber," Atlantic, December 19, 2023, accessed May 29, 2024, www.theatlantic.com/ideas/archive/2023/12/cell-phones-student-test-scores-dropping/676889/.
6 "One of Every 15 Vinyl Albums Sold in the U.S. in 2023 Was by Taylor Swift," Billboard, January 16, 2024, accessed September 29, 2024, www.billboard.com/pro/taylor-swift-vinyl-albums-sold-2023-total/.

7   Felix Richter, "Despite Comeback, Vinyl Is Still Far from Its Glory Days," Statista, April 19, 2024, accessed May 29, 2024, www.statista.com/chart/7699/lp-sales-in-the-united-states/; Keith Caulfield, "U.S. Vinyl Album Sales Rise for 17th Straight Year—but Growth Is Slowing," Billboard, January 11, 2023, accessed May 29, 2024, www.billboard.com/pro/vinyl-album-sales-rise-growth-slowing/; Felix Richter, "From Tape to Tidal: 4 Decades of U.S. Music Sales," Statista, June 24, 2022, accessed May 29, 2024, www.statista.com/chart/17244/us-music-revenue-by-format/.

8   Albert Amateau, "Seeds of Today's Greenmarket Were Planted in '76," amNY, October 23, 2014, accessed July 6, 2024, www.amny.com/news/seeds-of-todays-greenmarket-were-planted-in-76/.

9   Economic Research Service, US Department of Agriculture, "Growth in the Number of U.S. Farmers Markets Slows in Recent Years," accessed May 29, 2024, www.ers.usda.gov/data-products/chart-gallery/gallery/chart-detail/?chartId=104402.

10 "Instagram CEO: Why You Don't See Your Friends' Posts Anymore," TikTok, July 28, 2023, accessed May 29, 2024, www.tiktok.com/@20vc_tok/video/7260934323824610565?lang=en.

11 Meredith Whittaker and Joshua Lund, "Privacy Is Priceless, but Signal Is Expensive," Signal, November 16, 2023, https://signal.org/blog/signal-is-expensive/.

12 '주의력의 친구들'과 급진적 주의력 학교인 '스트로더'에 대한 더 많은 정보는 다음을 참고하라. www.friendsofattention.net/ and www.schoolofattention.org/.

13 Lochner v. New York, 198 U.S. 45 (1905), National Constitution Center, https://constitutioncenter.org/the-constitution/supreme-court-case-library/lochner-v-new-york.

사이렌스 콜
**주의력 자본주의는
우리 시대의 비즈니스와 정치를 어떻게 바꾸고 있는가**

2025년 5월 7일 초판 1쇄 인쇄
2025년 5월 20일 초판 1쇄 펴냄

지은이	크리스 헤이즈
옮긴이	박유현
책임편집	김남윤 엄귀영
단행본사업본부	윤다혜 이희원 조자양
편집위원	최연희
경영지원본부	나연희 주광근 오민정 정민희 김수아 김승현
마케팅본부	윤영채 정하연 안은지 박찬수
디자인	이수경
인쇄	영신사
펴낸이	윤철호
펴낸곳	(주)사회평론
등록번호	10-876호(1993년 10월 6일)
전화	02-326-1182
주소	서울시 마포구 월드컵북로6길 56 사평빌딩
이메일	editor@sapyoung.com

ISBN 979-11-6273-354-7 03300

책값은 뒤표지에 있습니다.
사전 동의 없는 무단 전재 및 복제를 금합니다.
잘못 만들어진 책은 구입하신 서점에서 바꾸어 드립니다.